Entstehung und Entwicklung des islamischen Rechts. Rechtswissenschaften, Akteure und Institutionen

HANDBUCH ZUM ISLAMISCHEN RECHT

BAND I

Serdar Kurnaz

Entstehung und Entwicklung des islamischen Rechts. Rechtswissenschaften, Akteure und Institutionen

ebv
BERLIN

EBVERLAG

Bibliografische Information
der Deutschen Nationalbibliothek

Die Deutsche Nationalbibliothek verzeichnet diese Publikation in der Deutschen Nationalbibliografie; detaillierte bibliografische Daten sind im Internet über http://dnb.d-nb.de abrufbar.

Umschlagmotiv: Derya Kurnaz Eni

Umschlaggestaltung: Rainer Kuhl

Layout: Sina Nikolajew

ISBN: 978-3-86893-410-6

E-Mail: post@ebverlag.de
Internet: www.ebverlag.de

Druck und Bindung: Hubert & Co, Göttingen
Printed in Germany

Inhalt

Abbildungsverzeichnis 9

Verzeichnis der Textbeispiele 9

Vorwort 11

Einleitung 15

1. **Begriffsklärung und Periodisierung** 19
1.1 Begriffsklärung Scharia und *fiqh* 19
1.2 Begriffsklärung von *šarʿ* und *šāriʿ* (Gesetzgeber) 25
Textbeispiel 1: Normsetzungskompetenz 26
1.3 Modelle zur Periodisierung der Entwicklung des islamischen Rechts 30
Zusammenfassung 36

2. **Entstehung des islamischen Rechts bis ca. 132/750** 39
2.1 Die frühe Entwicklung islamischen Rechtsdenkens bis zur Umayyadendynastie 40
2.2 Entwicklungsstufen ab der Herrschaft der Umayyaden bis ca. 132/750 47
Zusammenfassung 55

3. **Herausbildung der Rechtsschulen, Ausdifferenzierung des Rechts und der Rechtswissenschaften ab 132/750** 57
3.1 Theorien zur Herausbildung von Rechtsschulen 57
3.2 Herausbildung und Ausdifferenzierung islamischer Rechtswissenschaften 67
3.2.1 *Uṣūl al-fiqh* 68
Epistemologie 72
Quellen 74
Normderivationsmethoden 75
Normkategorien und Gegenstand der Normen 79

	Normadressaten und Normgebungskompetenz	80
	Entwicklungen ab dem 6.–7./12.–13. Jahrhundert – eine Übersicht	81
	Textbeispiel 2: Kurzabhandlung	87
	Textbeispiel 3: Kommentar zu einem *uṣūl*-Werk	87
	Textbeispiel 4: Reim-Form eines *uṣūl*-Texts	88
3.2.2	*Furūʿ al-fiqh*	89
	Überlieferungswerke des Typs *muṣannaf*	90
	Rechtswerke mit dem Schwerpunkt auf Rechtsmeinungen eines Rechtsgelehrten und seiner Schüler	90
	Standardisierung und Kommentarwerke	92
	Lehrbücher	94
	Exkurs: Hadithwerke und -kommentare	95
	Textbeispiele zum *furūʿ al-fiqh*	98
	Textbeispiel 5: *Furūʿ*-Werk	98
	Textbeispiel 6: Kommentar zu einem *furūʿ*-Werk	99
3.2.3	Weitere Genres	101
	Fatwa-Werke	101
	Textbeispiel 7: *Fatwa*	102
	Iḫtilāf al-fuqahāʾ	104
	Textbeispiel 8: *iḫtilāf*-Werk	112
	Ǧadal-Werke	114
	Aḥkām al-Qurʾān-Werke	115
	Textbeispiel 9: *Aḥkām al-Qurʾān*	118
	An-Nāsiḫ wa-l-mansūḫ-Werke	120
	Textbeispiel 10: *an-Nāsiḫ wa-l-mansūḫ*-Werk	121
	Werke zu Rechtsprinzipien und Maximen (*qawāʿid, al-ašbāh wa-n-naẓāʾir, furūq*)	124
	Rätsel (*alġāz*, Sg. *luġz*)	126
	Textbeispiel 11: Rätsel 1	126
	Textbeispiel 12: Rätsel 2	127
	Rasāʾil	128
	Exkurs: Werke in der Moderne	129
3.3	Islamische Rechtsschulen: Eine Übersicht	132
3.2.1	Sunnitische Rechtsschulen	133
3.2.1.1	Hanafiten	133
	Gründer und Schüler	133
	Verbreitung und Charakteristika	134
	Furūʿ-Werke	137
	Uṣūl-Werke	139

	Biographische Werke	140
3.2.1.2	Malikiten	141
	Gründer und Schüler	141
	Verbreitung und Charakteristika	142
	Furūʿ-Werke	144
	Uṣūl-Werke	146
	Biographische Werke	147
3.2.1.3	Schafiiten	147
	Gründer und Schüler	147
	Verbreitung und Charakteristika	149
	Furūʿ-Werke	152
	Uṣūl-Werke	153
	Biographische Werke	154
3.2.1.4	Hanbaliten	155
	Gründer und Schüler	155
	Verbreitung und Charakteristika	156
	Furūʿ-Werke	159
	Uṣūl-Werke	160
	Biographische Werke	160
3.2.1.5	Exkurs: Zahiriten	161
	Gründer, Schüler und Verbreitung	161
	Charakteristika	163
	Furūʿ- und *uṣūl*-Werke	164
3.2.2	Schiitische Rechtsschulen	165
3.2.2.1	Dschafariten (Zwölferschiiten)	166
	Gründer und Verbreitung	166
	Charakteristika	168
	Furūʿ-Werke	169
	Uṣūl-Werke	171
	Biographische Werke	171
3.2.2.2	Zayditen (Fünferschiiten)	171
	Gründer und Verbreitung	171
	Charakteristika	173
	Furūʿ-Werke	174
	Uṣūl-Werke	175
	Biographische Werke	176
3.2.2.3	Ismailiten (Siebenerschiiten)	177
3.2.3	Ibaditen	178
	Zusammenfassung	182

4.	**Akteure des islamischen Rechts**	**183**
4.1	Gerichte und Richter (*quḍāt*)	183
4.1.1	Zur allgemeinen Entwicklung	183
4.1.2	Gerichte und Gerichtsverfahren	186
4.1.3	*Maẓālim*-Gerichte	191
4.1.4	Weitere Verwaltungsinstanzen	192
4.2	Rechtsgelehrte (*fuqahā', muǧtahidūn*)	194
4.2.1	*Faqīh,* Mudschtahid (*muǧtahid*) und Mukallid (*muqallid*)	195
4.2.2	Mufti (*muftī*) und Fatwa (*fatwā*)	203
4.3	Die juristisch verantwortlichen Personen	210
	Zusammenfassung	218
5.	**Die Medrese: Ort der juristischen Ausbildung**	**219**
5.1	Bildungseinrichtungen	219
5.2	Bildungskonzepte und Unterrichtsformen	229
5.3	Einordnung der Wissenschaften und das Curriculum	238
	Zusammenfassung	244
Schlussbetrachtung		**247**
Literaturempfehlungen und Bibliographie		**249**
Index		**257**
	Schlagwortverzeichnis	257
	Personenverzeichnis	287
Anhang		**305**
	Chronologie	307
	Links zu weiteren Übersichtsdarstellungen	313

Abbildungsverzeichnis

Schema 1:	Scharia	25
Schema 2:	Rechtsschulen	181
Schema 3:	Übersicht über die Rechtsbereiche (*furūʿ al-fiqh*)	313
Schema 4:	Übersicht über die Grundlagen des Rechts (*uṣūl al-fiqh*)	313

Verzeichnis der Textbeispiele

Textbeispiel 1:	aš-Šāṭibī, *al-Muwāfaqāt*, V:253–257	26
Textbeispiel 2:	al-Ǧuwaynī *al-Waraqāt*	87
Textbeispiel 3:	al-Maḥallī, *Šarḥ al-Waraqāt*, 70	87
Textbeispiel 4:	al-ʿAmrīṭī, *Naẓm al-Waraqāt*, 23	88
Textbeispiel 5:	al-Ḫiraqī, *Matn al-Ḫiraqī*, 13	98
Textbeispiel 6:	Ibn Qudāma, *al-Muġnī*, I:155	99
Textbeispiel 7:	al-Wanšarīsī, *al-Miʿyār*, I:75	102
Textbeispiel 8:	Ibn al-Munḏir, *al-Išrāf*, VI:13 f.	112
Textbeispiel 9:	Ibn al-ʿArabī, *Aḥkām*, I:327 f., 340	118
Textbeispiel 10:	an-Naḥḥās, *an-Nāsiḫ wa-l-mansūḫ*, I:480–486	121
Textbeispiel 11:	Ibn Farḥūn, *Durrat al-ġawwāṣ*, 99	126
Textbeispiel 12:	Ibn Farḥūn, *Durrat al-ġawwāṣ*, 100 f.	127

Vorwort

Das Handbuch zum islamischen Recht besteht aus 6 Bänden. Der vorliegende erste Band geht der Entstehung und Entwicklung des islamischen Rechts nach. Band II fasst die theoretische Diskussion um Normkategorien zusammen. Er beinhaltet auch eine Zusammenfassung von ausformulierten Normen aus ausgewählten Bereichen des islamischen Rechts. Band III widmet sich der Frage nach den Quellen des islamischen Rechts und ausgewählten Methoden zur Herleitung von Normen. Band IV geht speziell auf Interpretationsmethoden und damit auf die Frage ein, wie Belege aus den anerkannten Rechtsquellen interpretiert und aus ihnen Normen hergeleitet werden können. Band V setzt im 19. Jahrhundert an und fasst die moderne Entwicklung im islamischen Recht zusammen. Dieser Band hat seinen Schwerpunkt auf der Entwicklung in Deutschland, speziell der universitären Auseinandersetzung mit dem islamischen Recht. Band VI umfasst die wichtigsten Begriffe, ihre Erklärung sowie die Kurzbiographie von allen Gelehrten und Wissenschaftler:innen[1], die in den Bänden vorkommen.

Die Reihenfolge der Bände ergibt sich aus meiner Beobachtung zur Entwicklung des islamischen Rechts: Zur Entstehungszeit des islamischen Rechts haben semi-professionelle Richter sowie Rechtsgelehrte in ihren Unterrichtszirkeln Normen formuliert. Es haben sich unterschiedliche Praktiken entwickelt, aus denen sich Rechtsschulen

1 Das vorliegende Buch nimmt es sich zum Ziel, eine gendergerechte Sprache zu verwenden. In historischen Bezügen jedoch muss auf das Gendern zumeist verzichtet werden, da der historische Diskurs weit überwiegend männerdominiert war. Gibt es Ausnahmen, wie etwa im Falle von Prophetengefährt:innen, wird auf die gendergerechte Sprache geachtet.

herausgebildet haben. Rechtstheoretische, -methodische, -dogmatische und -hermeneutische Überlegungen folgten auf bereits etablierte bzw. sich allmählich durchsetzende Korpora von Normen. Größere Umbrüche und die Suche nach Neujustierungsmöglichkeiten sowie neuen Zugängen finden wir ab dem 19. Jahrhundert. Das heißt nicht, dass es vor dem 19. Jahrhundert keine Änderungen gab – der Rahmen, in dem das Handbuch entstanden ist, erlaubt es jedoch nicht, auf alle Entwicklungen einzeln einzugehen, weshalb Band V spät im 19. Jahrhundert ansetzt. Eine differenzierte Betrachtung der verschiedenen Entwicklungsstufen des islamischen Rechts erfolgt in Band I gesondert.

Ziel des Handbuches ist es, Studierenden der Islamischen Theologie, der Islamwissenschaft sowie der Rechtswissenschaft einen Überblick über die islamischen Rechtswissenschaften zu geben und auf zentrale Entwicklungen, Veränderungen und Konzepte des islamischen Rechts sowie auf die Denkweise der muslimischen Rechtsgelehrten aufmerksam zu machen. Das Handbuch adressiert auf dieselbe Weise das interessierte Publikum, das sich mit der muslimischen Rechtstradition auseinandersetzen möchte.

Obwohl alle Bände inhaltlich zusammenhängen, können sie unabhängig voneinander gelesen werden. Sie sind als in sich geschlossene, eigenständige Einführungen in das jeweilige Thema konzipiert. Dennoch gibt es Querverweise innerhalb der Bände, um auf nähere Informationen an anderer Stelle aufmerksam zu machen. Die Bände I bis V enthalten Übersetzungen aus Primärquellen, die ich so wörtlich wie möglich vorgenommen habe. Sie sollen das Fremde und Bemerkenswerte des arabischen Originals in der Zielsprache Deutsch so verständlich wie möglich wiedergeben und als Diskussions- und Vertiefungsgrundlage des jeweiligen Themas dienen. Sofern die zitierte Quelle des arabischen Originals Vokalzeichen beinhaltete, wurden diese übernommen. Die Vokalisationen in den Textbeispielen sind daher nicht einheitlich. Studierende und Leser:innen ohne Arabischkenntnisse, für die die Auseinandersetzung mit den Primärquellen von sekundärer Wichtigkeit ist, können den Inhalt in jedem Fall auch rein aus der Übersetzung verstehen. Jedes Kapitel endet mit einer Zusammenfassung, die die wichtigsten Punkte des jeweiligen Kapitels zusammenträgt.

Das Handbuch gibt die bekanntesten Theorien und Ansätze zu den islamischen Rechtswissenschaften sowie ihrer Entstehung und Entwicklung wieder. Daher wird nur für solche Informationen im Fußnotenapparat auf Belegstellen verwiesen, für die ein direktes Zitat (inklusive Koran- und Hadithzitate) vorliegt, eine Textstelle übersetzt oder eine bestimmte Deutung wiedergegeben wird, die nur von vereinzelten Personen vertreten wird. Für jeden Band habe ich eine Literaturauswahl getroffen, die als Leitlektüre diente. Das Literaturverzeichnis umfasst daher nicht nur die im Fußnotenapparat vorkommenden Quellen, sondern darüber hinaus auch solche, die ich inhaltlich einbezogen, aber im Fußnotenapparat nicht kenntlich gemacht habe. Ferner umfasst es Literaturempfehlungen und fällt deshalb länger aus als eine reine Auflistung der tatsächlich einbezogenen Quellen. Ich habe alle technischen Begriffe, alle explizit genannten Werke aus den islamischen Rechtswissenschaften und auch die Gelehrten in den folgenden Werken nachgeschlagen und die dortigen Aussagen in paraphrasierter Form angeführt. Da es unzählige Einträge sind, seien hier die Enzyklopädien nur genannt und die konsultierten Einträge nicht gesondert aufgelistet: *Encyclopaedia of Islam*, Second Edition (*EI*²), *Encyclopaedia of Islam – Three* (*EI*³), *Türkiye Diyanet Vakfı İslâm Ansiklopedisi*, *Lexikon für Kirchen- und Religionsrecht*. Für die *EI*³ gilt zu beachten, dass einige islamrechtlich relevante Themen nicht mithilfe der Transkription des arabischen Terminus gefunden werden können, sondern mit der englischen Übersetzung, wie etwa »courts of law« und »education«. Die bibliographischen Informationen zu den Enzyklopädien sind im Literaturverzeichnis komplett angeführt; man beachte auch ihre online abrufbaren Versionen. Neben den dortigen Einträgen habe ich mich in diesem Band besonders an den folgenden Studien orientiert, die im Literaturverzeichnis vollständig aufgelistet sind: Abū Zahra, *Tārīḫ al-maḏāhib*; Günther, *Knowledge and Education in Classical Islam*; Hallaq, *The Origins and Evolution of Islamic Law*; Karaman, *İslâm Hukuk Tarihi*; Lohlker, *Islamisches Recht*; Melchert, *The Formation of the Sunni Schools of Law*; Müller, *Recht und historische Entwicklung der Scharia* und Sezgin, *Geschichte des arabischen Schrifttums*.

Jeder der Bände des Handbuchs zum islamischen Recht profitierte von kritischen Rückmeldungen von Freund:innen und Kolleg:innen.

Einige von ihnen haben einzelne oder alle Bände gegengelesen, manche unterstützten mich bei der Literaturbeschaffung und -auswahl, andere gingen sorgfältig die Konzeption des Handbuchs mit mir durch. Ich habe in diesem Sinne Aydın Süer, Bahattin Akyol, Hatem Elliesie, Hureyre Kam, Irem Kurt, Ufuk Topkara und Usama Abdurahman zu danken. Danken möchte ich auch Sina Nikolajew für das umsichtige Lektorat sowie die geduldige und genaue Publikationsvorbereitung. Derya Kurnaz Eni möchte ich für das schöne Motiv, das sie für das Handbuch entworfen hat, danken. Gedankt sei auch Rainer Kuhl vom EB-Verlag für die Betreuung der Reihe und die Aufnahme in das Publikationsprogramm.

Berlin, im Juli 2023

Einleitung

Frankfurt am Main, wir schreiben das Jahr 2015: Eine Gruppe von Freunden studiert an der Goethe-Universität. Sie treffen sich in der Mensa *Anbau Casino*. Neben der großen Auswahl nach dem wöchentlichen Mensaplan können sie sich jeden Tag Pizza, Pasta und Gerichte aus der asiatischen Küche bestellen. Die Freundesgruppe betritt die Mensa, macht sich über das Menü schlau und tauscht sich über die Vorlieben aus. Zwei sind Vegetarier:innen; drei von ihnen sind muslimisch, eine jüdisch, zwei christlich und zwei nichtreligiös. Wir hören von einem muslimischen Kommilitonen, dass er das Menü mit den Meeresfrüchten kaufen möchte. Eine unter ihnen warnt: Meeresfrüchte zu essen sei nach dem islamischen Recht problematisch. Er lacht auf: »Tja, meine Rechtsschule erlaubt es.« Sie schaut sich um; ihre muslimische Kommilitonin will Hähnchen essen. Auch diese wird gewarnt: Geflügel zu konsumieren, sei nicht erlaubt (also nicht halal, *ḥalāl*), wenn man nicht wisse, dass Muslime das Tier geschlachtet haben; man habe ja genügend Alternativen in der Mensa, weshalb sie auch hierherkommen. Hier lautet die Antwort: »Nee, der Koran will nur, dass das Tier nicht für eine andere Gottheit außer Gott geopfert wird; das kann ich ja hier wohl ausschließen.« Die jüdische Kommilitonin, die das Gespräch verfolgt, lächelt; ihr kommen die Diskussionen bekannt vor. Die anderen Kommiliton:innen haben zwar schon mal etwas von ›Halal-Fleisch‹ gehört, aber sie fragen sich, wie es sein kann, dass drei Muslim:innen gemeinsam essen bestellen und alle eine andere Vorstellung darüber haben, was sie essen dürfen und was nicht. Steht doch alles klar in der Scharia drin, wieso da noch diskutieren?! Voller Neugier fragen sie ihre muslimischen Kommiliton:innen am Tisch, wie es sein könne, dass jede:r der drei anderen Meinungen folgt. Im Gespräch stellt sich heraus: Der eine orientiert sich nach den Lehren einer Rechtsschule, die er in der Familie traditionell gelernt hat; die andere studiert Islamische Theologie und versucht alles kritisch zu hinterfragen, die letzte strebt ein Selbststudium neben ihrem Jura-Studium an. Das Gespräch zeigt, dass sich ihre alltägliche religiöse Praxis ziemlich voneinander unterscheidet. Offenbar gibt es nicht die eine Scharia, die verbindlich für alle Muslime ist, und nicht nur eine Form von (religiöser) Praxis unter Muslimen. Wie ist das möglich?

An dieser Frage setzt das vorliegende Buch an. Die Anekdote ist frei erfunden; Muslime diskutieren nicht ständig darüber, was sie tun dürfen bzw. sollen und worauf sie verzichten müssen. Das Beispiel soll nur zeigen, dass die muslimische Tradition plural ist. Über die Zulässigkeit, die moralische Einordnung und die Grenzen legitimer Handlungen reflektieren muslimische Gelehrte traditionell im Bereich des islamischen Rechts. Das vorliegende Buch möchte auf seine Entstehung und Entwicklung eingehen. Islamisches Recht umfasst Handlungsanweisungen, die die religiöse sowie alltägliche Praxis der Muslime normativ einordnen, das heißt nach ihrer Gültigkeit, Nichtigkeit und dem Verpflichtungsgrad bewerten. Für unser oben dargestelltes Beispiel heißt dies, dass das islamische Recht der Ort ist, an dem diskutiert wird, was Muslime (nicht) essen dürfen. Das meiste dürfen sie essen; nur das, was verboten ist, muss ermittelt werden. Also beschäftigt sich islamisches Recht in erster Linie mit der Zulässigkeit menschlicher Handlungen.

Worauf beziehen sich die Gelehrten, die im Rahmen des islamischen Rechts die Alltagspraxis der Muslime untersuchen, wenn sie etwa wissen wollen, was Muslime nicht essen dürfen? Die muslimischen Gelehrten beanspruchen, dass das islamische Recht einen religiösen Charakter hat – dass es nicht ausschließlich religiös ist, werden wir noch sehen. Daher wenden die Gelehrten ihren Blick auf die Offenbarungsschrift Koran, verkündet durch den Propheten Muhammad. Dieser erklärte Aussagen im Koran und durfte selbst Normen anordnen, an die sich die Muslime zu halten haben, so z. B. in der Koranstelle 4:59, wo es unter anderem heißt, dem Propheten sei zu gehorchen. Seine Erklärungen lassen sich in Berichten finden und werden Hadithe genannt (von arab. *ḥadīṯ*). Diese beinhalten Informationen darüber, was der Prophet gesagt und getan hat. Die Summe dieser

Berichte wird Sunna, also die ›Gewohnheit‹ des Propheten genannt. (Wir werden noch sehen, dass diese Verengung der Bedeutung eine spätere Entwicklung ist; zur Anfangszeit des islamischen Rechts konnte ›Sunna‹ vieles bedeuten.) Also orientieren sich die Gelehrten an den Aussagen Gottes und seines Propheten.

Für unser obiges Beispiel gilt, dass der Koran den Verzehr von Verendetem, Blut, Schweinefleisch und dem Fleisch von Tieren, die für eine andere Gottheit außer Gott geschlachtet worden sind, verbietet (vgl. Q[ur'ān] 2:173). Diverse Hadithe beschreiben daneben, wie Muslime Tiere zu schlachten haben, damit man das Fleisch verzehren darf. Deswegen gibt es noch heute die Debatte um das richtige Schächten. Die muslimischen Quellen fordern, mit einem scharfen Schnitt die Luft- und Speiseröhre des Tieres zu durchtrennen, damit es vollständig ausbluten kann und wenig leidet. Dabei soll der:die Metzger:in das Tier im Namen Gottes schlachten.

Wenn sich nun die Gelehrten an den religiösen autoritativen Quellen orientieren, ist dann islamisches Recht göttlich vorgegeben? Wenn ja, ist es mit dem Koran und den Hadithen gleichzusetzen? – Wir hören immer wieder, Muslime würden sich an der Scharia orientieren; was ist die Scharia, etwa islamisches Recht?

Diesen Fragen wird das vorliegende Buch antworten. Kapitel 1 soll zunächst den Begriff ›Scharia‹ definieren und sein Verhältnis zum islamischen Recht bestimmen. Darauf folgt die Darstellung verschiedener Modelle zur Periodisierung der Entwicklung des islamischen Rechts. Kapitel 2 fasst die Entstehung des islamischen Rechts zusammen. Hier wird zu sehen sein, dass das islamische Recht nicht göttlich vorgegeben ist, sondern Menschen versucht haben, ein Rechtssystem zu entwickeln, das dem göttlichen Willen im Koran und den prophetischen Anweisungen in den Hadithen gerecht wird. Dieser menschliche Versuch der Entwicklung eines Rechtssystems hat in der Geschichte diverse Erscheinungen gehabt, in deren Folge sich unterschiedliche Strömungen entwickelten. Sie alle haben je eigene Lösungen zu gleichen Rechtsfällen formuliert.

Auch haben sich immer wieder Gelehrte in Gruppen zusammengefunden, und einige formten Rechtsschulen (*maḏāhib*, Sg. *maḏhab*). Ihre Entstehung und Entwicklung werden wir in Kapitel 3 betrachten.

Kapitel 4 schließt daran an und beschäftigt sich mit den Gelehrten, Juristen und Richtern sowie den Gerichten, die für die Entstehung, Systematisierung und Ausdifferenzierung des islamischen Rechts verantwortlich waren. Es werden folgende Fragen behandelt: Wer sind diese Rechtsgelehrten, Richter und Juristen? Welche unterschiedlichen Qualifikationen und Zuständigkeiten haben sie? Welche Aufgaben kommen ihnen zu, und welche Kompetenzen haben sie? Wie waren Gerichte organisiert?

Kapitel 4 wird nicht nur die Aktivitäten der Gelehrten beschreiben, sondern auch auf die Adressaten des islamischen Rechts blicken. Es geht daneben der Frage nach, wieso Muslime überhaupt dem islamischen Recht folgen sollen, und wann sie als religiös und juristisch verantwortlich gelten. Abschließend betrachtet Kapitel 5 die Ausbildungsstätten von Juristen und Rechtsgelehrten, insbesondere die Medresen (*madāris*, Sg. *madrasa*) bzw. Bildungseinrichtungen, Bildungskonzepte, Unterrichtsformen und das Curriculum an Medresen. Mit einem Schlusswort, einem Literaturverzeichnis, einem Index, einem Anhang mit einer kurzen Chronologie der Geschichte des Islams bis in das 19. Jahrhundert hinein sowie einem QR-Code bzw. Link im Anhang zu Übersichtsskizzen zu den Rechtsbereichen und Grundlagen des Rechts wird das Buch abgeschlossen.

Die Darstellung in diesem Band beschränkt sich auf die Geschichte des islamischen Rechts in ihren Grundzügen bis zur Moderne. Dabei werden Begriffe und Konzepte nicht nach ihrer historischen Entwicklung im Detail dargestellt, sondern überwiegend ausgehend von bereits etablierten Vorstellungen unter den Gelehrten beschrieben. An wenigen Stellen werden einzelne historische Entwicklungsstufen nachgezeichnet. Die Umbrüche in der Moderne und die Frage, wie sich das islamische Recht und die Rechtsschulen in der Moderne entwickelt haben, werde ich andernorts behandeln.[2]

2 Siehe dafür Kurnaz, *Islamisches Recht in der Moderne. Handbuch zum Islamischen Recht*, Band V.

Kapitel 1: Begriffsklärung und Periodisierung

1.1 Begriffsklärung Scharia und *fiqh*

Wenn wir vom islamischen Recht sprechen, stehen zwei arabische Begriffe im Raum: Scharia (*šarīʿa*) und *fiqh*. Der Begriff ›Scharia‹ ist ambig. Heute konnotieren viele die Scharia z. B. mit drakonischen Körperstrafen und setzen islamisches Recht mit ihr gleich. Allerdings ist bei einer solchen Gleichsetzung die Abgrenzung zum *fiqh* problematisch und stimmt mit der Verwendung des Begriffs ›Scharia‹ nicht überein, wie wir sie insbesondere in vormodernen Werken sehen.

Scharia bedeutet wörtlich ›Weg zur Tränke‹. Ähnlich kommt der Begriff im Koran vor: als Weg, den Gott für die Menschen bahnte (vgl. in Q 45:18 als *šarīʿa,* Q 5:48 als *širʿa*). Weder der Koran noch der Prophet definieren die Scharia. Über Jahrhunderte hinweg haben sich zwei Bedeutungen im Gelehrtendiskurs durchgesetzt: Im weitesten Sinne ist die Scharia ein göttliches Normensystem, das *nicht* schriftlich festgehalten ist. Es umfasst Glaubensnormen (*aḥkām iʿtiqādīya*), Handlungsnormen (*aḥkām ʿamalīya*) und Ethiknormen (*aḥkām ḫuluqīya*). Im engeren Sinne ist Scharia die Summe der göttlichen Beurteilung menschlicher Handlungen.[3]

Normen (*aḥkām*, Sg. *ḥukm*, zu Deutsch auch ›Regelung‹) werden generell definiert als ›direkte Ansprache des Gesetzgebers‹ (*ḫiṭāb aš-šāriʿ*), also als Gottesansprache. Eine weitere geläufige Definition besagt, dass *ḥukm* das Ergebnis bzw. das Merkmal der Ansprache Gottes

3 Für einen Versuch, der historischen Entwicklung des Begriffs der Scharia nachzugehen, siehe Müller, *Recht,* Kapitel 3.3.

ist. In jedem Fall wird die Norm auf Gott bezogen. Damit soll signalisiert werden, dass eine Norm bzw. eine Regelung nur Gültigkeit beanspruchen kann, wenn sie der göttlichen Botschaft entspricht.

Die Ansprache Gottes finden wir im Koran; sie wird vom Propheten erklärt. Daher spielen die göttlichen Aussagen im Koran und die überlieferten Aussagen und Taten des Propheten Muhammad (also Hadithe, die auf seine Gewohnheit, die Sunna, referieren) für die Herleitung von Normen eine zentrale Rolle. Für die schiitische Tradition spielen außerdem noch die Aussagen der Imame eine wichtige Rolle, da diese nach zwölferschiitischer Auffassung auserwählte Personen aus der Familie des Propheten sind, die eine religiöse Autorität besitzen. Sie haben somit das letzte Wort über religiöse Angelegenheiten und gelten als normsetzend. Auf sie werde ich noch in Kapitel 3.2.2 eingehen. Diese Imame sind übrigens von solchen, die (sunnitisch wie schiitisch) als Vorbeter im gemeinschaftlichen Gebet fungieren, zu unterscheiden.

Wir werden im Folgenden noch sehen, dass Gott und sein Prophet keine fertigen Normen formulieren, sondern solche Normen erst aus den autoritativen, religiösen Texten Koran und Sunna hergeleitet werden. Diese beiden Quellen Koran und Sunna weisen also auf Normen hin; sie beinhalten Hinweise (*adilla*, Sg. *dalīl*) auf Normen.

Kommen wir nun auf die drei oben genannten Normkategorien zu sprechen:

1) Glaubensnormen beinhalten Glaubensinhalte, wie etwa den Monotheismus, den Glauben an die Propheten, die Offenbarungsschriften und weitere.
2) Ethiknormen befassen sich mit Tugenden, moralischen Aussagen und Grundhaltungen wie z. B. Barmherzigkeit, Geduld und Aufrichtigkeit.
3) Handlungsnormen dagegen befassen sich mit der Beurteilung von Handlungen auf zwei Ebenen:
   a) Vorschriften, die die Beziehung zwischen Gott und Mensch regeln,
   b) Vorschriften zwischenmenschlicher Natur.

Erstere beziehen sich auf gottesdienstliche Handlungen (*ʿibādāt*) wie etwa das Gebet, das Fasten und die Pilgerfahrt und letztere auf zwischenmenschliche Beziehungen (*muʿāmalāt*) im weitesten Sinne, darunter z. B. Handels-, Straf-, Verfahrens- und Familienrecht. In beiden Bereichen haben Normen 5 unterschiedliche normative Status:

Eine Handlung ist entweder
a) verpflichtend (*wāǧib*),
b) empfohlen (*mandūb*),
c) freigestellt (*mubāḥ*),
d) verpönt (*makrūh*) oder
e) verboten (*ḥarām, maḥẓūr*).

Darüber hinaus werden Handlungen auf ihre Gültigkeit (*ṣiḥḥa*), ihre Nichtigkeit (*buṭlān*) und ihre Anfechtbarkeit (*fasād*) hin kategorisiert; sie sind also

a) gültig (*ṣaḥīḥ*), wenn sie korrekt vollzogen werden,
b) ungültig (*bāṭil*), wenn sie nicht korrekt vollzogen werden, oder
c) anfechtbar (*fāsid*), wenn einige Bedingungen für den gültigen Vollzug fehlen.

Für viele Gelehrte gibt es zwischen *fāsid* und *bāṭil* keinen Unterschied; wenn man sie voneinander unterscheidet, dann gilt diese Unterscheidung nur für den zwischenmenschlichen Bereich. Bei gottesdienstlichen Handlungen ist der Vollzug, der einige Bedingungen des korrekten Vollzugs ignoriert, in jedem Fall als nichtig zu bewerten.[4] Daneben gibt es Normen, die

a) eine Bedingung (*šarṭ*) für eine andere Norm,
b) ein Hinderungsgrund (*māniʿ*),
c) der Anlass (*sabab*) einer Norm oder
d) eine Ausnahme zur Regel, also eine juristische Lizenz (*ruḫṣa*) sind.[5]

4 Für weitere Informationen siehe Band II, Kapitel 3.2.
5 Für die Normkategorien siehe Band II, Kapitel 2 und 3.

Wir sahen bereits, dass Scharia im engeren Sinne die Summe der göttlichen Beurteilung menschlicher Handlungen ist. Dieses Verständnis beschränkt sich auf die o. g. Handlungsnormen. Daher kommt es in vormodernen Quellen (zwar selten, aber doch) vor, dass das Wort Scharia im Plural als *šarāʾiʿ* benutzt wird, synonym für Normen und Regelungen (*aḥkām*). Diese göttliche Beurteilung kann der Mensch aber *nicht* erfassen; er kann sich ihr nur mittels der religiösen Quellen Koran und Sunna mithilfe von Auslegungsmethoden *nähern*. Also sind die göttlichen Beurteilungen *nicht* festgeschrieben. Die menschliche Bestrebung, sich ihnen zu nähern, heißt *fiqh*.

Fiqh ist das Wissen (*ʿilm*) bzw. die Kenntnis (*maʿrifa*) über die rechtlich-praktischen Regelungen zu Handlungen juristisch verantwortlicher Personen mittels Beweisführung (*istidlāl*), Herleitung (*istinbāṭ*) und Idschtihad (*iǧtihād*). Idschtihad ist die Bestrebung der Gelehrten, die religiösen autoritativen Texte in Koran und Sunna auszulegen und aus ihnen Normen herzuleiten. Es ist auch die Bestrebung, Rechtslücken zu füllen, also Fälle, die in den Quellen nicht behandelt werden, so zu regeln, dass sie den dortigen Grundsätzen nicht widersprechen. Die Herleitung mittels Auslegung der Quellen wird u. a. *istinbāṭ* genannt. Der Mensch – und hierunter nur die entsprechend ausgebildeten Gelehrten – muss die göttliche und prophetische Botschaft (also Koran und Sunna) auslegen. Diese beiden Quellen beinhalten Hinweise (*adilla*) darauf, wie Handlungen bewertet werden können. Diesen entsprechend können die Gelehrten ›schariakonforme‹ Normen herleiten: Der Mensch versucht also, der göttlichen Botschaft entsprechende Normen zu formulieren.

Die Bestrebung, Normen herzuleiten, ist fehlbar. Zudem kann je nach Deutung das Ergebnis der Auslegung der Quellen variieren. Entsprechend hat *fiqh* verschiedene Ausprägungen und ist in den meisten Bereichen wandelbar und anpassungsfähig. Die hergeleiteten Normen sind daher zum größten Teil spekulativer (*ẓannī*) Natur: Es sind Präsumtionen, Vermutungen (Sg. *ẓann*) unterschiedlichen Wahrscheinlichkeitsgrades. Nur wenige Normen sind definitiver (*qaṭʿī*) Natur, wie etwa die Pflicht zum Beten; sie steht mit Gewissheit (*yaqīn*) fest.[6] Ausgeschlossen vom Wandel sind insbesondere gottesdienstliche Handlungen, die keine endgültige rationale Begründung haben. Sie sind *taʿabbudī*, haben also den Charakter von ›Gehorsamspflichten‹. Sie sind zwar rational verständlich und historisch rekonstruierbar, aber nicht auf einen rationalen Grund zu reduzieren. Zwischenmenschliche Beziehungen dagegen sind zumeist rational begründbar (*muʿallal, taʿlīlī*), besitzen also einen Rechtsgrund (*ʿilla*). Sie können wandelbar sein, obwohl einige klare Anweisungen des Korans in diesem Bereich zu finden sind, die die äußeren Grenzen einer Auslegung darstellen.[7]

Damit ist *fiqh* die konkrete menschliche Ausgestaltung des Rechts innerhalb des übergeordneten Systems der Scharia. Wir halten fest: *Fiqh* fragt danach, was Muslim:innen wie tun sollen und wie eine Handlungsvorschrift begründet und legitimiert wird. Da *fiqh* also zur Scharia gehört und die Legitimität von vorgeschlagenen Handlungsvorschriften und Regelungen sich an ihr misst, werden diese als *šarʿī* (schariatisch bzw. schariakonform) bezeichnet. Deswegen spricht man von schariakonformen Normen und Regelungen, den *al-aḥkām aš-šarʿīya*.

Gleiches gilt für die Bereiche des Rechts, die in die Gestaltungskompetenz von Herrschern fallen, also solche Bereiche, zu denen die religiösen Quellen gänzlich schweigen. Dieser Bereich wird *as-siyāsa aš-šarʿīya* genannt, wie etwa im Bereich des Verwaltungs-, Verfahrens- und Teile des Strafrechts. Das Attribut *šarʿīya* soll zeigen, dass diese nach weltlichem Maß und entsprechend der menschlichen Erfahrung formulierten Rechtssätze der übergeordneten Scharia nicht widersprechen dürfen. Historisch betrachtet widersprachen solche Regelungen allerdings oft diesen Grundsätzen und waren zeitlich bedingte Auffassungen und Lösungen von Gelehrten, Juristen, Richtern und Herrschern.

6 Für die erkenntnistheoretischen Grundlagen siehe Band IV, Kapitel 1.3.

7 Für die Darstellung und Unterscheidung der Normen in beiden Kategorien siehe Band II.

Aus dem bisher Beschriebenen folgt, dass Scharia im Grunde genommen nicht anwendbar ist, da sie dem Menschen verschlossen bleibt. Anwendbar und durchsetzbar ist dagegen *fiqh*, der manchmal als Scharia bezeichnet wurde und heute teilweise immer noch wird. In seinem Rahmen formuliert der Mensch Normen in diversen Bereichen des Rechts, von den gottesdienstlichen Handlungen hin zu den zwischenmenschlichen Beziehungen samt dem Strafrecht. Diesseitig sanktioniert werden weitestgehend Handlungen im Bereich der zwischenmenschlichen Beziehungen. Dagegen gibt es für gottesdienstliche Handlungen nur jenseitige Sanktionsmechanismen, wenn auch in traditionellen Rechtswerken Strafen für die Unterlassung gottesdienstlicher Handlungen (z. B. des Gebets) diskutiert werden. Das heißt nicht, dass Religiöses sich nur auf die gottesdienstlichen Handlungen beschränkt. Religiöse Vorschriften, wie etwa das Verbot, zur Zeit des Freitagsgebets Verträge zu schließen, können sich auf die Gültigkeit von Verträgen, also die zwischenmenschlichen Beziehungen im Allgemeinen, auswirken. Dagegen kann niemand vor Gericht anklagen, dass jemand nicht fastet oder betet.

Möchten wir Scharia und *fiqh* übersetzen, so trifft die Übersetzung ›islamisches Recht‹ eher auf *fiqh* denn auf Scharia zu. Es sei hier aber angemerkt, dass in der Geschichte und auch jetzt an einigen Orten das Wort ›Scharia‹ im engeren Sinne eines Rechtssystems (heute: in einem Nationalstaatsgebilde) verwendet wird.

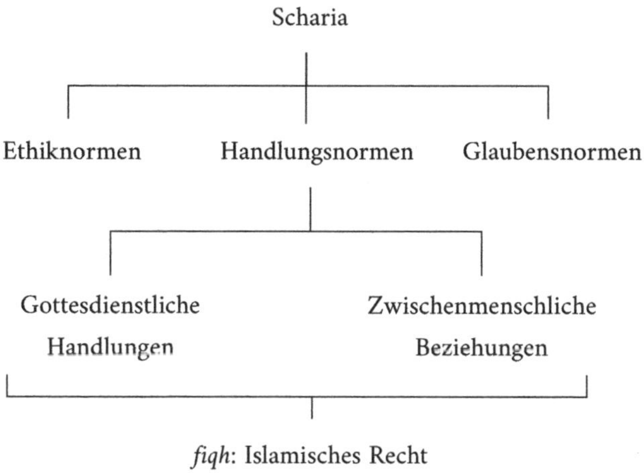

Schema 1: Scharia

1.2 Begriffsklärung von *šarʿ* und *šāriʿ* (Gesetzgeber)

Da Scharia auf Gott bezogen wird, werden daraus derivierte Wörter wie *šarʿ* in vormodernen Rechtswerken entweder im Sinne von ›Gesetzgeber‹ bzw. ›Normsetzer‹ (*šāriʿ*) oder ›Scharia‹ benutzt. Nach dem islamischen Recht ist der Gesetzgeber Gott und sein Prophet Muhammad. Dies ist eine Aussage, die eine theologische Grundhaltung darstellt. Sie stellt nicht die tatsächliche Tätigkeit des Gesetzgebers dar. Wir erinnern uns, dass muslimische Gelehrte sich unter anderem durch Auslegung und Herleitung der Aussagen Gottes im Koran und in den Berichten über die Aussagen und Taten des Propheten der göttlichen Beurteilung menschlicher Handlungen annähern wollen. Damit sind im Grunde genommen die Rechtsgelehrten die Normsetzer, die sich an den Aussagen des Gesetzgebers (Gott und der Prophet) orientieren. Die Letztbegründung der Normen geht auf göttliche Aussagen zurück. Deswegen definieren viele Gelehrte Normen, wie oben beschrieben, als die ›Aussage Gottes‹, *ḫiṭāb aš-šarʿ*, obwohl diese Normen nur das Ergebnis der Auslegung der Aussagen Gottes sind.

Im Grunde genommen gibt es keine Norm im islamischen Recht, die nicht Gegenstand der Auslegung ist. Auch wenn bspw. das Gebet definitiv eine Pflicht ist, können die Vorschriften zur Ausführung je nach Auslegung variieren. Dasselbe gilt etwa für das vermeintliche Zinsverbot, das unterschiedlich ausgelegt wird.[8] Nur wenige Gelehrte bringen dies zur Sprache; einer von ihnen ist der andalusisch-malikitische Gelehrte Abū Isḥāq Ibrāhīm ibn Mūsā aš-Šāṭibī (gest. 790/1388). Er sagt, dass der Mufti (also der Rechtsgelehrte) wie der Gesetzgeber (*šāriʿ*) agiere, indem er anstelle des Propheten ›verkünde‹, welchen Handlungsvorschriften Muslime folgen sollen. Der Mufti schafft dabei neue Regelungen mittels Auslegung. Ich möchte hier die entsprechende Textstelle übersetzen; sie wird uns für die Behandlung der Frage nach der Autorität der Gelehrten in Kapitel 4 ebenfalls begleiten.

Textbeispiel 1: Normsetzungskompetenz

Rn. 1	Der Mufti hat in der Umma den Platz des Propheten – Friede und Segen auf ihm.	المفتي قائمٌ في الأمة مَقام النبي صلى الله عليه وسلم.
Rn. 2	Darauf verweisen mehrere Punkte. Erstens, schariatische Überlieferungen im Hadith: »Die Gelehrten sind die Erben der Propheten. Die Propheten hinterlassen nicht einen Dinar oder	والدليل على ذلك أمور: أحدها: النقل الشرعي في الحديث: «إن العلماء ورثة الأنبياء، وإن الأنبياء لم

8 Für die Auslegungsmethoden und die Grundsätze der Auslegung, sowie Beispiele aus klassischen Quellen siehe Band IV. Für die Analyse der Rechtsmeinungen, die das Zins- bzw. Wucherverbot (das sog. *ribā*-Verbot) betreffen, siehe Kurnaz, *Tradition und Fortschreibung*, Kapitel 3.

	einen Dirham als Erbe, aber sie vererben das Wissen.« […][9]	يُورثُوا دِينارًا ولا دِرهَمًا وإنما ورثوا العلم». […]
Rn. 3	Zweitens: Er [der Mufti] vertritt ihn [den Propheten], was die Verkündung von Normen anbelangt, bedingt durch seine Aussage: »Der Bezeugende [d. h. Anwesende, der etwas gesehen hat] unter euch soll dem Abwesenden[, der keine Kenntnis über jenen Sachverhalt hat, diesen] verkünden.« […][10]	والثاني: أنه نائب عنه في تبليغ الأحكام؛ لِقَوْلِهِ: «ألا لِيُبلغ الشاهدُ منكم الغائبَ. […] »
Rn. 4	Wenn dem nun so ist, dann bedeutet es, dass er [der Mufti] an die Stelle des Propheten tritt.	وإذا كان كذلك؛ فهو معنى كونه قائمًا مقام النبي.
Rn. 5	Drittens: Der Mufti ist aus einem Gesichtspunkt heraus Gesetzgeber. Denn das, was er von der Scharia verkündet, ist entweder von seinem Besitzer [d. h. Gott] überliefert oder vom Überlieferten hergeleitet.	والثالث: أنّ المفتي شارع من وجه لأن ما يبلغه من الشريعة؛ إما منقول عن صاحبها، وإما مستنبط من المنقول؛
Rn. 6	Im ersten Fall ist er [der Mufti] ein Verkünder; im zweiten nimmt er seine Rolle ein, Normen zu bestimmen. Normen zu setzen gebührt dem Gesetzgeber. Wenn der *muǧtahid* [der	فالأول يكون فيه مبلغًا، والثاني يكون فيه قائمًا مقامه في إنشاء الأحكام، وإنشاءُ الأحكام إنما هو للشارع،

9 Ich habe hier auf ein weiteres Hadithzitat und den Verweis auf Q 11:12, »Jedoch – du bist nur ein Warner«, und Q 9:122, »Warum zog dann nicht aus jeder Gruppe von ihnen eine Untergruppe aus, dass sie sich in der Religion belehren lasse und ihre Leute warne, wenn sie zurück zu ihnen kommt«, verzichtet. Beide deuten laut aš-Šāṭibī auf die Autorität des Propheten und die Gelehrten hin.

10 Ich habe zwei Hadithe an dieser Stelle ausgelassen.

	Rechtsgelehrte] nach den Möglichkeiten seines Denkvermögens und Idschtihads Normen bestimmt, dann ist er aus diesem Gesichtspunkt heraus Gesetzgeber, dem Folge geleistet und nach dem Vorbild seiner Meinung gehandelt werden soll. Genaugenommen ist dies die [wahre] Stellvertretung (*ḫilāfa*).	فإذا كان للمجتهد إنشاء الأحكام بحسب نظره واجتهاده؛ فهو من هذا الوجه شارع، واجب اتباعه والعمل على وفق ما قاله، وهذه هي الخلافة على التَّحْقِيقِ،
Rn. 7	Für den Bereich, in dem er nur verkündet[, was er in den Quellen vorfindet], sind sein Verständnis darüber, welche Bedeutung die schariatischen Worte haben, und seine Analyse der Rechtsgründe und wie sie sich auf die Normen auswirken, unabdingbar.	بل القسم الذي هو فيه مبلغٌ لا بد من نظره فيه من جهة فهم المعاني من الألفاظ الشرعية، ومن جهة تحقيق مناطها وتنزيلها على الأحكام،
Rn. 8	Beide Tätigkeiten sind auf ihn [den Mufti] zu beziehen. Damit nimmt er auch in dieser Hinsicht den Platz des Gesetzgebers ein; heißt es doch in einem Hadith, »dass sich dem, der den Koran liest, die Prophetie in seinem Inneren einnisten wird.«	وكلا الأمرين راجع إليه فيها؛ فقد قام مقام الشارع أيضا في هذا المعنى، وقد جاء في الحديث: «أن مَن قرأ القرآنَ؛ فقد أدرجتِ النبوّة بين جَنْبيه».
Rn. 9	Kurzum, der Mufti berichtet über Gott, wie der Prophet [es tat], und wendet, wie der Prophet, nach eigenem Ermessen die Scharia auf die Handlungen der juristisch verantwortlichen Personen an, und setzt seine Sache, wie der Prophet, mithilfe der Stellvertretung in der Umma durch. Daher heißen sie *ulū l-amr*	وعلى الجملة؛ فالمفتي مخبر عن الله كالنبي، ومُوقِّع للشريعة على أفعال المكلفين بحسب نظره كالنبي، ونافذٌ أمره في الأمة بمنشور الخلافة كالنبي، ولذلك سمّوا أولي الأمر،

[also diejenigen, die Befehlsgewalt haben]. Ihnen Gehorsam zu zeigen ist daher im Worte Gottes des Erhabenen [d. h. im Koran] mit dem Gehorsam gegenüber Gott und seinen Gesandten verbunden: »O ihr, die ihr glaubt! Gehorcht Gott, und gehorcht dem Gesandten und denen unter euch, die Befehlsgewalt besitzen!«[11] [Q 4:59].	وقُرنت طاعتهم بطاعة الله ورسوله في قوله تعالى: {يَا أَيُّهَا الَّذِينَ آمَنُوا أَطِيعُوا اللَّهَ وَأَطِيعُوا الرَّسُولَ وَأُولِي الْأَمْرِ مِنكُمْ} [النِّسَاءِ: 59].

Textbeispiel 1: aš-Šāṭibī, *al-Muwāfaqāt*, V:253–257

Wahrscheinlich beziehen sich die Aussagen aš-Šāṭibīs auf die Auseinandersetzung der Muftis mit den Richtern (*quḍāt*) in Andalusien um die Deutungshoheit im Recht. Sie treffen aber genau den Kern: Islamisches Recht ist Auslegungssache der Gelehrten; sie bestimmen, was Recht ist! Wir sehen im Text, dass aš-Šāṭibī die Autorität des Muftis mit der Frage nach der Stellvertretung (*ḫilāfa*) des Propheten in Verbindung setzt. In Kapitel 4 werden wir auf die Auseinandersetzung zwischen den Kalifen (Sg. *ḫalīfa*), die den Anspruch haben, Gottes Stellvertreter auf Erden zu sein (also *ḫalīfat Allāh*), und den Rechtsgelehrten noch näher eingehen.

Nach dieser Begriffsklärung können wir uns nun näher mit der Entstehung des islamischen Rechts befassen. Es gibt verschiedene Auffassungen darüber, wie sich das islamische Recht entwickelt hat. Dementsprechend werden ihm unterschiedliche Entwicklungsphasen zugeschrieben, die jeweils den Blick auf seine Entstehung beeinflussen. Daher möchte ich zunächst auf die verschiedenen Modelle zur Periodisierung des islamischen Rechts eingehen.

11 Koranübersetzungen sind nach Bobzin, *Der Koran*. Sollten Änderungen vorkommen, werden sie angegeben.

1.3 Modelle zur Periodisierung der Entwicklung des islamischen Rechts

Die Geschichte des islamischen Rechts kann unterschiedlich geschrieben werden, da die Quellenlage dünn ist. Entsprechend variieren in Forschungsarbeiten zur Geschichte des islamischen Rechts Bestrebungen, das islamische Recht in Entwicklungsphasen einzuteilen. Im Folgenden werde ich einige Modelle exemplarisch anführen.[12]

Eine noch immer präsente Haltung unter muslimischen Theolog:innen und Gelehrten sowie Islamwissenschaftler:innen ist, dass das islamische Recht ab dem 4./10. Jahrhundert stagnierte. Bis dahin sei es dynamisch und anpassungsfähig gewesen. Die Stagnation bzw. der Niedergang, der sich ab dem 4./10. Jahrhundert abzeichne, habe bis in das 13./19. Jahrhundert hinein angehalten. Man sprach lange Zeit von der ›Schließung des Tores des Idschtihad‹ (*sadd/insidād bāb al-iǧtihād*). Prominente Verfechter dieser Position waren Christiaan Snouck Hurgronje (gest. 1936), Joseph Schacht sowie Noel J. Coulson (gest. 1986). Muslimische Gelehrte wie Rašīd Riḍā (gest. 1935), Fazlur Rahman (gest. 1988), Naṣr Ḥāmid Abū Zayd (gest. 2010), Ṭāhā Ǧābir al-ʿAlwānī (gest. 2016), Yūsuf al-Qaraḍāwī (gest. 2022) und Jasser Auda vertreten eine ähnliche Auffassung. Auch wenn der jeweilige Ausgangspunkt ein anderer sein mag, ist die Sicht auf das islamische Recht bei diesen Personen gleich: Sie sehen eine starke Entwicklung des islamischen Rechts bis in das 10. Jahrhundert, danach folgen Stagnation und Niedergang bis in das 19. Jahrhundert. Hurgronje stellte den als rationalistisch und fortschrittlich gesehenen Westen womöglich aus einem kolonialistischen Blick heraus dem als stagnierend und irrational empfundenen Orient gegenüber, wogegen

12 Meine folgenden Ausführungen beziehen sich auf die Ausführungen von Arslan, »Periodisierung«.

Gelehrte wie Riḍā ihre modernistischen Ansätze mit einer ›Niedergangstheorie‹ untermauerten. Sie alle erkennen zwar an, dass viele islamrechtliche Werke nach dem 4./10. Jahrhundert entstanden sind; diese seien aber lediglich Reproduktionen bereits bestehenden Wissens. Maßgeblich beteiligt an der Stagnation des islamischen Rechts seien die Rechtsschulen, die sich in diesem Jahrhundert konsolidieren konnten. Ihre Autorität habe dazu geführt, dass man sich nicht mehr aktiv mit den Rechtsquellen beschäftigt und innovative Lösungsmöglichkeiten vorgeschlagen habe. Vielmehr habe man sich auf die Autorität der Rechtsschulen berufen und mit den bestehenden Meinungen begnügt. Eine bekannte Periodisierung, die dieser Auffassung folgt, unterscheidet

1) Entstehungsphase zwischen 700–850,
2) klassische Phase zwischen 850–945,
3) Phase der Nachahmung zwischen 945–1900 und
4) moderne Phase ab 1900.[13]

Der Phase der Nachahmung wird eine Rigidität bescheinigt. Das islamische Recht sei in dieser Zeit zu einem festen Gefüge gewachsen, das nicht auf den historischen Kontext habe reagieren können. Ausgehend von diesem Verständnis haben Gelehrte wie Muḥammad al-Ḫuḍarī Bek (gest. 1927) ebenfalls Modelle entworfen, die von einer langen Stagnationsphase ausgehen. Al-Ḫuḍarī Beks Einteilung hat viele muslimische Gelehrte beeinflusst, weshalb eine nähere Betrachtung hier sinnvoll ist:

1) 610–725, dreigliedrige Formationsphase: das Zeitalter des Propheten (610–632), das Zeitalter der älteren Prophetengefährt:innenen (*ṣaḥāba*) bis zum Ende der Herrschaft der rechtgeleiteten Kalifen (632–661) und das Zeitalter der jüngeren Gefährten und der Nachfolgergeneration (*tābiʿūn*, 661–725),

13 Arslan, »Periodisierung«, 281.

2) 725–945, die Blütezeit, das Zeitalter der Eigenständigkeit des islamischen Rechts als wissenschaftliche Disziplin: Hier attestiert al-Ḫuḍarī Bek dem islamischen Recht eine Dynamik, da der *iǧtihād* (Idschtihad), die freie Rechtsfindung mit Rücksicht auf die Rechtsquellen, im Vordergrund gestanden habe.
3) 945–1258, Etablierungs- und Stagnationsphase: Diese Phase ist dadurch gekennzeichnet, dass sich die Rechtsschulen etablierten, die wichtigsten Werke geschrieben wurden und die Autorität der Rechtsschulen den Diskurs dominierte. Somit habe man den Idschtihad eingeschränkt und die bloße Reproduktion bestehender Meinungen eingeleitet, womit die Nachahmung (*taqlīd*) einherging.
4) 1258–1850, das Zeitalter der Nachahmung: Seit 1258 bis in die Gegenwart, also im Falle von al-Ḫuḍarī Bek spätestens das Jahr 1920, habe das islamische Recht stagniert und nichts Innovatives hervorbringen können. Al-Ḫuḍarī Bek versucht diese Phase noch einzuschränken, indem er sagt, dass es bis zu den Osmanen noch vereinzelt große *muǧtahidūn*, frei rechtsfindende Gelehrte, gegeben habe. Spätestens nach den Mamluken und mit den Osmanen ab dem 10./16. Jahrhundert seien solche nicht mehr zu finden gewesen.
5) Ab 1850, die gegenwärtige Phase.[14]

Diese Einteilung von al-Ḫuḍarī Bek wird von vielen Gelehrten aufgegriffen, auch wenn sie einzelne Phasen anders bezeichnen und sie teilweise zeitlich versetzt anordnen. So sieht etwa Hayreddin Karaman den Beginn der modernen Phase im Jahre 1876 mit der Kodifizierung des islamischen Rechts in der sogenannten *Mecelle*, dem ersten kodifizierten islamischen Rechtswerk. Viele bezeichnen die Phase zwischen 4./10. und dem 13./19. Jahrhundert als ›Niedergang‹, zumindest ab 1258 mit dem Mongolensturm und dem Fall von Bagdad. Alle diese Modelle lassen sich insgesamt in fünf Phasen einteilen: Entstehung,

14 Arslan, »Periodisierung«, 289–292.

Ausdifferenzierung, Reife, Stagnation bzw. Niedergang und Wiederbelebung. Ein absoluter Tiefpunkt scheint dabei das Jahr 1258 zu sein.

Neuere Forschungen und Ansätze widersprechen dieser Auffassung der Niedergangs- und Stagnationsthese sowie dem Phänomen der ›Schließung des Tores des Idschtihad‹.[15] Bis in das Jahr 945 hinein bleibt die Periodisierung auch hier gleich und sieht in dieser Zeit die Entstehungs-, Entwicklungs- und Ausdifferenzierungsphase, in der sich das islamische Recht dynamisch formt. Anders ist, dass die Phasen nach 945 nicht als Niedergang oder Stagnation gedeutet werden, sondern etwa als Zeiten der Diversifizierung, Stabilisierung, Institutionalisierung und Konsolidierung. Diese Phasen werden nicht mehr als Gegensatz zur dynamischen Entstehung verstanden, sondern stellen selbst eine dynamische Fortschreibung dar. Einige Merkmale dieser Phasen sind:

> »Rationalisierung des wissenschaftlichen Diskurses, Formalisierung des Unterrichtswesens (*madrasa*-Wesen), Professionalisierung von Rechtsinstitutionen (*fatwā* und *qaḍāʾ*), Entstehung verschiedener Literaturformen: Epitome (Sg. *muḫtaṣar*), Kommentare (Sg. *šarḥ*), Superkommentare (Sg. *ḥāšiya*), Glossen (Sg. *taʿlīq*), Traktate (Sg. *risāla*) etc. als dynamische Wege zur Fortschreibung der Tradition, Ausdifferenzierung in Subdisziplinen: *qawāʿid, furūq, fatwā, qaḍāʾ* etc.«[16]

Ähnlich wie in den vorherigen Modellen leiten Forscher:innen eine neue Phase ab dem 19. Jahrhundert ein. Sie wird dabei unterschiedlich eingeordnet. Einige sehen sie als Wiederbelebung, da sie die Phase vom 4./10. bis zum 13./19. Jahrhundert teilweise noch als Stagnation betrachten. Andere wiederum konzentrieren sich auf die Entstehung der Nationalstaaten und sprechen etwa von einer Zeit der Kodifikation. Ich möchte exemplarisch zwei Modelle vorstellen, die eine konkrete

15 Siehe dazu im Detail Hallaq, »Was the Gate of Ijtihad Closed?«.

16 Arslan, »Periodisierung«, 301.

Einteilung zwischen dem 4./10. und dem 13./19. Jahrhundert vornehmen und die neuzeitlichen Entwicklungen neu betiteln.

Das erste Modell, das ich präsentieren möchte, ist von Petra Bleisch Bouzar. Sie unterscheidet vier Phasen voneinander:

1) 1610–632: Transition vom arabischen Stammesrecht zu einem Rechtssystem,
2) 632–4./10. Jahrhundert: Ausdifferenzierung des medinensischen Rechts zu verschiedenen Rechtsschulen und fortlaufende Professionalisierung,
3) 4./10.–13./19. Jahrhundert: Tradierung und Weiterentwicklung des islamischen Rechts:
   a) 4./10.–9./15. Jahrhundert: Phase der Institutionalisierung und Rationalisierung,
   b) 10./16.–13./19. Jahrhundert: Phase der Bürokratisierung und Kodifizierung,
4) Das 19. und 20. Jahrhundert:
   a) Reformen unter Umständen der Kolonialisierung und
   b) Institutionalisierung in Nationalstaaten.[17]

Rüdiger Lohlker dagegen schlägt eine detailliertere Einteilung vor:

1) 570–632 (Lebzeit des Propheten): Entstehung des islamischen Rechts (Gemeindeordnung von Medina, Vorschriften in Koran und Überlieferungen),
2) 632–661 (Herrschaft der ersten vier Kalifen): Entstehung erster Rechtsinstitutionen und -prinzipien,
3) 661–750 (Herrschaft der Umayyaden): Etablierung des Kadi-Amts; Entwicklung von Rechtszentren, Gelehrtenkreisen und Hadithgelehrten,
4) 2. Hälfte 8. Jahrhundert bis 2. Hälfte 9. Jahrhundert: Entwicklung der Grundlagen für die Rechtsschulen

17 Bleisch Bouzar, »Islamisches Recht«, 265; Arslan, »Periodisierung«, 304.

5) Bis zum 12. Jahrhundert: Entstehung der Rechtsschulen und der Medresen,
6) 12.–16. Jahrhundert: Revision der Lehren und Stabilisierung der Rechtsschulen als Institution,
7) 17.–19. Jahrhundert: Reformbewegungen (pietistisch), Betonung des Idschtihad, Abstand zum *taqlīd*, Konservierung traditioneller Formen der Rechtsliteratur,
8) Ab dem 19. Jahrhundert: Kolonialisierung, Einführung von Recht nach europäischem Vorbild, Kodifizierung des islamischen Rechts (*Mecelle*), Konkurrenzverhältnis des islamischen Rechts mit Nationalrecht und gemischte Formen Nationalrechts und islamischen Rechts, modernistische Reformbewegungen (Betonung des Idschtihad),
9) 20./21. Jahrhundert: Zurückdrängung des islamischen Rechts in den Bereich des Personenstandsrechts; Durchsetzung staatlichen Rechts; Forderungen nach der Anwendung der Scharia, Islamisierungsbestrebung der Gesetzgebung, Frömmigkeitsbestrebungen im *ḥalāl-ḥarām*-Diskurs.[18]

Wie den Periodisierungsbestrebungen von Bleisch Bouzar und Lohlker zu entnehmen ist, kann die Entwicklung in der Phase, die bisher als Stagnations- und Niedergangsphase gesehen wurde, durchaus anders eingeordnet werden. Im Sinne der Rechtssicherheit wurde die starke Dynamik, die wir zur Entstehungszeit des islamischen Rechts sehen, zwar später unterbunden, aber innerhalb bestimmter Grenzen fanden Anpassungen, Neujustierungen und Diversifizierung dennoch statt. Die Dynamik und Fortschreibung der Tradition hat nach dieser Auffassung andere Züge angenommen und wurde für die Rechtssicherheit entschleunigt, was letztlich das langfristige Überleben eines Rechtssystems garantiert. Es entstanden viele Diskurse, innerhalb derer neue Ansätze, Meinungen und Herangehensweisen ausdiskutiert wurden.

18 Lohlker, *Islamisches Recht,* 13 f.; Arslan, »Periodisierung«, 305. Ich habe Lohlkers Ausführungen angepasst und bin seiner Darstellung nur teilweise wörtlich gefolgt.

Ab dem 20. Jahrhundert hat sich die Situation in muslimisch geprägten Ländern dramatisch verändert; Muslime in nicht-muslimisch geprägten Ländern haben neue Diskursorte kreiert, die auf ihre Art und Weise zur Entwicklung des islamischen Rechts beigetragen haben. Diesen Entwicklungen werden wir hier nicht nachgehen können.[19]

Im Folgenden möchte ich nun die Entstehung und Entwicklung des islamischen Rechts nachzeichnen. Dabei schließe ich mich dem Grundgedanken der Periodisierung der neueren Forschung an, die ab dem 4./10. Jahrhundert keine Stagnation sieht. Da das vorliegende Buch die Entwicklung nicht in Gänze nachzeichnen kann, habe ich sie in zwei Blöcke geteilt: die Entstehungsphase bis ca. 132/750 und danach. Dies soll nicht implizieren, dass von 750 bis heute das islamische Recht gleichgeblieben wäre oder Entwicklungen in den muslimisch geprägten Regionen flächendeckend und gleichzeitig stattgefunden hätten – dies auszuführen würde den Rahmen sprengen. Die Merkmale für die unterschiedlichen Phasen innerhalb dieser Zeitspanne, die ich hier aufgezählt habe, sollten stets mitgedacht werden.

Zusammenfassung

Das islamische Recht ist in unterschiedlichen Phasen graduell entstanden. Bisher war die Auffassung dominant, dass die formative Phase des islamischen Rechts in einer Stagnation und einem Niedergang gemündet habe, der im Jahre 945, spätestens jedoch mit dem Mongolensturm und dem Fall von Bagdad im Jahre 1258 einsetzte. Das flexible und dynamische Recht, das von Idschtihad geprägt war, sei nach dieser Auffassung bis in das 19. Jahrhundert hinein erstarrt. Danach haben Gelehrte versucht, das islamische Recht wiederzubeleben. Das Gegennarrativ versucht diese knapp tausendjährige Phase

19 Für nähere Ausführungen zum islamischen Recht ab dem 20. Jahrhundert siehe Band V.

anders zu deuten. Es attestiert ihr eine eigene Dynamik und Fortschreibung, die zwar aufgrund der notwendigen Stabilität des Rechtssystems und der Rechtssicherheit wegen entschleunigt, aber nicht ausgeschlossen wurde. Entsprechend werden mit dieser Epoche die Institutionalisierung, Diversifizierung, Rationalisierung, Kodifikation, Revision und Bürokratisierung in Verbindung gebracht. Somit wird dieser Epoche ein eigener, hoher Wert beigemessen.

Kapitel 2: Entstehung des islamischen Rechts bis ca. 132/750

Wie genau die frühe Entwicklung des islamischen Rechts verlief, können wir anhand der gegenwärtigen Quellenlage nicht genau nachzeichnen. Lange Zeit wurde in der Islamrechtsforschung angenommen, dass es bis in die letzten Dekaden der Herrschaft der Umayyaden (reg. 40–132/661–750) gar kein systematisches Recht gab und erst recht kein islamisches Recht als solches existierte (diese These vertraten z. B. Joseph Schacht und Patricia Crone); vielmehr habe man pragmatische Einzelfallentscheidungen getroffen. Hier gehen einige Forscher sogar so weit, das islamische Recht als eine Kopie des Römischen Rechts und weiterer benachbarter Kulturen zu sehen (so etwa Ignaz Goldziher, gest. 1921). Andererseits geht die muslimische Geschichtsschreibung von einem Rechtssystem aus, das sich mit der Entstehung des Islam sofort entwickelt habe. Man versucht dabei, frühen Rechtspraktiken so gut es geht einen ›islamischen Charakter‹ zu verleihen. Die systematischen Werke aus dem 2./8. Jahrhundert werden dabei als erhaltene Produkte frühester Entwicklung gesehen. Dementsprechend versucht die muslimische Geschichtsschreibung, Einflüsse aus anderen Rechtskulturen weitestgehend auszublenden und die Originalität des islamischen Rechts zu betonen. Neuere Forschungen dagegen zeichnen ein differenzierteres Bild. Grundsätzlich kann man – wenn man ihnen folgt – verschiedene Entwicklungsstufen eines sich graduell entwickelnden islamischen Rechtssystems erkennen und es sogar recht früh datieren. Wir können der frühen Entwicklungsphase entnehmen, dass sich sowohl Rechtspraktiken unterschiedlicher Kulturkreise als auch Praktiken, die dem Wunsch nach koranischer und prophetischer Legitimierung entsprachen, zu einem genuin muslimischen Rechtssystem weiterentwickelt haben. Trotz früher Professionalisierungsbestrebungen, Ausdifferenzierung und Originalität dauerte die Systematisierung des Rechts bis in das 4./10. Jahrhundert hinein an. In diesem Kapitel möchte ich mithilfe dieser Betrachtungsweise die Entwicklung des islamischen Rechts zunächst bis zum Ende der umayyadischen Herrschaft nachzeichnen, also bis 132/750. Die weitere Entwicklung werde ich in den darauffolgenden Kapiteln beschreiben.

2.1 Die frühe Entwicklung islamischen Rechtsdenkens bis zur Umayyadendynastie

Das islamische Rechtsdenken ist nicht in einem Vakuum entstanden. Sein größerer Entstehungskontext ist das vorislamische Arabien, das die Gelehrten als *ǧāhilīya* bezeichnen. Die arabische Gesellschaft bestand aus sesshaften Stämmen, Halbnomaden und Nomaden, die regen wirtschaftlichen wie auch kulturellen Austausch mit diversen Kulturen in und um Arabien pflegten: im Norden mit dem Oströmischen und Sassanidischen Reich, im Süden mit Jemen und Abessinien. Durch die regen Kontakte in diese Regionen kamen sie auch mit Völkern entfernterer Orte in Austausch. Auf der arabischen Halbinsel lebten zudem zahlreiche religiöse Gruppierungen, darunter Juden und Christen unterschiedlicher Prägung. Es gab kein kodifiziertes Recht der Araber, die nach Stämmen organisiert waren und Bündnisse untereinander schlossen. Allerdings gab es eine Art Gewohnheitsrecht, das den Handel regelte, zur Bestrafung von Delikten wie Totschlag führte und Eheverhältnisse regelte.

Jeder Stamm war hierarchisch organisiert; ein Stammesoberhaupt (*šayḫ*) oder ein Ältestenrat (*malaʾ*) steuerte den Stamm politisch sowie sozial und wirtschaftlich. Dichter (Sg. *šāʿir*) und Wahrsager (Sg. *kāhin*) gehörten ebenfalls zur Elite. Ihnen wurden übermenschliche Fähigkeiten zugesprochen und sie behaupteten, Kontakt zu unsichtbaren Dämonenwesen, Dschinnen (Sg. *ǧinn*), zu haben. Auch durften sie über Leben, Tod, Eheschließung, Kriegsführung und Stammesbündnisse entscheiden und übernahmen neben Schiedsrichtern (*ḥukkām*, Sg. *ḥakam*) quasi-richterliche Tätigkeiten. Der Stamm selbst bestand aus mehreren Clans und Familien. Die schwächsten Glieder waren Sklaven, Frauen und Kinder. Reiche Familien führten den Stamm zusammen mit den oben genannten Persönlichkeiten. Besonderer Ruhm wurde einer Person durch Wohltätigkeit, Mut, Tapferkeit und Einsatz im Krieg zuteil. Überfälle auf Karawanen (die deshalb von Soldaten beschützt wurden) und sonstige Überfälle (Razzien, Sg. *ġazwa*) gehörten zu den Finanzquellen eines Stammes. Je nach Ort war der Handel (z. B. in Mekka) oder die Landwirtschaft an Oasen (z. B. in Yaṯrib, das spätere Medina) die maßgebliche Einnahmequelle. Religiöse Praktiken wie die Pilgerfahrt (*ḥaǧǧ*, *ʿumra*) und das Schlachten von Opfertieren waren unter vorislamischen Arabern verbreitet.

Die religiöse Haltung der vorislamischen Araber kann als Poly- bzw. Henotheismus beschrieben werden. Sie sahen verschiedene Gottheiten als Mittler bzw. Fürsprecher zwischen dem Schöpfergott Allāh und dem Menschen. Jeder Stamm konnte eine eigene Gottheit anbeten oder auch die der anderen. Die Gottheiten waren sowohl männlich als auch weiblich. Im Koran werden drei namentlich genannt: Lāt, al-ʿUzzā und Manāt (vgl. Q 53:19 f.). Aus Überlieferungen wissen wir, dass die Gottheit Hubal sich in der Kaaba befand. Die Kaaba und somit Mekka wurde bereits vor dem Islam von vielen Stämmen als Pilgerort besucht. In der Pilgersaison und darüber hinaus wurden Märkte (*aswāq*, Sg. *sūq*) und Messen organisiert, auf denen reger Handel stattfand. Die Vertragstypen, die dort geschlossen wurden – vom gewöhnlichen Tauschgeschäft hin zum Terminkauf, Darlehensverträgen und einfachen Gesellschaftsverträgen – entsprachen den bekannten Vertragstypen in der Region (einschließlich des Fruchtbaren Halbmonds). Auf diesen Märkten, Messen und Warenumschlagplätzen kam es daneben zum kulturellen und religiösen Austausch.

In diesem historischen Kontext trat der Prophet Muhammad als Prophet in Mekka auf. Er war ein Kaufmann, stammte aus dem mekkanischen Stamm der Quraisch und gehörte der Sippe der Banū Hāšim an. Etwa ab dem Jahr 609 oder 610 erhielt er Offenbarungen (Sg. *waḥy*), die er an die Menschen verkündete. Die Summe dieser Offenbarungen ist der Koran. Der Koran wurde dem Propheten zu verschiedenen Anlässen (man spricht vom ›Offenbarungsanlass‹, *sabab an-nuzūl*) bis in das Jahr 632 Stück für Stück herabgesandt.

Bis in das Jahr 622 hinein beinhaltet der Koran kaum rechtlich relevante Verse; erst nach dem Auszug (Hidschra, *hiǧra*) der Muslime von Mekka in die Stadt Yaṯrib, die seither Medina heißt, äußert sich der Koran intensiver zu Rechtsfragen. Mit der Hidschra und den Koranpassagen, die ab diesem Zeitpunkt herabgesandt worden sind, beginnt die Geschichte des islamischen Rechts. Es handelt sich dabei zwar noch nicht um ein ausgearbeitetes Rechtssystem, wir werden aber sehen, dass ein solches System mit Rückbezug auf den Koran später begründet wurde, daher beginnt die Geschichte des islamischen Rechts im Keim bereits hier.

Der Koran beinhaltet recht wenige Verse, die ausdrücklich rechtlichen Inhalts sind. Die Zahlen, die dazu in der Literatur angegeben werden, variieren. Etabliert hat sich aus historischen Gründen die Zahl 500, aber bei näherer Betrachtung (und auch nur mit Wohlwollen) kommen wir knapp auf die Hälfte davon. Wie zuvor betont, sind die rechtsrelevanten Verse überwiegend medinensisch, also in Medina herabgesandt. Um einzuordnen, wie genau die Verse verstanden werden sollen, ist ihre Kontextualisierung wichtig. Die geringe Anzahl an rechtsrelevanten Versen hat womöglich damit zu tun, dass der Koran tendenziell dann eingreift, wenn die sich neu formende Gesellschaft in eine falsche Richtung driftet. Daher hat sich in der späteren Systematik die Auffassung durchgesetzt, dass nach dem islamischen Recht grundsätzlich alles erlaubt ist, sofern nicht bewiesen wird, dass es verboten ist. Beispielsweise zählt der Koran auf, was Muslime *nicht* essen dürfen (vgl. Q 2:173), da der Rest grundsätzlich erlaubt ist (vgl. Q 5:87 f.). Ferner spricht Gott im Koran dem Menschen die Fähigkeit zu, das Gute zu erkennen und das als gut Bekannte (*al-maʿrūf*) bei der Lösung von Streitigkeiten zu berücksichtigen.[20]

20 Für alle relevanten Koranpassagen und ihre Auswertung bezüglich *maʿrūf*, siehe Reinhart, »What We Know About Maʿrūf«.

Die rechtsrelevanten Koranverse beziehen sich sowohl auf gottesdienstliche Handlungen (darunter auch Speise- und Reinheitsvorschriften) als auch auf zwischenmenschliche Beziehungen. Die meisten von ihnen beinhalten keine konkretisierten Handlungsvorschriften, sondern allgemeine Handlungsanweisungen, wie z. B. »Verrichtet das Gebet und entrichtet die Almosensteuer und beugt euch mit denen, die sich beugen« (vgl. Q 2:43), »Nimm von ihrem Vermögen Almosen« (vgl. Q 9:103) und »Gott hat euch das Kaufgeschäft erlaubt, Wucher verboten« (vgl. Q 2:275). Wie das Gebet genau verrichtet werden soll, was mit der Almosensteuer besteuert wird, wie hoch der Steuersatz ist und was genau unter Wucher (bzw. Zinsen) zu verstehen ist, lässt er offen. Daneben gibt es Verse, die detailliert ausfallen, wie etwa die Passagen zur Erbverteilung (z. B. Q 4:11 f.), Eheschließung (z. B. Q 2:221, 4:3 f. 4:22–24) und Scheidung (z. B. 2:230–237, 65:1–7).

Es ist zu sehen, dass der Koran viele Lücken offenlässt, die der Prophet füllen sollte bzw. konnte. Darüber hinaus konkretisiert und erklärt er die bereits getroffenen Aussagen im Koran. Sowohl der Prophet als auch der Koran übernehmen das zur damaligen Zeit Bekannte und legen es aus. So werden Eheschließungs- und Scheidungsformen[21] aus dem Altarabischen übernommen und modifiziert. Z. B. wird der Scheidungsausspruch, den der Mann tätigt (der sog. *ṭalāq*), von der uneingeschränkten vorislamischen Praxis auf drei Male eingeschränkt; nach der dritten Scheidung ist eine Versöhnung des Paares nicht mehr möglich. Die Scheidung ist dann endgültig. Zudem führt der Koran neue Regelungen ein, wie etwa die Wartezeit (*ʿidda*) nach der Scheidung und die damit verbundene Frist, während derer die Ehefrau zu ihrem Ehemann zurückkehren kann, ohne die Ehe erneut schließen zu müssen. Auch die gottesdienstlichen Handlungen sind keine koranischen Erfindungen oder Neuerungen, die der Prophet ersinnt. Die meisten sind bereits in jüdischer, christlicher sowie altarabischer Tradition bekannt, wie etwa die rituelle Reinigung (*wuḍūʾ*) und die Pilgerfahrt (*al-ḥaǧǧ*). Der Koran und der Prophet setzten

21 Für die verschiedenen Arten der Scheidung siehe Band II, Kapitel 5.2.1.

sie in den muslimischen Kontext, deuteten sie neu und ordneten sie für Muslime als verbindlich an. Das ist nicht verwunderlich, denn der Koran – und damit auch der Prophet – verstehen sich als das letzte Glied göttlicher Offenbarung bzw. das letzte Glied der von Gott auserwählten Propheten. Dass es hier Ähnlichkeiten zur jüdischen und christlichen Tradition gibt, ist dabei für den Koran eher eine Bestätigung denn eine Widerlegung, zumindest aus dem koranischen Selbstverständnis heraus (vgl. Q 3:3). Dies hindert den Koran aber nicht daran, korrektiv einzugreifen und, wo nötig, Änderungen vorzunehmen.

Damit steht fest, dass der Koran nicht unabhängig von den ihn umgebenden (Rechts-)Kulturen auf die Umstände reagierte, unter denen die Muslime gelebt haben. Das gilt auch für den Propheten: Er war ein Kind seiner Zeit, übernahm bestehende Praktiken und griff korrigierend ein. Deswegen können wir sagen, dass der Koran dann besonders detaillierte Informationen darbietet, wenn er stark von der damaligen Praxis abweicht oder reformierend eingreift, was vor allem auf die Bereiche Erbverteilung, Eheschließung und Scheidung zutrifft. Ähnliches gilt für die Art und Weise, wie der Prophet als (Schieds-)Richter agierte. Als solcher nämlich traf er in Medina ein. Oft hat er daneben richterliche Aufgaben an Personen delegiert und sie an verschiedene Orte entsandt. Das wohl prominenteste Beispiel ist die Entsendung von Muʿāḏ ibn Ǧabal (gest. 17/638), den er als Richter in den Jemen entsandte. Diesem erlaubte er, nach bestem Wissen und Gewissen zu richten, selbst Recht zu finden und sich nach seiner eigenen Meinung (*raʾy*) zu entscheiden. Die Historizität dieser Überlieferung ist zwar fraglich, zeigt aber, wie möglicherweise Muslim:innen in der Frühzeit die Haltung des Propheten zur Lösung von rechtsrelevanten Fragen wahrgenommen bzw. sich dies vorgestellt haben. Es wird auch berichtet, dass der Prophet in seiner Anwesenheit andere entscheiden ließ bzw. sich mit den Prophetengefährt:innen beriet und sie gemeinsam Entscheidungen trafen.[22]

22 Kurnaz, »Der Prophet als juristische Autorität«.

All das zeigt, dass bereits Bekanntes in die frühe Entstehung des islamischen Rechts eingeflossen ist. Auch haben die frühen Muslime altarabische Konzepte weitergedacht: Was als *sunna* (wörtl. ›Gewohnheit, Konvention‹) bekannt war, wurde als lebendige Praxis der Muslime fortgeführt. Noch bis in das 3./9. Jahrhundert hinein verstanden Muslime unter *sunna* die bekannte, lokale Tradition (fortan: sunnabasierte Praxis). Das Wort *sunna* im Plural als *sunan* konnte sogar die kalifale Praxis, Recht zu finden, umfassen.[23] Es kam nur ein legitimierender Zusatz hinzu: Sie ist die lokale Tradition, die der prophetischen Tradition nicht widerspricht. Denn recht früh nach dem Ableben des Propheten im Jahre 632 begannen einige Kreise, danach zu fragen, was die explizit prophetische Praxis sei, die sie ebenfalls mit dem Begriff *sunna* bezeichneten. Damit war der Begriff *sunna* zunächst ein Sammelbegriff für die prophetische Praxis und die lokalen Praktiken der Muslime, die sich mit der raschen Expansion und den Eroberungswellen auf verschiedene Regionen verteilt hatten.

Nach dem Ableben des Propheten übernahmen seine engsten Gefährten unter dem Titel ›Kalif‹ (*ḫalīfa*) die Funktion der politischen Obrigkeit der Muslime. Die Entscheidungen von Abū Bakr (gest. 13/634, reg. 632–634), dem ersten Kalifen, und ʿUmar ibn al-Ḫaṭṭāb (gest. 23/644, reg. 634–644), dem zweiten Kalifen, schrieben die sunnabasierte Praxis fort. Prophetengefährten wie ʿAbdallāh ibn Masʿūd (gest. 32/652–653), die sich entweder mit rechtlichen Fragen beschäftigten oder als Gouverneure (Sg. *wālī*) tätig waren und somit auch richterliche Tätigkeiten ausführten, trugen dazu entscheidend bei. Daraus entwickelten sich verschiedene Lokaltraditionen, die den Anspruch haben konnten, den Koran zu berücksichtigen und darüber hinaus mit ›gesundem Menschenverstand‹ (also *raʾy*) und im Einvernehmen mit der vorherrschenden Praxis die sunnabasierte Praxis weiterzudenken und fortzuschreiben. Dies ist keine einheitliche Haltung, denn tatsächlich angewandte Rechtsregeln konnten auch unabhängig

23 Müller, *Recht*, 73.

von der Referenz auf den Propheten oder Prophetenaussprüche geschehen, sodass konkurrierende Haltungen nebeneinander existieren konnten. Wie genau welche Meinung legitimiert wurde und tatsächliche Praxis war, lässt sich für diese frühe Phase nur schwerlich rekonstruieren.

Sunnabasierte Lokaltraditionen scheinen den Anspruch gehabt zu haben, entweder die Sunna als ›Gewohnheit des Propheten‹ und in direkter Verbindung zu ihm fortzuschreiben (wie etwa die medinensischen Gelehrten, die sich direkt auf den Propheten beziehen konnten, da er zuletzt in Medina lebte) oder mittels der Prophetengefährt:innen und ihrer Autorität indirekt fortzuschreiben. Muslime, die neue Länder eroberten, behielten zudem in großem Maße die vorgefundenen bestehenden Gewohnheiten und Verwaltungsstrukturen bei. Dadurch entstanden weitere unterschiedliche Meinungen und Praktiken, die sich etablierten. Es entwickelten sich zudem verschiedene neue Zentren, weil die Eroberer dazu neigten, eher Garnisonsstädte neu zu gründen, statt sich in den eingenommenen Hauptstädten niederzulassen. Solche Zentren waren anfangs Medina, Mekka, Kufa, Basra, Damaskus, Fustat und Jemen; sie wurden später um Khorasan (Ḫurāsān), Marw, Samarqand, Buchara (Buḫāra), Qayrawān, Córdoba (Qurṭuba) und viele weitere ergänzt. Die zuerst genannten Zentren wurden von Prophetengefährt:innen geprägt, denen zumindest die muslimische Geschichtsschreibung in Bezug auf das islamische Recht eine besondere Bedeutung zumisst: In Medina sind dies u. a. Abū Bakr, ʿUmar, der dritte Kalif ʿUṯmān ibn ʿAffān (gest. 35/656, reg. 644–656), Zayd ibn Ṯābit (gest. 45/665), ʿĀʾiša bt. Abī Bakr (gest. 58/678), Umm Salama (gest. 62/681), Ḥafṣa bt. ʿUmar (gest. 45/665), ʿAbdallāh ibn ʿUmar (gest. 73/693), in Ägypten az-Zubayr ibn al-ʿAwwām (gest. 36/656), Abū Ḏarr al-Ġifārī (gest. 32/653), ʿAmr ibn al-ʿĀṣ (gest. 43/664), in Damaskus Muʿāḏ ibn Ǧabal (gest. 17/638), Abū d-Dardāʾ (gest. 32/652) und im Irak Ibn Masʿūd (gest. 32/652–653), Abū Mūsā al-Ašʿarī (42/662–663), der vierte Kalif ʿAlī ibn Abī Ṭālib (40/661, reg. 656–661), Anas ibn Mālik (gest. 93/711–712) und Saʿd ibn Abī Waqqāṣ (gest. 55/675).

2.2 Entwicklungsstufen ab der Herrschaft der Umayyaden bis zur Entwicklung der Rechtsschulen

Bis zur Herrschaftsübernahme der Umayyaden im Jahre 41/661 waren die Kalifen, Gouverneure und Richter für die Lösung rechtlicher Probleme und für richterliche Entscheidungen verantwortlich.[24] Die Gouverneure mussten bzw. konnten daher auch religiöse Aufgaben wie die Gebetsleitung und die Abhaltung der Freitagspredigt übernehmen. Mit den Umayyaden entwickelte sich allmählich das Richteramt. Es wurden Richter (*quḍāt*, Sg. *qāḍī*, Kadi) einberufen, die zunächst keine besonderen Rechtskenntnisse hatten bzw. haben mussten, aber als Mediatoren und Schiedsrichter (*ḥukkām*, Sg. *ḥākim*) nach altarabischem Vorbild oder der jeweiligen Lokaltradition tätig waren. Sie wurden vom Kalifen oder einem anderen, von ihm einberufenen Befehlshaber (*amīr*), ernannt. Mit Rücksicht auf die Lokaltradition, die gewiss unter dem Einfluss des römischen und sassanidischen Rechts sowie des altarabischen Gewohnheitsrechts stand, und möglicherweise der sunnabasierten Praxis trafen sie richterliche Entscheidungen. Der Kadi konnte einen Vertreter ernennen, der bei Abwesenheit seine Aufgaben übernahm. Meist waren Kadis semi-professionelle Richter und übten daneben einen anderen Beruf aus. Sie haben aber auch, indem sie selbst die Lokaltradition fortgeschrieben haben, mit Rücksicht auf die eigene Meinung (*ra'y*, zeitgleich und später eher als *iǧtihād*, Idschtihad, bezeichnet) Rechtsfindung betrieben. Damit konnte die bekannte Praxis aktualisiert und an neue Umstände angepasst werden. Wir wissen, dass bereits die Kadis koranische Vorschriften auch als Quelle des Rechts

24 Die jüngere Forschung schlägt vor, das Recht unter den Umayyaden als Kalifatsrecht zu bezeichnen, ohne dabei zu implizieren, dass es sich hier nur um Rechtsvorstellungen von Kalifen handelt, die die religiöse Legitimation seitens der Rechtsgelehrten missachtete; vgl. Müller, *Recht*, 62, 118.

verstanden haben, sodass wir sowohl den Koran als auch die Lokaltradition – mit Rücksicht auf die (vielfältige) sunnabasierte Praxis der Muslime –, die altarabische Praxis, die Kalifenpraxis von z. B. Abū Bakr und ʿUmar und die eigenständige Rechtsfindung zu dieser Zeit als Quellen des Rechts nennen können.

Eine wesentliche Entwicklung in dieser Zeit ist die Herausbildung von Rechtsgelehrten (*fuqahāʾ*) und Gelehrtenkreisen. Die unter den Kadis oft fehlende rechtliche Expertise entwickelte sich unter dem Einfluss der Rechtsgelehrten weiter. Ihre Quellen des Rechts waren die gleichen; sie beschäftigten sich aber intensiv mit der systematischen Erfassung des Rechts und der argumentativen Stringenz von Rechtsmeinungen. Dies scheint eher aus persönlichem (womöglich auch religiösem) Interesse motiviert gewesen zu sein als aus dem Streben nach politischer Macht. Die meisten gingen wohl davon aus, dass man sich am Koran und der sunnabasierten Praxis orientieren und den Alltag entsprechend gestalten müsse. Wir wissen, dass diese *fuqahāʾ* oft in Opposition zu den Herrschern standen und daher auf das Richteramt verzichteten. Es entwickelte sich mit der Zeit die Gewohnheit, dass die Richter sich mit den Rechtsgelehrten berieten. Selbst als später Rechtsgelehrte das Richteramt bekleideten, blieb der Austausch mit solchen Rechtsgelehrten, die kein Richteramt innehatten, weitestgehend bestehen.

Damit ist bis zum 2./8. Jahrhundert hinein die dominierende Haltung der Richter und der Gelehrsamkeit eine, die der eigenen Rechtsmeinung großen Raum lässt. Die Anhänger dieser weitverbreiteten Richtung hießen ›Anhänger der Meinung‹ (*ahl ar-raʾy*). Es ist anzunehmen, dass sie nicht nur danach fragten, was im Koran stand und was reine prophetische Praxis (Sunna im engeren Sinne) war. Sie scheinen vielmehr die sunnabasierte Praxis und/oder die Lokalpraxis in die Lösungsfindung einbezogen zu haben. Sofern sie hier keine Lösungen finden konnten, waren sie womöglich bestrebt, Ansätze aus den Quellen kohärent weiterzudenken. Bereits zu diesem Zeitpunkt, also ab dem 2./8. Jahrhundert, sprechen die Gelehrten von Methoden wie *qiyās*, Idschtihad (*iǧtihād*) und *istiḥsān* (›Für-gut-Halten‹). *Qiyās* steht dabei für die Anwendung allgemein anerkannter Rechtsgrundsätze, den Analogieschluss und weitere Schlussformen wie das, was später in der Literatur als ›Erst-recht-Argument‹ (das sog. *argumentum a fortiori*, in seinen beiden bekannten Formen als Schluss vom Kleineren zum Größeren und umgekehrt) bezeichnet werden sollte. So haben die Gelehrten geschlussfolgert, dass, wenn der Konsum von Alkohol verboten ist, der Verkauf erst recht verboten ist. Oder, wenn der Konsum der Menge von Alkohol verboten ist, die zum Rausch führt, auch die kleinste Menge verboten ist. *Istiḥsān* dagegen war der Weg, den die Rechtsgelehrten gewählt haben, wenn bestehende Praktiken auf neue Fälle nicht anwendbar waren und sie diese auch nicht analog zu bestehenden lösen konnten. Diese Methode erlaubte dann Ausnahmen: Die Gelehrten konnten neue, sogar streng rational geleitete Rechtsmeinungen formulieren. Sowohl *qiyās* als auch *istiḥsān* waren Methoden, deren Legitimität kontrovers diskutiert wurde.

Eine weitere Entwicklung scheint zu sein, dass nun Koranverse systematisch ausgelegt wurden. Die Gelehrten erkannten dabei, dass einige Koranverse ihrem äußeren Wortlaut nach in Widerspruch zueinander standen. Diese Widersprüche lösten sie durch Methoden wie Abrogation (*nasḫ*) auf, auf die der Koran selbst verweist (vgl. Q 2:106). Die beschriebenen Entwicklungen gingen mit dem Kohärenzwunsch einher: Wenn eine rational geleitete Rechtsfindung befürwortet wurde, sollte sie die bestehende sunnabasierte Praxis mit Rücksicht auf Koran und lokale Tradition kohärent fortschreiben. Damit entstand durch den Gelehrtendiskurs neben der Rechtspraxis ein Rechtswissen. Dieses Wissen wurde wohlgemerkt unabhängig von der politischen Obrigkeit entwickelt. Der Wunsch nach Kohärenz ergab sich aus dem Umstand, dass die Gelehrten – sei es durch private Reisen oder die Pilgerfahrt – mit anderen Gelehrten Kontakt aufnahmen. So konnten sie unterschiedliche Meinungen und Methoden kennenlernen und die Gründe dafür ermitteln, wieso die sunnabasierte Praxis in Kufa so anders sein konnte als die in Medina, wie genau relevante Koranverse auszulegen sind und wie die konkurrierenden Meinungen begründet werden.

Obwohl der Gelehrtendiskurs stark vom *ra'y* geprägt wurde, trat eine weitere Gruppe hervor, die zuvor schwach und unterrepräsentiert war: die Gruppe der Traditionalisten, die *ahl al-ḥadīṯ*. Sie hatten den Wunsch, sich (allein) auf die Gewohnheit und Praxis des Propheten zu konzentrieren. Also sollte die sunnabasierte, entwicklungsfähige und rationalen Rechtsfindungsmechanismen (mehr oder weniger) untergeordnete Praxis auf die prophetische Praxis (die Sunna im engeren Sinne) reduziert werden. Obwohl die sunnabasierte Praxis nicht als unabhängig vom Propheten verstanden wurde, erschien sie den Traditionalisten unkontrollierbar. Sie wollten – so jedenfalls kann man ihre Herangehensweise deuten – die Sunna formalisieren und somit entstehende Praktiken und Rechtsmeinungen besser kontrollieren. Daneben spielen auch theologische Debatten eine wesentliche Rolle: Die Traditionalisten tendierten eher dazu, legitimes Wissen mit überliefertem Wissen gleichzusetzen. Dabei teilten sie sich in zwei Lager auf: a) diejenigen, die sich rein auf die prophetische Praxis konzentrieren wollten und die Sunna des Propheten auf Hadithe reduzierten, und b) diejenigen, die neben Hadithen auch die Meinungen und Überlieferungen anerkannter Autoritäten unter den Prophetengefährt:innen (*ṣaḥāba*) und der Nachfolgergeneration (*tābiʿūn*) zuließen.

Der direkte Bezug auf die Berichte, die die Sunna des Propheten wiedergaben, also Hadithe, hatte Vorteile gegenüber der sunnabasierten Praxis. Zum einen konnte man der bloßen Behauptung, dass die Sunna des Propheten fortgeschrieben werde, entgegenwirken. Die Praxis des Propheten konnte nun textuell nachgewiesen und dokumentiert werden; der Bezug zur prophetischen Praxis sollte tatsächlich gegeben sein. Daneben konnte man mit Hilfe dieser Berichte eine Rechtspraxis an den Orten entwickeln, in denen keine eigene sunnabasierte Praxis vorlag, die man mittels der Praxis der Prophetengefährt:innen indirekt auf den Propheten hätte zurückführen können. Wir erinnern uns: Die irakischen Gelehrten begründeten, wenn sie diesen Anspruch hatten, durch die Anwesenheit der Prophetengefährt:innen ihre Verbindung zum Propheten, die Medinenser durch den Ort, an dem der Prophet lebte. Unter Rückbezug auf die überlieferten Berichte aber konnte fortan durch die Bestrebungen der Traditionalisten selbst in den entferntesten eroberten Gebieten eine sunnageleitete Praxis etabliert werden. Daher gab es auch die Bemühung, die sunnabasierte Praxis explizit auf einen Hadith zurückzuführen: Überlieferungen gleichen Inhalts, die nur auf Prophetengefährten zurückgeführt werden konnten, wurden durch Nachforschungen (und auch erfundene Überliefererketten) bis zum Propheten zurückgeführt (in der Hadithwissenschaft ist dies bekannt als *rafʿ*). Allerdings hatte die traditionalistische Haltung erhebliche Nachteile: Sie konnte auf neu entstehende Fälle nicht flexibel reagieren und das Recht nicht fortschreiben, insbesondere dann, wenn man sich nur auf die prophetischen Berichte beschränken wollte. Der Textbestand war gering, die neu entstehenden Fälle dagegen unendlich.

Ausgehend von dieser Haltung begann die systematische Erfassung von Berichten, die auf den Propheten und die Prophetengefährt:innen zurückgingen. Es wurde nunmehr systematisch danach gefragt, auf welchem Wege Hadithe tradiert worden sind. Jeder Hadith sollte eine Überliefererkette (*sanad*, Pl. *isnād*) haben, die nachvollziehbar macht, über welche Kanäle, ja sogar wie ein Hadith überliefert worden ist. Dies diente der Überprüfung, ob der überlieferte Text (*matn*) von Tradent (*rāwī*) zu Tradent unverändert und lückenlos überliefert wurde. Jeder Hadith sollte daher zwei Bestandteile haben: eine Überliefererkette und einen Text. Die systematische Erfassung von Überlieferungen durchlief zwei Phasen, die wahrscheinlich zeitversetzt ab dem letzten Viertel des 1./7. Jahrhunderts begannen:

1) Kodifikation (*tadwīn*): In dieser Phase wurden bereits verschriftlichte Hadithe (Hadithdokumente) und mündlich tradierte Hadithe zusammengetragen; maßgeblich daran beteiligt war Ibn Šihāb az-Zuhrī (gest. 124/742).
2) Klassifikation (*taṣnīf*): Die zusammengetragenen Hadithe wurden nach den Gewährsmännern, also den Überlieferern (*riǧāl; ruwāt*, Sg. *rāwī*) geordnet (*ʿalā r-riǧāl*) oder nach Themen (*ʿalā l-abwāb*).

Ein kursorischer Blick in Überlieferungswerke aus dem Ende des 2./8. und dem 3./9. Jahrhundert zeigt, wie stark rechtsrelevante Überlieferungen in ihnen vorkommen. Der Grund liegt in der Entstehung der traditionalistischen Bewegung auch innerhalb des Rechtsdiskurses. Daher sollte die Entstehung von Hadithwerken nicht unabhängig von der Entstehung des islamischen Rechts verstanden werden.

An dieser Stelle möchte ich einige wichtige Gelehrte nennen, die den bisher beschriebenen unterschiedlichen Gruppen zugehörten – unter ihnen waren einige auch als Richter tätig:

1) Medina: Die sieben medinensischen Rechtsgelehrten
Saʿīd ibn al-Musayyib (gest. 94/713),
Abū Bakr ibn ʿAbd ar-Raḥmān (gest. 94/713),
ʿUrwa ibn az-Zubayr (gest. 94/713),
ʿUbaydallāh ibn ʿAbdallāh ibn ʿUtba (98/716),
Ḫāriǧa ibn Zayd (gest. 100/718–719),
al-Qāsim ibn Muḥammad (gest. 102/720),
Sulaymān ibn Yasār (gest. 107/725); daneben
Abū Ǧaʿfar Muḥammad ibn ʿAlī (Muḥammad al-Bāqir, gest. 114/733 oder 117/735),
Abū Bakr ibn Ḥazm (gest. 120/738),
Ibn Šihāb az-Zuhrī (gest. 124/742),
Rabīʿa ibn Abī ʿAbd ar-Raḥmān (Rabīʿat ar-Raʾy) (gest. 136/753);
2) Mekka:
Muǧāhid ibn Ǧabr (gest. 103/721),
ʿIkrima (gest. 105/723),
ʿAṭāʾ ibn Abī Rabāḥ (gest. 114/732),
ʿAmr ibn Dīnār (gest. 126/744),
Sufyān ibn ʿUyayna (gest. 198/814);
3) Basra (Baṣra):
al-Ḥasan al-Baṣrī (gest. 110/728),
Muḥammad ibn Sīrīn (gest. 110/728),
Qatāda ibn Diʿāma (gest. 117/735-736),
Abū Bakr Ayyūb as-Saḫtiyānī (gest. 131/748);
4) Kufa (Kūfa):
ʿAlqama ibn Qays (gest. 62/682),
Masrūq ibn al-Aǧdaʿ (gest. 63/683),
Šurayḥ ibn al-Ḥāriṯ (gest. 80/699),
Saʿīd ibn Ǧubayr (gest. 95/714),
Ibrāhīm an-Naḫaʿī (gest. 96/714),
Ḥammād ibn Abī Sulaymān (gest. 120/738),
Muḥammad ibn ʿAbd ar-Raḥmān Ibn Abī Laylā (gest. 148/765);

5) Damaskus:
   Makḥūl ibn Abī Muslim (gest. 112/730),
   Abū Idrīs al-Ḫawlānī (gest. 80/699–700);
6) Jemen: Ṭāwūs ibn Kaysān (gest. 106/725);
7) Ägypten: al-Layṯ ibn Saʿd (gest. 175/791).[25]

Bis in das 3./9. Jahrhundert hinein hat sich der traditionalistische Ansatz nicht durchsetzen können. Die Gelehrten, die sich eher auf *raʾy* stützten, waren jedoch durch diese Entwicklung dazu bereit bzw. wurden dazu bewegt, sich der überlieferten prophetischen Praxis zumindest zu nähern und die lokale sunnabasierte Praxis nicht zu stark zu betonen. Das heißt nicht, dass die *ahl ar-raʾy* Überlieferungen vorher ignorierten; insbesondere Überlieferungen, die mit der sunnabasierten Praxis übereinstimmten, wurden lange in die Rechtsfindung und -sprechung einbezogen. Doch legten die Traditionalisten einen stärkeren Fokus auf Überlieferungen. Sie hatten bis dahin keine überzeugende Systematik vorzuweisen, was sich jedoch mit den Bestrebungen von Muḥammad ibn Idrīs aš-Šāfiʿī (gest. 204/820) ändern sollte. Dieser bestand darauf, die Begründung und Herleitung von Normen (also die Normderivation) streng aus Koran und Sunna des Propheten in Form von Hadithen vorzunehmen. Die Ansätze *raʾy* und *istiḥsān* verwarf er, da sie unkontrollierbar seien und nicht unbedingt auf Koran und Hadithe rekurrierten. Der legitime Idschtihad, also die Herleitung von Normen für solche Bereiche, die Koran und Sunna des Propheten nicht regulieren, sei der *qiyās*. Damit zeigte aš-Šāfiʿī, dass jede Lösungsfindung (un-)mittelbar auf die beiden religiösen Texte zurückgehen sollte. Er begründete diese seine Haltung mithilfe des Begriffs *bayān*. *Bayān* bedeutet wörtlich ›Mitteilung‹ und ›Erklärung‹. Aš-Šāfiʿī betont, dass nur Gott und sein Gesandter zeigen können, was Recht ist, was durch *bayān* geschieht. Ihre Mitteilung, also *bayān*, findet sich im Koran und in der Sunna des Propheten, die auch eine Art Offenbarung neben dem Koran sei. Der *bayān* Gottes und seines

25 Die Liste ist eine Zusammentragung der Listen in Karaman et al., »Fıkıh« und Hallaq, *Origins*, 65.

Gesandten formte dementsprechend das Recht. Nach der Meinung aš-Šāfiʿīs ist der *qiyās*, also eine Schlussform wie die Analogie, orientiert an Koran und Sunna, eine Art *bayān* Gottes und seines Gesandten. Denn *qiyās* ermöglicht keine eigenständige Rechtsfindung nach rein rationalen oder auf rein menschlicher Erfahrung basierten Gesichtspunkten, wie die *ahl ar-raʾy* größtenteils befürworteten. Vielmehr bringt er den ›schweigenden Gesetzgeber‹, also Gott (seit Abschluss der Offenbarung) und seinen Gesandten (seit seinem Ableben), zum Sprechen. Damit versucht aš-Šāfiʿī, das Recht zu objektivieren bzw. den erkenntnistheoretischen Grundlagen der Traditionalisten entsprechend neu zu deuten. Das Recht wird bei ihm somit – wahrscheinlich zum ersten Mal – systematisch vom Kompetenzbereich des Menschen entfernt und in eine göttliche Sphäre versetzt. Anscheinend wollte er damit den menschlichen Eingriff in das Recht minimieren.

Diese Theorie aš-Šāfiʿīs hat sich nicht sofort durchgesetzt; vielmehr hat es womöglich mehr als einhundert Jahre gedauert, bis die Gelehrten dieses System anerkannten. Wir sehen etwa bei rationalistisch orientierten Gelehrten wie dem hanafitisch-mutazilitischen Abū Bakr al-Ǧaṣṣāṣ (gest. 370/981) eine stark systematische Rezeption des Begriffs *bayān*, der natürlich erfordert, dass man koran- und hadithzentriert argumentiert. Bei der Durchsetzung dieser Herangehensweise haben wahrscheinlich historische Faktoren eine wichtige Rolle gespielt: Zum einen ist die *miḥna* (›Prüfung‹) in den Jahren 218–234/833–849 zu nennen, die den Gelehrten unter den abbasidischen Kalifen eine rationalistische Theologie und Erkenntnislehre aufdrängen wollte. Die Reaktion der Traditionalisten gegen diese inquisitorische Gewalt hat wahrscheinlich viele Gelehrte mobilisiert, sich gegen den puren Rationalismus zu wehren. Unter dem Eindruck dieser Umstände wurde offenbar der Weg von aš-Šāfiʿī, der innerhalb des Traditionalismus dem Rationalismus einen Raum darbot, als eine fruchtbare Möglichkeit der Synthese erkannt. Denn innerhalb dessen ist ein stark gezähmter Rationalismus möglich, ohne ihn vollständig aufgeben zu müssen. Auf der anderen Seite könnten die Unbeständigkeit der muslimischen Herrschenden, die Auseinandersetzungen zwischen den Dynastien und die Entstehung verschiedener muslimischer Strömungen die Gelehrten dazu bewegt haben, aš-Šāfiʿīs System vorzuziehen. Dies erlaubt, ein Rechtssystem zu entwickeln, das nicht durch den Herrscher legitimiert wird, sondern durch die Referenz auf die religiösen Quellen, die über allen Herrschern stehen. Damit konkurrierten auch zwei Autoritätsvorstellungen, wenn es um die Deutungshoheit über die Frage ging, wer Recht sprechen darf: die Gelehrten gegen die Herrscher bzw. den Kalifen.

Aus diesen unterschiedlichen Zugängen und Entwicklungen haben sich recht fluide Gelehrtengemeinschaften entwickelt, die jeweils für ihren eigenen Kreis einen gemeinsamen methodischen sowie rechtspraktischen Rahmen gefunden haben. Diese Gemeinschaften sind keine festen Gefüge, zudem gab es in ihnen eine Meinungspluralität. Doch wir können sagen, dass bestimmte Orte mit einer jeweils speziellen Grundhaltung konnotiert wurden. So galt vereinfacht gesprochen für die Iraker, dass sie dem *ra'y* folgten, und die Hedschaser den Hadithen. Das heißt nicht, dass die *ahl ar-ra'y* im Irak Hadithe unberücksichtigt ließen – wir haben dies oben im Detail gesehen. Auch wäre es genauso falsch zu behaupten, dass die Hedschaser kein *ra'y* anwandten; sie bevorzugten entweder Hadithe oder die sunnabasierte medinensische Praxis, ja viele von ihnen sogar den *ra'y*. Aus all diesen Gemeinschaften haben sich unterschiedliche Rechtsschulen entwickelt. Im nächsten Kapitel schauen wir uns daher Theorien zur Entstehung der Rechtsschulen an, woraufhin ich die bekanntesten Rechtsschulen kurz vorstellen werde.

Zusammenfassung

Das islamische Recht (*fiqh*) ist nicht *die Scharia*; es ist Teil der Scharia. Scharia ist ein göttliches Normensystem, das aus Glaubensnormen, Ethiknormen und Handlungsnormen besteht. Sie ist nicht festgeschrieben. Vielmehr versuchen die Gelehrten, sich diesen göttlichen Normen mit Hilfe der religiösen Quellen zu nähern und Handlungsanweisungen entsprechend zu formulieren. Daher ist das islamische

Recht nicht göttlich vorgegeben, hat aber den Anspruch, der Scharia zu entsprechen. Es ist folglich nicht zu einem einzigen Zeitpunkt entstanden, sondern hat sich graduell entwickelt. Das islamische Recht hat somit keinen ursprünglichen, klar zu ermittelnden Entstehungszeitpunkt. Vielmehr ist es eine Fortschreibung des im 7. Jahrhundert bekannten Gewohnheitsrechts und unterschiedlicher Lokaltraditionen im Lichte der Offenbarung und der prophetischen Praxis. Mit der Zeit wurde der auf diese Weise entwickelte Rechtsbestand mit einem stärkeren Bezug zu den religiösen, autoritativen Texten ausdifferenziert und legitimiert. Konkurrierende Herangehensweisen führten zu unterschiedlichen Meinungen innerhalb des sich graduell entwickelnden muslimischen Rechtsrahmens. Weder der Koran noch die Sunna und die späteren Kalifen, Gouverneure, Richter und Gelehrten haben zunächst klar zwischen alten, fremden oder ›islamischen‹ Elementen in der Rechtspraxis unterschieden. Dennoch haben sie originelle Wege innerhalb der bekannten Rechtskulturen vorgeschlagen. Dies alles und der Wunsch der sich allmählich entwickelnden Gelehrsamkeit nach der Begründung der etablierten sowie der noch zu findenden Rechtspraxis mithilfe der religiösen Quellen führte zur Systematisierung des islamischen Rechts. Mit der Zeit entstand auch die Vorstellung, dass das islamische Recht göttlich legitimiert sei. Die Grundhaltung der Gelehrten und Richter entsprach zunächst dem *ra'y*, der selbstständigen Rechtsfindung, auch unter Berücksichtigung der sunnabasierten Praxis und der Lokaltradition. Im Laufe der Zeit formte eine weitere Gruppe eine Gegenbewegung mit verschiedenen Ansätzen: die Traditionalisten (*ahl al-ḥadīṯ*). Da sich die Herangehensweisen der Gelehrten unterschieden, haben sich unterschiedliche Strömungen entwickelt (teilweise begleitet von theologischen und politischen Auseinandersetzungen), die sich zu Rechtsschulen formierten.

Kapitel 3: Herausbildung der Rechtsschulen, Ausdifferenzierung des Rechts und der Rechtswissenschaften ab 132/750

3.1 Theorien zur Herausbildung von Rechtsschulen

Wir haben bisher gesehen, dass die Quellenlage zur Entstehung des islamischen Rechts dünn ist. Ähnlich ist es, wenn wir die Frage lösen wollen, wie sich die zunächst eher losen Gelehrtenkreise zu etablierten Rechtsschulen (*maḏāhib*, Sg. *maḏhab*) entwickelt haben. Durch zahlreiche Studien zur Entstehung der Rechtsschulen haben wir aber zumindest für einzelne Aspekte konkretere Vorstellungen davon, wie sich die Entwicklung vollzogen hat bzw. haben könnte. Bekanntermaßen konnten sich bis heute vier sunnitische (Hanafiten, Malikiten, Schafiiten, Hanbaliten), drei schiitische (Dschafariten, Ismailiten, Zayditen) und eine ibaditische Rechtsschule durchsetzen; wir werden sie im Einzelnen noch kennenlernen. Zur Entstehungsgeschichte der Rechtsschulen im Allgemeinen gibt es verschiedene Ansichten, auf die ich nun eingehen werde.

Man ging lange davon aus, dass die oben beschriebenen Gelehrtenkreise sich zu regionalen Schulen zusammengefunden hätten. Diese hätten sich dann unter den Abbasiden (reg. 132–656/750–1258) zu persönlichen Rechtsschulen (›personal schools‹) transformiert, so die Auffassung von Joseph Schacht und Christopher Melchert.[26] Damit

26 Vgl. Schacht, *Introduction* und *Origins*; Melchert, *Formation*.

sei die Zugehörigkeit der Gelehrten zu einem Ort entscheidend gewesen. Aus der medinensischen Rechtsschule sei die malikitische und aus der irakischen die hanafitische Rechtsschule entstanden. Bei aš-Šāfiʿī dagegen habe man sich direkt auf ihn berufen, weshalb er als der erste Rechtsgelehrte gelte, der Gründer einer persönlichen Schule gewesen sei.[27] Melchert erklärt die Transformation mit der Rücksichtnahme auf den Druck der Traditionalisten, die darauf gedrungen hätten, das regionale Recht auf Gelehrte zu beziehen, die in irgendeiner Form der Herausforderung der Traditionalisten gerecht wurden.[28] Die Anonymität und Vagheit von Rechtsmeinungen, die mit einem Ort identifiziert wurden, seien der Grund dafür, anzunehmen, dass es zunächst regionale Rechtsschulen gab. Tatsächlich finden wir in frühen Werken und Überlieferungen Angaben z. B. über ›die Iraker‹ (*ahl al-ʿIrāq, ʿIrāqīyūn*).

Wael B. Hallaq wendet sich gegen diese Entstehungsgeschichte der Rechtsschulen.[29] Er widerspricht der Meinung, dass frühe Rechtsmeinungen vage gewesen seien und versteht die Referenzen zu Orten als direkte Referenzen zu bestimmten Gelehrten. Im *Kitāb Iḫtilāf al-ʿIrāqīyīn* (›Das Buch über den Meinungsstreit der Iraker‹) z. B. werden, so Hallaq, Meinungen von Ibn Abī Laylā (gest. 178/765) und Abū Ḥanīfa (gest. 150/767) besprochen. Obwohl sie am selben Ort gewirkt haben seien beide inhaltlich weit voneinander entfernt, sodass nicht von *der* irakischen Haltung gesprochen werden könne – und daher auch nicht von Anonymität.[30] Somit sind für Hallaq die Referenzen auf Orte kein Hinweis auf eine allgemeine Praxis im Sinne von regionalen Rechtsschulen. Ähnlich deutet Hallaq die Entwicklungen in Medina: Mālik ibn Anas (gest. 179/795), ein medinensischer Gelehrter, der ein Rechtswerk mit dem Titel *al-Muwaṭṭaʾ* geschrieben hat, gilt als

27 Vgl. Schacht, *Introduction*, 57 f. und *Origins*, 10.

28 Vgl. Melchert, *Formation*, 32–47. Siehe auch Melchert, »Al-Shāfiʿī Against the Kufan School«. Auf Melchert und Schacht geht Hallaq in »Reevaluation«, 1–5 ein.

29 Die folgenden Ausführungen basieren auf Hallaq, *Origins*, 150–177 und »Reevaluation«.

30 Vgl. Hallaq, »Reevaluation«, 7 f.

Rechtsschulgründer der Malikiten. Die medinensische Übereinkunft, die Mālik in seinem Werk erwähnt, weise allerdings auf keine regionale Schule hin und stelle kein anonymes medinensisches Wissen dar. Vielmehr seien die einzelnen Gelehrten, die den Konsens bilden, bekannt, auch sei ihre Meinung wiederum mit der Autorität Anderer begründet, die ebenfalls bekannt seien. Wenn Mālik eine eigene Meinung bilden wollte, so täte er dies mit Bezug auf eine bestimmte Autorität und nicht mit einem vagen Bezug auf die ›medinensische Schule‹.[31]

Auch Hallaq weiß, dass es tatsächlich viele Angaben in den Quellen gibt, die regionale Bezüge herstellen. Sie können zum einen eine bestimmte Grundhaltung darstellen und etwa darauf verweisen, dass die Iraker eher dazu geneigt waren, dem *ra'y* entsprechend zu argumentieren. Das heißt aber nicht, dass dies eine rein irakische Eigenschaft war, schließlich musste nicht jeder Medinenser den *ahl al-ḥadīṯ* entsprechend Recht finden. Da es aber keine klar institutionalisierte irakische Rechtsschule gab, mussten Angaben wie »die Iraker behaupten« mit konkreten Gelehrtennamen erklärt werden. Es war daher wichtiger zu wissen, bei wem jemand studierte, als dass man wusste, wo er studierte. (Diese Praxis hielt lange an.) Die geographischen Angaben konnten zudem einfach Hinweise darauf sein, wo eine Meinung häufiger zu finden war bzw. wo ein Gelehrter mit seinen Ansichten eine bestimmte Gruppe beeinflusst hat. Solche regionalen Angaben konnten noch lange überleben, nachdem sich bestimmte Rechtsschulen durchgesetzt hatten. Referenzen auf Variationen der Rechtsschulen je nach Ort waren üblich, um etwa andalusische Malikiten in Vergleich zu nordafrikanischen und irakischen zu setzen oder irakische Hanafiten zu transoxanischen (hier wiederum wurde zwischen der Tradition in Samarqand und Buchara unterschieden).

Entsprechend schlägt Hallaq eine andere Entwicklungsgeschichte vor, die den Beschreibungen in modernen Werken muslimischer Au-

31 Vgl. Hallaq, »Reevaluation«, 12 f.

toren ähnelt; letztere idealisieren jedoch die Entstehung der Rechtsschulen durch direkte Verbindungen über die Nachfolger- und Prophetengefährt:innengeneration zum Propheten. Nach dieser Auffassung haben sich nicht regionale Rechtsschulen zu personalen weiterentwickelt, sondern personale Rechtsschulen zu doktrinalen (›doctrinal schools‹). Diese Entwicklung können wir wie folgt zusammenfassen: Wir haben bereits oben gesehen, dass sich ab der Mitte des 2./8. Jahrhunderts Gelehrtenkreise mit eigenständigen Meinungen und Methoden bildeten. Das können wir als Ausdifferenzierungsprozess bezeichnen. Die Intensität der Ausdifferenzierung nahm am Ende des 2./8. und am Anfang des 3./9. Jahrhunderts zu. Rechtsmeinungen wurden im Laufe der Zeit methodisch zunehmend präzise begründet und in ein System eingebettet. Damit konnten Rechtsmeinungen systematisch festgehalten und ausdiskutiert werden, so auch methodische Fragen wie Abrogation, Auslegung der religiösen autoritativen Texte und die Bedingungen für die Einbindung von Überlieferungen in die Rechtsfindung. Oft haben sich Gelehrte, die einen eigenen Schülerkreis hatten, auf die Meinungen der eigenen Lehrer bezogen. Daraus entwickelte sich eine Kontinuität zwischen Lehrern und Schülern, die es erlaubte, dass sich in den jeweiligen Zirkeln ein Korpus an Meinungen als äußerer Rahmen bildete. Diesen konnte man mit zahlreichen Gelehrten identifizieren. Die nachfolgend genannten Gelehrten bildeten eine eigene, persönliche Rechtsschule aus:

al-Ḥasan al-Baṣrī (gest. 110/728),
Abū Ḥanīfa (gest. 150/767),
al-Awzāʿī (gest. 157/774),
Sufyān aṯ-Ṯawrī (gest. 161/778),
al-Layṯ ibn Saʿd (gest. 175/791),
Mālik ibn Anas (gest. 179/795),
Sufyān ibn ʿUyayna (gest. 198/814),
Muḥammad ibn Idrīs aš-Šāfiʿī (gest. 204/820),
Isḥāq ibn Rāhawayh (gest. 238/853),
Abū Ṯawr (gest. 240/854),
Aḥmad ibn Ḥanbal (gest. 241/855),
Dāwūd aẓ-Ẓāhirī (gest. 270/884),

Muḥammad ibn Naṣr al-Marwazī (gest. 294/906),
Muḥammad ibn Ǧarīr aṭ-Ṭabarī (gest. 310/923),
Muḥammad ibn Ḫuzayma an-Nīsābūrī (gest. 311/923) und
Muḥammad ibn al-Munḏir an-Nīsābūrī (gest. 318/930).

All diese Personen hatten eine eigene Herangehensweise und eigene Meinungen in der Autorität ihrer eigenen Lehrer bilden können, die sie an ihre Schüler weitergaben. Ihre Schüler wiederum taten dasselbe und konnten eigene Wege gehen. Die Schüler waren höchst mobil und konnten bei verschiedenen Gelehrten, darunter den oben genannten, studieren und deren Ansichten und Methoden kombinieren. Die Weiterentwicklung dieser persönlichen Schulen zu institutionalisierten Schulen geschah dadurch, dass Rechtsmeinungen einzelner Gelehrter (ebenfalls *maḏhab* genannt) den Rahmen des Rechtsdenkens einer großen Gruppe ihrer Schüler und dann wieder von deren Schülern bildete und zu ihrem Identifikationsmerkmal wurde. Somit hat man zwar einen Rechtsschulgründer identifiziert, z. B. Abū Ḥanīfa für die Hanafiten, neben seinen Meinungen rezipierten die Anhänger (*aṣḥāb*) Abū Ḥanīfas aber auch die Meinungen seiner Schüler Zufar ibn Huḏayl (gest. 158/775), Abū Yūsuf (gest. 182/798) und Muḥammad ibn al-Ḥasan aš-Šaybānī (gest. 189/805). Man entschied sich für Rechtsmeinungen, die explizit beispielsweise als hanafitisch identifiziert wurden, nebst der Frage nach der gemeinsamen Methode und den Prinzipien, denen man folgte.

Die Loyalität zu diesen drei Säulen einer Rechtsschule (*maḏhab*) führte zur ihrer Institutionalisierung. ›Loyalität‹ bedeutet nicht, dass die Gelehrten keine neuen oder eigenen Rechtsmeinungen bilden konnten. So entwickelten etwa die früheren Generationen von Gelehrten innerhalb der Rechtsschulen die eigene Rechtsschule durch *taḫrīǧ* weiter. *Taḫrīǧ* ist die Bestrebung, nach dem Vorbild des Rechtsschulgründers neue Meinungen herzuleiten, entweder in Analogie zu Fällen, die der Rechtsschulgründer selbst gelöst hat, oder mit Hilfe seiner Methoden oder den Prinzipien, denen er gefolgt sein soll. Genau dies unterscheidet die institutionalisierten Rechtsschulen von den persönlichen; man bezieht sich nicht ausschließlich auf eine Autorität, sondern auf ein Korpus an Rechtsmeinungen von verschiedenen Gelehrten einer Gruppe, geteilten Methoden und Prinzipien. Die Auffassung, dass sich Rechtsschulen nur bzw. eher durch ihre jeweiligen Methoden voneinander unterscheiden, ist damit nicht korrekt. Denn es gibt viele Methoden, die sich Rechtsschulen teilen, wie etwa *istiḥsān* (Malikiten, Hanafiten und Hanbaliten). Sie benutzen zudem ähnliche Methoden, die sie je anders bezeichnen. Das heißt aber nicht, dass es nicht auch Methoden gibt, die für eine (oder mehrere) Rechtsschule(n) charakteristisch sind. So wird *istiḥsān* eher mit den Hanafiten konnotiert und die Berücksichtigung der Praxis der Medinenser mit den Malikiten.[32] Dennoch dürfen Rechtsmeinungen, die den Rechtsschulen eine klare Rahmung geben, nicht außer Acht gelassen werden. Zudem kommen charakteristische Rechtsprinzipien, ihre jeweils spezifische Anwendung und die Begriffssystematik hinzu, die sich in den folgenden Jahrhunderten entwickelten. Ein Beispiel für Letzteres aus dem 5./11. und 6./12. Jahrhundert: Unklare Aussagen in Koran und Sunna geben Schafiiten, Malikiten und Hanbaliten mit den beiden Begriffen *muǧmal* (›summarisch‹) und *mutašābih* (›unklar‹) wieder. Dagegen haben Hanafiten hierarchisch einander zugeordnet vier Kategorien für sprachliche Unklarheit: *ḫafī* (›versteckt‹), *muškil* (›zweifelhaft‹), *muǧmal* (›summarisch‹) und *mutašābih* (›unklar‹).[33]

Mit dieser Entwicklung der Rechtsschulen ging die Kanonbildung einher: Gibt es ein rechtspraktisches Korpus, an das sich die Rechtsschulen halten, so musste dieses systematisiert und verbindlich gemacht werden. Diese Kanonisierung verleiht einer Rechtsschule Stabilität, macht sie wiedererkennbar und schafft eine Grundlage für Rechtsanwendung und -fortbildung. Die verschiedenen Typen von Werken, die zur Kanonbildung beitrugen, werden wir unten noch kennenlernen (siehe Kapitel 3.2.2).

32 Für nähere Informationen siehe Band III, Kapitel 3.

33 Für nähere Informationen siehe Band IV, Kapitel 2.2.

Die großen Rechtsschulen haben im 3./9. Jahrhundert die beschriebene Form angenommen und konnten sich später, ab dem 4./10. Jahrhundert, allmählich gegen kleinere (persönliche) Rechtsschulen durchsetzen.

Auf die Frage, was ein *maḏhab* ist, können wir nun wie folgt antworten: *Maḏhab* hat mindestens zwei Bedeutungen:

1) eine Meinung bzw. ein Gefüge von Meinungen eines einzelnen Gelehrten;
2) eine aus einer Gruppe von Rechtsgelehrten und Juristen bestehende Rechtsschule, die sich auf ein Korpus an Rechtsmeinungen, eine Begriffssystematik, auf Methoden und methodische sowie rechtliche Prinzipen einigen. Sie werden auf einen Gelehrten bezogen, der als namensgebender Rechtsschulgründer (Eponym) fungiert.

Die Stabilisierung der Rechtsschulen durch die allmählich beginnende Kanonisierung von Meinungen hat die innere Vielfalt der Rechtsschulen nicht ausgeschlossen. Aus den zahlreichen oben genannten persönlichen Rechtsschulen haben sich letztlich vier sunnitische und nicht nur eine institutionalisierte Rechtsschule durchgesetzt. Viele der obigen Schulen sind in diesen vier übriggebliebenen aufgegangen. Offensichtlich wurde also Pluralität innerhalb und außerhalb einer Rechtsschule befürwortet.

Diese Pluralität im Recht wurde verschiedentlich begründet. So habe bereits der Prophet gesagt, dass die Meinungsverschiedenheit (*iḫtilāf*) eine ›Barmherzigkeit‹ für die muslimische Gemeinde sei. Daneben waren sich die Rechtsgelehrten dessen bewusst, dass die Sprache unterschiedlich ausgelegt werden konnte, die der Gesetzgeber – als der mittlerweile nur Gott und sein Gesandter Muhammad verstanden – verwendete. Auch die Entstehungsgeschichte, die wir oben umrissen haben, ließ Meinungsverschiedenheiten zu. Daher entstanden recht früh Werke, die sich auf diese Meinungsverschiedenheiten spezialisierten (siehe Kapitel 3.2.3).

Die Reduktion der Rechtsschulen hatte letztlich eine größere Rechtssicherheit zur Folge. Das Verhältnis der Rechtsschulen zueinander war in der Geschichte – von Ort und Zeit abhängig – manchmal entspannt und manchmal angespannt. Grundsätzlich erkennen sich die *maḏāhib* zwar gegenseitig an, polemische Angriffe, insbesondere zwischen Hanafiten und Schafiiten, darüber hinaus auch zwischen Sunniten und Schiiten, waren allerdings nicht selten. Wir wissen aber auch, dass z. B. die Mamluken (reg. 1250–1517 in Ägypten, Syrien und Hedschas) den sunnitischen Rechtsschulen an Hochschulen, also Medresen und Moscheen, am selben Ort einen je gesonderten Platz zuwiesen. Es wurden zudem vier Oberrichter und Richter für die Anhänger der jeweiligen Rechtsschule ernannt. Insgesamt ist die muslimische Tradition also recht flexibel mit Rechtspluralität innerhalb einer Rechtsschule und darüber hinaus umgegangen. Das ist der Grund, weshalb ihr eine Ambiguitätsfreude attestiert wird.[34]

Für die Durchsetzung der heute existierenden Rechtsschulen haben mehrere Faktoren eine Rolle gespielt. Auf der einen Seiten steht die politische Unterstützung bzw. der Einsatz im Richteramt. Hanafiten haben sich durch die frühe Besetzung von Richterämtern insbesondere im Osten des muslimischen Einflussgebietes verbreiten können, die Malikiten in Nordafrika und Andalusien. Daneben spielte auch die Rezeptionsintensität eine Rolle; je mehr Schüler es gab und je bekannter die Methoden und Rechtsmeinungen waren, desto eher konnten dominierende Rechtsschulen weniger bekannte Richtungen verschlingen. Methodisch eher extreme Positionen, wie etwa ein strenger Rationalismus und Traditionalismus, gehörten hierbei wahrscheinlich zu Ausschlussfaktoren.

Bemerkenswert ist, dass aufgrund des anfangs recht spannungsgeladenen Verhältnisses der Gelehrten zur Herrscherklasse das islamische Recht nicht aus Dynastien heraus entstanden ist und sich durchgesetzt hat. Vielmehr gründen die juristische Autorität und Rechtssicherheit in der kollektiven Bestrebung der Gelehrten im Rahmen ihrer

34 Siehe Bauer, *Die Kultur der Ambiguität.*

Rechtsschulen. Dynastische Bestrebungen, das Recht zu kodifizieren und zu zentralisieren, waren erfolglos, wie am Beispiel von Ibn al-Muqaffaʿ (gest. 142/759) zu sehen ist, der solch ein Recht beim abbasidischen Kalifen einforderte. Später haben Almohaden (*al-muwaḥḥidūn*, reg. 1130–1269 im Maghreb und Andalusien) Ähnliches angestrebt, sich aber nicht durchsetzen können. Geht man davon aus, dass es zuvor unter umayyadischer Herrschaft ein vom Kalifen dominiertes Recht gab, können wir später von einem Juristenrecht sprechen. Richter bzw. Kadis, die aus den Kreisen der Gelehrten berufen wurden, wandten Rechtssätze und Lehrmeinungen aus der eigenen Rechtsschule vor Gericht an, berieten sich mit Gelehrten, die kein Kadi-Amt inne hatten.

Die Entwicklung des islamischen Rechts nach der Etablierung der Rechtsschulen ist zeit- und ortsabhängig sehr unterschiedlich verlaufen. Sie im vorliegenden Buch zu besprechen, würde den Rahmen sprengen. Es lässt sich aber festhalten, dass über Jahrhunderte hinweg islamrechtliche Regelungen in ihrer Vielfalt unter verschiedenen Rechtsordnungen Anwendung fanden, sei es unter den siebenerschiitischen Fāṭimiden, den sunnitischen Abbasiden, Osmanen und Mamluken, den zwölferschiitischen Ṣafawiden oder den zunächst nichtmuslimischen mongolischen Herrschern. Mit voranschreitender Standardisierung konnten muslimische Rechtsgelehrte islamrechtlich begründete Rechtsmeinungen in Anlehnung an die etablierten Rechtsschulen an Gerichten anwenden. Dabei ist zu beobachten, dass das islamische Recht – wie eine Zeit lang in der Forschung angenommen wurde – nicht als abstrakter Bezugspunkt diente, sondern in die Praxis umgesetzt wurde, sei es bei der gerichtlichen Rechtsprechung oder im Rahmen von Fatwas, also von Gutachten Rechtsgelehrter auf Anfrage von Einzelpersonen oder als Entscheidungsgrundlage für Richter bzw. Kadis.[35] Es gab aber kein einheitliches, kodifiziertes islamisches Recht. Vielmehr wurden Werke an Medresen (siehe Kapitel 5) unterrichtet, die den jeweiligen Rechtsschulen als Referenz dienten;

35 Für Kadis, Muftis und Rechtsgelehrte siehe Kapitel 4.

Pluralität von Meinungen innerhalb einer Rechtsschule wurde jedoch nicht nivelliert. Einblicke darin, wie es zur Standardisierung kam und wie standardisierte Meinungen an neue Umstände angepasst werden konnten, werden die Abschnitte zur Herausbildung und Ausdifferenzierung der Rechtswissenschaften (Kapitel 3.2) sowie die Beschreibungen der Rechtsschulen (Kapitel 3.3) geben.

Die Herrscher konnten sich für die Vorrangstellung einer oder mehrerer Rechtsschulen entscheiden und zulassen, dass deren Rechtsmeinungen an Gerichten Anwendung fanden. Ob die Herrscher selbst Richter ernannten oder Oberrichter einsetzten, die die Richter ernannten, konnte je nach Zeit und Ort variieren. Darüber hinaus konnten Rechtsgelehrte aus mehreren Rechtsschulen innerhalb einer Dynastie das Richteramt bekleiden und die Lehrmeinungen aus der jeweiligen Rechtsschule als anzuwendendes Recht durchsetzen. Je nach Ort konnten Richter sogar Richter anderer Rechtsschulen bitten, einen problematischen Fall zu übernehmen, wenn deren Ansatz zur Lösung des Problems mithilfe der Lehrmeinung ihrer Rechtsschule der Sache dienlicher erschien. Ausgeschlossen war es jedoch, nach einem bereits gefällten Urteil einen weiteren Richter aufzusuchen, der einer anderen Rechtsschule als der vorherige folgte.

Islamisches Recht in den unterschiedlichsten Ausprägungen war aber nicht ausschließlich das geltende Recht in islamisch geprägten Regionen und Dynastien. So galt zuweilen und unter unterschiedlichen Vorzeichen vom jeweiligen Herrscher gesprochenes bzw. gesetztes Recht (*qānūn, qānūnnāme* bzw. *ḥuqūq ʿurfīya* unter Osmanen, *yāsā* (auch *yasa* oder *jasaq*) und *tūra* (*töre*) unter mongolischer Herrschaft, *siyāsa* bzw. *as-siyāsa aš-šarʿīya* im Allgemeinen, so auch unter Mamluken) neben dem Gelehrtenrecht. Es handelte sich dabei um Regelungen überwiegend im Bereich des öffentlichen Rechts, Steuerrechts, Strafrechts und Verwaltungs- bzw. Staatsorganisationsrechts. Solche Rechtsformen ergänzten die vom traditionellen Juristenrecht (also vom *fiqh*) offengelassenen Bereiche, an dem sich die Richter orientierten.[36]

36 Für eine Übersicht siehe Müller, *Recht*, Kapitel 2.

Mit der Entstehung der institutionalisierten Rechtsschulen und durch die Eigenschaften, die sie auszeichnen (Gründungsautorität, Korpus von Rechtsmeinungen, Methoden und Prinzipien), haben sich die Entwicklungen in der Rechtspraxis, -theorie und -methodik intensiviert und wurden beschleunigt. Daraus sind spezifische Bereiche der Rechtswissenschaften entstanden, die sich in je unterschiedlichen Werken bzw. Genres niederschlugen. Auf sie werde ich als nächstes eingehen.

3.2 Herausbildung und Ausdifferenzierung islamischer Rechtswissenschaften

In der vorliegenden Literatur zum islamischen Recht unterscheiden die Autor:innen grundsätzlich zwischen der Rechtsmethodik und -theorie (*uṣūl al-fiqh*, wörtl. ›Wurzeln des Rechts‹) einerseits und der Rechtspraxis (*furūʿ al-fiqh*, wörtl. ›Zweige des Rechts‹) andererseits. Dies greift natürlich zu kurz. Es sind im Laufe der Geschichte mehrere Disziplinen entstanden, die zur Entwicklung des islamischen Rechts beigetragen haben. Dazu gehören z. B. die Hadithwissenschaft oder spätere Entwicklungen um Rechtsprinzipien und Maximen (*qawāʿid*). Im Folgenden werde ich daher neben den *uṣūl* und *furūʿ al-fiqh* weitere Disziplinen und Genres vorstellen. Neuere Disziplinen und Werke, die in der Moderne entstanden, wie etwa die übergeordneten Ziele der Scharia (*maqāṣid aš-šarīʿa*) und das islamische Minderheitenrecht (*fiqh al-aqallīyāt*), schließe ich hier aus.[37]

37 Für die Entwicklung in diesen beiden Bereichen siehe Band V.

3.2.1 *Uṣūl al-fiqh*

Wir können nicht genau beschreiben, wie sich die Rechtsmethodik entwickelt hat. Dafür fehlen uns Quellen aus der Frühzeit der islamischen Rechtswissenschaften. Grundsätzlich wird in der Literatur angenommen, dass aš-Šāfiʿī (gest. 204/820) der erste war, der sich systematisch mit der Rechtsmethodik (den sog. *uṣūl al-fiqh*) beschäftigt hat. Sein Werk *ar-Risāla* wird als erstes rechtsmethodisches Werk angesehen. Jüngere Forschungen zeigen, dass dies eine Rückprojektion ist und historisch nicht akkurat. Aš-Šāfiʿīs Werk bespricht relevante Themen der Rechtsmethodik, beschränkt sich aber auf wenige Bereiche, wie das oben beschriebene Konzept des *bayān* und die Lösung von Kontradiktionen zwischen Koran und Sunna. Dass sein Werk kaum kommentiert wurde und Jahrzehnte unberücksichtigt blieb, zeigt, dass aš-Šāfiʿī nicht unbedingt das erste rechtsmethodische, geschweige denn einflussreichste Werk geschrieben hat. Dennoch hat seine oben beschriebene *bayān*-Theorie im 4./10. Jahrhundert nachhaltig Fuß fassen und die islamische Rechtsmethodologie beeinflussen können. Neben aš-Šāfiʿī waren seine Anhänger diejenigen, die sich mit der Rechtsmethodik und -theorie näher befasst haben, wie etwa Abū Iṣḥāq Ibrāhīm ibn Aḥmad al-Marwazī (gest. 340/951), Ibn al-Qāṣṣ (gest. 335/946), Abū Bakr aṣ-Ṣayrafī (gest. 330/942) und al-Qaffāl aš-Šāšī (gest. 336/948).

Es wird berichtet, dass Gelehrte sich im Rahmen von kleinen Abhandlungen (*rasāʾil*, Sg. *risāla*) mit rechtsmethodischen Themen befasst haben. Wir können mit einer recht großen Wahrscheinlichkeit annehmen, dass sich Gelehrte bereits im 3./9. Jahrhundert mit rechtsmethodischen Themen systematisch beschäftigten. Diese Bestrebungen intensivierten sich im 4./10. Jahrhundert, sodass rechtsmethodische Themen systematisch bearbeitet wurden. Uns liegen Werke aus diesem Jahrhundert vor, die darauf schließen lassen, dass die Systematisierung der Rechtsmethodik stark zunahm und ab dieser Zeit vollständige theoretische Werke geschrieben worden sind. Überlebt haben große Teile des Werkes *al-Fuṣūl fī l-uṣūl* des Hanafiten Abū Bakr ar-Rāzī al-Ǧaṣṣāṣ (gest. 370/981). Unvollständig überliefert, aber ins

4./10. Jahrhundert zu datieren, ist das Werk *at-Taqrīb wa-l-iršād* von Abū Bakr Muḥammad ibn Ṭayyib al-Bāqillānī (gest. 403/1013). Ein weiteres rechtsmethodisches Werk aus diesem Jahrhundert liegt uns vom Malikiten Ibn al-Qaṣṣār (gest. 397/1007) vor. Dieses ist die rechtsmethodische Einleitung (*muqaddima*) zu seinem rechtsvergleichenden Werk *ʿUyūn al-adilla*; diese Einleitung ist eine komprimierte Zusammenfassung der malikitischen Rechtsmethodik.

Für das 5./11. Jahrhundert sieht die Quellenlage deutlich besser aus. Aus diesem Jahrhundert liegen uns vollständige Werke vor, die zeigen, welche Themen unter welchen Gesichtspunkten im Rahmen der *uṣūl al-fiqh* diskutiert wurden. Die wichtigsten Autoren und Werke werde ich bei der Darstellung der jeweiligen Rechtsschulen in den folgenden Unterkapiteln nennen.

Es ist üblich, die Rechtsmethodik der Sunniten in zwei Methoden aufzuteilen: die Methode der Rechtsgelehrten (*fuqahāʾ*) und die der Theologen (*mutakallimūn*). Diese Unterscheidung geht auf den Historiker Ibn Ḫaldūn (gest. 808/1406) zurück und wird in vielen modernen Einführungswerken rezipiert. Die Methode der Rechtsgelehrten wird dabei mit der Herangehensweise der Hanafiten, die der Theologen mit der der Malikiten, Schafiiten und Hanbaliten gleichgesetzt. Hanafiten sollen induktiv vorgegangen sein, d. h. sie leiteten von vielen Einzelfällen ihre methodischen Überlegungen ab. Die restlichen drei Gruppen – die Theologen – sollen anders vorgegangen sein, und zwar deduktiv: Sie bestimmten, so wird angenommen, Grundsätze und Prinzipien, die mit ihren theologischen Positionen übereinstimmten, und erarbeiteten so ihre Rechtsmethodik.

Diese grobe Skizzierung greift allerdings zu kurz: Es gibt Gelehrte in allen Rechtsschulen, die weniger an systematisch-theologische Fragen denken und mehr sich auf die rechtspraktische Literatur konzentrieren, wie etwa die der bereits erwähnten Ibn al-Qaṣṣār oder Abū l-Walīd al-Bāǧī (gest. 474/1081). Neuere Forschungen zeigen, dass man hier keine klare Linie zwischen den Rechtsschulen ziehen kann, sondern es in allen Ausrichtungen Gelehrte gibt, die ihre Rechtsmethodik stärker mit Rücksicht auf theologische Fragen formulieren, etwa wie göttliche Rede ist, wie Sprache entstand oder ob der Mensch das Gute und Böse erkennen kann. Zu ihnen können wir al-Bāqillānī und den mutazilitischen Gelehrten ʿAbd al-Ǧabbār (gest. 415/1025) zählen. Andere wiederum lenken ihre Aufmerksamkeit mehr auf die rechtspraktische Literatur. Wir haben also sowohl theologische als auch rechtlich orientierte Werke in allen Rechtsschulen. Spätere Hanafiten wie z. B. ʿAlāʾ ad-Dīn as-Samarqandī (gest. 539/1144) wollten explizit Theologisches in die Rechtsmethodik einbinden, wogegen die Mehrheit der Hanafiten sich bis dahin sträubte.

Ferner ist zu beobachten, dass die Rechtsschulen, ungeachtet dessen, ob sie sich auf den Rechtsdiskurs konzentrieren oder sich stark auf die Theologie (*kalām*) beziehen, grundsätzlich ähnlichen Methoden im Recht folgen. Die vorgeschlagenen Methoden, die Art und Weise, wie sie angewandt werden sollen, welche Grundideen hinter den Methoden richtungsweisend sind – in all diesen Punkten sehen wir, wie hier noch zu zeigen sein wird, eine große rechtsschulübergreifende Übereinstimmung. Zwar unterscheiden sich die Rechtsschulen in einigen wichtigen Grundsätzen und Bedingungen, unter denen bestimmte Methoden angewandt werden können. Ansonsten sehen wir in der islamischen Rechtsmethodik aber nicht, dass z. B. Hanafiten gänzlich andere Methoden hätten als die restlichen Rechtsschulen. Auffällig ist allerdings, dass Hanafiten durchaus eine andere Begriffssystematik haben als die restlichen drei Richtungen. Ein Beispiel dazu haben wir oben bei der Begriffssystematik für unklare Aussagen im Koran gesehen (siehe Kapitel 3.1).

Bevor wir auf die Hauptthemen der *uṣūl al-fiqh* eingehen können, noch eine kurze Bemerkung zur schiitischen Tradition: Die schiitische Rechtsmethodik schließt grundsätzlich zeitversetzt an die sunnitische an. Sie hat ihre Eigenheiten, wie etwa, dass unter Hadithen nicht nur die Berichte vom Propheten verstanden werden, sondern auch von und über die Imame. Dabei spielt die Unfehlbarkeit (*ʿiṣma*) der Imame in diesen Werken eine besondere Rolle, weshalb Überlieferungen von Imamen besonders berücksichtigt werden. Die schiitische Rechtsmethodik orientiert sich oft an der sunnitischen Literatur, zumal viele ihrer Gelehrten bei Sunniten studierten und auf diese reagierten. Die schiitische Ausprägung der Rechtsmethodik unterscheidet sich dennoch an entscheidenden Punkten, wie etwa der Quellenlehre. So akzeptieren viele Schiiten *qiyās* nicht und führen eine Quelle unter dem

Begriff ›Vernunft‹ (*ʿaql*) an. *ʿAql* umfasst dabei diverse Quellen der Sunniten (wie etwa *istiṣlāḥ*, Typen des *qiyās* und *istiḥsān*) und geht darüber hinaus. Die Betonung der Vernunft rührt daher, dass die Schiiten im Gegensatz zu den Sunniten der Vernunft die Fähigkeit zusprechen, den Menschen das Gute und Böse rein rational erkennen zu lassen, da die existierenden Dinge in der Welt eine rational erkennbare gute oder böse Wesenseigenschaft hätten. Diese Wesenseigenschaft negieren Sunniten, besonders Aschariten, daher bedarf der Mensch der göttlichen Botschaft, um entscheiden zu können, ob Gott eine Handlung sanktioniert bzw. sie als gut oder böse einstuft. Letztlich entscheidet somit Gott über diese Frage.[38] Sunniten argumentieren jedoch nicht irrational, sondern versuchen einen Zwischenweg zwischen der Berücksichtigung und Auslegung der Überlieferungen und der Vernunftargumentation zu finden, die in den Rechtsschulen jeweils unterschiedlich gewichtet wird.

Wenn wir den Werken aus dem 5./11. Jahrhundert nachgehen, können wir die Hauptthemen der *uṣūl al-fiqh* zusammenfassen. Jeder Gelehrte kann dabei sein Werk unterschiedlich systematisiert haben. Wir können sogar einige Charakteristika für einzelne Rechtsschulen entdecken: Hanafiten beginnen ihre Werke tendenziell mit der Besprechung der Wortkategorien in der Sprache, besprechen in diesem Rahmen auch Methoden der Interpretation, wogegen viele Schafiiten zunächst die Rechtsquellen darstellen. Auch diskutieren einige Schafiiten innerhalb der Darstellung der Quellen Themen der Herleitung von Normen, wogegen viele Hanbaliten mit Definitionen von *termini technici* beginnen. Die hier zu beschreibenden Hauptthemen werden nicht in allen Werken als eigenständiges Kapitel besprochen; viele werden übergeordneten bzw. angrenzenden Themen zugeordnet. Grundsätzlich aber werden in den *uṣūl al-fiqh* folgende Hauptthemen diskutiert:

38 Für nähere Informationen siehe Band II, Kapitel 1.

1) Epistemologie (Erkenntnislehre),
2) Quellenlehre,
3) Normderivationsmethoden,
4) Normkategorien, Gegenstand der Normen, Normadressaten, Normgebungskompetenz,
5) Idschtihad und *taqlīd*.

Epistemologie

Epistemologie bzw. Erkenntnislehre stellt Fragen wie »Wie entsteht Wissen?«, »Welchen Bedingungen unterliegt der Wissenserwerb?«, »Welche Wissensquellen gibt es, von denen ich Wissen erwerben kann?« und »Wie sicher ist das Wissen, das ich erworben habe?«. Dabei bestimmen die vormodernen Gelehrten disziplinenübergreifend, dass es drei Quellen gibt, die zum Wissenserwerb führen:

1) Nachrichten (*aḫbār*),
2) die fünf Sinne (*ḥawāss*) und
3) die Vernunft (*ʿaql*).

Für das islamische Recht spielen insbesondere Nachrichten und die Vernunft eine zentrale Rolle. Die erkenntnistheoretische Grundlage des islamischen Rechts ist seit dem 4./10. Jahrhundert rechtsschulübergreifend *bayān*. *Bayān* bedeutet wörtlich ›Mitteilung‹ und ›Erklärung‹. Mit diesem Begriff setzen die Gelehrten voraus, dass Recht aus den Mitteilungen und Erklärungen von Gott und dem Propheten abgeleitet werden soll. Rationale Methoden werden, wie wir bereits zuvor sehen konnten, nicht gänzlich ausgeschlossen. Doch ist durch diese Grundhaltung jede vormoderne muslimische Rechtsmethodologie – sunnitisch wie schiitisch – literalistisch orientiert. Der Bezug zu den schriftlichen Quellen legitimiert eine vorgeschlagene Meinung, ermöglicht überhaupt Auslegung und zeigt zugleich die Grenzen jeder Auslegung. Jede Meinung, die dem äußeren Wortlaut der Quellen widerspricht, ist demnach hinfällig.

Da nun Recht in der Theorie in erster Linie von Texten hergeleitet werden soll, ergeben sich drei Fragenkomplexe:

a) Wie sicher kann ich ermitteln, dass die schriftlichen Quellen, die uns vorliegen, wirklich auf den Propheten (bei schiitischen Rechtsschulen auch auf die Imame) zurückgehen?
b) Darf bzw. muss ich sie in die Rechtsprechung einbeziehen?
c) Wie sicher ist die Bedeutung, die ich aus den vorliegenden Texten herleite?

Die Fragen unter a) und b) werden mit Hilfe des Begriffs der ›Feststellbarkeit‹ (*ṯubūt*) und die Frage unter c) mit Hilfe des ›Hinweischarakters‹ (*dalāla*) diskutiert. Unter dem Aspekt der Feststellbarkeit wird also die Wahrscheinlichkeit diskutiert, mit der ich ermitteln kann, dass bzw. ob eine Aussage vom Propheten stammt, seien es Hadithe oder Koranpassagen. Frage c) stellt das Problem des Hinweischarakters einer Aussage dar: Mit welcher Sicherheit kann ich behaupten, dass die Bedeutung, die ich herauslese, korrekt ist? Beginnen wir zunächst mit der Frage nach der Feststellbarkeit, *ṯubūt*.

Wir können entweder wahrscheinlich (*ẓannī*) oder definitiv (*qaṭʿī*) feststellen, dass eine Aussage vom Propheten stammt. Wenn wir mit Sicherheit ermitteln, dass ein Bericht auf ihn zurückzuführen ist, liegt ein definitiv erwiesener Text vor. Das wird mit dem Begriff *qaṭʿī ṯ-ṯubūt* (definitive Feststellbarkeit) wiedergegeben. Ein Beispiel dafür ist der Koran: Der Prophet Muhammad hat den Koran verkündet, den eine große Menge von Menschen von Generation zu Generation tradierte. Folgen wir dieser Logik, so ist es auszuschließen, dass der Text verfälscht wurde bzw. es steht definitiv fest, dass der Prophet den Koran in der Form verkündete, wie er uns vorliegt – samt den Varianten der Lesarten. Diese Art von Überlieferungen nennt man *tawātur*. Texte und Berichte, die auf diese Weise überliefert worden sind, sind *mutawātir*. *Mutawātir*-Berichte müssen in die Herleitung von Normen einbezogen werden.

Wird dagegen eine Nachricht des Propheten (oder sonstige Nachrichten) nicht in dieser Menge tradiert, dann handelt es sich um Einzeltraditionen (*ḫabar al-wāḥid*) – mit Ausnahme einer Zwischenkategorie *mašhūr* (bekannt), die aber nicht rechtsschulübergreifend anerkannt sind. Einzeltraditionen stammen vermutlich vom Propheten. Ihre Feststellbarkeit ist präsumtiv (d. h. sie ist *ẓannī ṯ-ṯubūt*). Die Mehrheit der Überlieferungen fallen unter diese Art; neben dem Koran sind nur recht wenige Hadithe (vermutlich) *mutawātir*. Für Einzeltraditionen können die Gelehrten nach unterschiedlichen Kriterien entscheiden, ob sie einen Hadith akzeptieren oder verwerfen. Die Überlieferungen werden dabei nach verschiedenen Kriterien und mit Rücksicht auf den Inhalt bzw. auf die Überliefererkette auf ihre Echtheit und Relevanz überprüft. Dieser Vorgang wird als Hadithevaluation bezeichnet. Aufgrund verschiedener Vorgehensweisen bei der Bewertung ist der Hadithbestand, der jeweils rechtsrelevant ist, in jeder Rechtsschule (trotz einiger Übereinstimmung) unterschiedlich.

Auch wenn wir mit unterschiedlichem Wahrscheinlichkeitsgrad ermitteln können, welche Texte relevant sind, steht noch die Frage im Raum, wie sicher das Wissen ist, das ich diesen Texten entnehmen kann: Mit welcher Sicherheit weiß ich, dass der Text die Bedeutung wiedergibt, die ich von ihm ableite? Es handelt sich also um den Hinweischarakter (*dalāla*) einer Aussage, der näher bestimmt werden muss. Der Hinweischarakter einer Aussage kann je nach Aussagetyp (z. B. allgemein, spezifisch, unbestimmt, konkretisiert, evident, eindeutig, mehrdeutig und unklar) wahrscheinlich oder definitiv sein. Die meisten hergeleiteten Bedeutungen sind wahrscheinlich, daher variiert die Textauslegung von Rechtsschule zu Rechtsschule.

Quellen

Wir haben bereits oben gesehen, dass unterschiedliche Quellen auf unterschiedliche Art und Weise zum Wissen führen. Es stellt sich die Frage, ob die Wissensquellen im islamischen Recht unbeschränkt sind: Welche Überlieferungen muss bzw. darf ich berücksichtigen?

Man ist sich darüber einig, dass man den Koran und die Sunna berücksichtigen *muss*. Das arabische Wort für Quellen ist hier *adilla* (Sg. *dalīl*). Diese Texte weisen auf Normen hin, sind also Rechtsquellen. Welche weiteren Quellen darf ich heranziehen, wenn in Koran und Sunna keine Informationen zu einem Sachverhalt zu finden sind (was für viele Rechtsbereiche der Fall ist)? Sunniten sind sich einig, dass man hier den Konsens der Gelehrten (Idschma, *iǧmāʿ*) und *qiyās* berücksichtigen darf. *Qiyās* ist eigentlich eine Methode und keine Rechtsquelle: Er ermöglicht die analoge Bewertung eines neuen Falls (*farʿ*) mit Bezug auf einen bereits durch Koran und/oder Sunna geregelten Ausgangsfall (*aṣl*). Diese Methode verweist auf eine Norm, daher ist sie ein *dalīl* (›Hinweis‹, dahinter steckt das arabische Verb *dalla*), also eine Quelle. Auf der anderen Seite kann das Wort *qiyās* ein etabliertes, allgemeines Rechtsprinzip bezeichnen. Da es sich beim *qiyās* auch um eine Methode handelt, listen einige Gelehrte wie Abū Ḥāmid al-Ġazālī (gest. 505/1111) und nach seinem Vorbild Ibn Rušd (al-Ḥafīd, gest. 595/1198) *qiyās* nicht als eigenständige Quelle auf.[39]

Umstritten sind weitere Quellen bzw. Methoden, wie etwa das Für-gut-Halten von abweichenden Meinungen zur allgemeinen Regel sowie die Bestimmung eines Falls mit Rücksicht auf rationale Argumentation (beides ist *istiḥsān*), oder die besondere Berücksichtigung der Praxis der Medinenser (*ʿamal ahl al-madīna*), der Meinung eines: einer Prophetengefährt:in (*maḏhab aṣ-ṣaḥābī*) oder des Gewohnheitsrechts (*ʿurf*).[40]

Normderivationsmethoden

Haben die Gelehrten bestimmt, welche Quellen das islamische Recht hat, müssen sie Methoden festlegen, die es erlauben, aus ihnen Normen herzuleiten; das ist die Normderivation. Grundsätzlich gilt, dass

39 Vgl. Kurnaz, *Tradition und Fortschreibung*, 120 f.

40 Siehe Band III, Kapitel 3.

man sich zunächst am äußeren Wortlaut (*ẓāhir*) des Korans und der Sunna zu orientieren hat, der eine wahrscheinliche Bedeutung wiedergibt; Hanafiten gehen eher davon aus, dass man hier eine definitive Bedeutung herleiten kann. Da die Normderivation textzentrisch ist, stellen sich die Gelehrten die Frage, wie die dort zu findenden Aussagen zu bewerten sind. Schauen wir uns das Beispiel der Verpflichtung zum Verrichten des Freitagsgebets (*ṣalāt al-ǧumʿa*) an. Es heißt in Q 62:9 f.:

> »Ihr Gläubigen! Wenn am Freitag zum Gebet gerufen wird, so macht euch auf, um Gottes zu gedenken, und lasst den Handel ruhen. Das ist für euch das Beste, sofern ihr Wissen habt. Wenn das Gebet dann abgeschlossen ist, zerstreut euch wieder überall, und strebt nach Gottes guten Gaben, und gedenket seiner viel: Vielleicht wird's euch dann wohlergehen!«[41]

In dieser Passage kommen gebietende (»so macht euch auf, um Gottes zu gedenken«) sowie verbietende (»lasst den Handel ruhen«) Aussagen vor (also *amr* und *nahy*). Es müssen Prinzipien formuliert werden, wie diese Aussagen zu bewerten sind bzw. wie der normative Status ist: Ist das Gebieten immer als Verpflichtung (*wāǧib*) zu deuten und komplementär dazu das Verbieten als Verbot (*ḥarām*)? Sollten wir nicht doch erst davon ausgehen, dass es eine Empfehlung (*nadb*, empfohlen: *mandūb*) ist? Wenn dem so wäre, dass gebietende Aussagen immer als Verpflichtung gedeutet werden müssen, müsste die Aussage »zerstreut euch wieder überall, und strebt nach Gottes guten Gaben« als Verpflichtung verstanden werden? Darf ich dann nicht weiter Gebete verrichten, und muss ich nach Gottes guten Gaben unbedingt streben? Ferner, was passiert, wenn ich doch Handel treibe: Begehe ich eine Sünde? Ist z. B. der Kaufvertrag, den ich zur verbotenen Zeit schließe, nichtig oder doch rechtswirksam? Im Rahmen der Rechtsmethodik besprechen die Gelehrten diese und weitere Probleme, wie

41 Übersetzt nach Bobzin. Ich habe »Tag der Versammlung« mit »Freitag« ersetzt.

etwa, ob eine präskriptive – also gebietende und verbietende – Aussage sofort befolgt und stets wiederholt werden muss, oder welchen normativen Status das Gegenteil einer gebietenden Aussage hat.

Nehmen wir an, wir haben ermittelt, dass es eine Verpflichtung ist, das Freitagsgebet zu verrichten. Nun müssen wir uns die Folgefrage stellen, wer alles von dieser Verpflichtung betroffen ist. Wir sehen im Vers, dass die Gläubigen angesprochen werden (»Ihr Gläubigen!«). Die Frage ist nun, ob wirkliche alle Gläubigen gemeint sind, oder ob diese allgemeine Aussage durch weitere Aussagen spezifiziert wird. Hadithe zeigen z. B., dass Reisende, Kinder und Kranke am Freitagsgebet nicht teilnehmen müssen. Unter den Methoden zur Normderivation diskutieren die Gelehrten daher, nach welchen Kriterien allgemeine (*ʿāmm*) und spezifische (*ḫāṣṣ*) Aussagen ermittelt werden können. Zudem besprechen sie Methoden, um das Verhältnis von allgemeinen Aussagen zu spezifischen zu bestimmen, wie z. B. durch die Spezifikation (*taḫṣīṣ*). Für unseren Fall hieße das, dass Kranke und andere aus der Gruppe derer, die das Freitagsgebet verrichten müssen, ausgenommen werden; die allgemeine Aussage wird spezifiziert.

Eine ähnliche Diskussion zeigt sich bei der Abrogation (*nasḫ*): Wenn zwei Aussagen vorliegen, die sich widersprechen, und wenn der Widerspruch durch Auslegung oder durch Spezifikation nicht aufgelöst werden kann – wie können wir vorgehen? Hier kann die Chronologie der Texte weiterhelfen. Die rechtsrelevanten Passagen im Koran wurden über 23 Jahre hinweg zu verschiedenen Anlässen herabgesandt (sog. *asbāb an-nuzūl*, Offenbarungsanlässe). Darüber hinaus beinhalten Hadithe Aussagen des Propheten, die er zu unterschiedlichen Zeiten und zu verschiedenen Anlässen (sog. *sabab wurūd al-ḥadīṯ*) getätigt hat. Ist die Chronologie der Texte bekannt, so kann es sein, dass eine spätere Aussage die frühere abrogiert, also aufhebt. Daneben können weitere Wahrscheinlichkeitsabwägungen (Sg. *tarǧīḥ*) greifen, um Kollisionen unter den rechtsrelevanten Texten aufzulösen: So kann z. B. eine klare Aussage des Propheten einer weniger klaren und eine mehrfach tradierte einer einfach tradierten vorgezogen werden.

Weitere Fragen ergeben sich bezüglich der Aussagen »lasst den Handel ruhen« und »strebt nach Gottes guten Gaben« im oben zitierten Vers. Was genau ist mit Handel (arab. *bayʿ*) gemeint? Handelt es sich nur um Tauschgeschäfte, die mit *bayʿ* wiedergegeben werden? Oder ist doch allgemein jede Art von Handel gemeint? Was bedeutet es, dass man nach Gottes guten Gaben streben soll? – Also müssen die Aussagen erst erklärt werden, bevor wir eine Norm aus Q 62:9 herleiten können. Daher stellen sich die Gelehrten die Frage, wie klar eine Aussage ist und ob sie ausgelegt werden darf, ja sogar muss.

Neben der direkten Auslegung des Textes können Aussagen Bedeutungen implizieren (sog. Implikation, *dalāla* bzw. *mafhūm*). Ein Beispiel: Wenn es verboten ist, Alkohol zu konsumieren, impliziert dies auch, dass der Verkauf verboten ist? Wir erinnern uns an die bereits oben besprochene Lösung: Wenn der Konsum verboten ist, ist der Verkauf erst recht verboten. Das ist das sog. Argument durch *mafhūm al-muwāfaqa* bzw. *dalālat an-naṣṣ* (das Erst-recht-Argument, *argumentum a fortiori*). Daneben stellt sich die Frage, ob man mit dem Umkehrschluss argumentieren darf, der auch eine Art Implikation ist: Wenn es in einem Hadith heißt, dass für freiweidende Schafe Almosensteuer zu entrichten ist, heißt dies dann, dass für gemästete Schafe keine Almosensteuer entrichtet wird? Bestimmen wir diese Norm durch den Umkehrschluss oder brauchen wir dafür direkte Aussagen in den Quellen? Diese Frage beantworten die Rechtsschulen unterschiedlich.[42]

Eine weitere, sich anschließende Frage ist, ob Aussagen nach ihrer wörtlichen Bedeutung (also *ḥaqīqa*) bemessen werden oder ob es Fälle geben kann, in denen Wörter und Aussagen im übertragenen Sinne (also als *maǧāz*) verwendet wurden. Die Mehrheit der Gelehrten geht von dieser Binarität aus. Somit hat jede Aussage eine ›Standard-Bedeutung‹, die man definitiv oder wahrscheinlich ermitteln kann. Sie wird als ›wirkliche‹ (*ḥaqīqī*) bzw. wörtliche Bedeutung bezeichnet; man spricht von *ḥaqīqa*. Die Verwendung im übertragenen Sinne, also *maǧāz*, muss immer durch ein Indiz (*qarīna*) oder Hinweis begründet werden. Dies ist eine grundlegende Unterscheidung, die als Schablone

42 Siehe Band IV, Kapitel 3.2.

für diverse Methoden dient. Ein Beispiel: Wenn wir sagen, dass gebietende Aussagen immer als Verpflichtung gedeutet werden müssen, dann gilt dies als ›Standard-Bedeutung‹ (*ḥaqīqa* bzw. *ẓāhir*, also evident) gebietender Aussagen. Nur weitere Indizien (*qarā'in*) können zeigen, dass hier diese Aussageform abweichend verwendet wird. Ein Beispiel: In Q 2:282 heißt es: »O ihr Gläubigen! Wenn ihr euch untereinander verschuldet für eine festgelegte Frist, dann schreibt es auf!« Nach der Mehrheitsmeinung sind gebietende Aussagen stets als Verpflichtung zu deuten. Demnach bedeutet der Vers, dass jeder Kaufvertrag, jede Verschuldung schriftlich festgehalten werden muss. Die Gelehrten legen den Vers aber anders aus; er deute auf eine Empfehlung hin. Denn, so argumentieren sie, Menschen seien nicht daran gewöhnt, alles aufzuschreiben; die Verpflichtung dazu wäre eine Überforderung. Abschließend zur Herleitung von Normen ist zu sagen, dass Methoden wie *qiyās*, *istiḥsān* und weitere teilweise in das Feld der Normderivation fallen.

Normkategorien und Gegenstand der Normen

Wir haben bisher von den Quellen und den Methoden zur Herleitung von Normen gesprochen. Da ja Normen bzw. Regelungen hergeleitet werden, stellt sich die Frage, welche Normkategorien es gibt. Einige habe ich bereits oben erwähnt: Handlungen können verpflichtend (*wāǧib*), empfohlen (*mandūb*), freigestellt (*mubāḥ*), verpönt (*makrūh*) oder verboten (*ḥarām*) sein. Das sind die sog. Regelungen, die die Menschen dazu beauftragen, eine Handlung zu vollziehen bzw. zu unterlassen (sog. *al-aḥkām at-taklīfīya*). Daneben kann es Normen geben, die als Bedingung (*šarṭ*), Hinderungsgrund (*māniʿ*) usw. gelten. Andere wiederum bewerten die Gültigkeit (*ṣiḥḥa*), Nichtigkeit (*buṭlān*) bzw. Anfechtbarkeit (*fasād*) sowie juristische Lizenzen (*ruḫaṣ*, Sg. *ruḫṣa*). Einige dieser werden ›Konditionen setzende Normen‹ (*al-aḥkām al-waḍʿīya*) genannt.[43]

Daneben stellen sich die Gelehrten die Frage, welchen Gegenstand die Normen haben. Hier geht es darum, ob eine Regelung ein kollektives (der Terminus lautet: *ḥaqq* bzw. *ḥuqūq Allāh*) oder ein individuelles Interesse (*ḥaqq* bzw. *ḥuqūq al-ʿibād*) schützt.[44] So fällt etwa die Zerstörung öffentlichen Guts in den Bereich des kollektiven Interesses, sodass z. B. der Herrscher bzw. Ordnungshüter sich für die Klärung des Falls einsetzen müssen und Richter gerichtlich eine Entscheidungen zu treffen haben, auch wenn niemand aus persönlicher Betroffenheit den Vorfall vor Gericht bringt. Individuelles Interesse bestünde etwa bei einer Streitigkeit in Bezug auf die Gültigkeit von Kaufverträgen und den damit verbundenen Rechten und Pflichten. Solange hier kein Vertragspartner vor Gericht zieht, beginnt kein Gerichtsprozess.

Normadressaten und Normgebungskompetenz

Als eine Folge aus den bisher beschrieben Themenbereichen ergibt sich, dass die Gelehrten sich einerseits Gedanken darüber machen, wer die Normadressaten sind. In Bezug auf sie werden Themen wie etwa der altersabhängige Beginn der juristischen Verantwortung oder die Rechte und Pflichten der Normadressaten diskutiert. Kapitel 4.5 fasst diese Themen zusammen.

In Bezug auf die Normgebungskompetenz wiederum diskutieren die Gelehrten, wer Normen herleiten darf, welche Qualifikation Gelehrte haben müssen und was ihre Aufgabenbereiche sind. Hierbei

43 Für die ›Konditionen setzende Normen‹ siehe Band II, Kapitel 3.

44 Für nähere Informationen siehe Band II, Kapitel 4.

besprechen sie die beiden Begriffe Idschtihad und *taqlīd*. Kapitel 4 befasst sich mit diesen Fragen. Eine besondere Diskussion hierbei beschäftigt sich damit, wie sich die Normherleitungskompetenz der Gelehrten mit dem Gedanken vereinbaren lässt, dass im Grunde genommen nur Gott der wahre Gesetzgeber (*šāriʿ* bzw. *ḥākim*) ist. Das ist auch der Grund, weshalb die religiösen Texte im Vordergrund stehen: Jede Herleitung erhält ihre Legitimität durch den Bezug auf die religiösen Quellen, die den Willen Gottes abbilden sollen. Quellen und Methoden zur Herleitung von Normen legitimieren die Gelehrten daher ebenfalls mit den religiösen autoritativen Texten. Wir haben bereits oben bei aš-Šāṭibī gesehen, dass dennoch dem Menschen im Rechtsfindungsprozess eine wichtige Rolle zukommt.

Entwicklungen ab dem 6.–7./12.–13. Jahrhundert – eine Übersicht

Ab dem 6.–7./12.–13. Jahrhundert begannen die Rechtsgelehrten sich rechtsschulübergreifend stärker mit der Logik und der Philosophie zu beschäftigen. Dies führte dazu, dass die Rechtsmethodik und -theorie noch stärker systematisiert und verwissenschaftlicht wurde. Man suchte daneben nach einer gemeinsamen Sprache. Es entwickelte sich – trotz abweichender Begriffssystematik – eine mehr oder weniger standardisierte Sprache, um sich über rechtsmethodische Themen zu verständigen. Der rechtsschulübergreifende Einfluss von Gelehrten nahm damit zu. Hinzu kommt, dass verstärkt die besprochenen Themen sowie der Stil der Werke standardisiert wurden. Dies hatte vor allem damit zu tun, dass bestimmte Werke an Medresen, also Hochschulen, gelehrt wurden. Dort wurden die Logik und die arabische Sprache zum allgemein anerkannten Studienfach, sodass die Gelehrten sich in *uṣūl*-Werken (vertieft) mit der Logik, der arabischen Sprache und den Sprachwissenschaften befassten.

Zu dieser Zeit wurden einige Werke, die in den vorherigen Jahrhunderten entstanden waren, als Grundtexte eingeordnet. Werke, die danach entstehen sollten, basierten auf diesen Grundtexten: Sie fassen sie zusammen, legen sie aus, diskutieren die unterschiedlichen Positionen und schreiben ihre Theorien und Ansätze fort; zudem beziehen sie selbst Position. Ein Beispiel dafür sind die Werke von Faḫr ad-Dīn ar-Rāzī (gest. 606/1210, schafiitisch) und Sayf ad-Dīn al-Āmidī (gest. 631/1233, schafiitisch). Ar-Rāzī in seinem *al-Maḥṣūl* und al-Āmidī in seinem *al-Iḥkām* fassen die folgenden Werke zusammen, kommentieren sie und schreiben die Traditionen fort, die ihre Quellen anstoßen, indem sie selbst Position beziehen und neue Herangehensweisen vorschlagen:

a) ʿAbd al-Ǧabbār (gest. 415/1025, mutazilitisch), *al-ʿUmad,*
b) Abū l-Ḥusayn al-Baṣrī (gest. 436/1044, mutazilitisch), *al-Muʿtamad,*
c) Abū l-Maʿālī al-Ǧuwaynī (gest. 478/1085, schafiitisch), *al-Burhān,*
d) Abū Ḥāmid al-Ġazālī (gest. 505/1111, schafiitisch), *al-Mustaṣfā.*

Die oben genannten Werke wurden rechtsschulübergreifend kommentiert. Ein Beispiel dafür ist der umfangreiche Kommentar *Nafāʾis al-uṣūl* des Malikiten Šihāb ad-Dīn al-Qarāfī (gest. 684/1285), der den *Maḥṣūl* ar-Rāzīs kommentiert. Eine ähnliche Entwicklung sehen wir auch bei den Hanafiten. So galten die Werke von

a) Abū Zayd ad-Dabūsī (gest. 430/1039), *Taqwīm al-adilla,*
b) Abū l-ʿUsr al-Bazdawī (auch al-Pazdawī, gest. 482/1089), *Uṣūl* bzw. *Kanz al-wuṣūl* und
c) Šams al-Aʾimma as-Saraḫsī (gest. 483/1090), *Uṣūl*

als Grundtexte für die spätere hanafitische Rechtsmethodik. Hanafiten, etwa Ṣadr aš-Šarīʿa ʿUbaydallāh ibn Masʿūd al-Maḥbūbī (gest. 747/1346) in seinem *Tanqīḥ al-uṣūl,* bezogen sich auf philosophische Themen, so auch auf Standardwerke anderer Rechtsschulen, wie etwa

Ṣadr aš-Šarīʿa sich auf ar-Rāzīs *al-Maḥṣūl* (schafiitisch), Ibn al-Ḥāǧibs (gest. 646/1249, malikitisch) *al-Muḫtaṣar* und al-Bazdawīs *Uṣūl* aus seiner eigenen Rechtsschule bezog.

Durch die Diversifizierung ergaben sich Bedarfe, die durch neue Texte gedeckt werden sollten. Zum einen entstanden aus diesem Bedürfnis heraus enzyklopädische Werke, die detailliert Positionen aus verschiedenen Rechtsschulen und von einzelnen Gelehrten zusammenstellten. Ein Beispiel dafür ist Badr ad-Dīn az-Zarkašīs (gest. 794/1392, schafiitisch) *al-Baḥr al-muḥīṭ*. Solche umfangreichen Werke waren nicht dafür geeignet, sie an den Medresen zu lehren. Sowohl aus diesem Bedürfnis nach ›Unterrichtsmaterial‹ als auch dem Bedürfnis nach komprimierten Übersichtswerken entstanden vermehrt *muḫtaṣar*-Werke, also Zusammenfassungen. Das heißt nicht, dass es diese vorher nicht gegeben hätte; sie wurden nur nicht systematisch angefertigt, um einen Bedarf zu decken. *Muḫtaṣar*-Werke fassten die Grundpositionen und Diskussionen in den *uṣūl al-fiqh* zusammen. Beispiele dafür sind:

a) Nāṣir ad-Dīn al-Bayḍāwī (gest. 685/1286, schafiitisch), *Minhāǧ al-uṣūl,*
b) Muwaffaq ad-Dīn ibn Qudāma (gest. 620/1223, hanbalitisch), *Rawḍat an-nāẓir,*
c) Ibn al-Ḥāǧib (gest. 646/1249, malikitisch), *Muḫtaṣar* und
d) Ṣadr aš-Šarīʿa (gest. 747/1346, hanafitisch), *Tanqīḥ.*

Eine besonders konzise, teilweise aber auch kryptische Zusammenfassung ist das *Ǧamʿ al-ǧawāmiʿ* von Tāǧ ad-Dīn as-Subkī (gest. 771/1370, schafiitisch). Diese stark komprimierten Werke konnten ohne eine begleitende Aufschlüsselung oft nicht verstanden werden, weshalb viele Kommentarwerke (*šurūḥ*, Sg. *šarḥ*) entstanden. Die Kommentare haben oft einen eigenen Titel, beziehen sich dabei aber deutlich auf die Vorlage, wie z. B. Ǧamāl ad-Dīn al-Isnawīs (gest. 772/1370, schafiitisch) *Nihāyat as-sūl fī šarḥ Minhāǧ al-uṣūl*, der al-Bayḍāwīs o. g. Werk kommentiert. Gelehrte haben auch gelegentlich ihre eigenen Werke kommentiert, wie etwa Ṣadr aš-Šarīʿa, der sein *Tanqīḥ al-uṣūl* unter dem Titel *at-Tawḍīḥ fī ḥall ġawāmiḍ at-Tanqīḥ* kommentierte, oder al-Qarāfī, der den Kommentar seines *Tanqīḥ al-fuṣūl fī l-uṣūl* als *Šarḥ Tanqīḥ al-fuṣūl* betitelte. Kommentarwerke sind nicht ausschließlich auf die Auseinandersetzung mit ihrer Vorlage beschränkt. Die Vorlage – sofern der Kommentator nicht sein eigenes Werk kommentiert – verleiht ihm in diesen Fällen die Möglichkeit, an die bisherige Literatur anzuschließen, sich in diesem Rahmen selbst zu positionieren und die Tradition fortzuschreiben. Er dockt somit an eine etablierte Tradition an. Kommentarwerke verleihen auf der anderen Seite den kommentierten Werken selbst Autorität und tragen zur Standardisierung und Konsolidierung stilbildender und bedeutender Werken bei.

Auch Kommentarwerke wurden kommentiert. Diese sog. ›Superkommentare‹ (*ḥawāšī*, Sg. *ḥāšiya*) sind überwiegend Kommentare zu einem Grundtext, die meist am Seitenrand vorgenommen werden. Unabhängige Werke, die eine Vorlage kommentierten, wurden ab dem 8./14. Jahrhundert ebenfalls eher als *ḥāšiya* bezeichnet statt als *šarḥ*. Ein Beispiel dafür ist das einflussreiche Werk von Saʿd ad-Dīn at-Taftāzānī (gest. 792/1390), das lange Zeit in Medresen als Lehrbuch verwendet wurde. Es trägt den Titel *at-Talwīḥ ilā kašf ḥaqāʾiq at-Tanqīḥ*. Hier kommentiert at-Taftāzānī den Kommentar *at-Tawḍīḥ* von Ṣadr aš-Šarīʿ zu seinem eigenen Werk *at-Tanqīḥ*. *At-Talwīḥ* wurde als eine *ḥāšiya* wahrgenommen, welche at-Taftāzānī selbst als *šarḥ* bezeichnet.

Neben Werken, die breite Anerkennung fanden, entstanden auch solche, die nicht ganz in die bisher beschriebenen Typen passen. Dazu gehört Ibn Qayyim al-Ǧawzīyas (gest. 751/1350, hanbalitisch) *Iʿlām al-muwaqqiʿīn ʿan rabb al-ʿālamīn*. Hier diskutiert Ibn Qayyim verschiedene rechtsmethodische Themen von ihrer rechtspraktischen Relevanz her. Aš-Šāṭibīs (gest. 790/1388, malikitisch) *al-Muwāfaqāt* sticht dadurch hervor, dass er die *uṣūl*-Themen *maṣlaḥa*- und *maqāṣid*-zentriert bespricht. *Maṣlaḥa* ist das schützenswerte Interesse der Menschen und kann von Koran und Sunna selbst geschützt werden (sog. *maṣlaḥa muʿtabara*, anerkanntes Interesse). Sie kann aber auch von den Quellen negiert werden (sog. *maṣlaḥa mulġā*, aufgehobenes bzw. nichtiges Interesse). Äußern sich die Quellen zu einem Interesse nicht, handelt es sich um eine *maṣlaḥa mursala*, ein offengelassenes Interesse. Dies teilen die Gelehrten auf in notwendig (*ḍarūrī*) zu schützendes, bedürfnisorientiertes (*ḥāǧī*) und verschönerndes (*taḥsīnī*)

Interesse. Notwendig zu schützend sind das Leben, die Religion, die Vernunft, die Nachkommenschaft und das Vermögen; die sog. ›fünf Notwendigkeiten‹ (*aḍ-ḍarūrāt al-ḫamsa*). Diese ›fünf Notwendigkeiten‹ wurden auch als *maqāṣid aš-šarīʿa*, die Ziele der Scharia bezeichnet. Aš-Šāṭibī versucht mit Hilfe dieser Theorie, die zuvor eine eher untergeordnete Rolle in den *uṣūl al-fiqh* gespielt hat, die gesamte *uṣūl*-Tradition dem *maṣlaḥa*-Konzept entsprechend neu zu deuten.[45]

Es entstanden auch unabhängige Schriften zu je einem Bereich der Rechtsmethodik, wie etwa Ṣalāḥ ad-Dīn al-ʿAlāʾīs (gest. 761/1359, schafiitisch) *Taḥqīq al-murād fī anna n-nahy yaqtaḍī l-fasād* über die Annahme, dass verbietende Aussagen die Nichtigkeit von verbotenen Handlungen erfordern, und *Talqīḥ al-fuhūm fī tanqīḥ ṣiyaġ al-ʿumūm* über die Kategorien der allgemeinen Aussagen. Al-Qarāfī schrieb zu diesem Thema ebenfalls ein Werk mit dem Titel *al-ʿIqd al-manẓūm fī l-ḫuṣūṣ wa l-ʿumūm*. Er verfasste daneben ein Werk speziell zur Unterscheidung der Aufgabenbereiche von Mufti und Kadi bzw. zur Rolle von Fatwas und richterlichen Urteilen in seinem Werk *al-Iḥkām fī tamyīz bayna al-fatāwā wa-l-aḥkām wa-taṣarrufāt al-qāḍī wa-l-imām*.

Eine Besonderheit stellt der Hadithkommentar des hanbalitischen Gelehrten Naǧm ad-Dīn aṭ-Ṭūfī (gest. 716/1316, hanbalitisch) dar. Er kommentierte den Hadith »Es gibt kein Schadenerleiden und Schadenzufügen« (*lā ḍarara wa-lā ḍirāra* in seinem Hadithkommentar *at-Taʿyīn fī šarḥ al-Arbaʿīn*, dem ›Buch der Vierzig Hadithe‹ von Yaḥyā ibn Šaraf an-Nawawī (gest. 676/1277, schafiitisch). Hier betonte aṭ-Ṭūfī die Zentralität von *maṣlaḥa* als Rechtsquelle. Sein Kommentar gilt als Versuch, *maṣlaḥa* zur Hauptquelle der Rechtsfindung im Bereich der zwischenmenschlichen Beziehungen zu bestimmen. Berühmt wurde dieser Ansatz aber erst im 20. Jahrhundert. Sein Kommentar zu diesem einen Hadith wurde mehrfach u. a. als *Risāla fī l-maṣlaḥa mursala* herausgegeben.

Abschließend ist noch anzumerken, dass das Verhältnis von den *uṣūl al-fiqh* zur Rechtspraxis nicht exakt bestimmt werden kann. Es

45 Für eine Analyse des Ansatzes von aš-Šāṭibī, siehe Opwis, *Maṣlaḥa*, Kapitel 5.

ist anzunehmen, dass die *uṣūl al-fiqh* zunächst entstanden, um die Grundlagen bereits bestehender Normen aufzuzeigen bzw. sie retrospektiv zu legitimieren. Daneben dienten sie als theoretische Grundlage und Rahmung für weitere Rechtsfindung. In einigen frühen sowie späteren Kommentarwerken zur Rechtspraxis kommen hin und wieder Erklärungen für den Dissens der Gelehrten vor, die durch die unterschiedlichen Positionen in den *uṣūl al-fiqh* zu erklären seien. Ibn Rušd al-Ḥafīd (gest. 595/1198) bemüht sich darum besonders in seinem Werk *Bidāyat al-muǧtahid*, das die Hauptthemen der Rechtspraxis (*furūʿ al-fiqh*) zusammenfasst. Vor ihm hatten sich bereits Gelehrte wie der Malikit Abū ʿAbdallāh Muḥammad al-Māzarī (gest. 536/1141) in seinem *Šarḥ at-Talqīn* und der Schafiit Abū l-Ḥasan al-Māwardī (gest. 450/1058) in seinem *al-Ḥāwī al-kabīr* damit befasst. Sie haben auch zeigen wollen, wie genau eine bestimmte Methode die Meinung, die die jeweilige Rechtsschule vertritt, begründet. Das heißt nicht, dass die Gelehrten sich exakt an die in den *uṣūl al-fiqh* festgehaltenen Regeln hielten. Vielmehr schaffen die *uṣūl al-fiqh* eine gemeinsame, theologisch begründete Grundlage, auf der Recht entsteht, legitimiert und durch sie kontrolliert werden soll.

Mit einigen Textbeispielen möchte ich das Kapitel zu den *uṣūl al-fiqh* abschließen und zu den *furūʿ al-fiqh*, der rechtspraktischen Literatur übergehen. Ich möchte dabei als ein Beispiel aus der frühen, konzisen Zusammenfassung al-Ǧuwaynīs eine Passage aus seinem *al-Waraqāt* übersetzen. Das anschließende Beispiel ist der Kommentar von Ǧalāl ad-Dīn al-Maḥallī (gest. 864/1459, schafiitisch) zum Werk *al-Waraqāt*. Beispiele aus den umfangreichen Werken werde ich aus Platzgründen nicht übersetzen, dafür aber eine Passage aus einem Werk, das die Ausführungen von al-Ǧuwaynī in Reimform zusammenfasst. Solche Texte, die disziplinenübergreifend vorliegen, sollen es den Studierenden an den Medresen ermöglich, einen Grundtext auswendig zu lernen. Auf diesem Auswendiggelernten basiert dann der Unterricht.

Beginnen wir mit der Übersetzung der Passage aus al-Ǧuwaynīs *al-Waraqāt*:

Textbeispiel 2: Kurzabhandlung

Rn. 10	Das Gebieten ist der wörtliche Handlungsaufruf an einen Untergeordneten im Wege der Verpflichtung.	والأمر استدعاء الفعل بالقول ممّن هو دونه على سبيل الوجوب،
Rn. 11	Seine Form ist *ifʿal*. Bei Unbestimmtheit und Freisein von einem Indiz wird sie darauf bezogen.	وصيغته افعل عند الإطلاق والتجرّد عن القرينة، فيُحمَل عليه.

Textbeispiel 2: al-Ǧuwaynī *al-Waraqāt*[46]

Es ergeben sich einige Unklarheiten in diesem Textbeispiel, z. B. ist nicht klar, worauf sich die Form *ifʿal* beziehen soll. Das nächste Beispiel erklärt die unklaren Aussagen. Die fettgedruckten Passagen entstammen dem Grundtext *al-Waraqāt,* wie sie in der gedruckten Fassung des Kommentars zu finden sind – es gibt leichte Abweichungen zu Textbeispiel 2. Der Rest des Textes sind die Kommentare al-Maḥallīs.

Textbeispiel 3: Kommentar zu einem *uṣūl*-Werk

Rn. 12	**Das Gebieten ist der wörtliche Handlungsaufruf an einen Untergeordneten im Wege der Verpflichtung.**	والأمر استدعاء الفعل بالقول ممّن هو دونه على سبيل الوجوب
Rn. 13	Wenn der Aufruf von einem Gleichberechtigten erfolgt, dann wird dies Bitte genannt; wenn von einem Übergeordneten, dann wird dies Frage genannt.	فأن كان الاستدعاء من المساوي سمي الماساً، ومن الأعلى سمي سؤالاً،

46 Vgl. waraqat.vishanoff.com/v/v6 (abgerufen am 8.7.2021).

Rn. 14	Käme er [d. h. der Handlungsaufruf] nicht auf dem Wege der Verpflichtung, sodass die Unterlassung zulässig wäre, dann wäre er nach äußerem Erscheinen [also dem evidenten Wortlaut her (*ẓāhir*)], d. h. in Wirklichkeit, kein Gebieten.	وإن لم يكن على سبيل الوجوب بأن جوز الترك فظاهره أنه ليس بأمر، أي في الحقيقة
Rn. 15	**Die Form, die auf sie [d. h. die Verpflichtung] verweist, ist *if'al*,** wie etwa *iḍrib* (›schlag‹), *akrim* (›bewirte‹) und *iśrab* (›trink‹).	وصيغته الدالة عليه افعل نحو: إضرب وأكرم واشرب،
Rn. 16	Sie **wird bei Unbestimmtheit und Freisein von einem Indiz,** das sie von der Aufforderung zur Handlung [zu einem anderen normativen Status] umdeuten lassen würde, **darauf bezogen,** d. h. auf die Verpflichtung, wie z. B. »Verrichtet das Gebet«.	وهي عند الإطلاق والتجرد عن القرينة الصارفة عن طلب الفعل تُحمل عليه أي على الوجوب، نحو فأقيموا الصلوة.

Textbeispiel 3: al-Maḥallī, *Šarḥ al-Waraqāt*, 70

Nun folgt zum Abschluss die Reim-Form des Textes aus *al-Waraqāt*, also eine Textpassage, die *manẓūm* ist. Es ist ein moderner Text nach vormodernem Vorbild. Thema ist wieder die gebietende Aussage.

Textbeispiel 4: Reim-Form eines *uṣūl*-Texts

Rn. 17 وحده استدعاء فعل واجب

Seine Definition ist der Aufruf zur Pflichthandlung,

بالقول ممن كان دون الطالب

mit einer Aussage an den, der sich unter dem Fordernden befindet;

Rn. 18 بصيغة افعل فالواجب حُققا

mit der Form *if'al*, sodass die Verpflichtung zustande kommt,

حيث القرينة انتفت وأطلقا

solange ein Indiz fehlt und er [d. h. der Aufruf] unbestimmt ist.

Textbeispiel 4: Šaraf ad-Dīn al-ʿAmrīṭī, *Naẓm al-Waraqāt*, 23

3.2.2 *Furūʿ al-fiqh*

Aus der Frühzeit des islamischen Rechts sind uns nicht viele Werke erhalten geblieben. Dass Richter und Gelehrte sich früh mit der Formulierung von Rechtsnormen befasst haben, wissen wir. Berichten aus späteren Werken können wir entnehmen, dass bereits in der Generation der Prophetengefährt:innen schriftliche Dokumente zum Recht vorlagen. Oft ist hier die Rede von *kutub* (Bücher), manchmal von Heften (*ṣuḥuf*, Sg. *ṣaḥīfa*). Diese sind keine systematisch geschriebenen Werke. Vielmehr sind es juristische Urkunden, etwa schriftlich festgehaltene Rechtsvorschriften über einzelne Themen wie Erbverteilung, Almosensteuer und Blutgeld. Es sind allerdings keine losen Aufzeichnungen, da die einzelnen Schriften kleine zusammenhängende Sammlungen von Rechtsauffassungen bilden. Bestrebungen, juristische Themen in geschlossenen Werken systematisch aufarbeiten zu wollen, traten wahrscheinlich Ende des 1./7. und Anfang des 2./8. Jahrhundert auf. Zu dieser Zeit begannen die Arbeiten dazu, Überlieferungen systematisch festzuhalten und sie zusammenzutragen und es entstanden Werke, die als *muṣannaf* bezeichnet werden.

Überlieferungswerke des Typs *muṣannaf*

Muṣannaf-Werke sind nach Themen geordnete Überlieferungswerke. Sie beinhalten viel rechtliches Material, darüber hinaus Überlieferungen über Geschichte, Askese und Biographisches. Die zusammengetragenen Überlieferungen gehen sowohl auf den Propheten als auch auf seine Gefährt:innen oder die Nachfolgergeneration zurück. Neuere Forschungen zeigen, dass der größte Bestand in solchen Werken auf die Nachfolgergeneration zurückgeht, viel weniger auf die Prophetengefährt:innen und noch weniger auf den Propheten selbst. Das entspricht den Beobachtungen zur Entstehung des islamischen Rechts, wie wir es oben beschrieben haben; es gab anfänglich mehr *ra'y*-Entscheidungen, als dass man nach Koran und Sunna des Propheten urteilte. Also beinhalten *muṣannaf*-Werke wichtige Informationen über den *ra'y* früher Rechtsgelehrter.

Typische *muṣannaf*-Werke sind die von ʿAbd ar-Razzāq aṣ-Ṣanʿānī (gest. 211/826–827) und Ibn Abī Šayba (gest. 235/849). Beide Werke liegen uns heute vor. Noch früher entstand das Werk von Maʿmar ibn Rāšid (gest. 153/770) mit dem Titel *al-Ǧāmiʿ*, der uns in der Rezension von ʿAbd ar-Razzāq in seinem *Muṣannaf* erhalten geblieben ist. Weitere Werke mit ähnlichem Schwerpunkt auf rechtlichem Material werden z. B. Ibn Ǧurayǧ (gest. 150/767, *Kitāb as-Sunan*) und Ibn Abī ʿArūba (gest. 156/773, *al-Muṣannaf, as-Sunan*) zugeschrieben.

Rechtswerke mit dem Schwerpunkt auf Rechtsmeinungen eines Rechtsgelehrten und seiner Schüler

Recht früh entstanden Werke, die neben Überlieferungen auch eigene Meinungen einzelner Gelehrter beinhalteten. Das früheste uns erhaltene Exemplar bildet das Buch *al-Maǧmūʿ* von Zayd ibn ʿAlī (gest. 122/740), dem ›Gründer‹ der fünferschiitischen Zayditen. Die Datierung des Werks ist umstritten. Es ist anzunehmen, dass es eine Kompilation seines Schülers Abū Ḫālid ʿAmr ibn Ḫālid al-Wāsiṭī (gest.

nach 145/762) und wohl dessen Schülers Ibrāhīm ibn Zibriqān at-Taymī (gest. 183/799)[47] ist, der die Rechtsmeinungen auf Zayd ibn ʿAlī zurückführte, was zu dieser Zeit nicht ungewöhnlich war. Die innere Systematik des Werkes zeigt, dass es zu einer Zeit entstanden sein muss, in der die *muṣannaf* und parallel dazu andere Werke mit ähnlichem Aufbau geschrieben wurden, wie etwa das *al-Muwaṭṭaʾ* von Mālik ibn Anas (gest. 179/795). Dieser hat sowohl Überlieferungen aus verschiedenen Generationen als auch seine eigenen Meinungen im *al-Muwaṭṭaʾ* zusammengetragen. Ein ähnliches Buch wird Sufyān aṯ-Ṯawrī (gest. 161/778) mit dem Titel *al-Ǧāmiʿ al-kabīr* zugeschrieben. Sein Werk ist vor Māliks *al-Muwaṭṭaʾ* entstanden und wurde an verschiedenen Orten rezipiert. Sufyān soll eine eigene Rechtsschule gehabt haben, die aber nicht überleben konnte. Sein Werk selbst hat uns nicht erreicht, Zitate daraus sind aber in späteren Werken zu finden.

Neben solchen Werken, die die eigene Meinung des Autors und Überlieferungen aus früheren Generationen beinhalten, entstanden auch Werke, die nicht so sehr darauf bedacht sind, Meinungen früherer Gelehrter zu überliefern. Vielmehr sollten die Meinungen des Rechtsschulgründers mit einer geschlossenen, inneren Systematik zusammengetragen werden. Muḥammad ibn al-Ḥasan aš-Šaybānī (gest. 189/805) etwa verfasste mehrere Werke, die die Meinungen seines Lehrers, seine eigenen und die von Abū Yūsuf (gest. 182/798) systematisch darstellen.

Daneben verfassten Gelehrte Werke, in denen sie ihre eigenen Meinungen wiedergaben. Oft diktierten sie diese Werke, und ihre Schüler schrieben die Ansichten nieder und kompilierten sie. Die Schüler konnten dem diktierten Material so auch seine letztgültige Form geben – spätere Revisionen ihrerseits waren somit nicht auszuschließen. Ein Beispiel dazu ist aš-Šāfiʿīs (gest. 204/820) *al-Umm*. Er versucht hier, seine Meinungen mit Koranversen und Prophetenüberlieferungen zu belegen und entsprechend der *ahl al-ḥadīṯ*-Haltung ein Werk mit Fokus auf den Rechtsdiskurs zu schreiben. Es kommen

47 Vgl. van Ess, *Theologie und Gesellschaft*, I:262.

im Werk verstärkt Begründungen von Meinungen vor, die man als rechtsmethodisch bezeichnen könnte, ebenso Vergleiche zu Meinungen anderer Rechtsgelehrter. Mit der Etablierung der Rechtsschulen sind viele Rechtswerke innerhalb der Rechtsschulgrenzen entstanden. Wir werden die bekanntesten in den nächsten Unterkapiteln zu den einzelnen Rechtsschulen noch kennenlernen.

Standardisierung und Kommentarwerke

Diese bisher beschriebenen umfangreichen Werke gaben unterschiedliche Positionen innerhalb einer Rechtsschule an. Es konnten Meinungen des Rechtsschulgründers und seiner Schüler, die in seinem Sinne das Recht fortschrieben (also *taḫrīǧ* betrieben), dort einen Platz finden. Bald entstand der Bedarf danach, Werke zu schreiben, die die Grundlehren der jeweiligen Rechtsschule wiedergaben. Es entstanden Grundtexte und Zusammenfassungen des inhaltlichen Rahmens der Rechtsschulen. Solche Werke wurden über Jahrhunderte hinweg geschrieben und sind nicht auf eine bestimmte Zeit begrenzt. Ihre Entstehungsbedingungen und Ausgestaltung konnte von Ort zu Ort und Zeit zu Zeit variieren. Sie trugen nicht immer den Titel *muḫtaṣar* und konnten auch vom Umfang her variieren. Frühe Exemplare dieser Art sind Abū Ibrāhīm Ismāʿīl ibn Yaḥyā al-Muzanīs (gest. 264/878, schafiitisch) *al-Muḫtaṣar* oder Abū Ǧaʿfar aṭ-Ṭaḥāwīs (gest. 321/933, hanafitisch) *al-Muḫtaṣar* (aṭ-Ṭaḥāwī ist der Neffe von al-Muzanī). Solche Zusammenfassungen konnten sich durch Kommentarwerke verbreiten, sich so gegenüber anderen durchsetzen und sich als Standardwerke bzw. kanonische Werke innerhalb der Rechtsschule behaupten. Beide o. g. genannten Werke wurden von prominenten Gelehrten der jeweiligen Rechtsschule kommentiert: Al-Māwardī kommentierte in seinem *al-Ḥāwī al-kabīr* al-Muzanīs *al-Muḫtaṣar*, al-Ǧaṣṣāṣ kommentierte aṭ-Ṭaḥāwīs Werk in seinem *Šarḥ Muḫtaṣar aṭ-Ṭaḥāwī*.

Kommentarwerke gaben nicht nur den Vorlagentext wieder. Vielmehr begründeten sie die in der Vorlage vorzufindenden Meinungen, ergänzten sie mit Rücksicht auf die eigene und andere Rechtsschulen und gingen kritisch mit den dort präsentierten Ansichten um. Die Kommentarwerke waren es auch, die zur weiteren Standardisierung in den Rechtsschulen beitrugen. Grundsätzlich wurde diese Vereinheitlichungstendenz in der älteren Forschung als Niedergang des anfänglich so innovativen Charakters des islamischen Rechts gelesen. Doch neuere Forschungen zeigen, dass die Standardisierung des Rechts durch *muḫtaṣar*- und Kommentarwerke für die Rechtssicherheit notwendig war. Nicht jeder Richter, Rechtsgelehrte und Mufti war in der Lage, eigenständig oder nach den Richtlinien seiner Rechtsschule Lösungen zu finden. Entsprechend mussten die Rechtsschulen für sie Meinungen formulieren, die als die vorzüglichsten unter den konkurrierenden Meinungen für die jeweilige Rechtsschule galten. Die rechtsschulinterne Vielfalt wurde dennoch beibehalten, damit die Gelehrten auf neu entstehende Fälle flexibel reagieren konnten. Ab dem 5.–6./11.–12. Jahrhundert entstanden daher Begriffe, die die bekannten und vorzüglichen Meinungen unter den Rechtsschulen wiedergeben sollten. Zum Beispiel gehen solche Bestrebungen in der schafiitischen Rechtsschule auf an-Nawawī (gest. 676/1277) zurück, so in seinem Kommentar *al-Maǧmūʿ* zum Werk *al-Muhaḏḏab* von Abū Isḥāq aš-Šīrāzī (gest. 476/1083). Die Begrifflichkeiten konnten unter den Rechtsschulen variieren und sollen hier nur beispielhaft aufgezählt werden – weitere rechtsschulinterne Kategorisierungen folgen in den Kapiteln zu den jeweiligen Rechtsschulen:

1) *ʿalayh al-ʿamal,* (›damit wird geurteilt‹),
2) *al-aṣaḥḥ* (›die korrekteste Meinung‹),
3) *mā ǧarā bihi l-ʿamal* (›das ist die Praxis‹),
4) *al-maḏhab* (›die Meinung‹),
5) *al-mašhūr* (›die bekannteste Meinung‹),
6) *al-muftā bih* (›womit eine Fatwa erlassen werden darf‹),
7) *ar-rāǧiḥ* (›die vorzügliche Meinung‹),
8) *aẓ-ẓāhir* (›die offensichtlichste Meinung‹).

Diese Kategorien sollten es erlauben, unter konkurrierenden Meinungen eine Entscheidung zu treffen (der Terminus dazu ist *taḫyīr,* auch *tarǧīḥ*) oder sich direkt nach ihnen zu richten, wenn der Gelehrte nicht dazu befugt war, selbstständig eine Entscheidung zu treffen und seine Kompetenz sich auf die Befolgung der bekanntesten Meinung der eigenen Rechtsschule begrenzte (wenn er also ein *muqallid* war; siehe Kapitel 4.2). Später übernahmen Kommentare der Kommentare oder kürzere Kommentare (beides wird *ḥāšiya* genannt) ähnliche Aufgaben.

Kommentarwerke schreiben also das Recht in einem vorgegebenen Rahmen fort, sie garantieren Rechtssicherheit und die Zugehörigkeit zu einer Rechtsschule. So werden diese Bestrebungen auch innerhalb der Gelehrtenkreise sichtbar. Kommentarwerke konnten ferner die Grundtexte innerhalb der Rechtsschulen dem wissenschaftlichen Standard der Zeit anpassen. Ein Beispiel dazu ist Ibn Rušd al-Ǧadds (gest. 520/1126) Kommentar – er ist der berühmte malikitische Richter in Córdoba und Großvater des berühmten Philosophen Ibn Rušd. Er kommentierte das *ʿUtbīya* bzw. das *al-Mustaḫraǧa* von Muḥammad ibn Aḥmad al-ʿUtbī (gest. 255/869) in seinem *al-Bayān wa-t-taḥṣīl*. Sein Kommentar wurde stärker als das Original rezipiert, weil er zugänglicher als die Vorlage war. Ein anderes Beispiel für eine Aktualisierung ist sein Werk *al-Muqaddimāt al-mumahhidāt*. Dieses ist zwar kein Kommentarwerk, systematisiert aber das *al-Mudawwana* Saḥnūns (gest. 240/854), einen Grundlagentext der Malikiten, u. a. nach den Gesichtspunkten der *uṣūl al-fiqh*. Ibn Rušd verglich in diesem Werk zudem die Argumente der verschiedenen Meinungen innerhalb der eigenen und teilweise der anderen Rechtsschulen.

Lehrbücher

Mit der Etablierung und Institutionalisierung der Medresen (muslimische Hochschulen, siehe unten Kapitel 5) ab dem 6./12. Jahrhundert entstanden nun vermehrt Werke, die dem Bedarf des Studiums angepasst wurden. Die Rechtsgelehrten verfassten Werke u. a. für Anfänger und Fortgeschrittene. Zum Beispiel schrieb der Hanbalit Ibn Qudāma (gest. 620/1223) mehrere solcher Rechtswerke. Sein *al-ʿUmda fī fiqh al-Ḥanbalī* ist ein Lehrbuch für Studienbeginner. Für Fortgeschrittene gedacht sind seine beiden Werke *al-Muqniʿ* (für die ›Mittelstufe‹) und *al-Kāfī* (für die ›Oberstufe‹). Daneben verfasste er einen umfangreichen Kommentar mit dem Titel *al-Muġnī* zum *Muḫtaṣar* von Abū l-Qāsim al-Ḫiraqī (gest. 334/946), der maßgeblich daran beteiligt war, das hanbalitische Recht zu systematisieren. In diesem Sinne schrieb ʿAbdallāh ibn Maḥmūd al-Mawṣilī (gest. 683/1284, hanafitisch) sein Werk *al-Muḫtār li-l-fatwā* für Studienanfänger. Dieses Werk gehört zu den wichtigsten Grundlagentexten der Hanafiten. Al-Mawṣilī benutzt sogar Abkürzungen, um zu kennzeichnen, auf wen die vorgestellten Meinungen zurückgehen. Dieses Lehrbuch kommentierte er für fortgeschrittene Studierende selbst und schrieb dazu sein *al-Iḫtiyār li-taʿlīl al-Muḫtār*.

Exkurs: Hadithwerke und -kommentare

Wir haben eingangs gesehen, dass mit den *muṣannaf*-Werken früh Schriften entstanden sind, die rechtsrelevante Überlieferungen zusammentrugen. Eine spezielle Form solcher Überlieferungswerke sind *ǧāmiʿ*-Werke aus dem 3./9. Jahrhundert; frühere Werke mit dem Titel *Ǧāmiʿ* sind meistens den *muṣannaf*-Werken zuzuordnen. *Muṣannaf*-Werke beinhalten, wie bereits beschrieben, Überlieferungen, die nicht nur auf den Propheten zurückgehen und nicht streng nach der Authentizität von Überlieferungen fragen. Sie beschränken sich also nicht nur auf Hadithe im engeren Sinne. Die nun entstehenden *ǧāmiʿ*-Werke haben einen Schwerpunkt auf acht Themen und wollen nur (authentisches) Material zusammentragen, das auf den Propheten zurückgeht (Hadithe). Die acht Themen sind Glaube, Rechtsregeln, Ethik, Speise- und Reisevorschriften, Überlieferungen zur Geschichte und Prophetenbiographie, Koranexegese, Verhaltensregeln, endzeitliche Überlieferungen und Erzählungen über Propheten und Prophetengefährt:innen. Damit entstehen diese Werke innerhalb der *ahl al-ḥadīṯ*-Bewegung, die neben dem Bereich des Rechts auch andere Wissenschaftsdisziplinen im Blick hatte. Sie stellen ein Gegengewicht zum *ra'y*-basierten Recht dar. Die prominentesten unter ihnen sind Muḥammad ibn Ismā'īl al-Buḫārīs (gest. 256/870) *al-Ǧāmi' aṣ-ṣaḥīḥ* und Muslim ibn al-Ḥaǧǧāǧs (gest. 261/875) *al-Ǧāmi' aṣ-ṣaḥīḥ*. Diese beiden *ǧāmi'*-Werke haben später durch diverse Arbeiten über sie eine besondere Autorität erlangt. Sie galten und gelten immer noch als die beiden authentischsten sunnitischen Hadithwerke. Beide wurden, besonders unter Schafiiten, in der späteren Rechtsliteratur oft zitiert.

In diesem Rahmen entstanden weitere Hadithkompilationen, die für die Entwicklung des Rechts betrachtet werden müssen. So, wie die *ǧāmi'*-Werke die *muṣannaf*-Werke spezialisierten, spezialisierten die *sunan*-Werke ihrerseits die *ǧāmi'*-Werke. Sie trugen nur Hadithe zusammen, die rechtsrelevant sind und auf den Propheten zurückgehen. Am bekanntesten sind – wobei das folgende, erste Werk eher den Werken von al-Buḫārī und Muslim ähnelt –

1) Abū 'Īsā Muḥammad ibn Mūsā at-Tirmiḏī (gest. 279/892), *al-Ǧāmi'*,
2) Abū Dāwūd Sulaymān ibn al-Aš'aṯ as-Siǧistānī (gest. 275/889), *Sunan*,
3) Abū 'Abdallāh ibn Māǧa (gest. 273/887), *Sunan* und
4) Abū 'Abd ar-Raḥmān Aḥmad ibn Šu'ayb an-Nasā'ī (gest. 303/915), *Sunan*.

Diese vier Werke haben sich später, wie auch die beiden Werke von al-Buḫārī und Muslim, als kanonische Hadithwerke der Sunniten durchgesetzt. Gemeinsam bilden sie die kanonischen ›sechs Bücher‹ (*al-kutub as-sitta*). Etwas zeitversetzt dazu sind im gleichen Kontext schiitische Werke entstanden, die ebenfalls in erster Linie den Rechtsdiskurs im Blick hatten, was bereits ihren Titeln entnommen werden kann. Es sind ›die vier (kanonischen) Bücher‹ (*al-kutub al-arba'a*):

1) Abū Ǧa'far Muḥammad ibn Ya'qūb al-Kulaynī (gest. 329/941), *al-Kāfī fī 'ilm ad-dīn*,
2) Ibn Bābawayh al-Qummī (Šayḫ Ṣadūq, gest. 381/991), *Man lā yaḥḍuruhu l-faqīh*,

3) Abū Ǧaʿfar Muḥammad ibn al-Ḥasan aṭ-Ṭūsī (Šayḫ aṭ-Ṭāʾifa, gest. 460/1067), *Tahḏīb al-aḥkām* und
4) aṭ-Ṭūsī, *al-Istibṣār fī mā ḫtulifa fīhi min al-aḫbār.*

Später sind Werke entstanden, die sich auf die Sammlung solcher Hadithe beschränkten, die in den jeweiligen Rechtsschulen berücksichtigt wurden. Dazu gehören etwa Abū Bakr Aḥmad ibn al-Ḥusayn al-Bayhaqīs (gest. 458/1066, schafiitisch) *as-Sunan al-kubrā*. Er nahm neben Hadithen viele Überlieferungen aus der Generation der Gefährten und der Nachfolgergeneration in seine Kompilation auf. Ein weiteres Beispiel ist Ibn Ḥaǧar al-ʿAsqalānīs (gest. 852/1449, schafiitisch) *Bulūġ al-marām*. Besonders Schafiiten stechen mit diesen Bestrebungen hervor, was ihrer Prägung durch ihren Rechtsschulgründer entspricht, war er doch ein Anhänger des *ahl al-ḥadīṯ*.

Da Hadithwerke reichlich rechtsrelevantes Material beinhalten bzw. selbst wie Rechtswerke konzipiert sind, sind Hadithkommentare (*šurūḥ*) weitere wichtige Orte, an denen Rechtsregeln rezipiert, kritisch aufgearbeitet und fortgebildet worden sind. Eine besondere Rolle haben die Werke *Muškil al-āṯār* und *Maʿānī l-āṯār* von aṭ-Ṭaḥāwī (gest. 321/933) gespielt. Dieser trug in beiden Werken Hadithe zusammen, welche u. a. die Hanafiten in ihrer Rechtsliteratur berücksichtigten. Er kommentierte sie und legte sie im Rahmen des Rechtsdiskurses aus. Es liegt nicht fern, dass dieser Ansatz, der unter Hanafiten ungewöhnlich war, aus seiner früheren Prägung als Schafiit herrührt und seinem ganz persönlichen Lebenskontext geschuldet ist. Mit diesen Bestrebungen vermochte er sogar Malikiten zu beeinflussen: Die Hadithe, die er sorgfältig zusammentrug, wurden von vielen Malikiten als vertrauenswürdige Hadithe berücksichtigt. Ibn Rušd al-Ǧadd soll sogar eine Zusammenfassung (*muḫtaṣar*) des *Muškil al-āṯār* geschrieben haben.

Textbeispiele zum *furūʿ al-fiqh*

Ich möchte dieses Unterkapitel mit zwei Textbeispielen abschließen und werde jeweils einen kurzen Auszug aus einem *muḫtaṣar*-Werk und einem Kommentarwerk übersetzen. Beginnen wir mit dem Auszug aus einem *muḫtaṣar*. Textbeispiel 5 ist ein Auszug aus dem *Muḫtaṣar* des Hanbaliten al-Ḫiraqī. Dieser stellt die Pflichthandlungen im Rahmen der rituellen Reinigung (*wuḍūʾ*) dar.

Textbeispiel 5: *Furūʿ*-Werk

Rn. 19	Die Pflicht[, die] für die Reinigung [erfüllt werden muss,] ist reines Wasser und das Beheben von Unreinheit,	وفرض الطهارة: ماء طاهر، وإزالة الحدث،
Rn. 20	sowie die Absicht zur Reinigung;	والنية للطهارة،
Rn. 21	und das Waschen des Gesichts, welches dort beginnt, wo die Haare am Kopf wachsen bis zu dem Punkt, wo sich der Bart an den Wangen und am Kinn senkt, bis zu den Wurzeln der Ohren, und wo sich die *mufaṣṣal* berühren – das ist der Bereich zwischen dem Bart und dem Ohr –	وغسل الوجه – وهو من منابت شعر الرأس إلى ما انحدر من اللحيين والذقن، وإلى أصول الأذنين، ويتعاهد المفصل – وهو ما بين اللحية والأذن –
Rn. 22	der Mund und die Nase gehören zum Gesicht [d. h. sie müssen gewaschen werden];	والفم والأنف من الوجه،
Rn. 23	und das Waschen der Hände bis zu den Ellenbogen, und die Ellenbogen müssen mitgewaschen werden;	وغسل اليدين إلى المرفقين، ويدخل المرفقين في الغسل.
Rn. 24	und das Befeuchten des Kopfes, und das Waschen der Füße bis zu den Knöcheln [...]	ومسح الرأس، وغسل الرجلين إلى الكعبين (...)

Textbeispiel 5: al-Ḫiraqī, *Matn al-Ḫiraqī*, 13

Das zweite Textbeispiel ist ein Auszug aus dem Kommentar von Ibn Qudāma, der al-Ḫiraqīs Werk kommentiert. Ich habe einen Teil des Kommentars zum ersten Satz aus Textbeispiel 5 von al-Ḫiraqī übersetzt – der fettgedruckte Satz ist al-Ḫiraqīs.

Textbeispiel 6: Kommentar zu einem *furū*ʿ-Werk

Rn. 25	Fall: Er [al-Ḫiraqī] sagte: **Die Pflicht[, die] für die Reinigung [erfüllt werden muss,] ist reines Wasser und das Beheben von Unreinheit.**	مَسْأَلَةٌ قَالَ: وَفَرْضُ الطَّهَارَةِ مَاءٌ طَاهِرٌ، وَإِزَالَةُ الْحَدَثِ
Rn. 26	Mit »rein« meint er, [rituell] reinigend[es Wasser]. Wir haben zuvor erwähnt, dass die Reinigung nur mit [rituell] reinigendem Wasser gültig ist.	أَرَادَ بِالطَّاهِرِ: الطَّهُورَ. وَقَدْ ذَكَرْنَا فِيمَا مَضَى أَنَّ الطَّهَارَةَ لَا تَصِحُّ إِلَّا بِالْمَاءِ الطَّهُورِ.
Rn. 27	Mit dem Beheben der Unreinheit meint er die [physische] Reinigung [von Körperöffnungen beim Toilettengang] mit Wasser oder Kieselsteinen. Es ist notwendig, dass er dies in Verbindung mit dem Zustandekommen von [ritueller] Unreinheit tut, so wie man es bedingt, sich zu reinigen, wenn dieser Zustand [d. h. die der Unreinheit] eintritt.	وَعَنَى بِإِزَالَةِ الْحَدَثِ الِاسْتِنْجَاءَ بِالْمَاءِ أَوْ بِالْأَحْجَارِ، وَيَنْبَغِي أَنْ يَتَقَيَّدَ ذَلِكَ بِحَالَةِ وُجُودِ الْحَدَثِ، كَمَا تَقَيَّدَ اشْتِرَاطُ الطَّهَارَةِ بِحَالَةِ وُجُودِهِ.
Rn. 28	Diese beiden nennt er »Pflichten«, denn sie sind Bedingungen der rituellen Reinigung (*al-wuḍū*ʾ). Die Bedingungen einer Sache sind verpflichtend für sie. Die Verpflichtung (*wāǧib*) ist	وَسَمَّى هَذَيْنِ فَرْضَيْنِ لِأَنَّهُمَا مِنْ شَرَائِطِ الْوُضُوءِ، وَشَرَائِطُ الشَّيْءِ وَاجِبَةٌ لَهُ، وَالْوَاجِبُ هُوَ الْفَرْضُ، فِي إِحْدَى الرِّوَايَتَيْنِ.

	[ein Synonym für] die Pflicht (*farḍ*),[48] laut einer der beiden Überlieferungen [von Aḥmad ibn Ḥanbal].	
Rn. 29	Der evidente Wortlaut der Aussage al-Ḫiraqīs bedingt die physische Reinigung für die Gültigkeit der rituellen Reinigung. Wenn man vor der physischen Reinigung die rituelle Reinigung vollzieht, ist sie, wie bei *tayammum* [also der rituellen Reinigung mit trockener Erde usw.] nicht gültig.	وَظَاهِرُ كَلَامِ الْخِرَقِيِّ اشْتِرَاطُ الاسْتِنْجَاءِ لِصِحَّةِ الْوُضُوءِ، فَلَوْ تَوَضَّأَ قَبْلَ الاسْتِنْجَاءِ لَمْ يَصِحَّ كَالتَّيَمُّمِ.
Rn. 30	Die zweite Überlieferung [von Aḥmad ibn Ḥanbal besagt]: Die rituelle Reinigung ist vor [dem Vollzug] der physischen Reinigung gültig. Man kann sich danach mit Kieselsteinen oder den Genitalbereich mit einem Hindernis zwischen ihm und den Händen reinigen, ohne dass man das Genital berührt [z. B. mit einem Handtuch]. Diese Überlieferung ist zutreffender, sie ist [zugleich] die Meinung aš-Šāfiʿīs.	وَالرِّوَايَةُ الثَّانِيَةُ: يَصِحُّ الْوُضُوءُ قَبْلَ الِاسْتِنْجَاءِ، وَيَسْتَجْمِرُ بَعْدَ ذَلِكَ بِالْأَحْجَارِ، أَوْ يَغْسِلُ فَرْجَهُ بِحَائِلٍ بَيْنَهُ وَبَيْنَ يَدَيْهِ وَلَا يَمَسُّ الْفَرْجَ. وَهَذِهِ الرِّوَايَةُ أَصَحُّ، وَهِيَ مَذْهَبُ الشَّافِعِيِّ.[…]

Textbeispiel 6: Ibn Qudāma, *al-Muġnī*, I:155

48 Es geht um die rechtsmethodische Frage, ob *farḍ* und *wāǧib* synonym sind und Pflichthandlungen bezeichnen. Hanafiten treffen eine Unterscheidung; siehe dazu mehr in Band II, Kapitel 2.1.

3.2.3 Weitere Genres

Fatwa-Werke

Die bisher beschriebenen Werke, die unter dem Begriff *furūʿ al-fiqh* zusammengefasst werden können, beschreiben den Idealzustand des Rechts. Diese Werke beinhalten Regelungen, die (idealerweise) anzuwenden sind, eine Art Rahmung der Rechtspraxis. Deren Anwendung konnte variieren. Werden die Regelungen von Richtern angewandt, befinden wir uns im Bereich des *qaḍāʾ*. Wenden sie die Gelehrten als Muftis an, sprechen wir von Fatwa (*fatwā, futyā*, Pl. *fatāwā, fatāwī*). Wie richterliche Urteile aufbewahrt wurden, werden wir uns später anschauen. Fatwas, die die angewandten Regelungen wiedergeben und auf reale Anfragen antworten, wurden in gesonderten Fatwa-Werken gesammelt.

Neuere Forschungen zeigen, dass die *furūʿ al-fiqh* und die Fatwas sich gegenseitig beeinflussten. So konnten frühe Fatwas in der Systematisierung des islamischen Rechts zum *furūʿ*, also dem theoretischen Oberbau der Rechtspraxis werden. Diese *furūʿ* haben dann ihrerseits die späteren Fatwas beeinflusst. Entweder haben Fatwas die *furūʿ* umgesetzt oder auf sie insofern Bezug genommen, als dass mit ihrer Hilfe neuere Fatwas entstehen konnten. Diese wurden dann wiederum in Sammelwerken vereint und konnten in *furūʿ*-Werke eingehen, insbesondere über die Beschäftigung mit ihnen in Kommentarwerken.

Fatwa-Werke sind zu verschiedenen Zeiten und an vielen Orten entstanden. Ein solches Werk liegt uns von Ibn Rušd al-Ǧadd (gest. 520/1126) vor, das den Titel *Nawāzil Ibn Rušd* oder auch *al-Fatāwā* und *al-Masāʾil* trägt. Die Fatwas von Ibn Rušd trug sein Schüler Ibn al-Wazzān (gest. 543/1148) zusammen. Es entstanden neben Fatwa-Werken einzelner Gelehrter auch regionale Fatwa-Werke, wie etwa das hanafitische *al-Fatāwā al-Hindīya* (entstanden zwischen 1664–1672) und das enzyklopädische Werk *al-Miʿyār al-muʿrib wa-l-ǧāmiʿ al-muġrib ʿan fatāwā ahl Ifrīqīya wa-l-Andalus wa-l-Maġrib* von Aḥmad ibn Yaḥyā al-Wanšarīsī (gest. 914/1508), das Fatwas von Gelehrten aus Nordafrika und Andalusien, die zu unterschiedlichen Zeiten erlassen worden sind, zusammenträgt. Es ist eines der wichtigsten *nawāzil*-Werke der Malikiten.

Neben dem Begriff Fatwa benutzten Gelehrte auch Begriffe wie *nawāzil*, um auf angewandte Regelungen hinzuweisen. Besonders unter den Malikiten ist dieser Begriff in dem Sinne geläufig, als dass Werke mit diesem Titel entweder die Urteile der Richter bzw. die gültigen Fatwas und die reguläre Praxis (*al-ʿamal*) an einem Ort wiedergeben. Unter Hanafiten beziehen sich *nawāzil*-Werke auf Fatwas von hanafitischen Gelehrten über Fälle, die den Rechtsschulgründern unbekannt waren. Ein Beispiel dafür ist das *Kitāb an-Nawāzil* von Abū l-Layṯ as-Samarqandī (gest. 373/983). Andere Begriffe, die in einem ähnlichen Sinn verwendet werden, sind *ḥawādiṯ* (›Ereignisse‹) und *wāqiʿāt* (›Vorfälle‹).

Ich möchte an dieser Stelle einen Auszug aus einer Fatwa übersetzen. Die Fatwa führt Ibn Marzūq al-Ḥafīd (gest. 842/1439, malikitisch) mit dem Titel *Die Feststellung des klaren bekannten Beweises über die Zulässigkeit des Kopierens auf dem Papier von Christen* (wörtl. *Kāġid ar-Rūm*) an. Sie ist vom Umfang her wie eine kleine Abhandlung (*risāla*) konzipiert, daher werde ich nur den Beginn übersetzen. Am Ende befindet Ibn Marzūq, dass es nicht verboten ist, Papier, das Christen hergestellt haben, zu benutzen. Er führt zahlreiche Belege an und zeigt die Grundhaltung der Malikiten zum Handel mit Waren, die von Christen produziert worden sind.[49]

Textbeispiel 7: Fatwa

Rn. 40	Er [also Ibn Marzūq] – möge Gott sich seiner erbarmen – wurde gefragt, ob es erlaubt ist, christliches Papier zu benutzen und es zum Kopieren zu verwenden.	وسئل رحمه الله عن الكاغد الرومي هل يجوز استعماله والنسخ فيه أم لا؟

49 Halevi hat diese Fatwa analysiert und historisch eingeordnet; vgl. Halevi, »Christian Impurity vs. Economic Necessity«.

Rn. 41	Denn einige Menschen behaupten, dass es unrein sei, denn sie produzieren es mit Händen, die mit Unreinheit durchdrungen sind, so folgert man es aus dem [malikitischen Hauptwerk] *Mudawwana*.	لأن بعض الناس قال انه نجس لأنهم يعملونه بأيديهم المبلولة النجسة على مقتضى المدونة،
Rn. 42	Er sagt, dass die Verwendung des *qiyās*, weshalb man es für unrein hält, nicht korrekt ist, denn es fällt aus dem Rahmen des *qiyās*, den wir akzeptieren, dennoch wendet hier der *muǧtahid* den *qiyās* an, nicht ein *muqallid*.	قال ودعوى القياس على ما نسجوه غير صحيحة، لأنه خارج عن القياس سلمناه, لكن إنما يقيس المجتهد لا المقلد.
Rn. 43	Andere sagen, dass die Bewohner des Ostens unter ihren Gelehrten bekannt machten, dass man darauf nicht schreiben darf. Ist aber die Unterlassung der Niederschrift aus dem Gesichtspunkt des *fiqh* zu bewerten oder aus religiöser Enthaltsamkeit [bzw. Gottesfurcht]?	وقال آخر إن أهل المشرق شاع عند علمائهم أنه لا ينسخ فيه. وهل ترك النسخ فيه من باب الفقه أو من باب الورع؟
Rn. 44	Er antwortete darauf, indem er schrieb:	فأجاب بما نصه:
Rn. 45	Lob gebührt Gott, wie es sich geziemt, möge Gott unseren Herrn Muhammad, seinen Propheten und Diener segnen, so auch seine Familie, Gefährten und Anhänger.	الحمد لله حق حمده، وصلى الله على سيدنا محمد نبيه وعبده، وعلى آله وأصحابه أهل وده.
Rn. 46	Diesen Fall habe ich – nach einer Recherche, die ich vermag, und nach dem Kenntnisstand, den ich	هذه المسألة لم أجد فيها نصاً بعد البحث بقدر طاقتي، وما تقتضيه قلة بضاعتي.

vorzuweisen habe – in den [Rechts-] Texten nicht finden können.[50]

Rn. 47 Die äußerste Grenze entsprechend der malikitischen Texte, so wie mir es erscheint, ist, dass wenn man sich nicht über seine Reinheit einig ist, so ist sie zumindest umstritten. Die Meinung, dass es [d. h. das Papier] unrein ist, ist [dann] nicht im Sinne eines Verboten-Seins (*ḥurma*) der Benutzung, sondern eines Verpönt-Seins (*karāha*).

وغاية ما لاح لي فيها من مقتضى نصوص المالكية أنه إن لم يكن متفقا على طهارته عندهم، فلا أقل من أن يكون مختلفا فيه، وأن القول بأنه نجس ليس على معنى حرمة استعماله بل كراهته.

Textbeispiel 7: al-Wanšarīsī, *al-Miʿyār,* I:75

Iḫtilāf al-fuqahā'

Neben den bisher beschriebenen Typen von Rechtswerken im Bereich der *uṣūl-, furūʿ-* und Fatwa-Literatur gibt es weitere für das Recht relevante Genres. Das wohl bekannteste Genre umfasst *iḫtilāf al-fuqahā'* bzw. *iḫtilāf/ḫilāf*-Werke. Wörtlich bedeutet *iḫtilāf al-fuqahā'* ›Meinungsverschiedenheit/Dissens der Rechtsgelehrten‹. Damit sticht auch die Besonderheit dieses Genres hervor: *Iḫtilāf*-Werke zeichnen die Meinungsverschiedenheiten bekannter Gelehrter auf. Sie sind nach den Themen der *furūʿ al-fiqh* geordnet, müssen aber nicht zwangsläufig alle beinhalten. Oft kommen nur solche Fälle vor, die unter den Gelehrten umstritten sind. Dennoch sind viele dieser Werke umfangreich, da es für viele Fälle einen Dissens unter den Gelehrten gibt. Der Umfang eines Werkes in diesem Genre ergibt sich auch aus dem

50 Diese Stelle habe ich frei übersetzen müssen. Das arabische Original lässt einen Reim zu, den ich in dieser Form nicht in die Zielsprache Deutsch übertragen konnte.

Anspruch des jeweiligen Autors: Will der Autor *alle Meinungen* von bekannten Autoritäten zusammenbringen, wird das Werk dementsprechend umfangreich. Umfangreich sind sie auch dann, wenn der jeweilige Autor *alle Argumente* der zitierten Meinungen anführt, selbst eine Meinung vorzieht und seine Entscheidung begründet. Manche Autoren konzentrieren sich dagegen nur auf bestimmte Rechtsschulen. Hier können die Meinungen in Kurzfassungen vorliegen, der Autor kann sie aber auch detailliert anführen. Andere Werke konzentrieren sich eher darauf, den Konsens der Gelehrten für das jeweilige Thema zusammenzufassen, wofür sie in komprimierter Form die umstrittenen Fälle darstellen, ohne dabei den Anspruch zu haben, Details der Diskussion wiederzugeben. Werke, die im Titel den Begriff *ḫilāf* (Pl. *ḫilāfīyāt*) beinhalten, konzentrieren sich auf den Dissens der Gelehrten oder können der Verteidigung einer Rechtsschule gegenüber den Widersachern anderer Rechtsschulen gewidmet sein. Manche von ihnen konzentrieren sich aber auch rein auf die Argumentationstechnik, wie es eigentlich für *ǧadal*-Werke (siehe unter Kapitel 3.2.3 *Ǧadal*-Werke) üblich ist. Daher ist es nicht immer einfach, eine Grenze zwischen diesen verschiedenen Typen und den verwendeten Titeln zu ziehen. Da der Begriff *iḫtilāf* umfassender ist als *ḫilāf* und *ǧadal*, werde ich den Schwerpunkt im Folgenden hierauf legen.

Iḫtilāf-Werke haben verschiedene Funktionen:

1) Sie trugen dazu bei, zu erfassen, worin sich die Gelehrten einig waren. Diese Einigkeit markierte die Grenzen des Möglichen innerhalb des pluralen Systems des islamischen Rechts.
2) Sie erlaubten, die Frage zu stellen, welche Meinungen als autoritativ gelten und welche nicht. Sie zeigen uns also, welche Gelehrten als Autoritäten zitiert werden, die womöglich einen Kreis von Gelehrten repräsentierten.
3) Sie ermöglichten es, die eigene Rechtsschule gegen konkurrierende Rechtsmeinungen zu verteidigen, nachdem sich Rechtsschulen etabliert hatten.

4) Unabhängig von der Frage nach der Verteidigung der eigenen Rechtsschule erlaubte dieses Genre, die Grenzen der eigenen Rechtsschule aufzuzeigen: Welche Meinungen innerhalb einer Rechtsschule konnten vertreten werden, ohne die eigenen Grenzen zu überschreiten? Es half also, die jeweilige Rechtsschulidentität zu prägen und zu wahren.

Es ist hier nicht möglich, die historische Entwicklung dieses Genres vollständig nachzuzeichnen. Ein kurzer Abriss sei aber dennoch gegeben: Belegt sind Werke, die den Dissens ausgewählter Gelehrter thematisieren, bereits aus dem 2./8. Jahrhundert: Abū Yūsuf (gest. 182/798) schrieb das Werk *Iḫtilāf Abī Ḥanīfa wa-bn Abī Laylā*, in dem er die Meinungsverschiedenheiten zwischen diesen beiden Gelehrten aufarbeitete und selbst auch Position bezog. Dieses Werk liegt in der Rezension von Muḥammad ibn al-Ḥasan aš-Šaybānī (gest. 189/805) und auch im *Kitāb al-Umm* von Muḥammad ibn Idrīs aš-Šāfiʿī (gest. 204/820) vor (mit gleichem und auch abweichendem Titel *Iḫtilāf al-ʿIrāqīyayn/ʿIrāqīyīn*). In diesem Werk finden wir weitere *Iḫtilāf*-Abhandlungen: Aš-Šāfiʿī schrieb eine Abhandlung zum Dissens von ʿAlī ibn Abī Ṭālib und ʿAbdallāh ibn Masʿūd (*Iḫtilāf ʿAlī wa-Ibn Masʿūd*). Sie hatte den Zweck, nachzuweisen, dass die irakischen Gelehrten in ihrer Rechtspraxis den Meinungen dieser beiden Prophetengefährten widersprachen, obwohl sie sich auf ihre Autorität beriefen und ihre Tradition fortschreiben wollten. Es geht also nicht um den Dissens der beiden im Titel genannten Prophetengefährten. Mit einem abweichenden Titel versehen, aber ebenfalls zu *Iḫtilāf al-fuqahāʾ* gehörend, ist seine Abhandlung *ar-Radd ʿalā Muḥammad ibn al-Ḥasan aš-Šaybānī*. Hier widerspricht aš-Šāfiʿī ausgewählten Ansichten von aš-Šaybānī und möchte zeigen, dass sie einem falschen Verständnis von *qiyās* folgen. Ähnlich kritisiert aš-Šāfiʿī in einer weiteren Abhandlung das Sunnaverständnis von Mālik ibn Anas (gest. 179/795) und dessen Konzept der Praxis der Medinenser (*ʿamal ahl al-Madīna*). Letztere dient für Mālik als Nachweis für eine zu berücksichtigende Sunna des Propheten bzw. als Kriterium dafür, zu entscheiden, ob ein Hadith echt ist oder nicht. Die Abhandlung trägt den Titel *Iḫtilāf Mālik wa-š-Šāfiʿī*. Aš-Šaybānī verfasste selbst auch ein Werk namens *al-Ḥuǧǧa*

ʿalā ahl al-Madīna bzw. *al-Ḥuǧaǧ fī ḫtilāf ahl al-Kūfa wa-l-Madīna*, in dem er den Dissens der kufischen Gelehrten mit Gelehrten aus Medina erfasste und die Argumente, die sie anführten, zusammentrug.

Umfangreichere Werke, die sich auf den Dissens konzentrieren, finden wir im darauffolgenden Jahrhundert. Dazu gehört das Werk *Iḫtilāf al-fuqahāʾ* des schafiitischen Gelehrten Muḥammad ibn Naṣr al-Marwazī (gest. 294/906). Dieser trug nicht nur die Meinungen von Abū Ḥanīfa, Mālik ibn Anas, aš-Šāfiʿī und Aḥmad ibn Ḥanbal zusammen, sondern auch von Autoritäten wie Abū Ṯawr, al-Awzāʿī, Ibn Abī Laylā, Ibn Šubruma, Saʿīd ibn al-Musayyib und insbesondere Sufyān aṯ-Ṯawrī. Er führt auch Meinungen von Gruppen wie etwa den Irakern und Medinensern an. Al-Marwazī stellt Meinungen gegenüber, diskutiert gelegentlich die Argumente und entscheidet sich nicht nur für die Meinung aš-Šāfiʿīs. Ein weiteres frühes Werk ist das *Iḫtilāf al-fuqahāʾ* bzw. *Iḫtilāf al-ʿulamāʾ al-amṣār fī aḥkām aš-šarāʾiʿ al-Islām* von Muḥammad ibn Ǧarīr aṭ-Ṭabarī (gest. 310/923). Wir haben heute nur einige Auszüge aus diesem Buch vorliegen. Aṭ-Ṭabarī zitiert in seinem Werk mehrheitlich die Meinungen von Abū Ḥanīfa, Abū Ṯawr, Abū Yūsuf, al-Awzāʿī, Ibn Abī Laylā, Mālik ibn Anas, Muḥammad ibn al-Ḥasan aš-Šaybānī, aš-Šāfiʿī, Saʿīd ibn al-Musayyib und Sufyān aṯ-Ṯawrī. Er versucht durch die Gegenüberstellung der Meinungen dieser Gelehrte zu erfassen, worin sich diese Autoritäten einig sind bzw. ob eine Mehrheitsmeinung festzustellen ist. Diese markiert für ihn oft die vorzügliche Meinung: Er gibt sie als den Konsens der *ḥuǧǧa* wieder und verwendet somit den Begriff *ḥuǧǧa*, der in späteren Jahrhunderten für einen starken Beweis benutzt wird, im Sinne von Autorität. Aṭ-Ṭabarī zeigt also in seinem Werk, was die vorzügliche Meinung einer Gruppe von Gelehrten, die für ihn als höchste Autorität gelten, ist, und er will die Meinungsverschiedenheit eingrenzen.[51] Sein Zeitgenosse Ibn al-Munḏir (gest. 318/930) schrieb zwei umfangreiche Werke, die er wiederum aus einem nicht mehr erhaltenen detaillierten Werk zum islamischen Recht, dem *al-Mabsūṭ*

51 Stewart, »Consensus«.

in zwei Schritten zusammenfasste: a) *al-Awsaṭ fī s-sunan wa-l-iǧmāʿ wa-l-iḫtilāf* und b) dessen Zusammenfassung mit dem Titel *al-Išrāf ʿalā maḏāhib ahl al-ʿilm*. Ibn al-Munḏir listet die Meinungen bekannter Autoritäten, die wir bei aṭ-Ṭabarī gesehen haben, und weiteren wie Aḥmad ibn Ḥanbal auf, erwähnt deren Argumente und Beweise und trifft selbst Entscheidungen. Dabei ist zunächst der Konsens der Gelehrten für Ibn al-Munḏir zentral, um danach zu erfassen, worin der Meinungsunterschied liegt. Dies ist wohl der Grund, weshalb er noch ein weiteres Werk schrieb, *al-Iǧmāʿ*, in dem er nur den Konsens der Gelehrten zusammentrug.

Einen ähnlichen Ansatz verfolgte der ägyptisch-hanafitische Gelehrte Abū Ǧaʿfar aṭ-Ṭaḥāwī (gest. 321/933) in seinem Werk *Iḫtilāf (bayna) al-ʿulamāʾ*. Das umfangreiche Werk liegt uns nur noch in der Zusammenfassung von Abū Bakr ar-Rāzī al-Ǧaṣṣāṣ (gest. 370/981) vor und trägt daher den Titel *Muḫtaṣar Iḫtilāf al-ʿulamāʾ*. Dort ist zu sehen, dass aṭ-Ṭaḥāwī die Meinungen früher Autoritäten mit ihren jeweiligen Beweisen zusammenträgt, dabei aber seine Rechtsschulzugehörigkeit mit *qāla aṣḥābunā* (›unsere Gefährten sagen‹) offen zur Kenntnis gibt und seine Präferenzen zur Sprache bringt. Noch im selben Jahrhundert finden wir ein weiteres Werk, diesmal von einem irakisch-malikitischen Gelehrten, und zwar Ibn al-Qaṣṣār (gest. 397/1007). Dieser stellt ebenfalls die Meinung vieler Autoritäten dar. Oft beginnt er mit der Meinung Māliks, führt alle Argumente an, trifft eine Entscheidung und bespricht auch mögliche Kontraargumente. Das Werk scheint eine Verteidigung der malikitischen Rechtsschule zu sein. Ähnlich verhält es sich mit dem Werk eines ebenfalls irakischen Malikiten, der auch in Ägypten wirkte, und zwar ʿAbd al-Wahhāb (gest. 422/1031). Er schrieb ein Werk mit dem Titel *al-Išrāf ʿalā Nukat al-ḫilāf* und verteidigt darin die malikitischen Meinungen gegen widersprechende Positionen, insbesondere die der Schafiiten.

Im 5./11. Jahrhundert finden wir weitere Werke, die noch stärker den Fokus auf den Dissens zwischen den etablierten Rechtsschulen legen. Dazu gehört *at-Taǧrīd* des einflussreichen hanafitischen Gelehrten Abū l-Ḥusayn Aḥmad ibn Abī Bakr al-Qudūrī (gest. 428/1037). Dieser befasst sich mit den umstrittenen Fällen zwischen Hanafiten und Schafiiten und gibt daher auch die tradierten Meinungen der beiden Rechtsschulgründer sowie ihrer Schüler wieder. Dieses Werk kommentierte später Abū l-Maḥāsin Ǧamāl ad-Dīn Maḥmūd al-Qunawī (gest. 770/1369) unter dem Titel *at-Tafrīd fī Šarḥ at-Taǧrīd li-l-Qudūrī*. Den Gegenentwurf zum Werk von al-Qudūrī machte Abū Bakr Aḥmad ibn al-Ḥusayn al-Bayhaqī (gest. 458/1066): Er schrieb das Werk *al-Ḫilāfīyāt bayna š-Šāfiʿī wa-Abī Ḥanīfa*, wobei er sich besonders auf die Auflistung von Überlieferungen konzentriert, um die schafiitische Position zu verteidigen.

Im selben Jahrhundert finden wir ein weiteres Werk, das sich mit dem Dissens der Rechtsgelehrten beschäftigt, aber eine andere Struktur hat: das *Taʾsīs an-naẓar* des hanafitischen Gelehrten Abū Zayd ad-Dabūsī (gest. 430/1039). Dieser bespricht nicht nur den Dissens zwischen den Hanafiten und Mālik ibn Anas, Ibn Abī Laylā und aš-Šāfiʿī, sondern geht auch auf den Dissens innerhalb der Hanafiten ein. Er hat gesonderte Kapitel zum Dissens zwischen Abū Ḥanīfa und seinen zwei bekannten Schülern Abū Yūsuf und Muḥammad, zum Dissens zwischen Muḥammad und dem Konsens von Abū Ḥanīfa und Abū Yūsuf bzw. dem Konsens von Muḥammad und Abū Ḥanīfa gegen Abū Yūsuf und den Dissens unter Abū Yūsuf und Muḥammad. Ad-Dabūsī bespricht auch den Dissens zu weiteren Hanafiten wie Zufar ibn Huḏayl (gest. 158/775). Für ad-Dabūsī stehen dabei die Rechtsprinzipien im Vordergrund und die Argumentationstechnik, die man im Disput dieser Gelehrten erkennen sollte, um weitere Fälle rechtsschulkonform lösen und die eigene Position verteidigen zu können.[52]

Es gibt zahlreiche Werke, die in späteren Jahrhunderten verfasst worden sind und sich auf den Disput der Rechtsgelehrten konzentrieren. Diese können eine konzisere Form annehmen, um wahrscheinlich während der Ausbildung den Studierenden eine Übersicht über den Konsens und den Dissens der Gelehrten vermitteln zu können. Zu solchen kürzeren Werken gehört etwa das des hanafitischen Gelehrten Abū l-Fatḥ ʿAlāʾ ad-Dīn Muḥammad al-Usmandī (gest. 552/1157). Sein *Ṭarīqat al-ḫilāf* behandelt die umstrittenen Themen

52 Young, *The Dialectical Forge*, 73–83.

zwar nach der Struktur eines *furūʿ*-Werks, seine Analyse bezieht sich aber stark auf rationale Argumente und Formen der Disputation (*ǧadal* und *munāẓara*). Anders verhält es sich dagegen beim hanbalitischen Gelehrten Abū l-Muẓaffar Šams ad-Dīn Yūsuf, bekannt als Sibṭ Ibn al-Ǧawzī (gest. 654/1256). Dieser schrieb ein *iḫtilāf*-Werk mit dem Titel *Īṯār al-inṣāf fī āṯār al-ḫilāf*, das den Dissensgrund mit Rücksicht auf Hadithe analysiert und gelegentlich die Auslegung von Koranversen bespricht. Er schrieb ein weiteres Werk, das einen ähnlichen Anspruch hat und die Hadithe betont, nämlich *Wasāʾil al-aslāf ilā masāʾil al-ḫilāf*. Nach dem Vorbild des *Īṯār* schrieb der schafiitische Gelehrte Abū ʿAbdallāh Muḥammad ibn ʿAbd ar-Raḥmān al-ʿUṯmānī (gest. nach 780/1378) das Werk *Raḥmat al-umma fī ḫtilāf al-aʾimma*. Al-ʿUṯmānī gibt zunächst die Übereinkunft der Gelehrten zu einem Rechtsfall bzw. Rechtsbereich wieder und fasst ihren Dissens zusammen. Dabei konzentriert er sich eher auf die etablierten vier sunnitischen Rechtsschulen, zitiert aber auch gelegentlich Gelehrte, die nicht zu diesen Rechtsschulen gehören. Es kommt auch vor, dass er den Dissens innerhalb der Schafiiten bespricht und seine Präferenzen erwähnt.

Zu den *iḫtilāf*-Werken können wir ferner das Werk *Bidāyat al-muǧtahid* des malikitischen Ibn Rušd al-Ḥafīd (gest. 595/1198) zählen. Dieser gibt den Dissens der Gelehrten wieder und zitiert auch ältere Autoritäten, konzentriert sich aber darauf, den Dissensgrund der Gelehrten innerhalb der bekanntesten Themen des Rechts zu ermitteln. Seine Entscheidungen – soweit er sie überhaupt formuliert – fallen dabei nicht unbedingt zugunsten seiner eigenen Rechtsschule aus. Vielmehr versucht er die seines Erachtens stärkste Meinung zu befolgen. Oft kommentiert er die Meinungen und Argumente nicht und lässt sie nebeneinanderstehen.[53] In diesem Werk erkennen wir noch eine Besonderheit, die auch in den Bereich *iḫtilāf al-fuqahāʾ* fällt: die Besprechung der Dissensgründe (Sg. *sabab al-ḫilāf/al-iḫtilāf*). Ibn

53 Für eine detaillierte Untersuchung seiner Herangehensweise siehe Kurnaz, *Tradition und Fortschreibung*.

Rušd selbst fasst sie in der Einleitung zum *Bidāyat al-muǧtahid* zusammen.[54] In seinem *uṣūl al-fiqh*-Werk *Taqrīb al-wuṣūl* bespricht sie der Malikit Ibn Ǧuzayy al-Ġarnāṭī (gest. 741/1340), der daneben auch ein *iḫtilāf*-Werk mit dem Titel *al-Qawānīn al-fiqhīya* geschrieben hat. Hier bespricht er nicht nur die Meinungen der vier Rechtsschulen, sondern auch früherer Autoritäten, befasst sich aber auch mit Themen, die außerhalb des Bereichs des Rechts fallen, wie etwa die Glaubensgrundlagen in der Einleitung oder die Eroberung von Andalusien im letzten Teil des Buches.

Es haben sich noch Gelehrte wie Ibn as-Sīd al-Baṭalyawsī (gest. 521/1127), Ibn Taymīya (gest. 728/1328), Saʿd ad-Dīn at-Taftazānī (gest. 792/1390), Kamālpāšāzādeh (arab. Ibn Kamāl Bāšā, gest. 940/1534) und Šāh Walī Allāh ad-Dihlawī (gest. 1176/1762) mit Dissensgründen in unterschiedlichem Umfang befasst. Zu solchen Dissensgründen zählen z. B. die abweichende Auslegung von Imperativen, die unterschiedlichen Bedingungen für die Spezifikation einer allgemeinen Aussage sowie Kriterien für die Akzeptanz von Hadithen. Zeitgenössische Werke befassen sich ebenfalls mit den Dissensgründen, die sie rechtstheoretisch und -methodisch erklären und mit Beispielen aus dem traditionellen Recht veranschaulichen. Dazu gehören zum Beispiel ʿAbdallāh ibn ʿAbd al-Muḥsin at-Turkīs (geb. 1940) *Asbāb iḫtilāf al-fuqahāʾ*, ʿAbd al-Wahhāb ʿAbd as-Salām Ṭawīlas (gest. 2020) *Aṯar al-luġa fī ḫtilāf al-muǧtahidīn*, Aḥmad ibn Muḥammad ʿUmar al-Anṣārīs *Āṯār iḫtilāf al-fuqahāʾ fī š-šarīʿa* und Muṣṭafā Saʿīd al-Ḫinns (gest. 2008) *Aṯar al-iḫtilāf fī l-qawāʿid al-uṣūlīya fī ḫtilāf al-fuqahāʾ*.

Daneben gibt es auch Werke, die rechtsvergleichend sind und die Meinungen der Rechtsschulen zusammentragen, wie etwa ʿAbd ar-Raḥmān ibn Muḥammad al-Ǧazīrīs (gest. 1941) *al-Fiqh ʿalā maḏāhib al-arbaʿa*. Sie sind im engeren Sinne keine *iḫtilāf*-Werke, aber es ist zu beobachten, dass *iḫtilāf*-Werke in der Moderne zu rechtsvergleichenden Werken transformiert bzw. als solche gedeutet werden.

54 Für eine deutsche Übersetzung und Erklärung der relevanten Passagen aus der Einleitung des *Bidāyat al-muǧtahid* siehe Kurnaz, *Tradition und Fortschreibung*, 102–105, 135–155.

Ich möchte mit einem Beispiel aus einem der oben genannten *iḫtilāf*-Werke fortfahren. Es handelt sich dabei um einen Auszug aus Ibn al-Munḏirs *al-Išrāf*. Ibn al-Munḏir ist ein eigenständiger Rechtsgelehrter, der eine eigene Rechtsschule hatte, allerdings in biographischen Werken auch als Schafiit bezeichnet wird. Das Textbeispiel bespricht die Frage, ob es erlaubt ist, Hunde zu verkaufen – im Text ist die Rede von der »Bepreisung von Hunden«.

Textbeispiel 8: *Iḫtilāf*-Werk

Rn. 31	Abū Bakr [ibn al-Munḏir] sagt: Es steht vom Gesandten Gottes – Friede und Segen auf ihm – fest, dass er den Preis[, den man] für Hunde und die Gebühr[, die man] für Prostituierte [zahlt] und das Geschenk[, das man] an Wahrsager [gibt,] verboten hat.	قال أبو بكر: ثبت أن رسول الله صلى الله عليه وسلم نهى عن ثمن الكلب، ومهر البغي، وحلوان الكاهن.
Rn. 32	Die Gelehrten streiten sich über die Verbotserklärung der Bepreisung von Hunden. Eine Gruppe verbot ihre Bepreisung und vertrat, dass derjenige, der sie tötet, keinen Schadensersatz von seinem Vermögen erbringen muss. Das ist die Meinung von aš-Šāfiʿī [gest. 204/820] und Aḥmad [ibn Ḥanbal, gest. 241/855].	وقد اختلف أهل العلم في تحريم ثمن الكلب، فحرمت طائفة ثمنه، ولم تر على من قتله غرما في ماله، هذا قول الشافعي، وأحمد.
Rn. 33	Al-Awzāʿī [gest. 157/774] sagt: Hunde dürfen nicht verkauft werden. Abū Hurayra [gest. 58/678], al-Ḥasan al-Baṣrī [gest. 110/728], al-Ḥakam [ibn ʿAmr al-Ġifārī, gest. 50/670 (?)] und Ḥammād [ibn Abī Sulaymān, gest. 120/738] sahen die Bepreisung von Hunden als verpönt an.	وقال الأوزاعي: الكلب لا يباع، وكره ثمن الكلب أبو هريرة، والحسن البصري، والحكم، وحماد.

Rn. 34	An-Nuʿmān [d. h. Abū Ḥanīfa, gest. 150/767] erlaubte den Verkauf von allen Hunden und ordnete verpflichtend an, dass derjenige, der ihn [also einen Hund] tötet, Schadensersatz zu leisten hat.	وأباح النعمان بيع الكلاب كلها، وأوجب على قاتلها الغرم.
Rn. 35	Seine Meinung ist bedeutungslos, denn er widerspricht dem, was vom Gesandten Gottes – Friede und Segen auf ihm – festliegt.	ولا معنى لقوله، إذ هو خلاف ما ثبت عن رسول الله صلى الله عليه وسلم.
Rn. 36	Es gibt eine dritte Meinung: Diese ist, dass es eine juristische Lizenz [d. h. eine Ausnahme] für die Bepreisung von Jagdhunden unter den Hundearten gibt. Diese Meinung wird von Ǧābir ibn ʿAbdallāh [gest. 78/697] tradiert, dem sich ʿAṭāʾ [ibn Abī Rabāḥ, gest. 114/732] und Ibrāhīm an-Naḫaʿī [gest. 96/714] anschließen.	وفيه قول ثالث: وهو أن الرخصة في ثمن كلب الصيد من بين الكلاب، روى هذا القول عن جابر بن عبد الله، وبه قال عطاء، وإبراهيم النخعي.
Rn. 37	Wir überlieferten eine vierte Meinung von ʿAṭāʾ und überlieferten von ihm, dass er sagte: Tötest du einen Hund, der nicht wild [also gezähmt] ist, so entschädige dem Besitzer seinen Preis.	وقد روينا عن عطاء قولاً رابعاً، وروينا عنه أنه قال: إن قتلت كلباً ليس بعقور، فاغرم لأهله ثمنه.
Rn. 38	Es gibt eine fünfte Meinung: Diese ist die Erklärung dazu, dass es verpönt ist, alle Arten von Hunden zu bepreisen, und derjenige, der Jagdhunde oder Hunde als Haustiere tötet, hat deren Wert zu entschädigen. Das ist die Meinung von Mālik [ibn Anas, gest. 179/795].	وفيه قول خامس: وهو كراهية أثمان الكلاب كلها، وإلزام قاتل كلب الصيد والماشية قيمته، هذا قول مالك.

Rn. 39 Abū Bakr [ibn al-Munḏir] sagt: Wenn der Gesandte Gottes – Friede und Segen auf ihm – die Bepreisung für Hunde untersagt und uns benachrichtigt, dass es verboten (*ḥarām*) ist, dann ist dies als allgemein zu verstehen, worunter alle Hunde fallen. Es ist nicht erlaubt, mit [Rücksicht auf] Nachrichten vom Propheten Ausnahmen zu treffen, es sei denn, es liegen Nachrichten gleicher Art vor. Wir wissen nichts darüber, dass es Nachrichten gibt, die der Nachricht entsprechen, die wir in der Autorität von Abū Masʿūd [ʿUqba ibn ʿAmr al-Badrī al-Anṣārī, gest. 42/662–663] erwähnten, widersprechen.	قال أبو بكر: وإذا نهى رسول الله صلى الله عليه وسلم من ثمن الكلب، وأخبرنا أنه حرام، فذلك على العموم، يدخل فيه جميع الكلاب، ولا يجوز أن يستثنى من خبر الرسول إلا بخبر مثله، ولا نعلم خبراً عارض الخبر الذي ذكرناه خبر أبي مسعود.

Textbeispiel 8: Ibn al-Munḏir, *al-Išrāf*, VI:13 f.

Ǧadal-Werke

Die Meinungsverschiedenheit der Gelehrten war nicht nur Gegenstand der *iḫtilāf*-Literatur. Auch das Genre der Dialektik (*ǧadal, munāẓara*) behandelt die Meinungsverschiedenheit. Der Unterschied zu den oben beschriebenen *iḫtilāf*-Werken liegt darin, dass die *ǧadal*-Werke sich auf die Argumentationstechnik, gültige wie nichtige Argumente und die Verteidigung der eigenen Rechtsschule fokussieren. Es geht oft mehr um die korrekte Argumentationstechnik als den einzelnen Fall. Diese Werke sollen zeigen, dass eine Meinung korrekt ist, wodurch die Meinungsverschiedenheit kontrolliert und der Dissens reduziert werden soll – daneben können natürlich auch andere Beweggründe eine Rolle spielen, wie etwa die eigene Rechtsschule gegenüber Angriffen anderer zu verteidigen. Die *ǧadal*-Literatur können wir somit als eine Art Vorlage für die ideale Argumentation und Dialektik verstehen, um u. a. juristische Fragen zu lösen. Auch Werke, die im Titel *adab al-baḥṯ wa-l-munāẓara* tragen, stellen sich ähnlichen Fragen und sind relevant für den Rechtsdiskurs.

Bekannte Beispiele für Werke, die den *ǧadal* zum Gegenstand haben, sind etwa Abū Isḥāq aš-Šīrāzīs (gest. 476/1083) *al-Mulaḫḫaṣ fī l-ǧadal* und *al-Maʿūna fī l-ǧadal*. Daneben hat er *ḫilāf*-Werke geschrieben, die den *ǧadal* und den *iḫtilāf*, die Meinungsverschiedenheit der Gelehrten in Rechtsfragen, zum Gegenstand haben: *an-Nukat fī l-masāʾil al-muḫtalaf fīhā bayna š-Šāfiʿī wa-bayna Abī Ḥanīfa* und *Muḫtaṣar fīmā ḫtalafa fīhi Abū Ḥanīfa wa-š-Šāfiʿī*. Auch sein Zeitgenosse Abū l-Maʿālī al-Ǧuwaynī (gest. 478/1085) schrieb, neben seinen rechtspraktischen und rechtsmethodischen Werken, ein *ǧadal*-Werk: *al-Kifāya fī l-ǧadal*. Ein weiterer Zeitgenosse aus dem 5./11. Jahrhundert, der hanafitisch-mutazilitische Gelehrte Abū l-Ḥusayn al-Baṣrī (gest. 436/1044), schrieb ein *ǧadal*-Werk, sowie weitere Hanafiten. Der bekannteste unter ihnen ist Rukn ad-Dīn al-ʿAmīdī (gest. 615/1218) mit seinem Werk *aṭ-Ṭarīqa al-ʿAmīdīya* und *al-Iršād*. Wir finden auch unter Malikiten und Hanbaliten Gelehrte, die sich explizit mit *ǧadal* befasst haben, so etwa der Malikit Abū l-Walīd al-Bāǧī (gest. 474/1081) und der Hanbalit Abū l-Wafāʾ ibn ʿAqīl (gest. 513/1119).

Aḥkām al-Qurʾān-Werke

Ein weiteres bekanntes Genre ist das der *Aḥkām al-Qurʾān*, koranexegetische Werke, die sich auf rechtsrelevante Passagen des Korans beziehen. Die genaue Entwicklung können wir hier nicht nachzeichnen; es würde den Rahmen sprengen. Das früheste, noch erhaltene Werk ist das *Tafsīr al-ḫamsimiʾa āya min al-Qurʾān fī l-amr wa-n-nahy wa-l-ḥalāl wa-l-ḥarām* von Muqātil ibn Sulaymān al-Azdī (gest. 150/767). Er sammelte Koranverse unter Kapiteln des islamischen Rechts, wozu seiner Meinung nach die Themen Glaube, Gebet, Almosen, Fasten, Pilgerfahrt, Wiedervergeltung, Erbverteilung, Wucher, Verbot des

Weinkonsums, Eheschließung, Scheidung, Unzucht, Diebstahl, Schuldverhältnisse, Kaufverträge und Dschihad gehörte. Mit Hilfe von Überlieferungen legt er die relevanten Koranpassagen aus. Besondere Aufmerksamkeit schenkt er der Abrogation (*nasḫ*) und den Offenbarungsanlässen (*asbāb an-nuzūl*). Hermeneutische bzw. rechtsmethodische und -theoretische Reflexionen fehlen. Das Werk ist nach den Themen des Rechts geordnet.

Aus demselben Jahrhundert stammen noch das *Ǧāmiʿ* von ʿAbdallāh ibn Wahb (gest. 197/813) und Maʿmar ibn Rāšids (gest. 153/770) *Tafsīr*, das uns in der Rezension von ʿAbd ar-Razzāq (gest. 211/826–827) in seinem eigenen Werk vorliegt. Auch aš-Šāfiʿī (gest. 204/820) wird ein *Aḥkām al-Qurʾān* zugeschrieben; das aber wohl eine spätere Kompilation von al-Bayhaqī ist (gest. 458/1066). Er brachte neben aš-Šāfiʿīs Meinungen auch die von Abū Yaʿqūb Yūsuf ibn Yaḥyā al-Buwayṭī (gest. 231/846), Abū Ṯawr (gest. 240/854), al-Muzanī (gest. 264/878) und ar-Rabīʿ ibn Sulaymān al-Murādī (gest. 270/884) zusammen. Al-Bayhaqī führt rechtsmethodische Themen mit besonderem Fokus auf Auslegungsmethoden, die sich auf den Koran beziehen, an. Nach diesem Vorbild schrieb später Abū l-Ḥasan ʿAlī ibn Muḥammad al-Kiyā al-Harrāsī (gest. 504/1110, schafiitisch) ebenfalls ein *Aḥkām al-Qurʾān*. Sein Werk richtet sich nach dem Vorkommen der Koranverse und ist nicht nach den Kapiteln des Rechts geordnet, wie es zuvor bei Muqātil der Fall war.

Aṭ-Ṭaḥāwī (gest. 321/933, hanafitisch) verfasste ebenfalls ein *Aḥkām al-Qurʾān*. Er ordnete das Werk nach den Kapiteln des Rechts und schrieb eine Einleitung, die rechtsmethodische und -theoretische Grundannahmen beinhaltet. In seinen Ausführungen zu den Koranversen konzentriert er sich auf die *furūʿ*-Themen. Wahrscheinlich unter dem Einfluss aṭ-Ṭaḥāwīs – kommentierte bzw. bearbeitete er doch mehrere Werke von ihm – schrieb al-Ǧaṣṣāṣ (gest. 370/981) ebenfalls ein *Aḥkām al-Qurʾān*, das der Anordnung der Koranverse entspricht. Er gibt daneben zusätzlich die entsprechenden Kapitelüberschriften zu den Rechtsthemen an. Al-Ǧaṣṣāṣ diskutiert an verschiedenen Stellen des Kommentars auch *uṣūl*-relevante Themen.

Ein umfangreiches *Aḥkām al-Qurʾān*, wahrscheinlich das berühmteste, stammt vom Malikiten Abū Bakr ibn al-ʿArabī (gest. 543/1148).

Er geht den Koran Sure für Sure durch und gibt am Anfang jeder Sure an, wie viele Verse rechtsrelevant sind. Insgesamt bespricht er 852 Verse in 108 Suren. Oft sind die Verbindungen zu Rechtsthemen gezwungen. Zu jedem Vers gibt er an, wie viele rechtsrelevante Themen es gibt. Auch Ibn al-ʿArabī diskutiert gelegentlich *uṣūl*-Themen im Rahmen von rechtspraktischen Fällen, um Dissensgründen nachzugehen und Meinungen zu begründen. Als besonderes Werk unter den Malikiten gilt der Korankommentar von Abū ʿAbdallāh Muḥammad ibn Aḥmad al-Qurṭubī (gest. 671/1273) mit dem Titel *al-Ǧāmiʿ li-aḥkām al-Qurʾān.* Er legt zwar den gesamten Koran aus, hat aber ein besonderes Anliegen, die rechtsrelevanten Koranverse zu deuten. An vielen Stellen bespricht er *uṣūl*-relevante Themen, sodass man seine *uṣūl*-Ansichten über seine Koranexegese rekonstruieren kann.[55] Seine Ausführungen zu rechtsrelevanten Themen sind so detailliert, dass seine Koranexegese, die sich an der Struktur des Korans orientiert, später auch gesondert nach den Kapiteln des Rechts angeordnet wurde.[56]

Auch Hanbaliten wie Abū Yaʿlā al-Farrāʾ (gest. 458/1066) und Schiiten wie der Dschafarit Ǧamāl ad-Dīn al-Miqdād ibn ʿAbdallāh as-Sayyūrī (gest. 826/1423, *Kanz al-ʿirfān fī fiqh al-Qurʾān*, geordnet nach Kapiteln des Rechts) und der Zaydit Yūsuf ibn Aḥmad aṯ-Ṯilāʾī (gest. 832/1428–29, *aṯ-Ṯamarāt al-yāniʿa wa-l-aḥkām al-wāḍiḥa al-qāṭiʿa* [*al-muqtaṭafa min āy al-Qurʾān al-karīm*], geordnet entsprechend der Struktur des Korans) haben *aḥkām al-Qurʾān*-Werke geschrieben. Noch heute werden solche Werke in verschiedenen Sprachen verfasst. Die Entstehung dieses Genres kann damit erklärt werden, dass mit der größeren Nachfrage nach den Quellen für die Legitimation von Meinungen im Bereich des Hadith auch der Wunsch stärker wurde, nach den koranischen Grundlagen zu fragen. Grundsätzlich lässt sich also im 2./8. Jahrhundert – wahrscheinlich schon im letzten Viertel des 1./7. Jahrhunderts – eine Bestrebung erkennen, nach der Verbindung zwischen den vertretenen Meinungen zu den religiösen Quellen zu fragen.

55 Siehe zum Beispiel al-Qurṭubī, *al-Ǧāmiʿ*, V:200.

56 Vgl. al-Ǧundī, *Ǧāmiʿ*.

Mit einem Textbeispiel zu den *aḥkām al-Qurʾān* möchte ich abschließen. Das Beispiel ist ein Auszug aus den Ausführungen von Ibn al-ʿArabī zu Q 2:282. Ich habe einige Fälle, die er dort bespricht, exemplarisch übersetzt.

Textbeispiel 9: *Aḥkām al-Qurʾān*

Rn. 48	Dies ist ein gewaltiger Vers in Bezug auf Normen, der vieles Erlaubte und Verbotene erklärt. Er ist eine Grundlage für Fälle unter den Kaufverträgen und vielen Zweigen [d. h. Fälle, die auf diese Grundlage zurückgehen], die er alle konzis umfasst; und trotzdem wird das Ziel, ohne viele Details anzugeben, erfüllt[, und dies] in 52 Fällen.	هي آية عُظْمَى في الأحكام، مبنِية جُمَلًا من الحلال والحرام، وهي أصل في مسائل البيوع، وكثير من الفروع، بِجَمَاعُها على اختصارٍ مع استيفاءِ الغرض دون الإكثار في الثنتين وخمسين مسألة:
Rn. 49	Fall 1 ist über die Beschaffenheit des Schuldverhältnisses. Es ist gleichbedeutend mit allen Transaktionen, sei es, dass eines der Tauschobjekte in bar sofort vorliegt und das andere in der gestundeten Zahlungsverpflichtung. Das [existierende] Ding bei den Arabern ist das, was gegenwärtig ist, und das Schuldverhältnis ist das, was abwesend ist. (…)	المسألة الأولى: في حقيقة الدين: هو عبارةٌ عن كل مُعاملة كان أحد الْعِوَضَيْن فيها نَقْدًا والْآخر في الذمة نسيئة، فإن العينَ عند العرب ما كان حاضرًا، والدَّين ما كان غائبًا (…)
Rn. 50	Fall 2: Die Anhänger Abū Ḥanīfas sagen: Unter dem allgemeinen Wortlaut der Aussage des Erhabenen, »Wenn ihr euch untereinander verschuldet für eine festgelegte Frist« [Q 2:282], fällt die	المسألة الثانية: قال أصحابُ أبي حنيفة: عمومُ قوله تعالى: {إِذَا تَدَايَنْتُمْ بِدَيْنٍ إِلَى أَجَلٍ مُسَمًّى} يدخلُ تحته المَهْر إلى

Brautgabe bis zu einer festgelegten Frist und der Ausgleichsvertrag zum Blutgeld für die vorsätzliche Tötung, und es ist erlaubt, dass Frauen diesbezüglich als Zeugen aussagen. Das ist aber ein Trugschluss. Denn diese Zeugenaussage bezieht sich auf den Eheschluss, den die Brautgabe umfasst, und auf das Blut, das zum Ausgleich führt. Die Brautgabe im Ehevertrag und das Vermögen in Bezug auf die Blutgeldzahlung sind [Typen des] Kaufvertrags. Wenn der Vers dafür herabgesandt wurde, um den normativen Status des Zustandes des Schuldverhältnisses und des einzelnen Verkaufsgegenstandes zu erklären, dann muss die [Bestimmung der] Zeugenaussage im Allgemeinen darauf [also auf Q 2:282] bezogen und zurückgeführt werden.

أجَلٍ، والصُّلح عن دم العمد، ويجوز فيه شهادة النساء؛ وهذا وهمٌ، فإن هذه الشهادة إنما هي على النكاح المشتمل على المهر وعلى الدم المفضي إلى الصُّلح، والمهرُ في النكاح، والمالُ في الدم بيعٌ؛ وإنما جاءت الآية لبيان حكم حال دَيْنٍ مجرد ومال مفرد؛ فعليه يُحمل عموم الشهادة وإليه يرجع.

Rn. 51 Fall 36: Die Aussage des Erhabenen, »Es ist geeigneter für die Bezeugung« [Q 2:282], ist ein Hinweis darauf, dass der Zeuge, wenn er das Schriftstück sieht und sich nicht an die Zeugenaussage erinnert, kein Zeugnis dafür ablegt. Denn er zweifelt daran; man legt kein Zeugnis dafür ab, worüber man nichts weiß. Er kann aber sagen: »Nehmt meine Schrift an, aber ich erinnere mich im Moment nicht, was ich darin geschrieben habe.«

المسألة السادسة والثلاثون: قوله تعالى: {وَأَقْوَمُ لِلشَّهَادَةِ} دليل على أنَّ الشاهدَ إذا رأى الكتابَ فلم يذكر الشهادة لا يؤدِّيها، لما دخل عليه من الريبة فيها ولا يؤدِّي إلا ما يعلم، لكنه يقول هذا خطِّي، ولا أذكرُ الآن ما كتبتُ فيه.

Textbeispiel 9: Ibn al-ʿArabī, *Aḥkām*, I:327 f., 340

An-Nāsiḫ wa-l-mansūḫ-Werke

Es liegen uns Berichte über Werke vor, die als Vorläufer der oben vorgestellten *aḥkām al-Qur'ān*-Werke gelten können. Zuvor habe ich erwähnt, dass die aufkommende Beschäftigung mit den schriftlichen Quellen dazu geführt haben könnte, dass die Gelehrten sich mit vermeintlichen Widersprüchen in den religiösen Quellen befassten. Widersprachen sich z. B. zwei Aussagen im Koran, konnte dieser Widerspruch durch Abrogation gelöst werden. Wir wissen ja, dass der Koran zu verschiedenen Anlässen herabgesandt wurde. So konnte er bereits bestehende Regeln ändern, anpassen oder für obsolet erklären. Er selbst gibt an (Q 2:106): »Tilgen wir einen Vers (*mā nansaḫ min āyatin*) oder stellen ihn dem Vergessen anheim, so bringen wir einen besseren als ihn oder einen, der ihm gleicht. Weißt du denn nicht, dass Gott aller Dinge mächtig ist?« Diesen Vers versteht die Mehrheit der Gelehrten als Zeichen dafür, dass spätere Koranverse frühere abrogieren können. Entsprechend sind Werke entstanden, die sich mit solchen Abrogationsverhältnissen beschäftigen.

Es haben sich an der Abrogation große Diskussionen entzündet, wie z. B. zu bestimmen sei, in welchem Abrogationsverhältnis Koran und Sunna zueinanderstehen und was alles als Abrogation gilt. Handelt es sich um eine Abrogation, wenn eine allgemeine Aussage von einer spezifischeren eingeschränkt wird? Je nachdem, wie diese Frage beantwortet wurde, konnten verschiedene Methoden in den Bereich der Abrogation fallen oder später von ihr unterschieden werden. Dazu gehört z. B. die Spezifikation (*taḫṣīṣ*) von allgemeinen Aussagen. Unter anderem deshalb ist die Anzahl der Verse, die in einem Abrogationsverhältnis stehen sollen, umstritten. Zu den frühen Werken, die zur Abrogation entstanden sind, gehören folgende:

1) Qatāda ibn Di'āma (gest. 117/735-736), *an-Nāsiḫ wa-l-mansūḫ*,
2) Ibn Šihāb az-Zuhrī (gest. 124/742), *an-Nāsiḫ wa-l-mansūḫ*,
3) 'Abdallāh ibn Wahb (gest. 197/813), *al-Ǧāmi'*,
4) Abū 'Ubayd al-Qāsim ibn Sallām (gest. 224/838), *an-Nāsiḫ wa-l-mansūḫ* und

5) Abū Ǧaʿfar Aḥmad ibn Muḥammad an-Naḥḥās (gest. 338/950), *an-Nāsiḫ wa-l-mansūḫ*.

Später verfassten Gelehrte wie Abū Bakr ibn al-ʿArabī (gest. 543/1148) und Abū l-Farağ ibn al-Ǧawzī (gest. 597/1201) ebenfalls Werke zur Abrogation. *An-nāsiḫ wa-l-mansūḫ*-Bücher haben unterschiedliche Strukturen. So ordnet etwa Abū ʿUbayd sein Buch nach den Kapiteln des Rechts, wogegen an-Naḥḥās der Anordnung der Verse im Koran folgt. Das nächste Textbeispiel zeigt, wie Gelehrte in solchen Werken vorgingen. Es ist ein Auszug aus dem Werk von an-Naḥḥās zu Q 2:180.

Textbeispiel 10: *an-Nāsiḫ wa-l-mansūḫ*-Werk

Rn. 52	**Kapitel zum Fünften Vers** Gott der Erhabene sagt: »Es ist euch vorgeschrieben: Wenn der Tod sich einem von euch naht, so sei – im Falle, dass er Gutes hinterlässt – für Eltern und Verwandte ein Vermächtnis da, nach Billigkeit, als Pflicht für die Gottesfürchtigen.« [Q 2:180]	باب ذكر الآية الخامسة قال الله – جل وعز – {كُتِبَ عَلَيْكُمْ إِذَا حَضَرَ أَحَدَكُمُ الْمَوْتُ إِنْ تَرَكَ خَيْرًا الْوَصِيَّةُ لِلْوَالِدَيْنِ وَالْأَقْرَبِينَ بِالْمَعْرُوفِ حَقًّا عَلَى الْمُتَّقِينَ}
Rn. 53	Zu diesem Vers gibt es fünf Meinungen:	في هذه الآية خمسة أقوال:
Rn. 54	Diejenigen, die meinen, dass der Koran durch die Sunna abrogiert werden kann, sagen: [Der Hadith] »Für den Erben gibt es kein[en] Testament[santeil]«[57] abrogierte ihn.	فمن قال: إن القرآن يجوز أن ينسخ بالسنة، قال: نسخها: «لا وصية لوارث».

57 Für eine Variante des Hadith siehe Abū Dāwūd, *Sunan*, *Kitāb al-Waṣāyā*, *Bāb* 6, Hadith Nr. 2870 (IV:492).

Rn. 55	Die Rechtsgelehrten, die meinen, dass der Koran nur durch den Koran selbst abrogiert werden kann, sagen: Die Erbverteilung [in Q 4:7 bzw. 11 f.] hat ihn [d. h. Q 2:180] abrogiert,	ومن قال من الفقهاء: لا يجوز أن ينسخ القرآن إلا قرآن قال: نسختها الفرائض
Rn. 56	so wie es uns ʿAlī ibn al-Ḥusayn [al-Baġdādī, gest. 317/929–930] von al-Ḥasan ibn Muḥammad [az-Zaʿfarānī, gest. 260/876 (?)] berichtet, dass er sagte: Uns berichtete Ḥaǧǧāǧ [ibn Muḥammad, gest, 206/821] von Ibn Ǧurayǧ [gest. 150/767], und ʿUṯmān ibn ʿAṭāʾ [gest. 155/772] von ʿAṭāʾ von Ibn ʿAbbās [gest. 68/687–688] über die Aussage des Erhabenen »[hinterlasst] für Eltern und Verwandte ein Vermächtnis«, dass er sagte: Der Sohn eines Mannes pflegte ihn zu beerben, für die Eltern und Verwandten gab es das Testament, dann wurde er [d. h. der Vers] von »Den Männern steht ein Anteil zu von dem, was Eltern und Verwandte hinterlassen, und den Frauen steht ein Anteil zu von dem, was Eltern und Verwandte hinterlassen« [Q 4:7] abrogiert.	كما حدثنا علي بن الحسين عن الحسن بن محمد قال: حدثنا حجاج عن ابن جريج، وعثمان بن عطاء عن عطاء عن ابن عباس في قوله – جل وعز – {الْوَصِيَّةُ لِلْوَالِدَيْنِ وَالْأَقْرَبِينَ} قال: «كان ولد الرجل يرثونه وللوالدين والأقربين الوصية فنسخها {لِلرِّجَالِ نَصِيبٌ مِمَّا تَرَكَ الْوَالِدَانِ وَالْأَقْرَبُونَ وَلِلنِّسَاءِ نَصِيبٌ مِمَّا تَرَكَ الْوَالِدَانِ وَالْأَقْرَبُونَ}»
Rn. 57	Muǧāhid [ibn Ǧabr, gest. 103/721] sagt: Ihn abrogierte [der Vers] »Für das männliche ist der gleiche Anteil wie für zwei weibliche bestimmt« [Q 4:11].	وقال مجاهد: «نسختها {يُوصِيكُمُ اللَّهُ فِي أَوْلَادِكُمْ لِلذَّكَرِ مِثْلُ حَظِّ الْأُنْثَيَيْنِ} الآية.

Rn. 58	Eine dritte Meinung vertritt al-Ḥasan [al-Baṣrī, gest. 110/728]: »Abrogiert wurde das Testament für die Eltern, festgelegt wurde es für Verwandte, die keine Quotenerben sind.« Gleiches wird von Ibn Abī Ṭalḥa [gest. 143/760] und von Ibn ʿAbbās tradiert.	والقول الثالث قاله الحسن قال: «نُسخت الوصية للوالدين وثبتت للأقربين الذين لا يرثون». وكذا روى ابن أبي طلحة عن ابن عباس.
Rn. 59	Aš-Šaʿbī [gest. 104/722] und an-Naḫaʿī [gest. 96/714] sagen: »Das Testament für die Eltern und die Verwandten sind als Empfehlung zu verstehen, nicht als etwas Verbindliches.«	وقال الشعبي والنخعي: «الوصية للوالدين والأقربين على الندب لا على الحتم».
Rn. 60	Die fünfte Meinung ist, dass das Testament für die Eltern und die Verwandten mit Rücksicht auf den Korantext eine Pflicht ist, wenn sie nichts erben.	والقول الخامس: إن الوصية للوالدين والأقربين واجبة بنص القرآن إذا كانوا لا يرثون.
Rn. 61	Abū Ǧaʿfar [an-Naḥḥās] sagt: Dies ist die Meinung von aḍ-Ḍaḥḥāk [ibn Muzāḥim, gest. 105/723] und Ṭāwūs [ibn Kaysān, gest. 106/725].	قال أبو جعفر: وهذا قول الضحاك وطاوس.
Rn. 62	Ṭāwūs sagt: »Wer für Fremde ein Testament verfasst, obwohl er Verwandte hat, so wird das Testament [davon] losgelöst und auf die Verwandten bezogen.«	قَالَ طَاوُسٍ: «من أوصى لأجنبيين، وله أقرباء انتزعت الوصية فردت إلى الأقرباء».
Rn. 63	Aḍ-Ḍaḥḥāk sagt: »Wer etwas besitzt und ohne für die Verwandten einen testamentarischen Anteil vom Erbe zu bestimmen stirbt, der stirbt eines sündigen Todes.«	وقال الضحاك: «من مات وله شيء ولم يوص لأقربائه فقد مات عن معصية لله جل وعز».
Rn. 64	Al-Ḥasan sagt: »Wenn ein Mann einer fremden Gruppe ein Drittel	وقال الحسن: »إذا أوصى رجل لقوم غرباء بثلثه وله

vermacht, obwohl er Verwandte hat, dann wird den Fremden ein Drittel vom Drittel gegeben, der Rest wird den Verwandten übergeben.«	أقرباء أعطي الغرباء ثلث الثلث ورد الباقي على الأقرباء».
Rn. 65 Abū Ǧaʿfar sagt: Die Gelehrten streiten sich über die Bedeutung dieses Verses, er wird rezitiert, daher ist es geboten, nicht zu sagen, dass er abrogiert sei. Denn sein Urteil widerspricht nicht dem, was Gott der Erhabene bezüglich der Erbverteilung geboten hat. Dann muss [die Beurteilung] des Verses »Es ist euch vorgeschrieben, wenn euch naht [usw.]« [Q 2:180] dem [des] Verses »Euch ist das Fasten vorgeschrieben« [Q 2:183] gleichen.	قال أبو جعفر: فتنازع العلماء معنى هذه الآية وهي متلوة فالواجب أن لا يقال: إنها منسوخة؛ لأن حكمها ليس بناف حكم ما فرضه الله جل وعز من الفرائض فوجب أن يكون {كُتِبَ عَلَيْكُمْ إِذَا حَضَرَ أَحَدَكُمُ} الآية كقوله {كُتِبَ عَلَيْكُمُ الصِّيَامُ}.

Textbeispiel 10: an-Naḥḥās, *an-Nāsiḫ wa-l-mansūḫ*, I:480–486

Werke zu Rechtsprinzipien und Maximen (*qawāʿid, al-ašbāh wa-n-naẓāʾir, furūq*)

Neben den bisher beschriebenen Werken entstanden im 8./14. Jahrhundert vermehrt Werke, die sich mit Rechtsprinzipien, allgemeinen Regeln und Maximen beschäftigen. Der Sammelname dafür ist *qāʿida* (Pl. *qawāʿid*). Sie sollen dabei helfen, Lösungen für neu auftretende Fälle zu finden bzw. die Gelehrten dazu befähigen, in Kollisionsfällen eine schariakonforme Entscheidung zu treffen. Solche Werke können Titel wie *al-Qawāʿid* (*al-fiqhīya*) tragen. Daneben sind weitere Titel geläufig, wie z. B. *al-Ašbāh wa-n-naẓāʾir* und *al-Furūq*. *Al-Ašbāh wa-n-naẓāʾir* sind Werke, die gleiche Fälle unter einer Regel zusammenfassen.

Daher rührt der Namensbestandteil *ašbāh* und *naẓā'ir* für ›sich ähnelnde Dinge‹. Sie behandeln auch Fälle, die ähnlich erscheinen, sich aber doch voneinander unterscheiden können. Letzteres wird außerdem mit den Begriffen *furūq* (Sg. *farq*) oder auch *al-ǧamʿ wa-l-farq* wiedergegeben. *Furūq*-Werke beziehen sich also auf Fälle, die sich zwar ähneln, die aber aufgrund bestimmter Faktoren unterschiedlich bewertet werden müssen.

Qawāʿid-Werke sind nicht erst im 8./14. Jahrhundert entstanden. Bereits im 4./10. Jahrhundert sehen wir erste Bestrebungen und im 6./12. Jahrhundert nimmt die Beschäftigung mit den *qawāʿid* zu. Die systematische rechtsschulübergreifende Auseinandersetzung finden wir aber erst im 8./14. Jahrhundert. Gründe für diese Entwicklung scheinen die fortdauernde Spezialisierung der Gelehrten im Bereich der *uṣūl al-fiqh* und die zunehmende Ausdifferenzierung im islamischen Recht zu sein. Die Gelehrten standen der Herausforderung gegenüber, den Richtern, Juristen und Muftis Richtlinien zur Verfügung zu stellen, mit Hilfe derer sie neue Fälle regeln konnten. Die *qawāʿid* haben damit aber keineswegs die *furūʿ al-fiqh* ersetzt, sondern diese ergänzt. Die prominentesten Werke aus diesem Jahrhundert sind:

1) Ibn al-Wakīl (gest. 716/1317, schafiitisch), *al-Ašbāh wa-n-naẓā'ir,*
2) Abū ʿAbdallāh al-Maqqarī (gest. 758/1357, malikitisch), *al-Qawāʿid,*
3) Ṣalāḥ ad-Dīn al-Kaykaldī al-ʿAlā'ī (gest. 761/1359, schafiitisch), *al-Maǧmūʿ al-muḏhab fī qawāʿid al-maḏhab,*
4) Tāǧ ad-Dīn as-Subkī (gest. 771/1370, schafiitisch), *al-Ašbāh wa-n-naẓā'ir,*
5) ʿAbd ar-Raḥmān ibn Raǧab (gest. 795/1393, hanbalitisch), *Taqrīr al-qawāʿid wa-taḥrīr al-fawā'id.*

Als Beispiele für Rechtsprinzipien, die in allen Rechtsschulen akzeptiert werden, können wir die folgenden drei nennen:

1) Dinge bemessen sich danach, was mit ihnen bezweckt wird (*al-umūr bi-maqāṣidihā*).

2) Zweifel kann Gewissheit nicht aufheben (*al-yaqīn lā yazūlu bi-š-šakk*).
3) Schaden wird behoben (*aḍ-ḍarar yuzāl*).

Rätsel (*alġāz*, Sg. *luġz*)

Eine besondere Form von Rechtstexten bilden Rätsel (*alġāz*). Neuere Forschungen zeigen, dass sie es erlaubten, das Recht auf eine ganz eigene Art und Weise weiterzuschreiben.[58] Sie stellen einen Anwendungsbereich dar, in dem die Juristen ihre argumentativen Fähigkeiten zeigen und schärfen konnten, um so auch mittels Rechtskniffen (*ḥiyal*) Beispielfälle zu lösen.[59] Ich möchte zwei Beispiele aus dem Werk von Burhān ad-Dīn ibn Farḥūn (gest. 799/1397, malikitisch) übersetzen.

Textbeispiel 11: Rätsel 1

Rn. 66	Wenn du sagst: »Es gibt drei [Regelungen für] menstruierende Frauen, die nicht *mustaḥāḍa* sind:	فإن قلت: النساءُ الحيّض غير المستحاضة ثلاث:
Rn. 67	›Eine menstruierende [Frau], die betet und fastet, eine, die weder betet noch fastet und eine, die betet, aber nicht fastet‹«,	حائض تُصلى وتصوم. حائض لا تُصلى ولا تصوم. حائض تُصلى ولا تصوم.
Rn. 68	so sage ich: »Die, die betet und fastet, ist eine, die nachts einen [kleinen] Schub [von Blut] sah und danach [das Blut] ausblieb.	قلت: التى تصلى وتصوم: هي التى تري دفعة بالليلِ ثم ينقطع عنها.

58 Vgl. Saba, *Harmonizing Similarities.*

59 Für eine Übersicht über *furūq*-Werke und die Funktion von Rätseln siehe Saba, *Harmonizing Similarities.*

Rn. 69	Diejenige, die weder betet noch fastet, ist die, die fortwährend Blut sieht.	والتى لا تصلى ولا تصوم: هي التى يتمادى بها الدم.
Rn. 70	Diejenige, die betet, aber nicht fastet, ist die, die tagsüber einen [kleinen] Schub [von Blut] sah und dieses danach ausblieb.«	والتى تصلى ولا تصوم: هي التى تري دفعة بالنهار ثم ينقطع.

Textbeispiel 11: Ibn Farḥūn, *Durrat al-ġawwāṣ*, 99

Textbeispiel 12: Rätsel 2

Rn. 71	Wenn du fragst: »Kann man das Morgengebet vor der Morgendämmerung, das Mittagsgebet vor dem Mittag, und das Abendgebet bevor die Sonne untergeht verrichten?«,	فإن قلت: هل تُصلى الصبحَ قبل طلوع الفجر، والظهرَ قبل الزوالِ، والمغربَ قبل غروب الشمس؟
Rn. 72	so antworte ich: »Ja, das ist die Regelung für die Tage, an denen die Sonne verschwinden und entsprechend dem Willen Gottes nicht [vom Osten] aufgehen wird, sondern vom Westen.	قلت: نعم هذا حكم الأيام التي تحتجب الشمس فيها من الطلوع عند إرادة الله تعالي طلوعَ الشمس من مغربها،
Rn. 73	Dann wird es notwendig sein, die Gebetszeiten nach Schätzungen zu bestimmen. Es [d. i. das Gebet] wird dann zur [eingeschätzten] Zeit der Morgendämmerung verrichtet, da es keine [tatsächliche] Morgendämmerung geben wird.	فإن اللازمَ تقديرُ أوقاتِ الصلوات، وتؤدّى عند وقت طلوع الفجر، وليس ثم فجر،
Rn. 74	Das gilt ebenfalls für den Mittag und den Abend.	كذلك في الزوال والمغرب.

Rn. 75	Im *Ṣaḥīḥ* [von Muslim] gibt es dazu einen Hadith, und diese Regelung bestimmte der Gesetzgeber selbst.«	والحديث بذلك ثابت في الصحيح وهذا الحكم نص عليه الشارع.

Textbeispiel 12: Ibn Farḥūn, *Durrat al-ġawwāṣ*, 100 f.

Rasāʾil

Neben diesen umfangreichen Werken konnten auch kleine Schriften entstehen, die man als *risāla* (Pl. *rasāʾil*) bezeichnet. Sie konnten Abhandlungen zu einem spezifischen Thema bzw. zu einer Anfrage sein. Sie sind vergleichbar mit einem teilweise umfangreichen Artikel zu einer speziellen Fragestellung. *Rasāʾil* wurden nicht nur im Bereich des islamischen Rechts verfasst, sondern in allen Wissenschaftsdisziplinen. Ein Beispiel für eine juristische *risāla* ist die von Ibn Ḥazm (gest. 456/1064, zahiritisch) mit dem Titel *Risāla fī l-ġināʾ al-mulhī a-huwa mubāḥ aw ḥarām*, also darüber, ob das Musizieren erlaubt oder verboten ist. Er hat daneben eine Vielzahl von Abhandlungen geschrieben, darunter auch eine *risāla* zur Klassifikation der Wissenschaften.[60]

Einige Fatwas waren wie eine *risāla* konzipiert und damit untypisch lang. Gewöhnlich wurde in einer Fatwa zwar nicht weitschweifig ausdiskutiert, wieso man welcher Meinung folgen soll und wie genau sie begründet wird, aber manche sind doch im Stile einer *risāla* gehalten und können recht umfangreich ausfallen.

In diesem Rahmen entstanden auch Werke, die speziell auf bestimmte Bereiche des Rechts abzielten, wie etwa Rechtsfragen, die sich auf Frauen bezogen. So hat z. B. Ibn al-Ǧawzī (gest. 597/1201) ein Werk unter dem Titel *Aḥkām an-nisāʾ* geschrieben. Mit den Frauen- und Emanzipationsbewegungen vom 20. Jahrhundert bis heute sind vermehrt Diskussionen über Frauenrechte und ihre religiösen Pflichten

60 Ibn Ḥazm, *Rasāʾil.*

entstanden. Es konnte sich eine neue Literaturgattung entwickeln, die wir als ›(islamisches) Recht für Frauen‹, arabisch *fiqh an-nisāʾ* wiedergeben können. Die Autoren sind meist Männer; viele Werke sind populärwissenschaftlich. Sie gibt es zudem in diversen Sprachen.[61] Seit dem 20. Jahrhundert entstehen darüber hinaus vermehrt Werke, die sich nur mit je einem Rechtsbereich beschäftigen, wie etwa zum Islamischen Finanzwesen oder zu bioethischen Themen.

Exkurs: Werke in der Moderne

Gegenstand der Einführung ist zwar nicht die moderne Entwicklung des islamischen Rechts, es soll hier jedoch kurz auf die Entstehung neuerer Literatur eingegangen werden. In der Moderne nimmt die Literatur zum islamischen Recht durchaus andere Züge an. Viele Gelehrte schrieben Werke nach altem Vorbild, die je nach Anspruch ausführlich ausfallen konnten oder kurze Zusammenfassungen waren. Andere wiederum versuchten für Nichtexpert:innen das Grundwissen zum islamischen Recht (auch an Glaubensnormen) zusammenzufassen. So entstand ab dem 16. Jahrhundert, intensiver erst im 19. und 20. Jahrhundert bis heute das Genre, das in der türkischen Kultur als *ilmihal* (arab. *ʿilm al-ḥāl*, osman. *ilm-i hâl*) bekannt ist. Diese Schriften fassen Meinungen nach einer Rechtsschule zusammen und dienen als Orientierungshilfe und Lehrbücher an Schulen für den Religionsunterricht, was, zumindest für die Türkei, mit den Reformen des Schulwesens ab dem 19. Jahrhundert einherging.

Auf der anderen Seite führten Reformen im Hochschulwesen dazu, dass im 20. Jahrhundert Einführungswerke entstanden sind, die rechtsschulübergreifend die *uṣūl al-fiqh* zusammenfassen. Die meisten sind einbändig. So sollten diese Bücher für das universitäre Studium

61 Für eine Untersuchung über *fiqh an-nisāʾ* siehe Abdel-Hady, *Das Rechtsgenre themenspezifischer Rechtsliteratur. Das Beispiel der frauenbezogenen Rechtswissenschaft (fiqh an-nisāʾ)*.

genutzt werden, da die traditionelle Form der Lehre, ein Buch über eine unbestimmte Dauer komplett zu lesen, an der Universität nicht mehr beibehalten werden konnte. Das Studium nach dem System von Semesterwochenstunden an Universitäten erlaubt die Lektüre solcher Werke nicht. Zudem erfüllen die Studierenden die Voraussetzungen nicht, diese komplizierten Werke zu studieren. Daher entstanden an die neuen Umstände angepasste Einführungswerke.[62]

Wenn wir im universitären Kontext bleiben, dann müssen wir weitere Entwicklungen vor Augen halten: So entstanden mit den Universitäten und der Einführung des Islamischen Rechts bzw. der Islamischen Studien als universitäres Fach akademische Arbeiten in unterschiedlichem Umfang, von Artikeln in (Fach)Zeitschriften hin zu Einträgen in Enzyklopädien und Doktorarbeiten. Es entstanden zudem Zeitschriften explizit zum islamischen Recht (wie etwa *Islamic Law and Society, İslam Hukuku Araştırmaları Dergisi*). Der Fokus der Forschung liegt zumeist auf der historischen Analyse des islamischen Rechts. Eine Fortentwicklung bzw. Fortschreibung geschieht, wenn überhaupt, in kleinerem Umfang.

Einführungswerke und Studien zum islamischen Recht, seiner Entstehung, zu einzelnen Rechtsbereichen sowie zu den *uṣūl al-fiqh* entstanden mit der Etablierung angrenzender Wissenschaftsdisziplinen wie der Orientalistik und der Islamwissenschaft, neuerdings auch der Islamischen Theologie in Europa. Sie entstanden in verschiedenen Sprachen, von islamrelevanten Sprachen wie Türkisch, Persisch, Urdu usw. bis zu westlich-europäischen Sprachen wie Englisch, Deutsch, Französisch, Spanisch und Italienisch sowie darüber hinaus in Russisch. Durch den zum Teil kritischen und stark historisierenden Zugang wurde damit die Forschung zum islamischen Recht bereichert.

Daneben entstanden vergleichende Übersichten zum praktischen islamischen Recht. Ein prominentes Beispiel dafür ist ʿAbd ar-Raḥmān ibn Muḥammad al-Ǧazīrīs (gest. 1941) rechtsschulvergleichen-

62 Vgl. Kurnaz, »Islamisches Recht als Teildisziplin der Islamischen Theologie«.

des Werk *al-Fiqh ʿalā maḏāhib al-arbaʿa*. Das Werk fasst die Meinungen der vier Rechtsschulen zusammen. Dieses mehrbändige Werk wurde als Lehrbuch in Auftrag gegeben. Es entstanden ferner Werke ähnlicher Art in anderen Sprachen als dem Arabischen. So legte Hayreddin Karaman ein rechtsvergleichendes Werk unter dem Titel *Mukayeseli İslam Hukuku* vor, das das islamische Recht mit dem türkischen Recht vergleicht.

Neben diesen Tätigkeiten wurden Werke aus dem Arabischen übersetzt. Vormoderne, umfangreiche Rechtswerke, sowohl aus dem Bereich der *uṣūl* als auch der *furūʿ* wurden in diverse Sprachen übertragen oder in diesen zusammengefasst. Eine weitere Tätigkeit bestand darin, die in Form von Manuskripten vorliegenden Werke aus der Vormoderne zu drucken und kritisch zu edieren. Die oben beschriebenen Bücher aus den unterschiedlichen Disziplinen und Genres des islamischen Rechts lagen zunächst als Handschriftenkopien vor. Die meisten Werke gibt es an unterschiedlichen Bibliotheken mehrfach. Manchmal weichen die Kopien der Handschriften voneinander ab. Gründe dafür können Fehler des Kopisten, Revisionen des Verfassers, unklare Stellen der Schrift und vieles mehr sein. Eine kritische Edition geht auf alle Abweichungen ein und versucht ein der Originalschrift ähnelndes Buch zusammenzutragen und zu drucken. Diese Tätigkeiten nehmen bis heute noch einen wichtigen Platz in der Forschung ein.

Neben der bisher beschriebenen Entwicklung entstanden neue Orte, an denen islamisches Recht ›produziert‹ wurde, wie etwa Fatwas in Zeitschriften. Es entstanden auch neue Institutionen sowohl in mehrheitlich muslimischen als auch nichtmuslimischen Gesellschaften. Es wurden etwa *fiqh*-Akademien gegründet, die Fatwas erteilen sowie Resolutionen und Beschlüsse (*qarārāt*) erlassen, an denen sich Muslim:innen orientieren können. Diese *fiqh*-Akademien setzen sich aus Gelehrten unterschiedlicher Rechtsschulzugehörigkeit sowie aus Experten unterschiedlicher Felder zusammen.[63]

63 Vgl. Gad Makhlouf, *Das Konzept des kollektiven iğtihād*.

Abschließend sei erwähnt, dass vermehrt Werke zu den übergeordneten Zielen der Scharia (*maqāṣid aš-šarīʿa*), die sogar im politikwissenschaftlichen Diskurs verhandelt werden, entstanden und immer noch entstehen. Eine besondere Form moderner Werke sind Werke zum islamischen Minderheitenrecht (*fiqh al-aqallīyāt*). Hier werden Themen für Muslime diskutiert und gelöst, die in mehrheitlich nichtmuslimischen Gesellschaften leben. Beispiele dafür sind die Evaluation des Zinsverbots, die Einbürgerungs- und Integrationsfrage sowie bioethische Themen.

3.3 Islamische Rechtsschulen: Eine Übersicht

Im Folgenden möchte ich nun die Rechtsschulen vorstellen, die sich über die Jahrhunderte hinweg konsolidieren konnten. Ihre Rolle ändert sich ab dem 20. Jahrhundert stark; diese Entwicklung werde ich hier nicht besprechen können.[64] Die Rechtsschulen, die sich nicht halten konnten oder in die bestehenden integriert wurden, werde ich hier nicht mehr anführen. Bevor wir auf die einzelnen Rechtsschulen eingehen, sei hier noch erwähnt, dass sich Rechtsschulen nicht unbedingt geschlossen an eine theologische Denktradition gehalten haben. So konnten einige Hanafiten mutazilitisch und murdschiitisch sein, andere wiederum maturiditisch, wobei die letztere Haltung sich durchgesetzt hat. Schafiiten waren mehrheitlich ascharitisch, wobei wenige mutazilitisch sein konnten. Hanbaliten konnten ascharitischer, mutazilitischer und salafitischer Orientierung sein. Daher umfassen die einzelnen Rechtsschulen zwar eine Vielfalt theologischer Haltungen dar, zeigen aber dennoch jeweils klare Tendenzen zu einer dominanten theologischen Ausrichtung.

Die folgende Darstellung der Rechtsschulen ist wie folgt aufgebaut: Ich werde den Rechtsschulgründer sowie die wichtigsten Schüler nennen und dabei für die bessere zeitliche Einordnung ein weiteres Mal

64 Für nähere Informationen siehe Band V.

die Sterbedaten angeben. Darauf folgt die Darstellung der Charakteristika der jeweiligen Schule. Dem schließt sich die Verbreitung der Rechtsschule an. Mit der Darstellung der inneren hierarchischen Ordnung der Meinungen, die in einer Rechtsschule vertreten werden, und einiger wichtiger Werke aus den *furūʿ* und *uṣūl al-fiqh* werde ich die Darstellung abschließen. Neben den *uṣūl* und *furūʿ*-Werken habe ich noch einige rechtsschulspezifisch-biographische Werke (sog. *ṭabaqāt*-Werke) genannt. Diese erlauben es, biographische Informationen zu Gelehrten aus den jeweiligen Rechtsschulen zu suchen. Spezielle Werke zum Fatwa-Wesen, zu *nawāzil* und weiteren Genres wie Vorschriften für Richter (*adab al-qāḍī*) sowie Werke zu einzelnen Bereichen des Rechts werde ich nicht auflisten; es würde sonst den Rahmen der Einführung sprengen. Einige Beispiele dazu finden sich oben in Kapitel 3.2. Die Titel der Werke, die ich im Folgenden aufzählen werde, habe ich abgekürzt. Der Begriff ›Grundtexte‹ bezeichnet im Folgenden nicht nur kurze Zusammenfassungen (Sg. *muḫtaṣar*), sondern Werke unterschiedlichen Umfangs, die an Hochschulen gelehrt und/oder darüber hinaus kommentiert wurden.

3.3.1 Sunnitische Rechtsschulen

3.3.1.1 Hanafiten

Gründer und Schüler

Wir haben eingangs gesehen, dass jede Rechtsschule sich auf eine Autorität bezieht. Diese gilt als Rechtsschulgründer und ist auch der Namensgeber (Eponym). Hanafiten berufen sich auf Abū Ḥanīfa an-Nuʿmān ibn Ṯābit (gest. 150/767), der in Kufa lebte. Abū Ḥanīfa schloss sich der Traditionslinie von Ḥammād ibn Abī Sulaymān (gest. 120/738) und weiteren kufischen Gelehrten an. Spätere Hanafiten sehen ihn in der *raʾy*-basierten Tradition des Prophetengefährten Ibn Masʿūd (gest. 32/652–653) und seiner Schüler, die im Irak wirkten. Abū Ḥanīfa hatte eine große Gefolgschaft mit zahlreichen Schülern, sodass sich um ihn herum eine Rechtsschule etablieren konnte. Ihm wird nachgesagt, dass er gemeinsam mit seinen Schülern über Rechtsfälle diskutierte. Daraus habe sich ein gemeinsamer Korpus von Rechtsmeinungen entwickelt. Abū Ḥanīfa selbst hat kein Rechtswerk verfasst. Seine Meinungen trug sein Schüler Muḥammad ibn al-Ḥasan aš-Šaybānī (gest. 189/805) zusammen, der auch die Meinungen von Abū Yūsuf (gest. 182/798), einem anderen prominenten Schüler Abū Ḥanīfas sammelte. Neben diesen beiden hanafitischen Autoritäten spielen Zufar ibn Huḏayl (gest. 158/775) und al-Ḥasan ibn Ziyād (gest. 204/819) eine zentrale Rolle für die Etablierung und Verbreitung der hanafitischen Rechtsschule.

Verbreitung und Charakteristika

Charakteristisch für die hanafitische Rechtsschule ist die Betonung des *ra'y*. Das heißt nicht, dass Hanafiten Überlieferungen ablehnen, vielmehr ordnen sie sie den Rechtsgrundsätzen oft unter. Sie sprechen zudem den Meinungen von Prophetengefährt:innen (*qawl aṣ-ṣaḥābī*) eine besondere Rolle zu. Durch ihre Methode des *istiḥsān* (das Für-gut-Halten) konnten sie auf neue Fälle flexibel reagieren und bestehende Entscheidungen an neue Gegebenheiten anpassen. Da die Schule der Hanafiten im Irak entstanden ist und damit eher in den östlichen Regionen der muslimischen Herrschaftsgebiete wirkte, konnte sie ein flexibles Rechtsdenken gestalten. Hanafiten konnten so verschiedene Lokaltraditionen berücksichtigen und das Recht neuen Umständen anpassen. Sie haben sich aufgrund des Kontaktes mit diversen Religionstraditionen und Rechtskulturen relativ früh mit dem Völkerrecht beschäftigt. Die Hanafiten verfeinerten ihre Systematik in Bezug auf Rechtskniffe (*ḥiyal*, Sg. *ḥīla*). Sie sahen es nicht von vornherein als verpönt an, sich mit solchen Rechtskniffen zu beschäftigen, die angewandt werden, um normativen Beschränkungen der Scharia zu begegnen. Auch in der Rechtsmethodik stechen die Hanafiten mit einer besonderen Begriffssystematik heraus. Auch waren Hanafiten früh mit dem Richteramt betraut, was zu den begünstigenden Faktoren ihrer starken Verbreitung gehört. Der erste Ober-Kadi (*qāḍī l-quḍāt*), den der abbasidische Kalif Hārūn ar-Rašīd (gest. 193/809, reg. 169–193/786–809) ernannte, war Abū Yūsuf. Aus dieser Zeit stammt sein Werk zur Ertragssteuer (*Kitāb al-Ḫarāǧ*).

Durch die Schüler von Abū Yūsuf und aš-Šaybānī sowie ihren Kollegen konnte sich die hanafitische Tradition im Irak und darüber hinaus zügig nach Osten verbreiten, wie etwa durch die Arbeiten von Abū Sulaymān al-Ǧūzǧānī (gest. 200/816) und ʿIsā ibn Abān (gest. 221/836). Viele frühe Hanafiten bekleideten Richterämter, sodass die Verbreitung der hanafitischen Lehre beschleunigt wurde. Bereits Schüler Abū Ḥanīfas und auch ihre Schüler hatten das offizielle Kadi-Amt inne, darunter Zufar in Basra, aš-Šaybānī in Raqqa, Rayy und Ḫurāsān, al-Ḥasan ibn Ziyād in Kufa, Nūḥ ibn Abī Maryam (gest. 173/789) in Marw, al-Qāsim ibn Maʿn (gest. 175/791) in Kufa, Ḥafṣ ibn Ġiyās (gest. 194/810) in Bagdad und Kufa, Asad ibn ʿAmr al-Baǧalī (gest. 190/806) in Wāsiṭ und Bagdad, Abū Muṭīʿ al-Balḫī (gest. 199/814) in Balch (Balḫ) und Ismāʿīl ibn Ḥammād (gest. 212/827, Enkel Abū Ḥanīfas) in Bagdad, Basra und Raqqa.

Wie auch bei den anderen noch zu besprechenden Rechtsschulen konnten Hanafiten durch die Etablierung der Medresen ab dem 5./11. Jahrhundert ihre Lehren an breite Kreise adressieren. Doch schon vor der Etablierung der Medresen gab es Schüler-Lehrer-Verhältnisse, die man als hanafitisch markieren konnte. Diese Zuordnung und Identifikation war äußerst förderlich für die Verbreitung der hanafitischen Lehre. Wie wir gleich noch sehen werden, sind auch recht früh Werke entstanden, die ihren Bestand zusammenfassten und ebenfalls entscheidend zur Konsolidierung der Rechtsschule beitrugen.

Hanafiten gehen von einer Zweiteilung der Entwicklung ihrer Rechtsschule aus. Die Gelehrten, die zur die Entstehung der Rechtsschule beitrugen, werden *mutaqaddimūn* genannt. Sie lebten in den ersten drei Jahrhunderten nach der Hidschra. Daneben geben Hanafiten die unterschiedlichen Rechtspraktiken innerhalb der Rechtsschule mit Bezug auf den Ort wieder, wie z. B. »die Gelehrten aus Buchara«, also *mašāyiḫ al-Buḫārā*. Die Gelehrten, die zu dieser Zeit, etwa ab der zweiten Hälfte des 3./9. Jahrhunderts, wirkten sowie jene, die darauf folgten und ebenfalls zur Konsolidierung beitrugen, werden *mutaʾaḫḫirūn* genannt. Ab diesem Zeitpunkt entstanden viele Werke unterschiedlicher Genres, was dazu führte, dass die Rechtsschule in den kommenden Jahrhunderten durch die Entstehung immer weiterer Werke zunehmend diversifiziert wurde und sich stärker verwurzelte. Es gibt also keine einzige Ausprägung hanafitischen Rechts und seiner Rechtsmethodik, sondern mehrere prägende Zentren, wie etwa die Schulen im Irak, Balch, Buchara und Samarqand. In rechtsmethodischen Werken kommt beispielsweise die Unterscheidung zwischen ›Irak-Hanafiten‹ und ›Samarqand-Hanafiten‹ oft vor.

Abū Yūsuf und Muḥammad ibn al-Ḥasan aš-Šaybānī genießen unter den Hanafiten eine besondere Autorität. Sie werden *imāmān* oder *imāmayn* (›die beiden Imame‹) genannt. Sie werden außerdem auch oft mit dem Begriff *ṣāhibān* (›die beiden Schüler bzw. Anhänger‹) benannt. Es kommt vor, dass Abū Ḥanīfa und Abū Yūsuf als *šayḫān* (›die beiden Meister‹) und Abū Ḥanīfa und Muḥammad ibn al-Ḥasan aš-Šaybānī als *ṭarafān* (›die zwei Seiten‹) bezeichnet werden. Wenn die Rede nur von *al-imām* ist, ist damit meist Abū Ḥanīfa gemeint. Auch ist die Entscheidung zugunsten einer Meinung beim Widerspruch von Abū Ḥanīfa zu seinen beiden Schülern teilweise geregelt, wie etwa dergestalt, dass die Meinung Abū Ḥanīfas bei gottesdienstlichen Handlungen vorzuziehen sei, in richterlichen Angelegenheiten aber Abū Yūsufs. ›Die beiden Imame‹ haben zudem Vorrang vor Zufar und Ḥasan ibn Ziyād; die letzten beiden befinden sich auf einer Stufe.

Die Hanafiten verbreiteten sich über den Irak hinweg nach Norden und Osten, und mit den Osmanen gelangten sie von Anatolien bis nach Europa. Die meisten Muslime in Russland, Afghanistan, Pakistan, Indien, Bangladesch, Zentralasien und der Türkei sind hanafitisch. In Syrien und Irak sind sie ebenfalls vertreten, außerdem in Libanon, Jordanien und Palästina.

Furū'-Werke

Die hanafitische Literatur hat eine innere Hierarchie in Bezug auf die Relevanz von tradierten Rechtsmeinungen. Nicht nur spätere Hanafiten vertraten abweichende Auffassungen innerhalb ihrer Rechtsschule. Auch Abū Ḥanīfa, Abū Yūsuf, Zufar und aš-Šaybānī waren oft geteilter Meinung. Aš-Šaybānī trug die Ansichten dieser Autoritäten und seine eigenen Meinungen in Werken zusammen, die die Grundlage der hanafitischen Literatur ausmachen. Da die Überlieferung dieser Meinungen mit Sicherheit auf die Sammlung aš-Šaybānīs zurückgehen, sprechen Hanafiten von *ẓāhir ar-riwāya* (die offensichtliche Überlieferung). Die dazugehörigen Werke sind *al-Aṣl, az-Ziyādāt, al-Ǧāmiʿ al-kabīr, al-Ǧāmiʿ aṣ-ṣaġīr, as-Siyar al-kabīr* und *as-Siyar aṣ-ṣaġīr.* Weitere Schriften von aš-Šaybānī (wie etwa *al-Ḥuǧǧa ʿalā ahl al-Madīna* und *al-Āṯār*) sowie von Abū Yūsuf (z. B. das *Kitāb al-Ḫarāǧ*) werden als *nawādir* bezeichnet und ergänzen die ersten Werke. In Anlehnung an diese sind viele *muḫtaṣar*-Werke entstanden, die den Grundbestand der hanafitischen Rechtsschule darstellen. Sie wurden vielfach kommentiert. Die folgende Tabelle stellt repräsentative Werke aus der *mutaqaddimūn*- sowie der *mutaʾaḫḫirūn*-Zeit dar, um die Entwicklung der hanafitischen Rechtsschule mithilfe der wichtigsten Werke nachzuskizzieren, ohne einen vollständigen Überblick anzustreben. Als ›Kommentarwerke‹ verstehe ich auch solche, die nach dem Vorbild eines Werkes entstanden sind und nicht unbedingt Wort für Wort eine Vorlage kommentieren.

Grundtexte	Kommentare
aṭ-Ṭaḥāwī (gest. 321/933), *Muḫtaṣar*	al-Ǧaṣṣāṣ (gest. 370/981), *Šarḥ Muḫtaṣar aṭ-Ṭaḥāwī*
al-Ḥākim aš-Šahīd (gest. 334/945), *al-Kāfī*	as-Saraḫsī (gest. 483/1090), *al-Mabsūṭ*
al-Qudūrī (gest. 428/1037), *Muḫtaṣar*	Abū Bakr al-Ḥaddād (gest. 800/1398), *al-Ǧawhara an-nayyira*
as-Samarqandī (gest. 539/1144), *Tuḥfat al-fuqahā'*	ʿAlā' ad-Dīn al-Kāsānī (gest. 587/1191), *Badā'iʿ aṣ-ṣanā'iʿ fī tartīb aš-šarā'iʿ*
al-Marġīnānī (gest. 593/1197), *Bidāyat al-mubtadī*	al-Marġīnānī, *al-Hidāya* Ibn al-Humām (gest. 861/1457), *Fatḥ al-qadīr*
al-Mawṣilī (gest. 683/1284), *al-Muḫtār*	al-Mawṣilī, *al-Iḫtiyār li-taʿlīl al-Muḫtār*
Abū l-Barakāt an-Nasafī (gest. 710/1310), *Kanz ad-Daqā'iq*	Zayn ad-Dīn ibn Nuǧaym (gest. 970/1563) *Al-Baḥr ar-rā'iq*
Mullā Ḫusraw (gest. 885/1480), *Ġurar al-aḥkām*	Mullā Ḫusraw, *Durar al-ḥukkām.*
al-Ḥaṣkafī (gest. 1088/1677), *ad-Durr al-muḫtār* (selbst ein Kommentar)	Ibn ʿĀbidīn (gest. 1252/1836), *Radd al-muḥtār ʿalā d-Durr al-muḫtār*

Hanafiten kategorisieren einige der o. g. Werke und weitere mit einer speziellen Bezeichnung und messen ihnen einen wichtigen Stellenwert in der hanafitischen Literatur zu. Die folgende Tabelle gibt sie wieder.

al-Mutūn aṯ-ṯalāṯa (›**die drei Werke**‹)	***al-Mutūn al-arbaʿa*** (›**die vier Werke**‹)
al-Qudūrī (gest. 428/1037), *al-Muḫtaṣar*	al-Mawṣilī (gest. 683/1284), *al-Muḫtār*
Tāǧ aš-Šarīʿa (gest. 709/1309), *al-Wiqāya*	Ibn as-Sāʿātī (gest. 694/1295), *Maǧmaʿ al-baḥrayn*
an-Nasafī (gest. 710/1310), *Kanz ad-daqāʾiq*	Tāǧ aš-Šarīʿa, *al-Wiqāya*
	an-Nasafī, *Kanz ad-daqāʾiq*

Eine Besonderheit stellt die *Mecelle-i aḥkām-ı ʿadlīye* dar. Im 19. Jahrhundert wurde das hanafitische Recht – und damit eine Form des islamischen Rechts – zum ersten Mal in der Geschichte des Islam in der *Mecelle* kodifiziert. Erstellt wurde sie zwischen den Jahren 1868 und 1876. Die *Mecelle* trat 1877 im Rahmen der Modernisierungsbestrebungen der Osmanen in Kraft und war noch einige Zeit nach dem Niedergang des Osmanischen Reiches in einigen Staaten geltendes Recht.

Uṣūl-Werke

An dieser Stelle möchte ich die einflussreichsten Werke vorstellen. Ihre Entstehung und Beziehung zueinander wurde oben kurz besprochen (siehe oben Kapitel 3.2.1) und manche der genannten Werke beziehen sich aufeinander. Die folgende Auflistung ist rein chronologisch und geht auf diese Bezüge nicht ein:

1) al-Ǧaṣṣāṣ (gest. 370/981), *al-Fuṣūl fī l-uṣūl,*
2) Abū Zayd ad-Dabūsī (gest. 430/1039), *Taqwīm al-adilla,*

3) Abū l-ʿUsr al-Bazdawī (gest. 482/1089), *Kanz al-wuṣūl,*
4) as-Saraḫsī (gest. 483/1090), *Uṣūl,*
5) as-Samarqandī (gest. 539/1144), *Mīzān al-uṣūl,*
6) Ibn as-Sāʿātī (gest. 694/1295), *Badīʿ an-naẓm,*
7) an-Nasafī (gest. 710/1310), *Manār al-anwār,*
8) ʿAbd al-ʿAzīz al-Buḫārī (gest. 730/1330), *Kašf al-asrār,*
9) Ṣadr aš-Šarīʿa (gest. 747/1346), *Tanqīḥ al-uṣūl* und *at-Tawḍīḥ,*
10) Mullā Ḫusraw (gest. 885/1480), *Mirqāt al-wuṣūl* und *Mirʾāt al-uṣūl,*
11) Ibn ʿAbd aš-Šakūr al-Bihārī (gest. 1119/1707), *Musallam aṯ-ṯubūt,*
12) Abū Saʿīd al-Ḫādimī (gest. 1176/1762), *Maǧāmiʿ al-ḥaqāʾiq.*

Biographische Werke

Die bekannten hanafitischen Biographiewerke sind:

1) ʿAbd al-Qādir al-Qurašī (gest. 775/1373), *al-Ǧawāhir al-muḍīya fī ṭabaqāt al-ḥanafīya,*
2) Ibn Quṭlūbuġā (gest. 879/1474), *Tāǧ at-tarāǧim fī ṭabaqāt al-ḥanafīya,*
3) Ṭāškubrīzādeh Aḥmed Efendī (gest. 968/1561), *aš-Šaqāʾiq an-nuʿmānīya,*
4) Taqī ad-Dīn at-Tamīmī (gest. 1010/1601), *aṭ-Ṭabaqāt as-sanīya fī tarāǧim al-ḥanafīya.*

3.3.1.2 Malikiten

Gründer und Schüler

Der Namensgeber der Malikiten ist Mālik ibn Anas (gest. 179/795), ein medinensischer Gelehrter. Mālik scheint der traditionalistischen Sicht zuzuneigen, wobei er auch den *raʾy* betont. Unter seinen Lehrern können wir sowohl große Vertreter des *raʾy* wiederfinden, etwa Rabīʿat ar-Raʾy (gest. 136/753), als auch Traditionalisten wie Ibn Šihāb az-Zuhrī (gest. 124/742) und Nāfiʿ (gest. 117/735). Eine weitere Besonderheit im Rechtssystem Māliks ist seine starke Betonung der medinensischen Tradition, die er als Fortführung der Tradition des Propheten sah. Die Praxis der Medinenser (*ʿamal ahl al-Madīna*) konnte später zum Proprium (spezifisches Merkmal) der malikitischen Rechtsschule werden. Entsprechend akzeptierten er und seine Anhänger die Meinung der Prophetengefährt:innen als eine Rechtsquelle.

Mālik verfasste ein eigenes Werk unter dem Titel *al-Muwaṭṭaʾ*, das vor allem die überlieferten Meinungen gelehrter Autoritäten umfasste. Ibn al-Muqaffaʿ (gest. 142/759), Sekretär des abbasidischen Kalifen al-Manṣūr (gest. 158/775, reg. 754–775), bestand darauf, dass Mālik ein islamisches Gesetzbuch schreiben bzw. sein *al-Muwaṭṭaʾ* als Gesetzbuch gelten sollte, was Mālik abgelehnt haben soll. Er bestand, so die Überlieferung, auf der Vielfalt des islamischen Rechts.

Māliks Schüler und Anhänger haben in verschiedenen Zentren das malikitische Gedankengut systematisiert und die Schule konsolidiert. In Medina war u. a. Ibn al-Māǧišūn (gest. 212/827) maßgeblich beteiligt. Im Irak wirkte besonders Abū l-ʿAbbās Aḥmad Ibn Muʿaḏḏal (gest. 240/854). In Ägypten, wo die Lehren Māliks am stärksten vertreten waren und von dort aus den Maghreb sowie Andalusien nachhaltig beeinflussten, wirkten Ibn al-Qāsim (gest. 191/806), Ibn Wahb (gest. 197/813), Ašhab al-Qaysī (gest. 204/820) und Aṣbaġ ibn al-Faraǧ (gest. 225/840). Asad ibn al-Furāt (gest. 213/828) und Saḥnūn (gest. 240/854) beeinflussten vor allem den Maghreb (Qayrawān) sowie Andalusien. Auch Yaḥyā ibn Yaḥyā al-Layṯī (gest. 234/849), der bekannteste Überlieferer des *al-Muwaṭṭa'*, wirkte besonders nachhaltig in Andalusien. Einige Schüler von Mālik waren noch stärker als er vom *ra'y*-Verständnis beeinflusst, gleichzeitig hatte Mālik selbst auch Einfluss auf Gelehrte anderer Rechtsschulen. So hat Muḥammad ibn al-Ḥasan aš-Šaybānī das *al-Muwaṭṭa'* überliefert und aš-Šāfiʿī bei Mālik studiert.

Verbreitung und Charakteristika

In den oben aufgeführten zahlreichen Zentren haben sich mehrere malikitische Traditionen etabliert, die sich von der Methodik oder vom Rechtsbestand her unterscheiden konnten. So gab es eine medinensische, irakische, maghrebinische und andalusische Ausprägung der Malikiten. Dies ging sogar soweit, dass sich jeweils Lokaltraditionen etabliert hatten, die schriftlich festgehalten wurden, um praxisnahe Lösungen zu finden. Der Sammelbegriff dafür ist *mā ǧarā bihi l-ʿamal* (›das, was praktiziert wird‹), wozu u. a. *al-ʿamal al-Fāsī* und *al-ʿamal al-Qurṭubī* gehören und sich auf die Praxis in Maghreb bzw. Córdoba beziehen.

Lokalpraktiken bildeten eine Ausnahme zur Regel in der Rechtsschule und durften nicht ohne Weiteres berücksichtigt werden. Sie standen in der Hierarchie der Rechtsmeinungen weit unten. Grundsätzlich sollte man sich an Meinungen halten, die *muttafaq ʿalayh* sind: Malikitische Autoritäten sind sich in einem Fall über die Gültigkeit einer Meinung einig. Eine malikitische Mehrheitsmeinung wird mit dem Terminus *ar-rāǧiḥ* (das Vorzügliche) wiedergegeben. Eine schwächere Form vom *ar-rāǧiḥ* ist *al-mašhūr* und bezeichnet die verbreitete Meinung. Gibt es mehrere Meinungen zu einem Fall, die als *rāǧiḥ* oder *mašhūr* eingeordnet werden, sprechen Malikiten von *al-qawl al-musāwī li-muqābilih,* also zwei gleichwertigen Meinungen. In diesen Fällen müssen die Gelehrten selbstständig eine Entscheidung treffen. Erst nach der Abwägung solcher Meinungen darf man auf das *ʿamal*-Argument zurückgreifen.

Es liegt nicht fern, dass besonders das *ʿamal*-Argument durch charakteristische, malikitische Methoden wie *istiṣlāḥ* (das Für-nützlich-Halten) und *sadd aḏ-ḏarāʾiʿ* (Versperrung der Rechtsmittel) begünstigt wurde. Das Für-nützlich-Halten erlaubt es den Gelehrten, eine Meinung unter der Prämisse zu finden, dass das Interesse der Menschen einen besonderen Schutz genießt. Gibt es z. B. keine Aussagen in Koran und Sunna, so können die Gelehrten mit Rücksicht auf den Schutz des Interesses der Menschen eine Lösung finden. Die Versperrung der Rechtsmittel ist eine präventive Methode: Führt ein Mittel zu etwas Verbotenem, so ist das Mittel, das dazu führt, genauso verboten. Dass die malikitische Rechtsschule die Praxis der Medinenser betont und dadurch hervorsticht, wurde bereits eingangs erwähnt. Zudem akzeptieren die Malikiten die Methode des *istiḥsān*, die das Kennzeichen der Hanafiten ist.

Ab dem 4./10. Jahrhundert entwickelte sich eine spezifische Terminologie unter den Malikiten, um die Meinungen in der Rechtsschule zu systematisieren. So beschrieb der Begriff *riwāyāt* die überlieferten Meinungen Māliks, *aqwāl* die Meinungen malikitischer Gelehrter, *ṭuruq* die unterschiedlichen Überlieferungen der Meinungen und *awǧuh* die mithilfe von *taḫrīǧ* hergeleiteten Meinungen. Die Gelehrten, die bis zum Ende des 4./10. Jahrhunderts wirkten, werden *mutaqaddimūn*, die darauffolgenden *mutaʾaḫḫirūn* genannt. Wie bei den Hanafiten gibt es unter Malikiten Begriffe, die repräsentativ für den Namen eines Gelehrten stehen und damit eine besondere Autorität implizieren, wie etwa ›Qāḍiyān‹ für Ibn al-Qaṣṣār (gest. 397/1007) und ʿAbd al-Wahhāb (gest. 422/1031), ›Šayḫān‹ für Ibn Abī Zayd (gest. 386/996) und Ibn al-Qābisī (gest. 403/1012). So kann ›Imām‹ für al-Māzarī (gest. 536/1141) stehen. Ibn Rušd al-Ǧadd (gest. 520/1126) wird etwa als *ḥāfiẓ al-maḏhab* (›Der Beschützer der Rechtsschule‹) genannt. In *uṣūl al-fiqh*-Werken kommen ähnliche Bezeichnungen vor, die sich auf verschiedene Gelehrte (sogar aus einer anderen Rechtsschule) beziehen können. Diese Bezeichnungen sind oft individuell und können in den Quellen voneinander abweichen.

Die Malikiten konnten sich insbesondere in Nordafrika, Afrika und Andalusien durchsetzen. Sie konnten in diesen Gebieten Richter ausbilden, die fast ausschließlich als malikitische Richter das Amt ausführten. Dadurch konnten die Malikiten hier zügig fußfassen. Im Irak bildeten sie eine starke Minderheit, in Medina, dem Entstehungsort, gab es lange Zeit Malikiten, heute allerdings nur noch wenige. In einigen Golfstaaten leben kleinere malikitische Gruppen.

Furūʿ-Werke

Kommen wir nun zu den wichtigen *furūʿ*-Werken, die repräsentativ für die Entstehung, Systematisierung und Konsolidierung der malikitischen Rechtsschule stehen. Da Māliks *al-Muwaṭṭaʾ* die Zeit überdauerte, spielte es für die Malikiten eine entscheidende Rolle. Es wurde mehrfach kommentiert; zwei der bekanntesten Kommentare sind:

1) Ibn ʿAbd al-Barr (gest. 463/1071), *al-Istiḏkār,*
2) Abū l-Walīd al-Bāǧī (gest. 474/1081), *al-Muntaqā.*

Neben *al-Muwaṭṭaʾ* gibt es vier Texte, die als *al-ummahāt al-arbaʿa,* also ›die vier Grundtexte‹ bezeichnet werden:

Autor und Titel	Besonders einflussreich in
Saḥnūn (gest. 240/854), *al-Mudawwana*	Ägypten, Maghreb
Ibn Ḥabīb as-Sulamī (gest. 238/853), *al-Wāḍiḥa*	Andalusien
al-ʿUtbī (gest. 255/869), *al-ʿUtbīya* bzw. *al-Mustaḫraǧa*	Andalusien
Ibn al-Mawwāz (gest. 269/883), *al-Mawwāzīya*	Ägypten

Diese vier Werke werden um die folgenden drei ergänzt; man spricht dann von *dawāwīn as-sabʿa* (›die sieben Sammlungen‹):

Autor und Titel	Besonders einflussreich in
Asad ibn al-Furāt (gest. 213/828), *al-Muḫtaliṭa*	–
al-Qāḍī Ismāʿīl (gest. 282/896), *al-Mabsūṭ*	Irak
Ibn ʿAbdūs (gest. 260/874), *al-Maǧmūʿa*	Maghreb

Dieser reiche Bestand an malikitischen Meinungen musste in Übersichten (*muḫtaṣar*-Werken) geordnet werden. Die folgende Tabelle umfasst einige wichtige *muḫtaṣar*-Werke samt einiger bekannter Kommentare:

Grundtext	Kommentar
Ibn Abī Zayd al-Qayrawānī (gest. 386/996), *ar-Risāla*	al-Qāḍī ʿAbd al-Wahhāb (gest. 422/1031), *Šarḥ ar-Risāla*
al-Qāḍī ʿAbd al-Wahhāb, *at-Talqīn*	Abū ʿAbdallāh al-Māzarī (gest. 536/1141), *Šarḥ at-Talqīn*
Ibn al-Ḥāǧib (gest. 646/1249), *Ǧāmiʿ al-ummahāt*	Ibn Farḥūn (gest. 799/1397), *Tashīl al-muhimmāt*
Ḫalīl ibn Isḥāq al-Ǧundī (gest. 776/1374), *al-Muḫtaṣar*	ʿAbd al-Bāqī az-Zurqānī (gest. 1099/1688), *Šarḥ ʿalā Muḫtaṣar al-Ḫalīl* Muḥammad al-Ḥaṭṭāb (gest. 954/1547), *Mawāhib al-ǧalīl*
al-Amīr al-Kabīr as-Sunbāwī (gest. 1232/1817), *al-Maǧmūʿ*	Muḥammad ʿIlīš (gest. 1299/1882), *Mawāhib al-qadīr ʿalā Maǧmūʿ al-ʿallāma al-Amīr*

Als Abschluss zu den *furūʿ*-Werken möchte ich noch einige weitere einflussreiche Werke nennen: Ibn Abī Zayd verfasste neben seinem *ar-Risāla* das *an-Nawādir wa-z-ziyādāt.* Eine grundsätzliche Analyse der malikitischen Literatur unternahm Ibn Yūnus aṣ-Ṣiqillī (gest. 451/1059) in seinem Werk *Kitāb al-Ǧāmiʿ li-masāʾil al-mudawwana wa-l-ummahāt.* Zu den einflussreichen Werken gehören auch *al-Bayān wa-t-taḥṣīl* und *al-Muqaddimāt al-mumahhidāt* von Ibn Rušd al-Ǧadd (gest. 520/1126), der Teile der *ummahāt* aktualisierte. Einen enzyklopädischen Charakter hat das Werk *aḏ-Ḏaḫīra* des ägyptisch-malikitischen Gelehrten Šihāb ad-Dīn al-Qarāfī (gest. 684/1285). Eine späte Kompilation irakisch-malikitscher Ansichten erstellte Šihāb ad-Dīn ʿAbd ar-Raḥmān ibn Muḥammad Ibn ʿAskar al-Baġdādī (gest. 732/1332) mit dem Titel *Iršād as-sālik.*

Uṣūl-Werke

1) Ibn al-Qaṣṣār (gest. 397/1007), *Muqaddima* des *ʿUyūn al-adilla,*
2) al-Bāqillānī (gest. 403/1013), *at-Taqrīb wa-l-iršād,*
3) al-Bāǧī (gest. 474/1081), *Iḥkām al-fuṣūl,*
4) al-Ḥaṭṭāb (gest. 954/1547), *Qurrat al-ʿayn fī Waraqāt Imām al-Ḥaramayn,*
5) Ibn Rušd al-Ḥafīd (gest. 595/1198), *aḍ-Ḍarūrī* (*Muḫtaṣar al-Mustaṣfā*),
6) Ibn al-Ḥāǧib (gest. 646/1249), *Muntahā s-sūl wa-l-amal* und sein *Muḫtaṣar,*
7) al-Qarāfī (gest. 684/1285), *Nafāʾis al-Uṣūl, Tanqīḥ* und *Šarḥ Tanqīḥ,*
8) aš-Šāṭibī (gest. 790/1388), *al-Muwāfaqāt.*

Biographische Werke

Die bekannten malikitischen Werke sind die folgenden:

1) Al-Qāḍī ʿIyāḍ (gest. 544/1149),
Tartīb al-madārik wa-taqrīb al-masālik,
2) Ibn Farḥūn (gest. 799/1397),
ad-Dībāǧ al-muḏhab,
3) Badr ad-Dīn al-Qarāfī (gest. 1008/1600),
Tawšīḥ ad-Dībāǧ,
4) Aḥmad Bābā at-Tinbuktī (gest. 1036/1627),
Nayl al-ibtihāǧ und *Kifāyat al-muḥtāǧ,*
5) Muḥammad Maḫlūf (gest. 1941),
Šaǧarat an-nūr az-zakīya .

Daneben gibt es spezifische biographische Werke über Gelehrte an einem bestimmten Ort, wie z. B.

1) Abū l-ʿArab (gest. 333/945),
Ṭabaqāt ʿulamāʾ Ifrīqīya,
2) Ibn al-Faraḍī (gest. 403/1013),
Tārīḫ ʿulamāʾ al-Andalus,
3) Muḥammad ibn Futūḥ al-Ḥumaydī (gest. 488/1095),
Ǧaḏwat al-muqtabis.

3.3.1.3 Schafiiten

Gründer und Schüler

Der Namensgeber der Schafiiten ist Muḥammad ibn Idrīs aš-Šāfiʿī (gest. 204/820). Aš-Šāfiʿī studierte sowohl bei Muḥammad ibn al-Ḥasan aš-Šaybānī als auch bei Mālik ibn Anas. Er hat bei Gelehrten studiert, die sich auf der Traditionslinie von Ibn ʿAbbās (gest. 68/687–688), ʿAṭāʾ ibn Abī Rabāḥ (gest. 114/732), ʿAmr ibn Dīnār (gest.

126/744) und Ibn Ǧurayǧ (gest. 150/767) befanden. Damit führte er verschiedene Traditionslinien fort. Seine Herangehensweise an das Recht gibt diese Prägung wieder: Er versuchte im Rahmen der *ahl al-ḥadīṯ* einen durch die Überlieferungen kontrollierten *ra'y* zu integrieren. Daher sprach aš-Šāfiʿī nicht von *ra'y* als legitime Rechtsfindungsmethode, sondern von *qiyās* und Idschtihad. Diese beiden Begriffe setzen stärker voraus, dass die Rechtsfindung in Anlehnung an die religiösen Texte geschieht. Aš-Šāfiʿī gilt mithin als Gründer der islamischen Rechtsmethodik, was allerdings, wie wir oben sahen, die Entstehungsgeschichte nicht adäquat wiedergibt. Doch er ist maßgeblich daran beteiligt, dass sich eine Rechtsmethodik durchgesetzt hat, die die Überlieferungen zwar in das Zentrum der Rechtsfindung setzt, aber dennoch rationalistische Normderivationsmethoden in unterschiedlicher Ausprägung zulässt. Der Schlüsselbegriff für diesen theoretischen Unterbau ist *bayān*, den wir oben besprochen haben (siehe Kapitel 3.2.1).[65] Zwei wichtige Werke von aš-Šāfiʿī sind zum einen seine *Risāla*, die relevante Themen der Rechtsmethodik aufgreift, und zum anderen *al-Umm* zur Rechtspraxis, das seine Schüler zusammengetragen haben. Aš-Šāfiʿī wirkte zunächst im Irak und zog dann nach Ägypten, wo er verstarb. Nach seinem Umzug revidierte er viele seiner früheren Positionen, sodass sich in der schafiitischen Tradition zwei Richtungen entwickelt haben: a) die alten Ansichten aš-Šāfiʿīs, das *al-qawl al-qadīm*, und b) die neuen, das *al-qawl al-ǧadīd*.

Entsprechend hat aš-Šāfiʿī zwei Schülergruppen, die sich an je eine der beiden schafiitischen Traditionen anschlossen. Die wichtigsten Anhänger des *al-qawl al-qadīm* waren Abū Ṯawr (gest. 240/854), Aḥmad ibn Ḥanbal (gest. 241/855), al-Karābisī (gest. 248/862) und az-Zaʿfarānī (gest. 260/876). Abū Ṯawr war zwar Schüler aš-Šāfiʿīs, aber auch ein unabhängiger Gelehrter, der als Gründer einer eigenen Rechtsschule gilt. Auch Aḥmad ibn Ḥanbal löste sich von aš-Šāfiʿī und wurde zum Namensgeber der Hanbaliten – dazu unten mehr.

65 Für nähere Informationen siehe Band IV, Kapitel 1.2.

Die bekanntesten Schüler, die die neuen Lehren annahmen, sie verbreiteten und ihnen entsprechend neue Lösungen herleiteten, sind Abū Yaʿqūb Yūsuf al-Buwayṭī (gest. 231/846), al-Muzanī (gest. 264/878) und Rabīʿ ibn Sulaymān al-Murādī (gest. 270/884). Letzterer gilt als der vertrauenswürdigste Tradent der neuen Lehren aš-Šāfiʿīs. Al-Muzanī trug durch seinen *Muḫtaṣar* zur Konsolidierung der schafiitischen Lehre maßgeblich bei. Die alten Lehren aš-Šāfiʿīs haben insofern überlebt, als dass sie in verschiedenen schafiitischen Quellen zerstreut vorkommen; es gibt kein vollständiges Werk, das sie zusammenfasst. Die Meinungen, die auf aš-Šāfiʿī zurückgeführt werden, sind fast ausschließlich die der neuen Lehren; sie werden in der Regel über Rabīʿ ibn Sulayman auf ihn zurückführt.

Verbreitung und Charakteristika

Zur Konsolidierung der Schafiiten und ihrer Verbreitung trug insbesondere Ibn Surayǧ (gest. 306/918) bei, der auch gern als ›kleiner aš-Šāfiʿī‹ bezeichnet wird. Er systematisierte das schafiitische Recht und verteidigte es gegen konkurrierende Rechtssysteme. Deswegen beschäftigte sich Ibn Surayǧ auch stark mit dem *iḫtilāf*, der Meinungsverschiedenheit der Gelehrten. Bei ihm nahm vor allem ein Merkmal der Zugehörigkeit zur schafiitischen Lehre klare Konturen an: Das Schüler-Lehrer-Verhältnis wurde deutlich als schafiitisch markiert. Der systematisch abgehaltene Unterricht führte nicht nur zur Ausbreitung der Rechtsschule, sondern gewährleistete Kontinuität und Sichtbarkeit. Bereits Ibn Surayǧs Schüler begannen *ṭabaqāt* (Biographiewerke) zu schreiben, was die Identifikation von schafiitischen Gelehrten erleichterte. Durch sie lässt sich auch nachvollziehen, wie schafiitische Gelehrte im Irak und in Ägypten fußfassen konnten. Ähnliche Bestrebungen gehen u. a. auf Muḥammad ibn Naṣr al-Marwazī (gest. 294/906) zurück, der die schafiitische Lehre in Marw und Samarqand bzw. in Ḫurasān (Transoxanien) verbreiten konnte. Allmählich etablierten sich zwei größere Strömungen der Schafiiten: eine im Irak und eine in Ḫurasān. Letztere waren traditionalistischer orientiert als die irakischen Schafiiten, was mit der starken Hadithbewegung dort zu tun haben könnte. Aš-Šāfiʿīs Interesse daran, überlieferungszentriert Recht zu finden, konnte wohl im Kreis jener Gelehrten besonders leicht fußfassen, sodass sich auch in Ḫurasān ein schafiitisches Zentrum herausbilden konnte. Insbesondere durch Handelsreisen nach Südostasien konnten Schafiiten Malaysia und Indonesien erreichen und sind daher heute in Malaysia stark vertreten; Indonesien ist schafiitisch.

Das Kadi-Amt war, wie bei den anderen Rechtsschulen, ein weiterer Faktor für die Verbreitung. Daneben erhielt die schafiitische Lehre einen großen Schub zur Verbreitung durch Medresen, die der Seldschukische Wesir Niẓām al-Mulk ins Leben rief: die Niẓāmīya-Medresen. In beiden schafiitischen Zentren erstarkte die Präsenz der Schafiiten, denn prominente Schafiiten lehrten an diesen Medresen das schafiitische Recht. Es verwundert nicht, dass viele wichtige Werke aus der Feder dieser Gelehrten stammen. Abū l-Maʿālī al-Ǧuwaynī (gest. 478/1085) etwa verfasste das *Nihāyat al-maṭlab fī dirāyat al-maḏhab,* ein Kommentar des *Muḫtaṣar* al-Muzanīs. Sein Schüler Abū Ḥāmid al-Ġazālī (gest. 505/1111) fasste al-Ǧuwaynīs Werk in je unterschiedlichem Umfang drei Mal zusammen (*al-Basīṭ, al-Wasīṭ, al-Waǧīz*). Daneben verfasste Abū Isḥāq aš-Šīrāzī (gest. 476/1083) sein Werk *al-Muhaḏḏab,* das später u. a. von Yaḥyā ibn Šaraf an-Nawawī (gest. 676/1277) kommentiert und von vielen anderen Gelehrten aus unterschiedlichen Gesichtspunkten heraus bearbeitet wurde. Al-Ǧuwaynī, aš-Šīrāzī und al-Ġazālī waren alle Lehrer an der Niẓāmīya-Medrese und haben neben den *furūʿ*-Werken auch *uṣūl*-Werke geschrieben, die die Schafiiten nachhaltig beeinflussten.

Eine außerordentlich wichtige Rolle für die Systematisierung der schafiitischen Rechtsschule spielten Abū l-Qāsim ʿAbd al-Karīm ar-Rāfiʿī (gest. 623/1226) und an-Nawawī (gest. 676/1277). Ihre Arbeiten hierarchisierten den schafiitischen Wissensbestand und wurden später mehrfach kommentiert und ausgearbeitet. An-Nawawīs *Minhāǧ* nimmt dabei eine zentrale Funktion ein. Ähnliche Verdienste gehen auf Ibn Ḥaǧar al-Haytamī (gest. 974/1567) und Šams ad-Dīn ar-Ramlī (gest. 1004/1596) zurück, die u. a. das *Minhāǧ* kommentierten.

Mit an-Nawawī etabliert sich unter den Schafiiten eine Terminologie, die die Meinungen in der Rechtsschule hierarchisiert. Darunter befindet sich der Begriff *al-qawl* (Pl. *aqwāl*), der die Meinung aš-Šāfiʿīs darstellt, und *an-naṣṣ* für die Aussagen aš-Šāfiʿīs, die sich z. B. im Widerspruch zu Meinungen befinden, welche mittels *taḫrīǧ* hergeleitet wurden. Die unterschiedlichen Meinungen, die mittels Idschtihad hergeleitet worden sind (also *awǧuh*, Sg. *waǧh*), ordnen Schafiiten mit den Begriffen *aẓhar* und *aṣaḥḥ*, wenn Meinungen stärker belegt sind als konkurrierende Positionen, welche dann als *ẓāhir* oder *ṣaḥīḥ* bezeichnet werden. Eine etablierte, bekannte Meinung kann als *mašhūr* oder als *al-maḏhab* bezeichnet werden. Überlieferte Meinungen, unter denen mit denselben Begriffen eine Hierarchisierung vorgenommen wird, werden mit *ṭarīq* (Pl. *ṭuruq*) wiedergegeben. Weitere Termini, die vorzügliche Meinungen darstellen, können *muʿtabar, muḫtār, rāǧiḥ* und *awǧah* sein.

Schafiiten versuchten weitere Entscheidungskriterien zu etablieren, um für Rechtssicherheit zu sorgen. So setzten sie fest, dass man im Falle einer Einigkeit an-Nawawīs und ar-Rāfiʿīs dieser Meinung folgen soll. Sind sie sich nicht einig, werden die Meinungen von an-Nawawī vorgezogen. Auch an-Nawawīs Werke selbst haben eine hierarchische Ordnung; so wird *al-Maǧmūʿ* dem *Rawḍat aṭ-ṭalibīn* und Letzteres *Minhāǧ aṭ-ṭālibīn* vorgezogen. Bei der Entscheidungsfindung können auf nächster Stufe die Ausführungen von ar-Ramlī und al-Haytamī berücksichtigt werden.

Daneben gibt es einige Spitznamen, die bestimmte Gelehrte repräsentieren. *Al-Imām* etwa steht für aš-Šāfiʿī, ›al-Qāḍī‹ kann für Abū ʿAlī al-Marwaruzzī (gest. 462/1069) stehen, mit ›Qāḍiyān‹ (›die beiden Kadis‹) sind ʿAbd al-Wāḥid ibn Ismāʿīl ar-Rūyānī (gest. 502/1108) und Abū l-Ḥasan al-Māwardī (gest. 450/1058) gemeint, ›aš-Šayḫ‹ steht meist für an-Nawawī, ›Šayḫān‹ für an-Nawawī und ar-Rāfiʿī und ›Šuyūḫ‹ für sie beide sowie as-Subkī (gest. 756/1355). In *uṣūl*-Werken kann ›al-Qāḍī‹ für al-Bāqillānī oder ʿAbd al-Ǧabbār (gest. 415/1025) stehen und ›al-Imām‹ Faḫr ad-Dīn ar-Rāzī (gest. 606/1210) bezeichnen. Solche Bezeichnungen können aber variieren.

Heute sind Schafiiten am stärksten in Indonesien und Malaysia vertreten. Daneben bilden sie eine große Gruppe in Ägypten, Syrien,

Palästina, Libanon, teilweise im Irak, Jemen, in Ostafrika, im Osten der Türkei und in Teilen Aserbaidschans.

Zu den Charakteristika der Schafiiten gehört, dass sie stark überlieferungszentriert Recht finden wollen. Viele Quellen, die die Hanafiten und Malikiten akzeptieren, verwerfen sie. Entsprechend erkennen sie die überlieferte Meinung von Prophetengefährt:innen, die Praxis der Medinenser, den *istiḥsān* und den *istiṣlāḥ* nicht an. Überlieferte Lokaltraditionen gewichten sie nicht; für sie ist die einzig legitime Tradition die des Propheten, zumindest in der Rechtstheorie. Die Rolle der Lokaltradition im der rechtspraktischen Literatur kann variieren. Die Tradition des Propheten erreichen die Schafiiten über gesunde Hadithe. Daher spielt Hadithkritik, insbesondere die *isnād*-Kritik, für sie eine wesentliche Rolle. Für sie ist die Bewertung neu entstehender Fälle eher durch *qiyās* möglich, denn *qiyās* setzt voraus, dass man neue Fälle mit Rücksicht auf die religiösen Texte Koran und Sunna löst. Schafiiten erkannten jedoch früh, dass ein solches Rechtsverständnis zu eng gefasst ist. Entsprechend waren sie bestrebt, Mechanismen innerhalb des *qiyās* zu finden, die es erlauben, flexibel auf neue Rechtsfälle zu reagieren. Sie integrierten den *maṣlaḥa*-Gedanken in den *qiyās*. Entsprach ein Interesse den in den religiösen Quellen positiv bewerteten Interessen, konnte mithilfe des *qiyās* eine Entscheidung getroffen werden. Schwiegen die Quellen zu einem Interesse, so musste mit ihrer Hilfe ermittelt werden, ob es notwendig zu schützende Interessen gab, sog. *ḍarūrīyāt*, die man stets in der Rechtsfindung im Rahmen des *qiyās* berücksichtigen musste. Später hat sich aus dieser Überlegung der Begriff der *maqāṣid aš-šarīʿa* entwickelt – dieser kommt zwar bei al-Ġazālī schon vor, aber nicht in der Systematik, wie wir es der späteren Literatur entnehmen können.

Furūʿ-Werke

Wir haben bereits oben gesehen, dass aš-Šāfiʿīs *al-Umm* zu den wichtigsten schafiitischen Werken gehört. Eine zentrale Rolle nimmt – wie oben beschrieben – das *Nihāyat al-maṭlab* al-Ǧuwaynīs und seine drei

Zusammenfassungen (*al-Basīṭ, al-Wasīṭ, al-Waǧīz*) von al-Ġazālī ein. Die folgende Tabelle fasst beispielhaft weitere Grundtexte und einige Kommentare zusammen. Viele Grundtexte nehmen aufeinander Bezug; auf diese Bezüge kann ich hier allerdings nicht näher eingehen. Daher sei nur ein Beispiel genannt: An-Nawawī fasste in seinem Werk *Rawḍat aṭ-ṭālibīn* das Werk *Fatḥ al-ʿazīz* von ar-Rāfiʿī zusammen, der wiederum al-Ġazālīs *al-Waǧīz* kommentierte. Ar-Rāfiʿīs *al-Muḥarrar*, das quasi eine Zusammenfassung des *al-Waǧīz* von al-Ġazālī ist, bildet daneben die Hauptquelle an-Nawawīs für das *Minhāǧ aṭ-ṭālibīn*.

Grundtext	Kommentar
al-Muzanī (gest. 264/878), *Muḫtaṣar*	Abū l-Ḥasan al-Māwardī (gest. 450/1058), *al-Ḥāwī al-Kabīr*
Abū Isḥāq aš-Šīrāzī (gest. 476/1083), *al-Muhaḏḏab*	an-Nawawī (gest. 676/1277), *al-Maǧmūʿ*
al-Ġazālī (gest. 505/1111), *al-Waǧīz*	ar-Rāfiʿī (gest. 623/1226), *Fatḥ al-ʿazīz*
an-Nawawī, *Minhāǧ aṭ-ṭālibīn*	Ibn Ḥaǧar al-Haytamī (gest. 974/1567), *Tuḥfat al-minhāǧ* Šams ad-Dīn ar-Ramlī (gest. 1004/1596), *Nihāyat al-muḥtāǧ*

Uṣūl-Werke

Schafiiten – und auch sonst die Literatur zur Geschichte der islamischen Rechtsmethodik – lassen die schafiitische *uṣūl*-Literatur bei aš-

Šāfiʿīs *ar-Risāla* beginnen. Die folgende Liste fasst die wichtigsten schafiitischen Werke zusammen, die nach der *Risāla* entstanden sind:

1) Abū Isḥāq aš-Šīrāzī (gest. 476/1083),
al-Lumaʿ und *Šarḥ al-Lumaʿ*,
2) Al-Ǧuwaynī (gest. 478/1085),
Talḫīṣ, Waraqāt und *al-Burhān,*
3) Al-Ġazālī (gest. 505/1111),
al-Manḫūl, Šifāʾ al-Ġalīl und *al-Mustaṣfā,*
4) Faḫr ad-Dīn ar-Rāzī (gest. 606/1210),
al-Maḥsūl,
5) Sayf ad-Dīn al-Āmidī (gest. 631/1233),
al-Iḥkām,
6) Sirāǧ ad-Dīn al-Urmawī (gest. 682/1283),
at-Taḥṣīl min al-Maḥṣūl,
7) Nāṣir ad-Dīn l-Bayḍāwī (gest. 685/1286),
Minhāǧ al-wuṣūl,
8) Tāǧ ad-Dīn as-Subkī (gest. 771/1370),
al-Ibhāǧ und *Ǧamʿ al-ǧawāmiʿ,*
9) Ǧamāl ad-Dīn al-Isnawī (gest. 772/1370),
Nihāyat as-sūl,
10) Badr ad-Dīn az-Zarkašī (gest. 794/1392),
al-Baḥr al-Muḥīṭ.

Biographische Werke

1) Abū Isḥāq aš-Šīrāzī (gest. 476/1083),
Ṭabaqāt al-fuqahāʾ aš-šāfiʿīya,
2) Ibn aṣ-Ṣalāḥ (gest. 643/1245), an-Nawawī (gest. 676/1277) und Abū l-Ḥaǧǧāǧ Yūsuf al-Mizzī (gest. 743/1342),
Ṭabaqāt fuqahāʾ aš-šāfiʿīya,
3) Tāǧ ad-Dīn as-Subkī (gest. 771/1370),
Ṭabaqāt aš-šāfiʿīya,

4) Ǧamāl ad-Dīn al-Isnawī (gest. 772/1370), *Ṭabaqāt aš-šāfiʿīya.*

3.3.1.4 Hanbaliten

Gründer und Schüler

Wir haben bereits oben gesehen, dass Aḥmad ibn Ḥanbal (gest. 241/855) ein Schüler aš-Šāfiʿīs war. Zugleich ist er der Namensgeber der vierten bis heute existierenden sunnitischen Rechtsschule. Zahlenmäßig waren die Hanbaliten schon immer die kleinste Gruppe, was nicht heißt, dass sie nicht einflussreich waren. Aḥmad ibn Ḥanbals Methodik gleicht der aš-Šāfiʿīs sehr. Er ist klar in die Tradition der *ahl al-ḥadīṯ* einzuordnen. Seine bekanntesten Lehrer, neben aš-Šāfiʿī, zählen ebenfalls zu dieser Bewegung, so etwa ʿAbd ar-Razzāq aṣ-Ṣanʿānī (gest. 211/826–827) und Sufyān ibn ʿUyayna (gest. 198/814). Zu seinen Lehrern gehörte auch der Hanafit Abū Yūsuf (gest. 182/798), der aber anscheinend nicht nachhaltig auf sein Denken einwirken konnte: Ibn Ḥanbal ist stets skeptisch gegenüber *raʾy* und *qiyās* gewesen. Seinen Ruhm verdankt er seinem *Musnad,* ein Hadithwerk, das Überlieferungen nach den Namen der Tradenten aufführt. Besonderer Ruhm wurde ihm durch seine Haltung während der *miḥna* zuteil: Er widersprach der mutazilitischen Lehre, die von abbasidischen Kalifen vertreten wurde, dass der Koran erschaffenes Wort Gottes sei.

Ibn Ḥanbal hat selbst kein Rechtswerk geschrieben und war in einigen Kreisen eher als Hadithwissenschaftler (*muḥaddiṯ*) bekannt. Ibn Ǧarīr aṭ-Ṭabarī (gest. 310/923) etwa führt ihn in seinem rechtsvergleichenden Werk deswegen nicht auf. Andere Gelehrte sehen in Aḥmad ibn Ḥanbal einen Rechtsgelehrten, der gelegentlich Fatwas erteilt habe. Diese trugen seine Schüler wie der berühmte Hadithwissenschaftler Abū Dāwūd as-Siǧistānī (gest. 275/889), Abū Ḥātim ar-Rāzī (gest. 277/890) und Ibn Ḥanbals Sohn Ṣāliḥ (gest. 266/880) in sog. *masāʾil*-Werken (Kompilationen zu bestimmten Rechtsfragen) zusammen.

Verbreitung und Charakteristika

Im Gegensatz zu den bisher beschriebenen Rechtsschulen fand die Systematisierung der hanbalitischen Rechtsschule später statt. Die Bestrebungen, die wir zuerst bei aš-Šaybānī (gest. 189/805), Ibn al-Qāsim (gest. 191/806) oder al-Muzanī (gest. 264/878) sahen, finden wir unter Hanbaliten in der nächsten Generation bei Abū Bakr al-Ḫallāl (gest. 311/923). In seinem *al-Ǧāmiʿ li-ʿulūm Imām Aḥmad* systematisierte er das hanbalitische Recht und schrieb auch ein hanbalitisches Biographiewerk (*Ṭabaqāt aṣḥāb Aḥmad*), mit dem Gelehrte klar als hanbalitisch markiert werden konnten. Einen maßgeblichen Beitrag zur Systematisierung und Konsolidierung lieferte Abū l-Qāsim ʿUmar al-Ḫiraqī (gest. 334/946) mit seinem *Muḫtaṣar*, das mehrfach kommentiert wurde.

Weitere Bestrebungen gehen auf Abū Bakr ʿAbd al-ʿAzīz ibn Ǧaʿfar (gest. 363/974) zurück, der auch als Ġulām al-Ḫallāl bekannt ist. Wir haben bereits oben gesehen, dass ein Unterrichtswesen und die Schüler-Lehrer-Beziehung zur Etablierung von Rechtsschulen beitrugen. Der Erfolg der Hanbaliten geht in dieser Beziehung auf die Bestrebungen von Abū ʿAbdallāh ibn Ḥāmid (gest. 403/1012) zurück. Dazu gehört auch seine Auseinandersetzung mit den Meinungen anderer Rechtsschulen im Sinne der *ḫilāf*-Literatur, etwa in seinem *Kitāb al-Ǧāmiʿ fī ḫtilāf al-fuqahāʾ*, wodurch sich Hanbaliten von anderen stärker abgrenzen konnten. Einer seiner Schüler, Abū Yaʿlā al-Farrāʾ (gest. 458/1066), gehörte zu den wichtigsten hanbalitischen Autoren und hat sowohl die hanbalitischen *furūʿ* als auch *uṣūl* mitgeformt. Abū Yaʿlā unterrichtete nicht nur, sondern war auch als Kadi tätig.

Die Hanbaliten konnten durch die Bestrebungen dieser Gelehrten in Bagdad und besonders in Damaskus fußfassen und an Medresen ihre Lehren an Schüler weitergeben. Unter ihnen spielt ein Schüler Abū Yaʿlās, Abū l-Ḫaṭṭāb al-Kalwaḏānī (gest. 510/1116), ebenfalls eine wichtige Rolle. Beide haben die Rechtsmethodik ähnlich wie die Schafiiten verstanden, und insbesondere Abū l-Ḫaṭṭāb zitierte indirekt und teils versteckt den einflussreichen mutazilitischen Gelehrten Abū l-Ḥusayn al-Baṣrī (gest. 463/1044), der auch sonst die Schafiiten nachhaltig beeinflusste. In diesem Rahmen sei noch Abū l-Wafā' ibn ʿAqīl (gest. 513/1119) erwähnt, der ebenfalls zur Systematisierung beitrug.

Zwei Familien waren ferner an der Verbreitung und Konsolidierung der Hanbaliten beteiligt: die Familie Qudāma und die Familie Taymīya. Sie haben insbesondere für die Festigung der hanbalitischen Tradition in Damaskus gesorgt. Dabei sticht Muwaffaq ad-Dīn ibn Qudāma (gest. 620/1223) hervor, der Lehrbücher und einen umfangreichen Kommentar im Bereich *furūʿ* und ein einflussreiches *uṣūl*-Werk nach schafiitischem Vorbild (Hauptquelle ist das *al-Mustaṣfā* al-Ġazālīs, gest. 505/1111) geschrieben hat. Aus der Familie Taymīya fällt besonders der traditionalistische, konservative Taqī ad-Dīn ibn Taymīya (gest. 728/1328) auf, außerdem seine Schüler, darunter Ibn Qayyim al-Ǧawzīya (gest. 751/1350). Sie widersprachen nicht nur im Recht, sondern auch in der systematischen Theologie rationalistischen Ansätzen und stellten noch stärker die Überlieferungen ins Zentrum. Das heißt nicht, dass sie rationale Argumentationen komplett ausschlossen; die Legitimität einer solchen Auslegung bemaß sich nach den Überlieferungen.

Ferner haben Gelehrte wie Ibn Raǧab (gest.795/1393), die Ibn Taymīya folgten, Werke zu Rechtsprinzipien (*qawāʿid*) und biographische Werke geschrieben. Hanbaliten tendierten nicht nur zum Traditionalismus: Naǧm ad-Dīn aṭ-Ṭūfī (gest. 716/1316) z. B. schlug mit Bezug auf die Berücksichtigung von *maṣlaḥa* (das Interesse der Menschen) ein rationalistisches Rechtsverständnis vor.

Hanbaliten waren durchweg eine Minderheit unter sunnitisch dominierten Gesellschaften. Unter den Sunniten wurden sie vor allem in theologischen Themen als eine extreme Schule verstanden; es gab oft Auseinandersetzungen mit Aschariten. Ferner glichen viele Meinungen unter den Hanbaliten einer der drei Rechtsschulen der Hanafiten, Malikiten oder Schafiiten, sodass die Hanbaliten oft nicht als eine wirkliche Alternative zu diesen verstanden wurden. Das Kadi-Amt konnten sie oft nicht dominieren, was ihre Verbreitung verhinderte.

Nicht selten versuchten die Hanbaliten sich von anderen abzugrenzen und verblieben daher in eigenen Kreisen. Hanbaliten verschrieben sich eher einem asketisches Leben und waren sufischen Traditionen nahe. Der berühmte Gründer der *qādirīya*-Sufi-Bewegung (auch *ṭarīqa*,

›Pfad, Weg, Methode‹) ʿAbd al-Qādir Gīlānī (gest. 561/1165–66) beispielsweise wechselte zu den Hanbaliten, obwohl er vorher Schafiit war. Über ihn wird jedoch berichtet, dass er Fatwas nach den beiden Rechtsschulen erteilt habe.

Hanbaliten gibt es im Irak, in Syrien, Jordanien, Palästina, teilweise in Ägypten, selten in Indien und Nordafrika. In Katar, Oman und Saudi-Arabien stellen sie die Mehrheit. Mit dem 18. und 19. Jahrhundert erfuhren die Hanbaliten eine konservative bis fundamentalistische Transformation durch die wahhabitische Bewegung, die ihr Namensgeber Muḥammad ibn ʿAbd al-Wahhāb (gest. 1206/1792) initiierte. Durch den Zuspruch, den die Wahhabiten aus dem reichen Königshaus erhalten, versuchen sie seitdem, größeren Einfluss auf muslimische Mehrheitsgesellschaften auszuüben.

Charakteristisch für die Hanbaliten ist, dass sie noch stärker als die Schafiiten auf Überlieferungen vertrauen. Grundsätzlich werden schwache Hadithe dem *qiyās* vorgezogen. Überlieferte Meinungen von Prophetengefährten genießen ebenfalls größere Aufmerksamkeit. Eine Besonderheit in der hanbalitischen Quellenlehre ist die Betonung des *istiṣḥāb,* also der Präsumtion (Annahme) des Fortbestehens bzw. Fehlens einer Sache. Dies ist zwar keine rein hanbalitische Ansicht – viele Malikiten und Schafiiten sind ähnlicher Meinung –, zeichnet sie aber aus. Nach diesem Grundsatz ist alles zu tun erlaubt, und man hat keine Verpflichtung, etwas zu tun, solange nicht das Gegenteil durch religiöse Texte bewiesen ist. Einige Hanbaliten akzeptieren Methoden wie den *istiḥsān,* den auch die Hanafiten und Malikiten akzeptieren. *Maṣlaḥa* bzw. *istiṣlāḥ,* das Für-nützlich-Halten, verwerfen sie allerdings oder integrieren sie (ähnlich den Schafiiten) in den Prozess des *qiyās,* den die Hanbaliten zwar akzeptieren, auf ihn aber nur dann zurückgreifen, wenn es notwendig wird.

Die Meinungen von Aḥmad ibn Ḥanbal geben die Hanbaliten mit dem Begriff *riwāya* wieder. Zu einem Fall zitieren sie meist mehr als eine Meinung von ihm, wie wir oben in Textbeispiel 6 (Rn. 28–30) sehen konnten. Die eher zutreffende Meinung unter den konkurrierenden geben sie mit *awǧah* wieder. Der Begriff ›al-Imām‹ referiert auf Aḥmad ibn Ḥanbal. Hanbaliten teilen die Gelehrsamkeit in *mutaqaddi-*

mūn (von Aḥmad ibn Ḥanbal bis Abū Yaʿlā, gest. 458/1066), *mutawassiṭūn* (von Abū Yaʿlā bis Ibn Mufliḥ, gest. 884/1479) und *muta'aḫḫirūn* (von al-Mardāwī (gest. 885/1480) bis Ibn Ḥumayd (gest. 1295/1878).

*Furū*ʿ-Werke

Wie bereits oben erwähnt, können die *masā'il*-Werke, die die Schüler von Aḥmad ibn Ḥanbal zusammengetragen haben, und auch das *Musnad* von ihm zu den frühen hanbalitischen Quellen gezählt werden. Systematische Werke jedoch entstanden erst später. Die folgende Tabelle verschafft eine Übersicht über wichtige hanbalitische Quellen.

Grundtexte	**Kommentare**
al-Ḫallāl (gest. 311/923), *Kitāb al-Ǧāmiʿ li-ʿulūm Imām Aḥmad*	Ġulām al-Ḫallāl (gest. 363/974), *Šarḥ Kitāb al-Ǧāmiʿ*
al-Ḫiraqī (gest. 334/946), *Muḫtaṣar*	Ibn Qudāma (gest. 620/1233), *al-Muġnī* Šams ad-Dīn az-Zarkašī (gest. 772/1370), *Šarḥ Muḫtaṣar al-Ḫiraqī*
Abū l-Farağ aš-Šīrāzī (gest. 486/1094), *al-Īḍāḥ*, *al-Mubhiğ*, *al-Muntaḫab*	-
Abū l-Ḫaṭṭāb al-Kalwaḏānī (gest. 510/1116), *al-Hidāya*	Faḫr ad-Dīn ibn Taymīya (gest. 622/1225) *Šarḥ al-Hidāya*

Muwaffaq ad-Dīn ibn Qudāma (gest. 620/1233), *al-Muqniʿ*

Abū l-Faraǧ ibn Qudāma (gest. 682/1283) *aš-Šarḥ al-Kabīr*

Ibn Mufliḥ (gest. 884/1479), *al-Mubdiʿ fī Šarḥ al-Muqniʿ* (enzyklopädisch)

Das zuvor erwähnte und viel kommentierte Werk *al-Muqniʿ* von Muwaffaq ad-Dīn ibn Qudāma ist ein Lehrbuch für fortgeschrittene Studierende an der Medrese. Daneben hat er zwei weitere Werke und einen Kommentar zu al-Ḫiraqīs *Muḫtaṣar* verfasst: *al-ʿUdda*, ein Lehrbuch für Studienanfänger, und *al-Kāfī*, ein umfangreiches Werk, in dem er die hanbalitischen Meinungen detailliert analysiert. Kontrovers diskutiert sind zudem Werke von Taqī ad-Dīn ibn Taymīya, die in verschiedenen Kompilationen wie *Maǧmūʿ al-fatāwā*, die nicht nur Islamrechtliches beinhalten, zusammengetragen worden sind.

Uṣūl-Werke

1) Abū Yaʿlā al-Farrāʾ (gest. 458/1066), *al-ʿUdda,*
2) Abū l-Ḫaṭṭāb al-Kalwaḏānī (gest. 510/1116), *at-Tamhīd,*
3) Ibn ʿAqīl (gest. 513/1119), *al-Wāḍiḥ,*
4) Ibn Qudāma (gest. 620/1223), *Rawḍat an-nāẓir,*
5) Maǧd ad-Dīn, Šihāb ad-Dīn und Taqī ad-Dīn ibn Taymīya (gest. 728/1328), *al-Musawwada,*
6) aṭ-Ṭūfī (gest. 716/1316), *Šarḥ Muḫtaṣar ar-Rawḍa.*

Biographische Werke

1) Abū Yaʿlā al-Farrāʾ, *Ṭabaqāt al-Ḥanābila,*
2) Ibn Raǧab (gest. 795/1393), *aḏ-Ḏayl ʿalā Ṭabaqāt al-Ḥanābila,*

3) Ibn Mufliḥ (gest. 884/1479), *al-Maqṣad al-aršad fī ḏikr aṣḥāb al-Imām Aḥmad,*
4) Ibn al-Mibrad (gest. 909/1503), *Ḏayl Ibn ʿAbd al-Hādī ʿalā Ṭabaqāt Ibn Raǧab* und *al-Ǧawhar al-munaḍḍad,*
5) Abū l-Yumn al-ʿUlaymī (gest. 928/1522), *al-Manhaǧ al-Aḥmad,*
6) Kamāl ad-Dīn al-Ġazzī (gest. 1214/1799–1800), *an-Naʿt al-Akmal.*

3.3.1.5 Exkurs: Zahiriten

Gründer, Schüler und Verbreitung

Eine Rechtsschule, die sich nicht bereits im 4./10. Jahrhundert auflöste, sondern noch einige Jahrhunderte neben den oben beschriebenen vier Rechtsschulen überleben konnte, ist die Ẓāhirīya (Zahiriten). Der Namensgeber ist zwar Abū Sulaymān Dāwūd aẓ-Ẓāhirī (gest. 270/884), jedoch geht die Bezeichnung nicht direkt auf seinen Namen zurück, sondern vielmehr auf das Grundprinzip, das er vertrat. Dieses besagt, dass man sich an dem äußeren Wortlaut der religiösen, autoritativen Quellen Koran und Sunna orientieren muss. Dāwūd aẓ-Ẓāhirī war skeptisch gegenüber *raʾy* und versuchte weitestgehend, rationalistische Methoden, die auch Lokaltraditionen zuließen, zu überwinden. Diese Rechtsschule steht also in einer Linie mit den Traditionalisten, besetzt aber dort eine Extremposition. Das ist womöglich auch der Grund, weshalb Zahiriten immer eine Minderheit waren und nicht lange bestehen konnten. Sie standen besonders in Andalusien in Konkurrenz zu den Malikiten und forderten diese heraus. Zahiritische Positionen wurden sogar teilweise von Dynastien wie den Almohaden (*al-muwaḥḥidūn*, reg. 1130–1269) bevorzugt, konnten sich aber nicht durchsetzen. Spuren dieser Auseinandersetzungen sehen wir im *Bidāyat al-muǧtahid* von Ibn Rušd (gest. 595/1198). An vielen Stellen – obwohl den Almohaden nahestehend – kritisiert er die Zahiriten und versucht sie mit ihren eigenen Mitteln zu schlagen.[66] Er verteidigt damit die zahiritische Kritik an den restlichen Rechtsschulen, mit denen der führende zahiritische Gelehrte Ibn Ḥazm (gest. 456/1064) insbesondere in seinem *Muḥallā* abzurechnen versucht.

Die Zahiriten haben ihren Ursprung in Bagdad. Dort waren sie unter den Gelehrten als eine eigenständige Gruppe sichtbar. Ihre Relevanz in rechtlichen Debatten war umstritten. Über Dispute mit Autoritäten aus den anderen Rechtsschulen haben wir jedoch Kenntnis, sodass sie von Gelehrten tatsächlich als eine Gruppe wahrgenommen wurden. Unter den bekanntesten Schülern von Dāwūd aẓ-Ẓāhirī befindet sich sein Sohn Abū Bakr Muḥammad ibn Dāwūd aẓ-Ẓāhirī (gest. 297/910). Dessen Schüler Ibn al-Muġallis (gest. 324/936) ist einer derjenigen, die zur Verbreitung der zahiritischen Lehren beitrugen. Zahiriten konnten durch Schüler-Lehrer-Beziehungen, zwar selten, aber vereinzelt doch als Richter diese Tradition bis nach Andalusien und nach Ḫurasān tragen, waren allerdings stets eine Minderheit.

Stärker waren sie in Andalusien und teilweise in Tunesien vertreten. Insbesondere ʿAbdallāh ibn Muḥammad ibn al-Qāsim ibn Hilāl (gest. 272/885) brachte die zahiritische Lehre nach Andalusien. Seine Bestrebungen wurden wahrscheinlich durch die Aktivitäten von Hadithgelehrten indirekt unterstützt.

Ein wichtiger, einflussreicher Zahirit war Ibn Ḥazm. Dieser war zunächst Malikit, dann kurze Zeit Schafiit und schließlich Zahirit. Seine Werke zur Rechtsmethodik (*al-Iḥkām*) und Rechtspraxis (*al-Muḥallā*) sind erhalten geblieben. Sie geben uns ein Bild vom zahiritischen Denksystem. Ibn Ḥazm konnte die zahiritische Schule gegen die Malikiten zwar nicht durchsetzen, hatte aber eine Vielzahl von Schülern, die sowohl vor Ort blieben als auch nach Osten auswanderten. Trotz der pro-zahiritischen Haltung der Almohaden waren Zahiriten im Endeffekt für die Malikiten keine wirkliche Gefahr. Ein weiterer prominenter Gelehrter und Sufi-Meister, der ebenfalls zahiritisch gewesen sein soll, ist Muḥyī d-Dīn ibn ʿArabī (gest. 638/1240).

66 Für ein Beispiel siehe Kurnaz, *Tradition und Fortschreibung*, Kapitel 3.

Ab dem 8./14. Jahrhundert verschwindet die zahiritische Rechtsschule allmählich. Durch das Erstarken der salafitischen Bewegung in der Moderne erhielt das zahiritische Gedankengut wieder Aufmerksamkeit.

Charakteristika

Wie der Name der Zahiriten bereits verrät, konzentrieren sich die Zahiriten stark auf den Wortlaut der textuellen, autoritativen Quellen Koran und Sunna. Rationalistische Methoden schließen sie weitestgehend aus. Daher akzeptieren sie *qiyās, istiḥsān* und *istiṣlāḥ* nicht. Ferner verwerfen sie Schlussformen wie das Erst-recht-Argument oder den Umkehrschluss. Wie die Schafiiten verwerfen sie ebenfalls die tradierte Meinung von Prophetengefährt:innen, da diese meist auch eine eigene Meinung des Gefährten darstellt und nicht auf den Propheten selbst zurückgeht. Alle Fälle, zu denen die Quellen schweigen, bewerten sie entsprechend nach dem Prinzip, dass alles erlaubt ist, sofern die Quellen nicht das Gegenteil beweisen. Sie sind ferner gegen den allumfassenden Konsensbegriff, den Idschma der Gelehrten, wie er bei den anderen sunnitischen Rechtsschulen vorkommt. Zahiriten lassen den Konsens auf den Konsens der Gefährten schrumpfen. Sie akzeptieren die Nachahmung der Meinung von Rechtsschulautoritäten nicht, verwerfen also den *taqlīd*. Daher war es für Zahiriten schwierig, sich tatsächlich zu einer überlebensfähigen Rechtsschule zu entwickeln. Konsequent ist ihre Denkweise insofern, als man sich immer auf die Texte selbst berufen muss, sodass der eigenen Deutung eigentlich kein Raum gelassen wird. Damit ahmt man dieser Logik gemäß nicht einen Gelehrten nach, sondern praktiziert selbst das, was in den Quellen steht.

Es gibt Zahiriten wie Ibn Ḥazm, die zwar *qiyās* definitiv verwerfen, aber doch mithilfe von Syllogismus Fälle regeln. Dazu ein Beispiel: Wenn in einem Hadith steht, dass alles Berauschende verboten ist und Wein berauschend ist, so ist es möglich, z. B. Bier als Rauschgetränk unter die Aussage »Berauschendes ist verboten« zu subsumieren. Da hier das Bier eine Art der Gattung ›Berauschendes‹ ist, ist eine Subsumtion möglich. Ibn Ḥazm nennt diese Schlussform zwar nicht *qiyās*, sie kommt aber dem *qiyās* unter den anderen Rechtsschulen gleich.

Die Herangehensweise der Zahiriten kann zu Lösungen führen, die von den anderen Rechtsschulen vehement abweichen. Schauen wir uns das Beispiel zum *ribā*-Verbot an: Es heißt in einem Hadith, dass Gold gegen Gold, Silber gegen Silber, Weizen gegen Weizen, Gerste gegen Gerste, Datteln gegen Datteln und Salz gegen Salz nur in gleicher Menge und sofort getauscht werden soll. Die vier Rechtsschulen der Hanafiten, Malikiten, Schafiiten und Hanbaliten versuchen einen Rechtsgrund zu finden, um dieses Verbot auf andere Güter zu erweitern. So könnte man wie die Schafiiten vertreten, dass mit Weizen, Gerste, Datteln und Salz alle Nahrungsmittel gemeint sind. Hanafiten dagegen sagen, dass Gold und Silber für alles, was gewogen werden kann, und die restlichen vier für alles, was im Hohlmaß gemessen werden kann, steht. Zahiriten wie Ibn Ḥazm sagen, dass das Verbot sich auf die genannten sechs Güter beschränkt. Demnach sei keine übergeordnete Bedeutung zu entdecken, die eine Subsumtion wie im Falle von Alkoholkonsum begünstige. Die Meinungen, die sich unter den Rechtsschulen finden ließen, seien reine Willkür.[67]

Furūʿ- und *uṣūl*-Werke

Die meisten Werke, die die Zahiriten geschrieben haben, sind verschollen. Wir haben in bio-bibliographischen Werken Informationen darüber, wer welche Werke geschrieben hat. Es wird z. B. berichtet,

67 Vgl. Ibn Ḥazm, *al-Muḥallā*, VII:401–429.

dass Dāwūd aẓ-Ẓāhirī mehrere Werke zu rechtsmethodischen Themen und zur Rechtspraxis geschrieben habe. Auffällig ist auch, dass viele Zahiriten Abhandlung geschrieben haben, um zu widerlegen, dass *qiyās, istiḥsān* und *taqlīd* legitim seien. Passend zu ihrer Haltung sind Berichte, dass einige Zahiriten koranexegetisch-rechtliche Werke – also *aḥkām al-Qurʾān*-Werke – geschrieben haben.

Daneben ist es uns möglich, durch rechtsvergleichende Werke der anderen Rechtsschulen zahiritische Meinungen zu rekonstruieren (was die zahiritische Lehre nicht unbedingt adäquat wiedergeben muss). Die Werke von Ibn Ḥazm dagegen sind Zeugen aus erster Hand zur Lehre der Zahiriten in seiner Deutung. Dazu gehört sein *uṣūl*-Werk *al-Iḥkām*, sein enzyklopädisches, rechtsvergleichendes Werk *al-Muḥallā* und sein *Marātib al-iǧmāʿ* zu den Fällen, zu denen es einen Konsens unter den Gelehrten gegeben haben soll. In verschiedenen *rasāʾil* beschäftigt er sich mit unterschiedlichen rechtsrelevanten Themen.[68]

3.3.2 Schiitische Rechtsschulen

Die bekannteste Teilung in der muslimischen Tradition ist die zwischen Sunniten und Schiiten. Es ist eine Teilung, die auf mehrere Ereignisse zurückgeht, die eher politischer Natur sind. Ein einschneidendes Ereignis war die Ermordung al-Ḥusayns (gest. 61/680) in Kerbela. Er war der Sohn ʿAlī ibn Abī Ṭālibs (gest. 40/661), dem die Schiiten das alleinige Recht auf die Nachfolge des Propheten zusprechen. Schiiten (von arab. *šīʿa*, ›Partei‹; *šīʿat Alī*, ›Partei ʿAlīs‹) sind eine Minderheit unter den Muslimen und haben verschiedene Strömungen. Die weitaus größte Gruppe sind die Zwölferschiiten (die Iṯnāʿašarīya), die auch als Imāmīya bekannt sind. Ihre Rechtsschule wird Ǧaʿfarīya genannt (im Folgenden: Dschafariten). Die weitaus kleinere Gruppe bilden die Zayditen (Zaydīya), die Fünferschiiten.

68 Für eine Edition solcher *rasāʾil* siehe Ibn Ḥazm, *Rasāʾil*.

Diese Bezeichnungen mit Zahlenangaben gehen auf die Tatsache zurück, dass Imamiten 12 legitime Imame als Nachfolger des Propheten anerkennen, die Fünferschiiten dagegen nur fünf. Beide folgen der rationalistisch-theologischen Tradition der Mutazila (Muʿtazila), haben aber eine je eigene Imamatslehre, was sie von der Mutazila und voneinander unterscheidet.

Die dritte Gruppe unter den Schiiten sind die Siebenerschiiten, auch Ismailiten (Ismāʿīlīya) genannt. Sie haben sowohl eine eigentümliche Theologie als auch Schöpfungslehre sowie ein besonderes (zyklisches) Zeitverständnis. Sie sind eher für ihre theologischen Meinungen bekannt als für ihre rechtlichen, weshalb ich sie an letzter Stelle vorstellen möchte. Beginnen wir zuerst mit den Dschafariten.

3.2.2.1 Dschafariten (Zwölferschiiten)

Gründer und Verbreitung

Namensgeber der Dschafariten ist Ǧaʿfar aṣ-Ṣādiq (gest. 148/765), der zugleich der sechste der Imame ist, die die Zwölferschiiten anerkennen. Die zwölferschiitischen Imame sind:

1) ʿAlī ibn Abī Ṭālib (gest. 40/661),
2) al-Ḥasan ibn ʿAlī (gest. 49/669),
3) al-Ḥusayn ibn ʿAlī (gest. 61/680),
4) Zayn al-ʿĀbidīn (ʿAlī ibn al-Ḥusayn, gest. 95/714),
5) Muḥammad al-Bāqir (gest. 114/733 oder 117/735),
6) Ǧaʿfar aṣ-Ṣādiq (gest. 148/765),
7) Mūsā al-Kāẓim (gest. 183/799),
8) ʿAlī ar-Riḍā (gest. 203/818),
9) Muḥammad Ǧawād at-Taqī (gest. 220/835),
10) ʿAlī an-Naqī (gest. 254/868),
11) al-Ḥasan al-ʿAskarī (gest. 260/874),
12) Muḥammad al-Mahdī (endgültig verborgen seit 329/940).

Die Imame sind Personen, die aus der Familie des Propheten stammen und vor Fehlern geschützt (*maʿṣūm*) sind. Sie legen die Quellen aus und können mittels Eingebung Fälle regeln, die in den Quellen nicht vorkommen. Das, was sie für richtig halten, muss man befolgen. Entsprechend haben Schiiten Berichte über ihre Aussagen und Handlungen zusammengetragen. Die Summe dieser Berichte und die über die Aussagen und Handlungen des Propheten sind für Schiiten die Sunna.

Ǧaʿfar aṣ-Ṣādiq war ein Gelehrter, der auvch von Sunniten als Autorität anerkannt wurde. Bis zur Entrückung des 12. Imams Muḥammad al-Mahdī konzentrierten sich die Schiiten darauf, die Überlieferungen und Ansichten der Imame zusammenzutragen. Infolge seiner Abwesenheit hat sich die Frage gestellt, inwiefern Rechtsgelehrte dazu befugt sind, neu entstandene Fälle zu regeln. Bereits hier zeigen sich zwei Tendenzen, die aber erst später (im 17. Jahrhundert) zueinander in deutliche Konkurrenz treten: a) die Rationalisten (*uṣūlīyūn*) und b) die Traditionalisten (*aḫbārīyūn*). Wesentlich zur Systematisierung des dschafaritischen Rechts trugen aš-Šayḫ al-Mufīd (Abū ʿAbdallāh Muḥammad al-ʿUkbarī, gest. 413/1022) und aš-Šarīf al-Murtaḍā (gest. 436/1044) bei, die beide sowohl zur Rechtspraxis schrieben als auch zur Rechtsmethodik und -theorie. Parallel dazu entstanden Hadithwerke nach schiitischer Art, die wir bereits oben als ›die vier kanonischen Werke‹ (*al-kutub al-arbaʿa*) kennengelernt haben (siehe den Exkurs zu Hadithwerken und -kommentaren in Kapitel 3.2.2). Einen weiteren Systematisierungsschub erhielt das dschafaritische Recht mit Abū Ǧaʿfar aṭ-Ṭūsī (Šayḫ aṭ-Ṭāʾifa, gest. 460/1067), der sowohl Überlieferungswerke als auch Werke zur Rechtspraxis und Rechtstheorie schrieb.

Die bisherigen Rechtswerke wurden nach sunnitischer Systematik bzw. nicht unbedingt in Abgrenzung zu diesen geschrieben. Abgrenzungsbestrebungen traten erst mit al-Muḥaqqiq al-Ḥillī (gest. 676/1277) und Ibn al-Muṭahhar al-Ḥillī (gest. 726/1325) verstärkt auf; intensiviert wurde sie von aš-Šahīd al-Awwal (gest. 786/1384). Unter den Safawiden (reg. 907–1135/1501–1763) beginnt eine neue Phase der Konsolidierung, da sie die dschafaritische Tradition als ›Staatsreligion‹ propagierten. Zuvor, bereits nach den Buwayhiden (reg. 319–453/932–1062), die die dschafaritische Lehre begünstigten, konnten die Dschafariten in größerem Umfang ihre Lehre verbreiten. Einer der wichtigen Vertreter der rationalistisch-schiitischen Tradition ist ʿAlī ibn al-Ḥusayn al-Karakī (al-Muḥaqqiq aṯ-Ṯānī, gest. 940/1534). Zu dieser Zeit entwickelten sich die Traditionalisten (*aḫbārīyūn*) als Subschule unter den Dschafariten und konnten sich, wenn auch als Minderheit im Irak, in Teilen Irans und Bahrains durchsetzen. Die Rationalisten antworteten auf sie mit den Arbeiten von Muḥammad Bāqir al-Bihbihānī (gest. 1206/1791–1792) sowie Murtaḍā al-Anṣārī (gest. 1281/1864) und setzten sich letztlich durch. Schiiten teilen wie Sunniten die Gelehrten in *mutaqaddimūn* und *mutaʾaḫḫirūn* auf; die Grenze können wir bei aṭ-Ṭūsī oder al-Muḥaqqiq al-Ḥillī setzen.

Die Dschafariten leben überwiegend im Iran, im Irak, im Libanon, teilweise in Afghanistan, Aserbaidschan, Pakistan, Kuwait, Syrien, Saudi-Arabien, Ost-Türkei, Indien und Bahrain. Die Revolution im Iran führte dazu, dass das dort angewandte Recht den Anspruch hat, das dschafaritische Recht umzusetzen.

Charakteristika

Dschafariten haben eine andere Quellenlehre als die sunnitischen Rechtsschulen. Sie erkennen Koran und Sunna zwar auch als Hauptquellen an, verstehen aber unter der Sunna mehr als die Sunniten; sie subsumieren die Berichte über Aussagen und Handlungen der Imame ebenfalls darunter. Im Gegensatz zu den Sunniten akzeptieren sie Idschma nicht als Gelehrtenkonsens an sich, sondern nur dann, wenn der Imam die Übereinkunft der Gelehrten bestätigt. Zentral ist somit die Auffassung des Imams. Wie genau die Bestätigung festgestellt werden kann, ist unter den Dschafariten umstritten. Ferner verwerfen Dschafariten wie auch Zahiriten den *qiyās*. Sie ersetzen *qiyās* mit der Quelle ›Vernunft‹ (*al-ʿaql*) und verstehen darunter auch bestimmte Formen des *qiyās* und des *istiḥsān*. Insbesondere syllogistische Schlüsse werden unter *ʿaql* angeführt.

Die Traditionalisten unter den Dschafariten verwerfen ebenfalls den Gedanken des *taqlīd*; jeder soll direkt die Überlieferungen berücksichtigen. Diese Auffassung hat sich jedoch nicht durchgesetzt, anders als das Konzept des *marǧaʿ*. Es besagt, dass sich die Dschafariten an eine Gruppe von qualifizierten Gelehrten zu richten haben, um schariakonform zu handeln. Diese Gelehrten werden als *marǧaʿ* bezeichnet und sind *muǧtahidūn*, also selbstständig Recht findende Gelehrte. Ihr Kompetenzbereich (also die Kompetenz des Rechtsgelehrten, *wilāyat al-faqīh*) war unter den Dschafariten schon immer umstritten. Worin man sich weitestgehend einig war, ist, dass Rechtsgelehrte Fatwas und richterliche Urteile erteilen durften. Die Nichtexpert:innen haben sich danach zu richten. Ab dem 17. Jahrhundert wurde der Kompetenzbereich dahingehend erweitert, dass die Rechtsgelehrten sich mit Fragen der politischen Führung beschäftigten. Leitungskompetenzen wurden nur den Imamen zugesprochen, bis sich im 20. Jahrhundert die Auffassung von der *wilāyat al-faqīh*-Theorie änderte. Ḫumaynī (gest. 1989) deutete die Theorie so, dass der gelehrteste unter den Gelehrten den entrückten Imam vertreten dürfe. Dadurch sprach er zumindest einem Gelehrten die Kompetenz zu, die politische Führung zu übernehmen.

Viele Rechtsmeinungen innerhalb der Dschafariten ähneln der sunnitischen Literatur, wobei es klare Unterschiede zur sunnitischen Lehre gibt. Prominent ist etwa, dass Schiiten die Zeitehe (*mutʿa*) anerkennen, die Sunniten sie dagegen negieren. Seit dem 20. Jahrhundert ist die Tendenz auf beiden Seiten größer, sich gegenseitig anzuerkennen und mehrheitlich die Parallelen anstatt der Unterschiede zu betonen.

Furūʿ-Werke

Ich möchte an dieser Stelle eine repräsentative Übersicht der wichtigen Werke der Dschafariten samt ihren Kommentarwerken vorstellen. Es sei an dieser Stelle wieder an die *al-kutub al-arbaʿa* erinnert (siehe den Exkurs zu Hadithwerken und Kommentaren in Kapitel 3.2.2).

Grundtexte	Kommentare
aš-Šayḫ Mufīd (gest. 413/1022), *al-Muqniʿa*	Abū Ǧaʿfar aṭ-Ṭūsī, *Tahḏīb al-aḥkām fī Šarḥ al-Muqniʿa*
Abū Ǧaʿfar aṭ-Ṭūsī (gest. 460/1067), *an-Nihāya, al-Mabsūṭ*	al-Muḥaqqiq al-Ḥillī, *Nukat an-Nihāya*
al-Muḥaqqiq al-Ḥillī (gest. 676/1277), *Šarāʾiʿ al-Islām, al-Muḫtaṣar an-Nāfiʿ*	Muḥammad Ḥasan an-Naǧafī (gest. 1266/1849), *Ǧawāhir al-kalām* as-Sayyid ʿAlī aṭ-Ṭabāṭabāʾī, (gest. 1231/1815–1816) *Burhān al-qāṭiʿ* (*aš-Šarḥ al-kabīr*)
Ibn Muṭahhar al-Ḥillī (gest. 726/1325), *Iršād al-aḏhān Qawāʿid al-aḥkām*	Aḥmad ibn Muḥammad al-Ardabīlī (gest. 993/1585), *Maǧmaʿ al-fāʾida wa-l-burhān* ʿAlī ibn Ḥusayn al-Karakī (gest. 940/1534), *Ǧāmiʿ al-maqāṣid fī Šarḥ al-Qawāʿid*
aš-Šahīd al-Awwal (Abū ʿAbdallāh al-ʿĀmilī, gest. 786/1384), *al-Lumʿa ad-Dimašqīya, al-Alfīya*	aš-Šahīd aṯ-Ṯānī (Zayn ad-Dīn al-ʿĀmilī, gest. 966/1559), *ar-Rawḍa al-bahīya, al-Maqāṣid al-ʿālīya*
Fayḍ Kāšānī (Mullā Muḥsin, gest. 1090/1679), *Mafātīḥ aš-šarāʾiʿ*	Muḥammad Bāqir al-Bihbahānī (gest. 1206/1791–1792), *Maṣābīḥ aẓ-ẓalām*

Uṣūl-Werke

1) aš-Šayḫ al-Mufīd (gest. 413/1022), *at-Taḏkira,*
2) aš-Šarīf al-Murtaḍā (gest. 436/1044), *aḏ-Ḏarīʿa,*
3) Abū Ǧaʿfar aṭ-Ṭūsī (gest. 460/1067), *ʿUddat al-Uṣūl,*
4) Abū ʿAlī aṭ-Ṭabarsī (gest. 548/1153), *at-Tamhīd,*
5) Ibn al-Muṭahhar al-Ḥillī (gest. 726/1325), *Nihāyat al-wuṣūl, Tahḏīb* und *Mabādiʿ,*
6) Muḥammad Kāẓim al-Ḫurasānī (Āḫūnd Mullā, gest. 1911), *Kifāyat al-uṣūl,*
7) Muḥammad Bāqir aṣ-Sadr (gest. 1980), *Durūs fī ʿilm uṣūl al-fiqh.*

Biographische Werke

Die folgenden biographischen Werke beziehen sich nicht nur auf Rechtsgelehrte.

1) Abū Ǧaʿfar aṭ-Ṭūsī (gest. 460/1067), *Maʿrifat aḫbār ar-Riǧāl,*
2) Ibn al-Muṭahhar al-Ḥillī (gest. 726/1325), *Riǧāl al-ʿallāma,*
3) Āġā Buzurg aṭ-Ṭihrānī (gest. 1389/1970), *Ṭabaqāt aʿlām aš-šīʿa, aḏ-Ḏarīʿa ilā taṣānīf aš-Šīʿa.*

3.2.2.2 Zayditen (Fünferschiiten)

Gründer und Verbreitung

Der Namensgeber der Zayditen (Zaydīya) ist Zayd ibn ʿAlī (gest. 122/740). Diese Bezeichnung beschränkt sich nicht nur auf die zayditische Rechtsschule, sondern auf die gesamte Haltung der Anhänger:innen, inklusive die spezifisch zayditische theologische und politische Ausrichtung. Zayditen erkennen fünf Imame an:

1) ʿAlī ibn Abī Ṭālib (gest. 40/661),
2) al-Ḥasan ibn ʿAlī (gest. 49/669),
3) al-Ḥusayn ibn ʿAlī (gest. 61/680),
4) Zayn al-ʿĀbidīn (ʿAlī ibn al-Ḥusayn, gest. 95/714),
5) Zayd ibn ʿAlī (gest. 122/740).

Die Fünferschiiten beschränken allerdings das Imamat nicht nur auf diese fünf Imame. Nach ihnen gab es bis zur Gegenwart Imame, die die Zayditen leiteten. Sie werden nach Zayd ibn ʿAlī nicht vom Vorgänger designiert. Imame sind nach zayditischer Lehre nicht geschützt (*maʿṣūm*), sondern können Sünden und Fehler begehen. Sie müssen aber bestimmte Qualitäten aufweisen, um als Imame anerkannt zu werden. Dazu gehören die Abstammung von al-Ḥasan und al-Ḥusayn, das Beherrschen der Rechtslehre sowie der theologischen Lehren sowie Eigenschaften wie Gottesfürchtigkeit, Gerechtigkeit und Stärke. Im Gegensatz zu den Dschafariten erkennen die Zayditen das Kalifat von Abū Bakr und ʿUmar ibn al-Ḫaṭṭāb an. Sie betonen aber, dass ʿAlī vorzüglicher als die anderen beiden sei.

Die Zayditen folgen der rationalistischen Theologie der Mutazila, sind aber im Bereich des Rechts den Sunniten recht nah. Es hat sich eine Rechtsliteratur der Zayditen entwickelt, die in vielen Teilen dem hanafitischen und schafiitischen Recht ähnelt. Auch zu Hanbaliten sind Ähnlichkeiten zu finden, daneben aber auch innovative und als zayditisch erkennbare Meinungen. Zayditen erkennen auch Meinungen dschafaritischer Gelehrter bzw. Imame an, wie etwa die von Muḥammad al-Bāqir und Ǧaʿfar aṣ-Ṣādiq.

Zayditen berufen sich auf ein Werk von Zayd ibn ʿAlī mit dem Titel *al-Maǧmūʿ*; seine problematische Datierung haben wir bereits oben angesprochen (siehe den Abschnitt zu Rechtswerken mit Schwerpunkt auf Rechtsmeinungen einzelner in Kapitel 3.2.2). Eine ähnliche Sammlung von tradierten und eigenen Rechtsmeinungen unternahm Muḥammad ibn ʿAbdallāh al-Mahdī, bekannt als an-Nafs az-Zakīya (gest. 145/762). Mit der Zeit entwickelten sich zayditische Zentren im Jemen und am Kaspischen Meer (Tabaristan), teilweise auch im Irak und in Medina. In Medina förderte al-Qāsim ibn Ibrāhīm ar-Rassī (gest. 246/860) die zayditische Lehre, al-Hādī ilā l-Ḥaqq Yaḥyā ibn al-Ḥusayn (gest. 298/911) im Jemen und Aḥmad ibn ʿĪsā ibn Zayd (gest. 247/861) und al-Ḥasan ibn Yaḥyā (gest. 267/880-881) in Kufa. Aus diesen Zentren entwickelten sich innerhalb der Zayditen vier Subschulen – ihre Entstehung und Entwicklung dauerte wahrscheinlich vom 4./10. bis zum 7./13. Jahrhundert fort: a) die Qāsimīya in Medina und im Irak, die Qāsim ar-Rassī gründete, b) die Nāṣirīya im Irak und in Daylam am Kaspischen Meer, die Nāṣir li-l-Ḥaqq al-Ḥasan al-Uṭrūš (gest. 304/917) gründete, c) die Rechtsschule, die auf Muḥammad ibn Manṣūr al-Murādī (gest. 3./9. Jahrhundert) zurückgeht, und d) die Hādawīya im Jemen, die Hādī ilā l-Ḥaqq Yaḥyā ibn al-Ḥusayn gründete. Seine Werke (*al-Aḥkām*, *al-Muntaḫab* und *al-Funūn*) gelten als wichtige Grundtexte der Zayditen. Die Hādawīya ist diejenige Schule, die die anderen überleben konnte. Wie in den Rechtsschulen zuvor gab es zayditische Gelehrte, die rationalistisch oder eher traditionalistisch geprägt waren, wobei ersteres gegenüber dem letzteren überwog.

Die Zayditen sind die kleinste schiitische Rechtsschule und überwiegend im Jemen ansässig. Kleinere Gruppen finden sich auch im Oman sowie in Saudi-Arabien.

Charakteristika

Entsprechend der rationalistischen Theologie der Mutazila und ihrer ebenfalls rationalistischen Erkenntnislehre ist die zayditische Tradition Idschtihad-freudig. Sie ist stark von der hanafitischen Lehre beeinflusst, da es viele Hanafiten gab, die in ihrer theologischen Haltung, wie die Zayditen, in großen Teilen der mutazilitischen Theologie folgten. Wir finden auch große Parallelen zur schafiitischen Literatur, besonders zu den *uṣūl al-fiqh*. Zayditen nutzten schafiitische Werke als Vorlage und waren, wie die Schafiiten auch, von mutazilitisch-hanafitischen Gelehrten wie Abū l-Ḥusayn al-Baṣrī (gest. 436/1044) und seinem Werk *al-Muʿtamad* beeinflusst.

Zayditen erkennen gleich den Dschafariten die Vernunft sowie den Koran als eine Quelle des Rechts an. Im Gegensatz zu den Dschafariten beschränken sie die Sunna (wie die Sunniten auch) auf die Aussagen, Handlungen und Billigungen des Propheten. Die Meinungen von Imamen sind zwar wichtig, aber es wird nicht ausgeschlossen, dass sie Fehler begehen können. Zayditen akzeptieren wie die Sunniten den Konsens (Idschma) als eine Rechtsquelle; ob er allerdings nach der Generation der Prophetengefährt:innen überhaupt zustande kam, ist für sie umstritten. Eine spezielle Form des Idschma ist für sie der Konsens der Prophetenfamilie (*ahl al-bayt*), den die Sunniten nicht als Idschma anerkennen. Obwohl Zayditen wie die Schafiiten die überlieferten Meinungen von Prophetengefährt:innen nicht ohne Weiteres akzeptieren, sprechen sie den tradierten Meinungen von ʿAlī eine besondere Autorität zu, da er für sie als geschützt (*maʿṣūm*) vor Sünden gilt.

Viele zayditische Gelehrte akzeptieren *qiyās* als Quelle, manche subsumieren es jedoch unter Idschtihad. Methoden wie *istiḥsān* und *istiṣlāḥ* werden entsprechend unter *qiyās*, Idschtihad oder Vernunft subsumiert. Auffällig ist, dass Zayditen wie die Schafiiten *maṣlaḥa* (Interesse) unter *qiyās* subsumieren. Sie erkennen auch die Einteilung von Interessen in notwendig zu schützende (diese sind Vernunft, Leben, Religion, Nachkommen, Vermögen), bedürfnisorientierte und verschönernde Interessen an.

Furūʿ-Werke

Grundtexte	Kommentare
Zayd ibn ʿAlī (gest. 122/740), *al-Maǧmūʿ*	Šaraf ad-Dīn as-Sayyāǧī (gest. 1221/1806), *Rawḍ an-naḍīr šarḥ, Maǧmūʿ al-fiqh al-kabīr*
Aḥmad ibn ʿĪsā (gest. 247/861), *al-Amālī* (*ar-Raʾb aṣ-ṣadʿ*)	

Grundtexte	Kommentare
Hādī ilā l-Ḥaqq Yaḥyā ibn al-Ḥusayn (gest. 298/911) *Ǧāmiʿ al-aḥkām fī l-ḥalāl wa-l-ḥarām*, *al-Muntaḫab* und *al-Funūn*	
Muʾayyad bi-llāh Aḥmad ibn al-Ḥusayn ibn Hārūn (gest. 411/1021), *at-Taǧrīd*	Muʾayyad bi-llāh Aḥmad ibn al-Ḥusayn ibn Hārūn, *Šarḥ at-Taǧrīd*
An-Nāṭiq bi-l-Ḥaqq Yaḥyā ibn al-Ḥusayn ibn Hārūn (gest. 424/1033), *Kitāb at-Taḥrīr*	An-Nāṭiq bi-l-Ḥaqq *Šarḥ at-Taḥrīr*
Muʾayyad bi-llāh Yaḥyā ibn Ḥamza (gest. 749/1348), *al-Intiṣār li-ǧāmiʿ ʿulamāʾ al-amṣār*	
al-Mahdī li-Dīn Allāh Aḥmad ibn Yaḥyā Ibn al-Murtaḍā (gest. 840/1437), *ʿUyūn al-aẓhār fī fiqh al-aʾimmat al-aṭhār* (*al-Aẓhār*)	Ibn al-Murtaḍā, *al-Baḥr az-zaḫḫār* Aḥmad ibn al-Qāsim al-ʿAnsī aṣ-Ṣanʿānī (gest. 1390/1970), *at-Tāǧ al-muḏhab li-aḥkām al-maḏhab Šarḥ matn al-Aẓhār*

Uṣūl-Werke

1) An-Nāṭiq bi-l-Ḥaqq (gest. 424/1033), *al-Muǧzī* und *Ǧawāmiʿ al-adilla*
2) Rukn ad-Dīn ibn al-Malāḥimī (gest. 536/1141), *Taǧrīd al-Muʿtamad*

3) Ǧaʿfar ibn Aḥmad (gest. 573/1177),
at-Taqrīb fī uṣūl al-fiqh,
4) al-Manṣūr bi-llāh ʿAbdallāh ibn Ḥamza (gest. 614/1217),
Ṣafwat al-iḫtiyār,
5) Muʾayyad bi-llāh Yaḥyā ibn Ḥamza (gest. 749/1348),
al-Ḥāwī li-ḥaqāʾiq al-adilla al-fiqhīya,
6) Mahdī li-Dīn Allāh ibn al-Murtaḍā (gest. 840/1437),
Miʿyār al-ʿuqūl und *Minhāǧ al-wuṣūl,*
7) Sirāǧ ad-Dīn Muḥammad Bahrān at-Tamīmī (gest. 957/1550),
al-Kāfil bi-nayl as-sūl,
8) ʿAlī ibn Ṣalāḥ ibn ʿAlī ibn Muḥammad aṭ-Ṭabarī (gest. 1071/1660–1661),
Šifāʾ al-ġalīl as-sāʾil ʿammā taḥammalahu l-Kāfil.

Ein in sunnitischen Kreisen oft berücksichtigtes, eher enzyklopädisches *uṣūl*-Werk ist Abū ʿAbdallāh Muḥammad ibn ʿAlī aš-Šawkānīs (gest. 1250/1834) *Iršād al-fuḥūl.*

Biographische Werke

1) Ibrāhīm ibn al-Qāsim ibn Imām Muʾayyad bi-llāh (gest. 1152/1739–1740), *Ṭabaqāt az-Zaydīya al-kubrā,*
2) Abū ʿAbdallāh Muḥammad ibn ʿAlī aš-Šawkānī (gest. 1250/1834), *al-Badr aṭ-ṭāliʿ,*
3) Muḥammad ibn Muḥammad ibn Yaḥyā Zabāra al-Yamanī (gest. 1381/1961), *al-Mulḥaq at-tābiʿ,*
4) Sayyid Aḥmad al-Ḥusaynī,
Muʾallafāt az-Zaydīya,

3.2.2.3 Ismailiten (Siebenerschiiten)

Die Siebenerschiiten erkennen sieben Imame an. Der letzte dieser sieben ist Ismāʿīl ibn Ǧaʿfar aṣ-Ṣādiq (gest. 138/755–756); er ist der Namensgeber dieser Richtung. Ismailiten haben eine eigentümliche Imamatslehre, wonach seit Anbeginn der Zeit jeder Prophet einen Vertreter hat, der wiederum sieben weitere hat, die die innere Bedeutung der göttlichen Botschaft auslegen und an die Menschen weitergeben. Der letzte dieser Zyklen begann mit dem Propheten über ʿAlī bis hin zum siebten Imam, den die Ismailiten anerkennen:

1) ʿAlī ibn Abī Ṭālib (gest. 40/661),
2) al-Ḥasan ibn ʿAlī (gest. 49/669),
3) al-Ḥusayn ibn ʿAlī (gest. 61/680),
4) Zayn al-ʿĀbidīn (ʿAlī ibn al-Ḥusayn, gest. 95/714),
5) Muḥammad al-Bāqir (gest. 115/733),
6) Ǧaʿfar aṣ-Ṣādiq (gest. 148/765),
7) Ismāʿīl ibn Ǧaʿfar aṣ-Ṣādiq (gest. 138/755–756),
8) Muḥammad ibn Ismāʿīl (entrückt seit 329/940).

Die Liste der Imame führen die Ismailiten fort. Je nach Untergruppe der Ismailiten variiert die nachfolgende Liste. Ismailiten brachten einflussreiche historische Dynastien hervor, wie etwa die Fatimiden (reg. 296–566/909–1171). Sie teilten sich in mehrere Gruppen wie die Tayyibiten, Hafiziten und Nizariten auf. Unter den Nizariten sind die Anhänger der Aga Khane die größte ismailitische Gemeinschaft. Zahlenmäßig übertreffen sie die Fünferschiiten. Aus den Ismailiten spaltete sich die eigenständige Religionsgruppe der Drusen ab, die heute in Libanon, Syrien und teilweise in Israel leben.

Die ismailitische Lehre orientiert sich mehrheitlich an der dschafaritischen und weist daher auch Parallelen zur sunnitischen auf. Im Gegensatz zu den Dschafariten akzeptieren die Ismailiten die Zeitehe nicht. Insgesamt stechen die Ismailiten in ihrer Theologie dadurch hervor, dass sie eher die innere Bedeutung des Korans berücksichtigen und den äußeren Wortlaut vernachlässigen. Im Rechtsdiskurs dagegen waren sie insbesondere während der ismailitischen Fatimidendynastie (reg. 296–566/909–1171) in Ägypten, Nordafrika und Syrien bestrebt, einen Ausgleich zwischen der inneren und äußeren Bedeutung der religiösen Quellen zu finden. In dieser Ära beschäftigten sich die Ismailiten stark mit dem Recht. Sie gründeten die heute sunnitische al-Azhar als eine Hochschule, an der auch Recht gelehrt wurde. Eine zentrale Rolle für die Lehre der Ismailiten im Bereich des Rechts spielte al-Qāḍī Nuʿmān (gest. 363/974), der als Ober-Kadi (*qāḍī l-quḍāt*) wirkte. Seine Werke spielten für Ismailiten eine zentrale Rolle; die folgenden haben die Lehre nachhaltig beeinflusst:

a) *Daʿāʾim al-islām wa-ḏikr al-ḥalāl wa-l-ḥarām wa-l-qaḍāyā wa-l-aḥkām*,
b) *Iḫtilāf uṣūl al-maḏāhib* und
c) *Kitāb al-iḫtiṣār li-ṣaḥīḥ al-āṯār ʿan al-aʾimmat al-aṭhār.*

Die Ismailiten haben aktiv Mission (*daʿwa*) betrieben. Sie bildeten Missionare (*duʿāt*, Sg. *dāʿī*) aus, die nach unterschiedlichen Kompetenzen kategorisiert wurden. Die Kompetenzen haben sich dabei nicht nur auf die Auslegung rechtsrelevanter Fragen beschränkt, sondern gaben die allgemeine Kompetenz wieder, sich zu religiösen Fragen zu äußern.

3.3.3 Ibaditen

Eine Rechtsschule, die jenseits der Sunniten und Schiiten entstanden ist und bis heute überlebte, ist die Ibāḍīya. Die Ibaditen sind eine Strömung, die sich von den Haridschiten (Ḫāriǧīya) gelöst hat. Namensgeber dieser Richtung ist ʿAbdallāh ibn Ibāḍ al-Murrī at-Tamīmī (gest. 2./8. Jahrhundert). Gemeinhin wird Ǧābir ibn Zayd (gest. 93/711–712) als Gründer der Ibaditen verstanden. Er war nicht nur als Rechtsgelehrter, sondern auch als Hadithsammler bekannt. Auf seine Rechtsauffassungen berufen sich Ibaditen mehrheitlich. Weitere wichtige Persönlichkeiten, die zur Systematisierung und Entwicklung einer erkennbaren ibaditischen Schule führten, sind Abū Saʿīd al-Kudamī und Ibn Baraka as-Salīmī (gest. Ende 4./10. Anfang 5./11. Jahrhundert).

Letzterer bespricht in seinem Werk *al-Ǧāmiʿ* neben *furūʿ*- auch *uṣūl*-Themen sowie theologische Bereiche, wie etwa die rationale Erkennbarkeit der Prophetie und des Monotheismus. In diesem Werk ist zu beobachten, dass vom methodischen und theoretischen Oberbau her das ibaditische Recht vom sunnitischen nicht stark abweicht. So unterscheidet Ibn Baraka die Einschränkung einer allgemeinen Aussage durch eine spezifische von der Abrogation[69] und erkennt den *qiyās* unter bestimmten Bedingungen an.[70]

Grundsätzlich können wir sagen, dass Ibaditen sich auf den äußeren Wortlaut von Koran und Sunna konzentrieren und dabei die Sunna wie die Sunniten verstehen. Die überlieferten Meinungen der Prophetengefährt:innen spielen ebenfalls eine Rolle bei der Herleitung von Normen. Ibaditen verwerfen den Idschma allem Anschein nach nicht, sind nicht gegen Idschtihad und somit auch nicht gegen den *qiyās*, wobei letzteres umstritten ist. Idschtihad darf nach der ibaditischen Lehre nicht praktiziert werden, wenn es sich um klare, eindeutig ablesbare Anordnungen in Koran und Sunna handelt. Hier ist Auslegung ausgeschlossen; es kann in diesem Fall nur eine korrekte Meinung geben. Diese Fälle nennen sie *uṣūl*. Fehlt eine solche Anordnung, dann handelt es sich um *furūʿ*, wobei mittels Idschtihad mehrere Meinungen vertreten werden dürfen. Das Wissen um Rechtliches fällt für die meisten Ibaditen in den zweiten Bereich.

Insgesamt ist die ibaditische Rechtsschule von der Systematik her von den Sunniten nicht weit entfernt. Doch es gibt in den Einzelbestimmungen klare Unterschiede, die auf die Textauslegung und auch die Auswahl an rechtsrelevanten Hadithen zurückgehen. Solche Unterschiede sind jedoch auch innerhalb der sunnitischen Rechtsschulen zu finden. Um ein Beispiel zu nennen: Befindet man sich auf einer Reise, können Muslime nach sunnitischer Auffassung das Gebet kürzen; nach ibaditischer Auffassung ist das Kürzen sogar eine Pflicht. Solche Unterschiede in der Rechtslehre führten dazu, dass sich eine

69 Vgl. Ibn Baraka, *al-Ǧāmiʿ*, I:106.

70 Vgl. Ibn Baraka, *al-Ǧāmiʿ*, I:140 f.

eigene ibaditische Rechtsschule entwickelt hat. Daneben spielen auch theologische Grundpositionen eine Rolle, die sie von den Sunniten abgrenzen. Sie gehen davon aus, dass Handlungen mit dem Glauben in Verbindung stehen. Die Sündigenden fallen zwar nicht vollständig vom Glauben ab und werden nicht als *mušrik* (›Polytheist, Beigeseller‹) bezeichnet, befinden sich aber in einem Status der Undankbarkeit gegenüber den Gaben Gottes. Grundsätzlich halten sich Ibaditen zurück, Muslime, die Sünden begehen, als Ungläubige zu bezeichnen. Ein Sündigender ist zwar kein Gläubiger (*mu'min*), aber ein Monotheist (*muwaḥḥid*).

Auch unterscheiden sich die Ibaditen bezüglich ihrer Vorstellung des Imamats. Es wird ein Imam gewählt, ganz gleich ob er sich öffentlich zeigt oder wegen politischer Umstände versteckt hält (er ist dann im Zustand des *kitmān*). Entscheidend für die Wahl ist nicht die Abstammung des Imams, sondern seine Auszeichnung durch Gottesfurcht, Askese, Wissen und Gerechtigkeit. Wird er seiner Aufgabe nicht gerecht, kann er abgesetzt werden. Ein weiterer Grundsatz der Ibaditen ist *al-walāya wa-l-barā'a,* also die Liebe und Nähe zu den Gläubigen und die Distanz zu den Ungläubigen.

Ibaditische Gruppen konnten von Basra aus, wo sie ihren Ursprung haben, nach Jemen, in den Oman und teilweise nach Ḫurasān gelangen. Sie haben mehrere Subschulen, die sich theologisch voneinander unterscheiden. Heute leben Ibaditen überwiegend in Oman, Jemen, Sansibar, Libyen, Tunesien und Algerien.

Zu den wichtigen Werken der Ibaditen gehören:

1) Abū Ġānim Bišr ibn Ġānim (gest. Anfang des 3./9. Jh.), *al-Mudawwana al-kubrā* und *al-Mudawwana aṣ-ṣuġrā,*
2) Abū Saʿīd al-Kudamī (gest. 4./10. Jh.), *al-Muʿtabar, al-Istiqāma* und *al-Ǧāmiʿ al-mufīd,*
3) Ibn Baraka al-Bahlawī (gest. spätes 4./10. Jh.), *Kitāb al-Ǧāmiʿ,*
4) Abū Ṭāhir Ismāʿīl al-Ǧayṭālī (gest. 750/1349–1350), *Qawāʿid al-islām* und *Qanāṭīr al-ḫayrāt,*
5) ʿĀmir ibn ʿAlī aš-Šammāḫī (gest. 792/1389–1390), *Kitāb al-Īḍāḥ,*

6) ʿAbd al-ʿAzīz aṯ-Ṯamīnī (gest. 1233/1808),
Kitāb an-Nīl wa-šifāʾ al-ʿalīl und
al-Ward al-Bassām fī Riyāḍ al-aḥkām,
7) Muḥammad ibn Yūsuf Aṭṭafayyiš (gest. 1332/1914),
Šarḥ Kitāb an-Nīl,
aš-Šāmil al-aṣl wa-l-farʿ und
Šarḥ ad-Daʿāʾim.

Biographische Informationen zu ibaditischen Gelehrten finden sich in Abū l-ʿAbbās aš-Šammāḫīs (gest. 928/1522) *Kitāb as-siyar.*

Die folgende Grafik soll die bisher beschriebenen Rechtsschulen zusammenfassen.

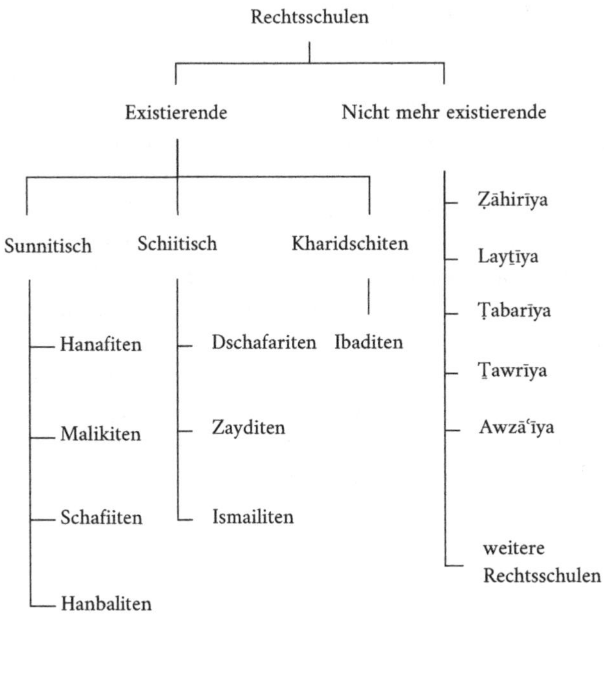

Schema 2: Rechtsschulen

Zusammenfassung

Mit der zunehmenden Beschäftigung mit der Frage nach legitimen und begründeten Rechtsmeinungen entstanden Gelehrtenkreise. Sie folgten unterschiedlichen etablierten Rechtsmeinungen und Methoden. Es entwickelten sich somit Rechtstraditionen, die mit Bezug auf eine Autorität erkennbar wurden. Im Zuge der Professionalisierung, Systematisierung und Ausdifferenzierung stachen größere Gruppen hervor, die sich gegen andere durchsetzen. Das Merkmal dieser Gruppen war, dass sie einen gemeinsamen Rechtskorpus als Rahmen ihrer Tradition anerkannten, die sie mit einer Führungspersönlichkeit begründeten, in Anlehnung an seine Autorität fortschrieben und eigenständige Methoden hatten, die sie gemeinsam teilten. Somit entstanden Rechtsschulen, die sich durch die standardisierte Lehre, Rechtswerke und Rechtstheorie konsolidierten. Innerhalb der Sunniten setzten sich vier Rechtsschulen durch (Hanafiten, Malikiten, Schafiiten und Hanbaliten). Unter den Schiiten setzten sich drei Rechtsschulen (Dschafariten, Ismailiten und Zayditen) durch. Eine weitere Schule, die der Ibaditen, konnte sich ebenfalls über die Jahrhunderte behaupten. All diese Rechtsschulen haben innerhalb ihrer eigenen Reihen unterschiedliche Traditionen. Daneben existierten noch viele weitere Rechtsschulen, die entweder in anderen Rechtsschulen aufgingen oder im Laufe der Zeit keine Anhänger mehr hatten, sodass sie sich nicht als eigenständige Rechtsschule durchsetzen konnten. Insgesamt zeichnet sich die islamische Rechtstradition also durch eine innere Pluralität aus.

Kapitel 4: Akteure des islamischen Rechts

4.1 Gerichte und Richter (*quḍāt*)

4.1.1 Zur allgemeinen Entwicklung

Wir haben in der Darstellung zur Entstehung des islamischen Rechts sehen können, dass das islamische Recht altarabische Rechtsvorstellungen (in revidierter Form) fortführte. Institutionen wie Gerichte oder Richter kannte die altarabische Rechtskultur allerdings nicht. Vielmehr gab es in jedem Stamm Personen, die als Schiedsrichter (Sg. *al-ḥakam*) konsultiert wurden. Auch konnte der Ältestenrat (*al-mala'*) Entscheidungen treffen, die wir im Sinne einer richterlichen Tätigkeit bzw. als schiedsgerichtliche Entscheidung einordnen können. Eine graduelle Institutionalisierung sehen wir in Überlieferungen, die uns vom Propheten Muhammad vorliegen. Dieser soll nebst seinen eigenen Tätigkeiten als Schiedsrichter und oberster Befehlshaber Provinzgouverneure (Sg. *wālī*) an verschiedene Orte entsandt haben, die richterliche Tätigkeiten ausübten. Ein berühmtes Beispiel dafür ist die Entsendung von Muʿāḏ ibn Ǧabal (gest. 17/638) in den Jemen. Daneben soll er in Medina richterliche Befugnisse an Prophetengefährten wie ʿUmar ibn al-Ḫaṭṭāb (gest. 23/644) erteilt haben. Nach seinem Ableben war es dennoch nicht abschließend geklärt, welche Institutionen der Staat haben und wie seine Nachfolge bestimmt werden sollte.

Nach einigen Auseinandersetzungen hatten sich die Muslime auf das Kalifat geeinigt; ein zentralisiertes Herrschaftssystem, bei dem anfangs eine gewählte bzw. designierte Person die Macht auf sich vereinte. Später wurde das System des Wählens bzw. Desiginierens durch Muʿāwiya ibn Abī Sufyān (gest. 60/680) und die Gründung der umayyadischen Dynastie durch ein dynastisches Erbschaftsmodell ersetzt. Bis zur Gründung der Umayyaden, insbesondere unter dem zweiten Kalifen ʿUmar ibn al-Ḫaṭṭāb, wurden neben Gouverneuren auch Richter in unterschiedliche Provinzen entsandt. Sie hatten begrenzte Befugnisse und durften z. B. keine strafrechtlichen Entscheidungen treffen. Ihre Tätigkeit kommt einer Schlichtung (*taḥkīm*) gleich, worunter auch Entscheidungen fallen, die man später außerhalb der richterlichen Tätigkeit (*qaḍāʾ*) eher im Fatwawesen verorten würde. Daher konnten sie als Kadi, also Richter oder als Mufti (*muftī*) bezeichnet werden – zu dieser Unterscheidung unten mehr. Diese Richter bedienten sich wahrscheinlich bekannter lokaler Praktiken, der sunnabasierten Praxis (siehe oben Kapitel 2), Überlieferungen des Propheten, des Korans und altbekannter Rechtsvorstellungen, um Fälle zu lösen. Eine allmähliche Professionalisierung des Richteramtes fand unter umayyadischer Herrschaft (41–132/661–750) statt.

Unter den Umayyaden war der »Richter (*al-qāḍī*, ›Kadi‹, Pl. *quḍāt*) [...] als Einzelrichter innerhalb eines Amtsbezirks (*wilāya*) zuständig und zunächst vom Provinzgouverneur (*al-wālī*) abhängig«.[71] Die Richter erhielten mit der Zeit mehr Befugnisse; so durften sie von nun an auch strafrechtliche Entscheidungen treffen. Die Tätigkeit der Gouverneure und der Kalifen beschränkte sich allmählich auf das *maẓālim*-Gericht, worauf im weiteren Verlauf einzugehen sein wird. Mit der Professionalisierung des Richteramtes, das mit der Zeit hoch besoldet worden war, ging die Herausbildung von Rechtsexperten in Gelehrtenkreisen einher. Allmählich entstanden Rechtsauffassungen, über die systematisch reflektiert wurde, was sich auf die Nachvollziehbarkeit von Gerichtsentscheidungen und Standardisierung von Gerichtsverfahren auswirkte.

Stärkere Züge der Institutionalisierung und Professionalisierung sehen wir unter den Abbasiden (reg. 132–656/750–1258). Die abbasidischen Kalifen wollten ihre Macht zentralisieren, weshalb sie selbst Richter ernennen konnten. Ein Richter konnte auf Lebenszeit ernannt,

71 Rohe, *Das islamische Recht*, 35.

aber auch aus unterschiedlichen Gründen abgesetzt werden, etwa, weil er Eigenschaften, die man für einen Richter voraussetzte, verlor, indem er Bestechungsgeld annahm. Provinzialrichter konnten Stellvertreter haben (*nuwwāb*, Sg. *nāʾib*, ›Distriktrichter‹[72]). Die Aufgabe der Richter war es, Streitfälle zwischen Parteien zu regeln, über die Rechtmäßigkeit einer Klage zu entscheiden und Vergehen zu bestrafen. Auch wenn die Bereiche anfangs nicht strikt voneinander getrennt wurden, haben sich Richter zu rein religiösen Angelegenheiten nicht geäußert. So entschieden sie z. B. nicht darüber, ob das Fasten (*ṣawm*) einer Person unter besonderen Umständen gültig war. Diese Aufgabe übernahmen Muftis und Rechtsgelehrte – dazu unten mehr. Die Entscheidungen der Richter waren staatlich durchsetzbar und bindend. Nachfolger der Kadis konnten frühere Entscheidungen revidieren. Ob Frauen das Amt bekleiden durften, war umstritten; es war theoretisch möglich, kam aber nicht vor. Dadurch, dass die Rechtsschulen sukzessive entstanden und sich als feste Institutionen etablierten, gehörten Richter jeweils einer Rechtsschule an. Entscheidungen trafen sie mithilfe des Rechtskorpus ihrer Schule, konnten aber auch das Recht durch eigene Meinungsfindung bzw. mithilfe der rechtsmethodischen und -theoretischen Vorgaben ihrer Rechtsschule fortschreiben. Über die vorauszusetzenden Fähigkeiten und Kompetenzen von Richtern wurden daher Diskussionen geführt. Mit der Zeit entstanden Werke, die sich mit den Befugnissen und Qualifikationen der Richter beschäftigten; sie tragen den Titel *adab al-qāḍī*. Ferner werden Kompetenzen von Richtern bzw. Rechtsgelehrten, die zu Richtern ernannt werden konnten, in diesen und in *uṣūl al-fiqh*-Werken zum Thema Idschtihad diskutiert, was weiter unten anzusprechen sein wird.

Da das islamische Herrschaftsgebiet schnell expandierte, entstand das Bedürfnis nach mehreren Richtern an einem Ort. Zur Ernennung dieser Richter und ihrer Kontrolle ernannte erstmals, wie bereits oben erwähnt, Hārūn ar-Rašīd (gest. 193/809, reg. 169–193/786–809) den Schüler Abū Ḥanīfas, Abū Yūsuf, zum Ober-Kadi (*qāḍī l-quḍāt*).

72 Rohe, *Das islamische Recht*, 37.

Nicht jeder Ober-Kadi hatte dieselben Befugnisse; die Kompetenzbereiche konnten variieren. Da sowohl die Richter als auch die Oberrichter einer Rechtsschule zugehörten, die Gesellschaft aber heterogen war und vielen verschiedenen Rechtsschulen folgte, sollten Richter aus unterschiedlichen Rechtsschulen ernannt werden. War z. B. ein Ober-Kadi Schafiit, hatte er Vertreter, die ihn für die Ernennung von Richtern aus anderen Rechtsschulen berieten. Unter den Mamluken (648–923/1250–1517) entstand das Bedürfnis, vier Ober-Kadis aus den vier sunnitischen Rechtsschulen zu ernennen. In Andalusien dagegen hat sich das Amt des Richters anders entwickelt. Neben Richtern gab es einen *qāḍī l-ǧamāʿa* (›Kadi der Gemeinschaft [der Muslime]‹), der für alle Entscheidungsfälle die oberste Instanz war, der aber nicht befugt war, weitere Richter zu ernennen. Neben dem *qāḍī l-ǧamāʿa* gab es zuvor und einige Zeit parallel dazu das Amt des *qāḍī l-ǧund*, des Militärrichters, das sich wahrscheinlich allmählich zum *qāḍī l-ǧamāʿa* entwickelt hat. Ab dem 11. Jahrhundert wurde in Andalusien auch das Ober-Kadi-Amt eingeführt, ebenfalls mit dem Titel *qāḍī l-quḍāt*. Durchgesetzt hat sich aber der Titel *qāḍī l-ǧamāʿa*, dessen Träger nun auch die aus dem Osten stammenden Kompetenzen eines Ober-Richters innehatte.[73] Es gab nicht nur in Andalusien Militärrichter; wir treffen sie auch im Osten an, wo sie *qāḍī ʿaskar* heißen und später unter den Osmanen *qāḍī-i ʿasker* bzw. *kazasker*.

4.1.2 Gerichte und Gerichtsverfahren

Der Ort des Gerichtsverfahrens (*maǧlis al-qaḍāʾ*) war anfangs nicht klar bestimmt. Moscheen, besonders die größte Moschee an einem Ort (sog. ›Freitagsmoscheen‹, in denen das Freitagsgebet verrichtet wird), waren Orte, an denen Gerichtsverfahren ausgehandelt wurden. Daneben konnte der Prozess in den Privateinrichtungen des Richters

73 Für die abweichende Entwicklung in Andalusien siehe Özen, »Kādılkudât«.

abgehalten werden, ja sogar auf Markt- und öffentlichen Plätzen. Gerichtsverfahren waren meist öffentlich. Allmählich setzten sich aber Moscheen im Allgemeinen als Orte für Gerichtsverfahren durch, wobei dies in einigen Gelehrtenkreisen Unmut auslöste.

Richter trafen eigenständige Entscheidungen. Diese waren Einzelfallentscheidungen (*qaḍāʾ*, auch *ḥukm*), die sich auf den jeweiligen vor Gericht getragenen Fall beschränkten. Die Entscheidung durfte also nicht auf einen ähnlichen Fall übertragen werden. Es bedurfte für jeden Fall eines neues Verfahrens, in dem die Sachlage stets neu erschlossen wurde. Die richterliche Entscheidung war bindend, auch wenn das individuelle Gerechtigkeitsgefühl ein anderes Urteil vorziehen würde. Rechtssicherheit wurde dadurch gewährleistet, dass jeder Richter einer Rechtsschule angehörte. Dadurch war es absehbar, wie z. B. ein hanafitischer Gelehrter zu einem bestimmten Fall urteilen könnte. Abwegige Auslegungen sollten damit unterbunden werden. Dies ist auch der Grund, weshalb sich Richter, obschon sie selbst eine juristische Ausbildung genossen haben, sich regelmäßig mit Rechtsgelehrten berieten. In der frühen Entwicklungsphase des Richteramtes war dies teilweise eine Notwendigkeit, da semiprofessionelle Richter tätig waren und ihnen oftmals die Expertise im Recht fehlte. Durch ihre beratende Funktion konnten Rechtsgelehrte Einfluss auf die tatsächliche Rechtspraxis ausüben. In Andalusien war es üblich, ja sogar verbindlich, dass sich zumindest die *qāḍī l-ǧamāʿa* mit einem Gelehrtenausschuss (*šūrā*, oder Sg. *faqīh mušāwar*) berieten.

Welche Qualitäten ein Kadi haben muss, wird in der *adab al-qāḍī*-Literatur gesondert diskutiert. Grundsätzlich soll der Kadi ein muslimischer Mann sein, wobei einige Gruppen auch Frauen die Möglichkeiten einräumen, zum Kadi ernannt zu werden. Ferner wird von den Kadis gefordert, gerecht, bescheiden, gebildet, weise und forschungsfreudig zu sein. Es wurde erwartet, dass sie die lokale Praxis und die Gepflogenheiten der Menschen kannten. Eine Rechtsschulzugehörigkeit wurde, aus den o. g. Gründen, erwartet. Je nachdem, welcher Klasse von Gelehrten sie angehörten, konnten sie selbstständig Recht finden oder sich an den vorgegebenen Meinungen der Rechtsschule orientieren. Eine klare Hierarchie gibt es nicht; Genaueres dazu folgt unten unter Abschnitt 4.2.1 zum Mudschtahid (*muǧtahid*).

Richter hatten Assistenten (*aʿwān*), die sie in ihrer Tätigkeit unterstützten. Die Anzahl konnte je nach Ort variieren. Grundsätzlich gab es einen Gerichtsschreiber (*kātib*), der den Prozess dokumentierte und oftmals von einem Übersetzer (*mutarǧim*) unterstützt wurde. Aufseher (*al-ḥāǧib, ǧilwāz*) sorgten während des Prozesses für die Ordnung. Außerdem gab es das Amt des *aṣḥāb al-masāʾil*, der überprüfte, ob die aufgerufenen Zeugen für die Zeugenaussage qualifiziert waren. Es wird berichtet, dass es auch Personen gab, sog. *umanāʾ*, die nach Zeugen suchten, um über einen Fall adäquat entscheiden zu können. Zudem gab es Personen (sog. *munādī*), die offizielle Ankündigungen über Gerichtsprozesse machten, Geladene aufriefen und auch Entscheidungen ausriefen. Ferner wurde der Richter von Personen unterstützt, die z. B. zur Vollstreckung von Strafen eingestellt wurden. Zusätzlich haben speziell beauftragte Beamte wichtige Dokumente und Objekte für den Gerichtsprozess aufbewahrt und geschützt. Zu erwähnen ist noch der *qassām*, der z. B. die Aufteilung des Erbes unter den Erbberechtigten übernahm.

Das Rechtsfindungsverfahren wurde nicht von Beginn an streng prozessual geregelt, doch finden wir klare Anweisungen und Verfahrensregeln entweder in *adab al-qāḍī*-Werken oder in Kapiteln wie dem zur Zeugenaussage (*aš-šahāda*), zum Urteil (*al-qaḍāʾ, ḥukm*) und zur Klage (*ad-daʿwā*) in Rechtskompendien.[74] Grundsätzlich wurde das Verfahren durch einen Kläger (*al-muddaʿī*) eröffnet, der eine Klage einreichte und den Gegenstand der Klage (*al-muddaʿā bih*) vortrug. Verfahren wegen Delikten gegen das öffentliche Interesse (Verstöße gegen sog. *ḥuqūq Allāh*)[75] bzw. solche, die als Straftaten gelten, konnte der Richter in der Regel nicht selbst eröffnen. In solchen Fällen eröffnete der Richter das Verfahren durch eine Anklage des *muḥtasib* oder weiterer Verwaltungsorgane (siehe Kapitel 4.1.4).

74 Im Folgenden soll der standardisierte Prozess in groben Zügen dargestellt werden, der sich über die Jahrhunderte hinweg entwickelt hat. Für die einzelnen Entwicklungsstufen siehe Müller, *Recht*, 308–328.

75 Für nähere Informationen siehe Band II, Kapitel 4.

Der Richter gibt dem Kläger sowie dem Angeklagten (*al-muddaʿā ʿalayh*) die Möglichkeit, die Klagepunkte zu beweisen bzw. zu widerlegen. Der Vorgang, in dem der Angeklagte seine Argumente und Beweise anführt, wird *iʿḏār* genannt. Hauptinstrument dafür sind meist Zeugenaussagen (Sg. *šahāda*). Kontrovers diskutiert wird daher, in welchen Fällen wie viele Zeugen (*šuhadāʾ*, Sg. *šāhid*) aufgerufen werden können und ob jede Zeugenaussage gleich zu bewerten ist. So schreibt etwa der Koran vor, in Schuldverhältnissen zwei männliche Zeugen aufzurufen. In dem Falle, dass nur ein Mann bezeugen kann, soll der zweite durch zwei Frauen ersetzt werden, damit sie sich gegenseitig unterstützen können (vgl. Q 2:282). Dagegen fordert der Koran vier Zeugen für den Beweis der Unzucht (*az-zinā*, vgl. Q 24:4). Die Auffassungen der Schulen zur Anzahl der Zeug:innen sowie zu den Kompetenzen von Männern, Frauen und Nichtmuslimen bei der Zeugenaussage variieren. Schriftliche Dokumente als Nachweise wurden mit der Zeit vor Gericht zunehmend anerkannt, oft aber nur dann, wenn sie von zwei Zeugen bezeugt werden konnten. Daher gab es Notare (*muwaṯṯiq*, *šurūṭī*) außerhalb der Gerichte, die rechtsrelevante Dokumente von Privatpersonen absegneten. Weitere Beweise (Sg. *bayyina*) wurden ebenfalls anerkannt, wie etwa das Geständnis (*al-iqrār*) eines Täters und ein Schwur bzw. Eid (*yamīn*). Obwohl der Eid grundsätzlich ein Mittel für den Angeklagten ist, kann der Kläger ebenfalls einen Eid leisten, um seine Klage zu bekräftigen. Die Verweigerung des Angeklagten, einen Eid zu leisten, nennen die Gelehrten *an-nukūl*; sie wird in der Regel zu Lasten des Angeklagten gewertet oder es wird das Recht, einen Eid zu leisten, dem Kläger übertragen. Es gibt spezielle Formen des Schwurs, wie etwa den *liʿān*: Man bezieht sich dabei auf Q 24:6–9. Bezichtigt ein Ehemann seine Ehefrau der Unzucht bzw. behauptet er, dass das Kind, das die Frau geboren hat, nicht seines ist, ohne vier Zeugen aufbringen zu können, so schwört er vier Mal darauf, dass er die Wahrheit sagt. Der fünfte Schwur ist die eigene Verwünschung, sollte man nicht die Wahrheit sagen. Auf dieselbe Weise leistet die Ehefrau einen fünfmaligen Schwur und verteidigt sich. Die Folge ist die Auflösung der Ehe. Ferner wird damit die Abstammungszuschreibung des Kindes von dem Mann, der den Schwur leistete, unterbunden.

Mit Hilfe der Konsultation von Rechtsexperten bzw. Muftis und unter Berücksichtigung von Indizien (*qarā'in*) konnte der Richter ebenfalls eine Entscheidung treffen. Nach der Abwägung der Beweislage fällte der Richter eine Entscheidung, meist wiedergegeben mit den Begriffen *qaḍā'* oder *ḥukm*. Er konnte, insbesondere in strittigen Fällen, die widerstreitenden Parteien dazu anhalten, sich zu einigen. Die Einigung, *ṣulḥ*, wird üblicherweise als ›Vergleich‹ übersetzt. Urteilsrevisionen auf höherer Instanz waren grundsätzlich nicht vorgesehen; die Urteile waren bindend. Schwerwiegende Fehler in der Urteilsfindung konnten aber behoben werden, etwa dann, wenn der Nachfolger des ehemaligen Richters eine Prüfung vornahm und das Urteil für nicht mehr rechtswirksam erklärte.

Die Gerichtsentscheidungen wurden schriftlich dokumentiert; daneben gab es weitere Schriftdokumente, die rechtlich relevant waren:

> »Sie wurden ab dem späten 2./8. Jahrhundert im Archiv (*dīwān*) des Richters aufbewahrt. Zu diesen gesondert in einem Umschlag (*ḫarīṭa*) verwahrten Dokumenten zählten unter anderem die Gerichtsprotokolle (*maḥāḍir*) und die darauf bezogenen Zeugnisse mit der gerichtlichen Entscheidung (*siǧillāt*, Sing. *siǧill*), ferner Listen der verlässlichen Gerichtszeugen, Register von Stiftungsvermögen, -verwaltern und -beschäftigten, Vormündern und Vermögenstreuhändern [*kufalā'*, Sg. *kafīl*], Vermächtnisregister, Vertragsdokumente und Gerichtskorrespondenz [*kitāb al-qāḍī ilā l-qāḍī*]. Aus späterer Zeit sind auch Register über Gefangene, Bürgschaften sowie über Stellvertreter (*wukalā'*, Sing. *wakīl*) dokumentiert.«[76]

Daneben beinhalteten sog. *ṣukūk* Angaben über Geschenke, Verträge und weitere wichtige schriftliche Dokumente.[77] Die Beurkundungspraxis sowie die Urkunden selbst konnten sich formal unterscheiden;

76 Rohe, *Das islamische Recht*, 40.

77 Zur genauen Unterscheidung siehe Hallaq, *Origins*, 94 f.; Hallaq, »*Qāḍī's Dīwān*«.

ihre Verbindlichkeit variierte von Jahrhundert zu Jahrhundert, worauf hier nicht im Einzelnen eingegangen werden kann.[78]

4.1.3 *Maẓālim*-Gerichte

Schon während der Etablierung des Richteramtes und der voranschreitenden Professionalisierung stand die jeweilige juristische Autorität von Richtern, Gouverneuren und Kalifen in einem Spannungsfeld. Die Gouverneure haben zwar Richter berufen, deren richterliche Entscheidungen konnten aber bei den Gouverneuren angefochten werden. Sie konnten somit – wenn auch selten in der Praxis vorkommend – auf juristische Entscheidungen Einfluss nehmen. Diesen Einfluss verloren sie allerdings, als die abbasidischen Kalifen selbst Richter einberiefen, die wiederum durch diese Ernennung Autorität ausstrahlten.

Später ernannten die Oberrichter die Richter. Die Kalifen konnten aber weiterhin, wie die Gouverneure zuvor, als Herrscher auf die Rechtsprechung einwirken. Die Orte, an denen dies möglich war, heißen *maẓālim*-Gerichte – eine korrektive Instanz, die gegen Ungerechtigkeiten vorging. Durch eine Anfechtung dort konnte die Neubewertung eines Falles erzielt werden. Belegt sind solche Instanzen bereits unter den Umayyaden, sie waren unter den Abbasiden aber gängiger. Man konnte an diesen Gerichten Beschwerde beim Kalifen einreichen, in späterer Zeit eher bei seinen Wesiren (*wuzarāʾ*, Sg. *wazīr*, zu Deutsch etwa ›Minister‹) oder den Gouverneuren. Durch diese Institution konnte die politische Obrigkeit ihre juristischen Befugnisse erweitern, besonders im Bereich der *as-siyāsa aš-šarʿīya*. Dieser Begriff umschreibt die Kompetenz von Herrschern und Richtern, Entscheidungen vorzunehmen und Regelungen zu erlassen, die den religiösen Grundsätzen nicht widersprechen, durch das traditionelle

78 Für die Entwicklungsstufen und Eigenheiten unterschiedlicher Urkunden und die Beurkundungspraxis siehe Müller, *Recht*, 276–308.

Recht offengelassen sind und der öffentlichen Ordnung dienen, also in die Verwaltungskompetenz der politischen Obrigkeit fallen. Auch wenn es selten der Fall war, dass die Herrscher in Gerichtsverfahren eingriffen, so ergab sich doch hieraus ein Spannungsverhältnis zwischen der Autorität des Herrschers und der Gelehrsamkeit. *Maẓālim*-Gerichte waren insgesamt aber keine den Gerichten übergeordnete Überprüfungsinstanz, die regelmäßig aufgesucht wurde. Ganz im Gegenteil, ihr Einfluss war gering.

Die Tätigkeiten der *maẓālim*-Gerichte beschränkte sich auf Fälle von Ungerechtigkeit im öffentlichen Dienst, wie etwa beim Eintreiben der Steuern, bei Unterlassung der Zahlung von Gehältern sowie unfairer Behandlung von Individuen seitens Staatsbediensteter (Amtsmissbrauch), außerdem auf Korruptionsfälle oder die Überprüfung von Entscheidungen von Kadis. Manchmal konnten *maẓālim*-Gerichte, aufgrund der Schwere eines Falles oder den Status der Klagenden bzw. Angeklagten berücksichtigend, Gerichtsfälle übernehmen, um den Kadi zu entlasten. Manchmal übernahmen sie auch die Aufgabe des Richters, wenn etwa an einem Ort kein aktiver Richter zu finden war bzw. noch kein für diesen Ort zuständiger Richter ernannt wurde. In späterer Zeit war es üblich, dass in *maẓālim*-Gerichten Juristen, Muftis und Kadis zur Entscheidung beitrugen. In Andalusien etwa fielen *maẓālim*-relevante Fälle in den Kompetenzbereich des *qāḍī l-ǧamāʿa* und der Juristen.

4.1.4 Weitere Verwaltungsinstanzen

Neben den *maẓālim*-Gerichten gab es noch weitere Verwaltungsinstanzen, die neben den Gerichten Recht finden konnten. Sie fielen nicht unter die Autorität des Ober-Kadis; er konnte also diese Ämter nicht besetzen oder Personen absetzen. Dazu gehört die Polizei (*šurṭa*), die mit Ordnungsaufgaben betraut war:

> »Der *šurṭa* – in späterer Zeit zum Teil in Spezialressorts untergliedert – kamen vor allem Aufgaben des Verwaltungsvollzugs einschließlich der Aufklärung von Straftaten und der Strafvollstreckung sowie die Aufrechterhaltung der öffentlichen Ordnung zu, teilweise aber auch zivilrechtliche Streitigkeiten etwa über Kaufverträge.«[79]

Eine weitere Verwaltungsinstanz ist die *ḥisba* (Marktaufsicht, Stadtverwaltung; der Marktaufseher ist der *muḥtasib*). Im Maghreb war der *muḥtasib* auch bekannt als *ṣāḥib as-sūq* (parallel zu *ṣāḥib aš-šurṭa*, Polizei). Die Tätigkeit des *muḥtasib* fiel sowohl in die Tätigkeitsbereiche der Polizei als auch die der Richter und reichte »von allgemeinen religions- und sittenpolizeilichen Aufgaben bis zu konkreten Tätigkeiten wie Markt-, Gewerbe-, Straßen- und Bauaufsicht«[80]. Begründet wurde seine Aufgabe mit dem theologischen Grundsatz, dass Muslime dazu angehalten seien, das Gute zu gebieten und Schlechte zu verbieten (das Prinzip des *al-amr bi-l-maʿrūf wa-n-nahy ʿan al-munkar*). Es überlappten sich also die Kompetenzbereiche der verschiedenen Instanzen. Grundsätzlich kann man sagen, dass die Polizei in solchen Fällen ermittelte und über sie entschied, bei denen eine nicht angeklagte, aber offensichtlich unrechtmäßige Handlung vorlag: So konnte die Polizei Ermittlungen in Fällen führen, in denen es keinen Kläger gab. Gab es jedoch einen Kläger, übernahm der Richter. Sittenwidriges Handeln sowie Sofortmaßnahmen gegen Verstöße von etwa Markt-, Gewerbe- und Bauvorschriften konnte der *muḥtasib* regeln. Der Vollzug von *ḥadd*-Strafen, also koranisch festgelegten Strafen für Delikte war in der Regel auf Gerichte beschränkt. Richter konnten selbst keine Ermittlungen aufgrund eines Tatverdachtes vornehmen; die Meldung solcher Fälle bei ihm war Aufgabe des *muḥtasib*.

Abschließend sei nochmals erwähnt, dass das Militär eigene Richter hatte (sog. *qāḍī l-ʿaskar*), so, wie auch nicht-muslimische Gemeinden eine eigene Gerichtsbarkeit haben konnten; sie konnten aber auch

79 Rohe, *Das islamische Recht*, 41.

80 Rohe, *Das islamische Recht*, 42.

einen muslimischen Richter konsultieren. Die Verbindlichkeit der Gerichtsentscheidungen jüdischer sowie christlicher Gemeinden ist unter den Rechtsschulen jedoch umstritten.

4.2 Rechtsgelehrte (*fuqahā', muǧtahidūn*)

Die Autorität der Kalifen und Gouverneure stand nicht nur in Konkurrenz mit den Befugnissen und der juristischen Autorität der Richter. Spannungsgeladen war auch das Verhältnis zu den Rechtsgelehrten (*fuqahā'*). In der Anfangszeit verzichteten viele darauf, das Richteramt zu übernehmen, da sie etwa die Legitimität einiger Herrscher bezweifelten oder grundsätzlich skeptisch gegenüber politischen Ämtern waren. Mit dem Ende des 2./8. Jahrhunderts aber wurde es üblich, dass Rechtsgelehrte zu Richtern ernannt wurden, diese sich aber mit Rechtsgelehrten weiterhin austauschten. So konnten neben den Richtern auch Rechtsgelehrte Einfluss auf das politische Geschehen und das Rechtssystem ausüben. Ihre Autorität sicherten die Gelehrten nicht nur dadurch, dass sie sich mit Bezug auf eine prophetische Überlieferung als Erben des Propheten verstanden – ein Zeugnis davon haben wir oben im Textbeispiel 1 gesehen. Auch kalifale Interventionen, ihre Macht gegenüber der Autorität der Rechtsgelehrten durchzusetzen, scheiterten. Prominentes Beispiel dafür ist die gescheiterte Forderung Ibn al-Muqaffa'ʿs (gest. 142/759), die bereits oben (siehe Kapitel 3.1) angesprochen wurde: ein einheitliches Rechtssystem, über das der Kalif entscheiden sollte. Es ging ein weiterer Erfolg der Gelehrten einher, sich gegenüber einer theologischen Position durchgesetzt zu haben, die die Kalifen mit Zwangsmaßnahmen durchsetzen wollten: die Lehre der Erschaffenheit des Korans, *ḫalq al-Qur'ān*. Diese Phase, die als *miḥna* (Prüfung) bezeichnet wird (von 218–234/833–849, faktisches Ende wahrscheinlich 237/851–852), konnten die Gelehrten für sich entscheiden und damit ihre Autorität stabilisieren.

Die Rechtsgelehrten spielten damit sowohl für die Entstehung als auch die Systematisierung und die Ausdifferenzierung des islamischen Rechts eine zentrale Rolle – aš-Šāṭibī sprach ihnen sogar explizit die

Kompetenz zu, Normen setzen zu können (siehe oben Rn. 1–9). Unter den Rechtsgelehrten gibt es unterschiedliche Typen: *faqīh, muğtahid, muqallid* und *muftī*. Sie alle sollen im Folgenden beschrieben werden.

4.2.1 *Faqīh*, Mudschtahid (*muğtahid*) und Mukallid (*muqallid*)

Der umfassendste Begriff für Gelehrte ist *ʿālim* (Pl. *ʿulamāʾ*) für eine Person, die über Fachwissen u. a. im islamischen Recht verfügt. Grundsätzlich können Frauen wie Männer zur Klasse der Gelehrten gehören. Eine spezielle Form der Gelehrten sind Rechtsgelehrte, die sich, wie der Begriff bereits verrät, mit dem Recht befassen. Das Wort *faqīh* (Pl. *fuqahāʾ*) enthält die Radikale *f-q-h* und steht damit etymologisch mit *fiqh* in Verbindung. In der Geschichte wurde die Bezeichnung *faqīh* im weitesten Sinne für Gelehrte verwendet. Mit der Zeit wurde der Begriff zunächst auf solche Rechtsgelehrten reduziert, die selbstständig Idschtihad ausüben konnten, also Mudschtahid waren, dann aber wieder ausgeweitet auf Gelehrte, die zwar Rechtsexperten waren, jedoch nicht unbedingt selbstständig Normen herleiten konnten, also Mukallid (*muqallid*) waren. Damit haben wir zwei weitere Termini, die den Status eines Rechtsgelehrten wiedergeben: a) unabhängige Rechtsgelehrte, die selbstständig Recht finden, Fatwas erteilen und eigenständig Normen herleiten können (Mudschtahid), und b) Rechtsgelehrte, die in Anlehnung an eine Rechtsschule bzw. eine Autorität rechtsprechen und Fatwas nach der Maßgabe dieser Autorität erteilen. Es hat sich der Gebrauch durchgesetzt, dass alle unterschiedlichen Klassen von Rechtsgelehrten unter den Begriff *faqīh* fallen. Über die Jahrhunderte hinweg versuchten die Gelehrten, die Rechtsgelehrten nach ihrer Qualifikation einzuordnen. Es gibt keine einheitliche Qualifikation, wir finden aber ähnliche Versuche in unterschiedlichen Rechtsschulen, die einen Eindruck davon vermitteln, wie die Gelehrten idealerweise klassifiziert werden könnten. Die folgende Aufzählung ist eine rechtsschulübergreifende Darstellung, die nicht auf die historische Entwicklung eingeht; in den Rechtsschulen kann die Zuordnung und Bezeichnung stark variieren:

1) *al-muǧtahid al-muṭlaq* (*al-mustaqill*): der unabhängige, ›absolute‹ Rechtsgelehrte,
2) *al-muǧtahid al-muṭlaq al-muntasib* bzw. *al-muǧtahid al-muqayyad*: der Rechtsgelehrte, der einer Rechtsschule angehört und mit Hilfe der Methoden seiner Rechtsschule selbstständig Fälle lösen kann. Er orientiert sich dabei nicht (unbedingt) an den Regelungen und Hinweisen, die sein Rechtsschulgründer anführt.
3) *aṣḥāb al-wuǧūh, al-muǧtahid al-muntasib, al-muǧtahid fī l-maḏhab* und *aṣḥāb at-taḫrīǧ*: der Rechtsgelehrte, der in Anlehnung an und mit Hilfe von Einzelfalllösungen und Methoden der Rechtsschulautorität, der er zugehört, Fälle selbstständig lösen kann,
4) *al-muǧtahid fī l-masāʾil*: der Rechtsgelehrte, der Fälle in bestimmten Bereichen des Rechts mit Hilfe der Methoden der Rechtsschule, der er zugehört, selbstständig lösen kann,
5) *aṣḥāb at-tarǧīḥ* bzw. *aṣḥāb at-tamyīz*: der Rechtsgelehrte, der unter konkurrierenden Meinungen innerhalb der Rechtsschule, der er zugehört, eine Entscheidung für die passendste bzw. stärkste Lösung für einen Fall treffen kann,
6) *muqallid*: der Rechtsgelehrte, der den bekannten Meinungen der Rechtsschule, der er angehört, Folge leistet und diese anwendet.

Diese Klassifizierung ist keine endgültige Hierarchisierung. In vielen Klassen gibt es Überschneidungen; so etwa kann *aṣḥāb al-wuǧūh* d) und e) umfassen. Je nach Rechtsschule, ja sogar bei einzelnen Gelehrten können Bezeichnungen und Voraussetzungen für die unterschiedlichen Arten eines *muǧtahid* variieren. Im Grunde genommen gibt es drei Abstufungen: 1) unabhängige Rechtsgelehrte, 2) Rechtsgelehrte, die sich an der eigenen Rechtsschule orientieren (sei es an den Methoden oder dem Rechtsbestand) und 3) der Mukallid. Die oben aufgelistete Aufzählung ist daher eine rechtsschulübergreifende, die lediglich eine grundsätzliche Vorstellung davon vermitteln soll, wie man die Gelehrten nach Qualifikation zuzuordnen versuchte. Eine klare, einheitliche Terminologie gab es zumeist nicht; Standardisierungsversuche gehen bis auf das 7./13. Jahrhundert zurück und wurde später intensiviert. Eine solche Kategorisierung sollte womöglich dazu dienen, die Kompetenzbereiche der Muftis und Richter, die aus dem Kreis der Gelehrten ernannt wurden, zu bestimmen. Die wirkliche praktische Relevanz ist umstritten.

Unter schiitischen Gelehrten herrscht dagegen eine klarere Hierarchie im Vergleich zu den Sunniten. Sie kennen zwar auch den allgemeinen Begriff des Mudschtahid, doch haben sie weitere Klassen entwickelt. Heute werden einfache Gelehrte ohne einen Abschluss an einer religiösen Hochschule (hier: *ḥawza*) *mollā* genannt; mittlerweile ist dies ein abwertender Begriff. Früher aber war *mollā* (Mulla) positiv konnotiert und wurde für angesehene Gelehrte als Titel verwendet, wie etwa bei Mollā Ṣadrā (gest. 1050/1641), und kam unter Osmanen ebenfalls vor, wie bei Mollā Ḫusraw (gest. 885/1480). Oft wurde der Titel *mollā* mit *āḫūnd* kombiniert, das ein Synonym für *mollā* ist. Gelehrte mit Lehrbefähigung tragen den Titel *ḥuǧǧat al-islām* (›Beweis des Islam‹); eine Stufe über ihnen befinden sich die *ḥuǧǧat al-islām wa-l-muslimīn* und darüber der *āyat Allāh*, der Ayatollah (›Zeichen Gottes‹). In neuerer Zeit wird auch der Begriff Großayatollah (*āyat Allāh al-ʿuẓmā*) benutzt. Den Gelehrtesten Ayatollah nannte man ab dem 18. und 19. Jahrhundert *marǧa-e taqlīd* (arab. *marǧaʿ at-taqlīd*, ›Quelle der Nachahmung‹). Er ist derjenige, der die Autorität über die letzte Entscheidung über einen Fall hat und an dessen Meinung sich die Gläubigen zu orientieren haben.

Durch die Geschichte hinweg gab es sowohl unter Schiiten als auch Sunniten verschiedene Bezeichnungen für Gelehrte, die sie auszeichnen sollten. So nannten Sunniten al-Ġazālī *Ḥuǧǧat al-Islām*; Schiiten nannten aṭ-Ṭūsī *Šayḫ aṭ-Ṭāʾifa* (›Meister der [schiitischen] Partei‹). Auch ist der Begriff ›Imam‹ (*imām*) unter Sunniten für große Autoritäten geläufig. Der im persischen und türkischen Sprachraum gebräuchliche Begriff *ḫāǧe* bzw. *hoca* (zu Deutsch Hodscha) bezeichnet nicht nur religiös gebildete Menschen, sondern auch Spezialisten. So etwa werden in der Türkei Professor:innen und Ärzt:innen sowie Künstler:innen auf diese Weise bezeichnet, insbesondere dann, wenn eine Schüler-Lehrer-Beziehung vorliegt. In türkischen Moscheevereinen in Deutschland ist der Begriff Hodscha geläufig für Imame, die verschiedene Funktionen in den Moscheevereinen innehaben. In der Geschichte konnte, neben vielen weiteren Verwendungen, *ḫāǧe* für den Amtsinhaber bzw. Minister oder Lehrer in Medresen benutzt werden.[81]

Um zuordnen zu können, welche Befugnisse ein Rechtsgelehrter hatte, mussten Kriterien entwickelt werden, die zeigen, wann ein Rechtsgelehrter als Mudschtahid galt. Die genaue Bestimmung der Kriterien war umstritten. Gefordert wurden grundsätzlich

1) fortgeschrittene Arabischkenntnisse,
2) Kenntnis der Methoden zur Normderivation im weitesten Sinne, wie z. B. Textauslegung, Ausführung des *qiyās*,
3) Kenntnisse über den Koran, von vollständigem Auswendiglernen hin zur Kenntnis über rechtsrelevante Passagen, entweder auswendig oder nur Kenntnis über den Inhalt,
4) Kenntnis über die Sunna, wie z. B. die Kenntnis einer bestimmten Anzahl an Hadithen oder Fertigkeiten, in einigen Kompendien wie Abū Dāwūds *Sunan* nachschlagen zu können, sowie Kenntnisse über Tradenten (*ruwāt*, Sg. *rāwī*) und die Fähigkeit, Hadithkritik zu üben,
5) Kenntnis über Fälle, die gemäß Idschma entschieden wurden.

Daneben wurden weitere Fertigkeiten erwartet, wie etwa die Kenntnis der rechtspraktischen Literatur sowie der juristischen Maximen und Prinzipien (*qawāʿid*). Alle diese Zuordnungen sind unter den Gelehrten umstritten, aber bedeutsam: Die damit verknüpften Vorstellungen haben direkte Auswirkungen auf die Frage, ob ein Konsens zustande kommen kann. Schließlich muss ermittelt werden können, ob bzw. dass die Rechtsgelehrten einer Meinung sind; wer aber als Rechtsgelehrter anerkannt wird, ist umstritten. *Uṣūl al-fiqh*-Werke, die die Qualifikation von Mudschtahids behandelten, sollten Hinweise darauf geben, um u. a. das genannte Problem zu lösen.

81 Für weitere Infos über *hoca* bzw. *ḫāǧe* siehe islamansiklopedisi.org.tr/hoca (letz ter Aufruf: 11.10.2021).

Zur Vorstellung darüber, ob die Rechtsgelehrten einer Rechtsschule folgen müssen, ist man sich weitgehend einig; Rechtsgelehrte gehören einer Rechtsschule an. Wir wissen aber aus der Geschichte, dass es auch Gelehrte gab, die Meinungen aus unterschiedlichen Rechtsschulen kombinierten oder ihre Rechtsschulzugehörigkeit wechselten. Man erlaubte den Wechsel, obwohl er nicht gern gesehen war. Ein prominentes Beispiel ist Abū Ǧaʿfar aṭ-Ṭaḥāwī, der von der schafiitischen zur hanafitischen Rechtsschule wechselte. Bei ihm scheint der Grund ein persönlicher gewesen zu sein: Uneinigkeiten mit seinem Onkel al-Muzanī, ein berühmter Schüler aš-Šāfiʿīs. Einen Wechsel von den Hanafiten zu den Schafiiten sehen wir bei Abū l-Muẓaffar as-Samʿānī (gest. 489/1096). Solche Wechsel konnten dazu führen, dass über die jeweiligen Gelehrten Gedankengut aus der früheren Rechtsschule in die neue einfloss. So hat etwa aṭ-Ṭaḥāwī hadithzentrierte Rechtswerke geschrieben (*Maʿānī* und *Muškil al-āṯār*), was nicht typisch hanafitisch ist; inspiriert sind sie aus der schafiitischen Tradition. Ibn Ḥazm ist eine weitere Person, die auf der Suche nach der für die eigene Haltung passendsten Rechtsschule war: Es wird angenommen, dass er zuerst Malikit war, dann sich mit dem schafiitischen Recht befasste und sich schließlich entschloss, Zahirit zu werden. Einige Gelehrte konnten sogar – noch ungewöhnlicher – nach zwei Rechtsschulen urteilen und Fatwas erteilen. Ein Beispiel dafür ist Ibn Daqīq al-ʿĪd (gest. 702/1302), der sowohl nach schafiitischem als auch malikitischem Recht Fatwas erteilen konnte. Es gab auch eine gegenseitige rechtsschulübergreifende Beeinflussung: So etwa konnte der Schafiit al-Ġazālī Malikiten und Hanbaliten, der Schafiit al-ʿIzz ibn ʿAbd as-Salām den Malikiten Šihāb ad-Dīn al-Qarāfī, der Malikit al-Bāqillānī den Schafiiten al-Ġazālī und die beiden Mutaziliten Qāḍī ʿAbd al-Ǧabbār (schafiitisch) und Abū l-Ḥusayn al-Baṣrī (hanafitisch) die Schafiiten und Zayditen sowie einige Hanbaliten beeinflussen.

Wir müssen uns nun anschauen, was der Idschtihad ist, den ein Mudschtahid übt. Idschtihad hat zwei Bedeutungen. Im engeren Sinne ist es die Bemühung darum, eine Lösung für einen Fall zu finden, der in Koran und Sunna nicht thematisiert wird. Im weiteren Sinne umfasst es alle Methoden zur Normderivation, also zur Herleitung von Normen aus den Rechtsquellen, sei es die Textauslegung oder die

Füllung von Rechtslücken durch *qiyās* (verschiedene Schlussverfahren, darunter Analogie) oder weiteren Methoden. Idschtihad geht also über die bloße Anwendung oder Entscheidung unter vorhandenen Meinungen in der Rechtsliteratur hinaus.

Das Gegenteil von Idschtihad ist *taqlīd* (Taklid), generell als ›Nachahmung‹ übersetzt. Grundsätzlich gilt, dass ein Rechtsgelehrter, wenn er nicht in die höheren Stufen eines Mudschtahid gelangt, sich an der Literatur der Rechtsschule orientiert, und entsprechend der dortigen Meinungen Fälle löst. Er wird als Mukallid (*muqallid*) bezeichnet. Es ist auch üblich, den Begriff Mukallid für Nichtexpert:innen zu verwenden: Nichtexpert:innen sollen nach den Vorgaben der Rechtsschule, der sie angehören, handeln. Im Rahmen des Taklid wurde lange Zeit in der modernen islamrechtlichen Forschung angenommen, dass nach dem 4./10. Jahrhundert Taklid Überhand gewann und dadurch Idschtihad nicht mehr geübt wurde, wodurch das islamische Recht stagniert sei, wie wir oben in Kapitel 1 in den unterschiedlichen Modellen zur Periodisierung des islamischen Rechts gesehen haben.

Neuere Forschungen dagegen deuten Taklid anders: Es sollte Rechtssicherheit gewährleisten und dennoch den Idschtihad innerhalb bestimmter Grenzen bzw. unter bestimmten Voraussetzungen ermöglichen. So wird angenommen, dass zugleich durch die Institutionalisierung der Rechtsschulen, die Diversifizierung der Rechtswissenschaften und die fortgeschrittene Entwicklung des islamischen Rechts Idschtihad unter anderen Gesichtspunkten weiterhin möglich war, aber nicht als Idschtihad bezeichnet wurde. So konnte ein Rechtsgelehrter vorhandene Lösungen zum Ausgangspunkt seiner Überlegungen nehmen und Fälle selbst lösen (siehe oben *aṣḥāb at-taḫrīǧ* bzw. *al-wuǧūh*) oder Entscheidungen unter konkurrierenden Lösungen fällen. Auch war es nicht unüblich, mithilfe von Rechtsprinzipien zu argumentieren, um eine adäquate Lösung für den vorliegenden Fall zu finden. In der Kommentarliteratur sowie in Fatwas und *rasāʾil* (Sg. *risāla*) konnten Gelehrte die Tradition fortschreiben.

All diese Bestrebungen, obwohl sie Idschtihad im weitesten Sinne waren, wurden anders beschrieben. Im Rahmen der rückschauenden Betrachtung wurde daher die Frage gestellt, ob das Tor des Idschtihad geschlossen worden sei: Gab es Jahrhunderte, in denen es gar keine

Mudschtahid gab, die Idschtihad ausüben konnten? Wurde das Recht ab einem bestimmten Jahrhundert nicht fortentwickelt? Die widerstreitenden Meinungen dazu haben wir oben sowie in der Frage nach der Periodisierung des islamischen Rechts gesehen. Entsprechend der Antwort, die auf diese Frage folgt, gibt es sowohl unter muslimischen Gelehrten in der Geschichte als auch in der Gegenwart sich widersprechende Positionen dazu, ob es in einigen Jahrhunderten keine Mudschtahids gegeben habe. Diejenigen, die in jedem Jahrhundert Mudschtahids finden konnten, sprachen sich auch für die Betonung des Idschtihads in den verschiedensten Formen aus.

Wir haben bisher gesehen, dass es verschiedene Rechtsschulen und verschiedene Klassen von Rechtsgelehrten gibt. Sie alle versuchen auf ihre Art und Weise, die korrekte Lösung für einen Fall zu finden. Dabei entsteht eine Meinungspluralität. Doch wie gehen die Gelehrten damit um; liegt jeder Mudschtahid richtig? Was geschieht mit dem, der einen Fehler macht? Diese Frage ist unter den Gelehrten umstritten, sofern es um Lösungen geht, die nicht mit Sicherheit aus den Quellen hergeleitet werden können. Die meisten Lösungen im Recht sind Lösungen, die präsumtiv (*ẓannī*), also wahrscheinlich sind. Durch diverse Auslegungsmethoden wird angenommen, dass die Regelung, die man vorschlägt, korrekt ist. Kann man aber mit Sicherheit ermitteln, dass z. B. das Verrichten des Gebets eine Pflicht ist – diese Regelung ist dann *qaṭʿī*, definitiv –, so ist in diesem Fall nur diese eine Meinung korrekt. Es gibt bestimmte Bedingungen, die ermitteln lassen, ob eine Regelung in den Bereich der definitiven oder präsumtiven Regelungen fallen. Im Bereich der Präsumtionen (*ẓannīyāt*), also dem überwiegenden Teil des Rechts – nur wenige Regelungen sind *qaṭʿī* –, gibt es unterschiedliche Antworten auf die Frage, ob nur eine Meinung korrekt ist. Die Haltungen lassen sich in drei Gruppen zusammenfassen:

1) *muḫaṭṭiʾa*: Sie geht davon aus, dass es nur eine korrekte Lösung gibt. Diejenigen, die sich irren, begehen aber keine Sünde dadurch, dass sie die falsche Lösung erzielt haben. Sie sind durch ihre aufrichtige Suche nach der korrekten Lösung entschuldigt. Modifiziert wird diese harte Linie

dadurch, dass z. B. eine Gruppe annimmt, dass sie richtigliegt, aber die Möglichkeit einräumt, selbst falsch zu liegen, sodass konkurrierende Meinungen nicht ausgeblendet werden müssen.

2) *muṣawwiba*: Es gibt nicht nur eine korrekte Antwort auf einen Problemfall, sondern jeder Mudschtahid kann richtig liegen, sofern er:sie bestrebt ist und alles dafür tut, die korrekte Lösung zu finden.
3) *al-qawl bi-l-ašbah*: Es gibt nicht nur eine korrekte Lösung, aber eine unter ihnen ist die, die dem göttlichen Willen am nächsten ist. Dies ist aber nicht endgültig zu ermitteln. Dadurch haben konkurrierende Vorschläge eine Berechtigung.

Insgesamt hat sich die Haltung durchgesetzt, die mehrere Lösungen für möglich hält, sodass die Meinungspluralität positiv konnotiert ist, was in jüngster Zeit der muslimischen Tradition als hohe Ambiguitätstoleranz bescheinigt wurde.[82] Damit wird dem Richter bzw. dem Rechtsgelehrten ein jenseitiger Lohn zuteil, wenn er sich irrt, aber doppelter Lohn, wenn er richtig liegt.[83] In welcher Form heute Idschtihad verstanden wird und welche Gelehrten im Grunde genommen Idschtihad ausüben, kann hier nicht besprochen werden.[84]

Die Rechtsgelehrten konnten besondere Aufgaben übernehmen, um religiöse Angelegenheiten für Nichtexpert:innen zu regeln bzw. die religionsrechtliche (ethische) Bewertung ihrer Handlungen vorzunehmen. Diese Vertreter der Gelehrsamkeit erteilen als Muftis die Fatwas, also religiöse Rechtsgutachten, auf die ich im Folgenden eingehen werde.

82 Vgl. Bauer, *Die Kultur der Ambiguität*.

83 Diese Vorstellung basiert auf einem Hadith, der sich in der Hadithsammlung von Muslim finden lässt; siehe sunnah.com/muslim:1716a (letzter Aufruf: 11.10.2021).

84 Für nähere Informationen siehe Band V.

4.2.2 Mufti (*muftī*) und Fatwa (*fatwā*)

Stellt jemand bei einem qualifizierten Gelehrten eine Anfrage und ist dieser Gelehrte aufgrund seiner Expertise dazu befugt, ein Gutachten zu erstellen bzw. seine Meinung zum Sachverhalt zu äußern, handelt es sich bei der Bewertung der Anfrage um einen Fall von *iftāʾ* (auch *futyā*), eine Begutachtung. Dies ist nicht nur Nichtexpert:innen vorbehalten. Es war üblich, dass Kadis Muftis befragten, um auf Grundlage eines Rechtsgutachtens einen Fall entscheiden zu können. Derjenige, der seine Meinung dazu äußert, ist der Mufti (*muftī*), die Meinung bzw. das Gutachten heißt Fatwa (*fatwā*, Pl. *fatāwā, fatāwī*, selten auch: Antwort, *ǧawāb*) und derjenige, der nach einer Meinung bzw. dem Gutachten fragt, ist der *mustaftī*, der Ratsuchende (auch: Fragender, *sāʾil*). (Ab dem 16. Jahrhundert gab es unter den schiitischen Safawiden noch die Bezeichnung *ṣadr*, die für einen Mufti verwendet werden konnte, was zur gleichen Zeit in Indien geläufig war.)

Das Korpus an Meinungen, an dem sich Muftis bei der Erteilung von Fatwas orientieren können, wird *muftā bih* (›das, womit geurteilt wird‹) genannt. Die Erfragung einer Meinung zu einem religionsrechtlichen Thema bzw. seine Begutachtung, also *iftāʾ*, geht bis auf den Koran zurück. In Q 4:127 und 4:176 kommen Derivate des *iftāʾ* vor; es heißt, dass die Gläubigen den Propheten um Rat fragten. So haben auch Prophetengefährt:innen früh ähnliche Aufgaben erfüllt, und einige von ihnen waren speziell für diese Tätigkeit bekannt. In dieser frühen Zeit kumulierten sich die Tätigkeitsfelder von Muftis und Kadis, später wurden sie dann sukzessive voneinander unterschieden.

Im Gegensatz zum Kadi spielt der religiöse Aspekt für den Mufti eine größere Rolle, da er im Gegensatz zum Kadi auch über (rein) religiöse Belange, auch über Fälle des *ʿibādāt*, entscheiden muss. Es gibt weitere Unterschiede: So entscheidet etwa der Richter über den einzelnen Fall und ist hauptsächlich damit beschäftigt, den konkret vorliegenden Fall zu erschließen, die Aussagen der Parteien einzuordnen und entsprechende Normen anzuwenden. Der Mufti dagegen beschäftigt sich eher mit der Erschließung und Herleitung einer Norm für einen Fall bzw. die korrekte Anwendung bestehender Normen auf einen Fall sowie zur Lösung einer individuellen Frage. Die Entscheidung eines Kadis ist bindend und ihre Verbindlichkeit nur auf den jeweiligen Fall beschränkt; jeder Fall vor Gericht muss gesondert behandelt werden. Das Gutachten eines Muftis ist dagegen nicht bindend bzw. staatlich nicht sanktionierbar; es ist eine Empfehlung, an der sich der Fragende orientieren kann – wie genau sich der Fragende zur Fatwa positionieren kann, werde ich noch unter Kapitel 4.3 ansprechen. Eine Lösung eines Muftis kann später für ähnliche Fälle ohne Neubewertung berücksichtigt werden.

Zur Qualifikation und den Eigenschaften von Muftis äußern sich die Gelehrten in der *adab al-muftī*-Literatur. Wichtige Informationen zu ihrer Qualifikation kann man (insbesondere in der schiitischen Tradition) *uṣūl al-fiqh*-Werken entnehmen, in denen über Idschtihad diskutiert wird. Wie bei den Richtern wird gefordert, dass der Mufti eine Ausbildung im Recht hat bzw. ein Rechtsexperte ist, außerdem soll er eine gerechte, vertrauenswürdige, fromme, schlaue und forschungsfreudige muslimische Person sein. Im Gegensatz zum Richteramt ist man hier eher dazu bereit, Frauen das Amt des Muftis zu überlassen. Ein Beispiel für eine Frau als Mufti, also eine *muftīya,* ist Fāṭima bt. ʿAlā ad-Dīn as-Samarqandīya. Sie lernte bei ihrem Vater ʿAlāʾ ad-Dīn as-Samarqandī (gest. 539/1144) das hanafitische Recht und war auch in den Hadithwissenschaften versiert. Sie heiratete einen Schüler ihres Vaters: ʿAlāʾ ad-Dīn al-Kāsānī (gest. 587/1191). Gemeinsam haben sie Fatwas erlassen. Es ist bekannt, dass sie die Fatwas schrieb und gemeinsam mit ihrem Ehemann und ihrem Vater erließ. Nach dem Tode ihres Vaters zogen sie und ihr Ehemann al-Kāsānī nach Aleppo, wo sie seitens der Herrscher hohes Ansehen genossen, ja, sie sogar berieten.

Darüber hinaus können z. B. Sklaven und blinden Personen diese Aufgaben zuteilwerden. Zu den verschiedenen Typen der Muftis zählen die o. g. Klassen des Mudschtahid. Ist ein Mufti nicht in der Lage, selbstständig Normen herzuleiten oder mithilfe bereits gefundener Lösungen neue vorzuschlagen, so haben die Rechtsschulen versucht, den Gelehrten eine Orientierung zu geben, wonach sie nach einer Norm urteilen können. Ich möchte hier an die Versuche der Gelehrten erinnern, die konkurrierenden Rechtsmeinungen innerhalb der eigenen Rechtsliteratur zu hierarchisieren (siehe oben Kapitel 3.2.1). Das Verhältnis von der Erteilung einer Fatwa und der Ausübung des Idschtihad in diesem Rahmen war in der Geschichte umstritten: Setzte man zunächst noch Idschtihad für die Fatwa voraus, wurde später auch Taklid für die Fatwa-Erteilung als ausreichend erachtet.

Es ist unter den Gelehrten umstritten, ob ein Mufti bzw. Rechtsgelehrter sich nur an seiner eigenen Rechtsschule orientieren oder darüber hinaus auch Meinungen aus anderen Rechtsschulen akzeptieren darf. Eine Gruppe ist gegen die Aufnahme der Meinung anderer Rechtsschulen. Dagegen erlauben es viele denjenigen Gelehrten, die sich mit der Literatur und der Rechtsmethodik bestens auskennen, ausgewählte Meinungen aus anderen Rechtsschulen zu übernehmen. Dazu machen es aber viele zur Bedingung, dass man in solch einem Falle auch die Methodik und die einzelnen Bestimmungen und Prinzipien der anderen Rechtsschulen gut kennen sollte. Tendenziell erlauben die Gelehrten somit die Aufnahme der Meinung anderer Rechtsschulen, was ab dem 20. Jahrhundert tatsächlich vermehrt vorkommt. Der Grund, weshalb einige Gelehrte gegen die Aufnahme der Meinung einer anderen Rechtsschule sind, liegt außer im Rechtsschulfanatismus mancher auch in der Sorge um Rechtssicherheit und Kohärenz der vorgeschlagenen Lösungen innerhalb einer Rechtsschule.

Erteilt ein Mufti eine Fatwa, hält er sich an eine vorgegebene Form, die sich (neben der anfänglich mündlichen Form) über die Jahrhunderte hinweg entwickelt hat. Exemplarisch haben wir dies oben am Textbeispiel 8 gesehen. Im Allgemeinen beginnt eine Fatwa mit Bittgebeten und Segenssprüchen, worauf die Frage folgt; dies kann auch in umgekehrter Form vorkommen. Die Antwort erfolgt mit Floskeln wie »die Antwort darauf ist«. Sie kann recht kurz ausfallen, indem die Frage nur mit »ja« oder »nein« bzw. »zulässig« und »unzulässig« beantwortet wird. Üblich sind daneben Ausführungen mit Argumenten in unterschiedlichem Umfang. Oft wird die Antwort mit »Gott weiß es am besten« (*Allāhu aʿlam*) abgeschlossen, worauf Bittgebete folgen können bzw. ein Siegel die Fatwa beendet. Eine Fatwa beinhaltet somit eine (womöglich) reale Anfrage mit einer konkreten Antwort, oft unter Anführung von Argumenten. Dabei benutzen die Gelehrten Platzhalternamen wie Zayd und ʿAmr, um den Fall zu anonymisieren und als allgemeine Grundlage für ähnliche Fälle anzuführen. Fatwas konnten in ihrem formalen Aufbau auch nach dem Vorbild literarischer Genres folgen; unter Osmanen wurden sie gelegentlich in Gedichtform geschrieben.[85]

Fatwas als Antworten auf Fragen konnten sich mit der Zeit zu allgemein anerkannten Regelungen entwickeln und wurden damit in den Korpus der *furūʿ al-fiqh* (rechtspraktische Literatur) aufgenommen. Sie durchliefen einen Prozess der Zusammenfassung, Kürzung und Anonymisierung, sodass sie zu einem Teil der *furūʿ* wurden. Damit konnten Fatwas zur Rechtsfortbildung beitragen; sie waren durchaus ein Rechtsfortbildungsinstrument. Konstruieren wir ein Fallbeispiel, um diese Entwicklung zu skizzieren: Nehmen wir an, Person P hat während des Fastens im Ramadan einen Impftermin für die Covid-19-Impfung. P muss den Termin wahrnehmen, da nur wenige Termine und Impfdosen zur Verfügung stehen. P fragt Mufti M, ob sein Fasten unterbrochen wird, wenn er sich impfen lässt. P befürchtet nämlich, dass durch die Impfung Flüssigkeit in den Körper dringt, was ja im Fasten vermieden werden soll. M kann nun auf die Frage allgemein antworten und die Covid-19-Impfung zum Anlass dafür nehmen, über Impfungen und ihre Auswirkung auf das Fasten grundsätzlich zu diskutieren. Setzt sich z. B. eine gut begründete Auffassung durch, dass solche Impfungen im Gegensatz zu Infusionen den Körper nicht stärken, keine Wirkung wie Nahrungsergänzungsmittel haben oder der Körper während des Fastens nicht (zu stark) unter der Impfung leidet, sodass das Fasten nicht gebrochen wird, kann diese Antwort als allgemeine Regel für jegliche Impfungen und Infusionen während des Fastens herangezogen werden. Die Regel kann lauten: Eine Impfung, sofern sie den Körper nicht stärkt oder als Nahrungsergänzungsmittel fungiert oder den Körper zu stark schwächt, bricht das Fasten nicht. Im Umkehrschluss würden alle Impfungen und Infusionen das Fasten unterbrechen, die der Regel widersprechen. Die Ausgangsfrage entfällt also und es wird eine allgemeine Regel für ähnliche Fälle formuliert.

85 Vgl. Eliaçık, »Osmanlı'da Manzum Fetvâ Geleneği«.

Obwohl viele Fatwas in dieser abstrahierten Form in die rechtspraktische Literatur gelangen konnten, entstanden daneben auch Werke, die Fatwas in ihrer ursprünglichen Form aufnahmen. Diese Werke tragen oft den Titel *Fatāwā* bzw. *Nawāzil X*. Die Variable X steht hier für den meist eingefügten Namen des Gelehrten, der die Fatwas erteilt hat. Andere Werke können sich auf einen konkreten Ort beziehen; Beispiele dazu habe ich bereits oben erwähnt (siehe den Abschnitt zu Fatwa-Werken in Kapitel 3.2.3). Besonders Fatwa-Werke, die in Indien entstanden sind, beinhalten nicht die konkreten Fragen, sind aber dennoch als Fatwa-Werke zu verstehen, da sie die Lokalpraxis zum Gegenstand haben.

Muftis waren lange Zeit Privatpersonen, die unentgeltlich oder gegen eine Gebühr Fatwas erließen. Mit der Zeit wurden sie verbeamtet und es entstanden Fatwa-Ämter, in die die Gelehrten einberufen wurden. Zur Haupttätigkeit der Muftis gehörte auch die Zusammenarbeit mit Kadis. Die Muftis berieten sie und konnten somit das Recht im Bereich des *qaḍāʾ* aktiv fortschreiben und beeinflussen. Wie wir sahen, gab es in Andalusien sogar Ausschüsse, mit denen sich die Kadis berieten. Eine besondere Art von Muftis führten z. B. die Osmanen ein; sie gründeten das Amt des Šayḫ al-Islām, des Großmufti. Dieser hatte in letzter Instanz die Autorität über die letztgültige Meinung. Dieses Amt wurde im Jahre 1924 nach der Gründung der Türkischen Republik aufgehoben und mit der Diyanet ersetzt, die sich mit den religiösen Belangen der Gesellschaft, inklusive der Erteilung von Fatwas und Berufung von Muftis, beschäftigt. Diese Behörde für religiöse Angelegenheiten hat einen Vorsitzenden, der vom Staatspräsidenten ernannt wird. Das Amt des Großmuftis gibt es in vielen Ländern weiterhin, etwa in Ägypten und Bosnien (wo er *raʾīs al-ʿulamāʾ*, ›Vorsitzender der Gelehrten‹, heißt). In der schiitischen Tradition kommt dieser Funktion der Großayatollah gleich.

Mit dem 20. Jahrhundert hat sich das Fatwa-Geschehen spürbar verändert. Wenn auch noch immer Personen Fatwas erteilen können, ohne ein Amt inne zu haben, gibt es in vielen Ländern doch mittlerweile Fatwa-Ämter.

Darüber hinaus wurden Institutionen bzw. Akademien gegründet, die Fatwas erteilen, wie etwa das staatliche *Dār al-Iftāʾ* in Ägypten.

Mit Fatwas bzw. Empfehlungen und Resolutionen (*qarārāt*) beschäftigen sich auch nichtstaatliche Einrichtungen wie das *European Council for* Fatwa *and Research*. Unterscheidungsmerkmal solcher Einrichtungen ist, dass in diesen der Idschtihad in kollektiver Form und rechtsschulübergreifend geübt wird, wobei Experten aus Disziplinen außerhalb der Islamischen Theologie die Religionsgelehrten beraten. Wenn es z. B. um bioethische oder wirtschaftliche Fragen geht, sind entsprechende Experten eingeladen. Die dort erarbeiteten Fatwas adressieren nicht mehr nur eine Person, die eine konkrete Frage stellt, sondern einen größeren Adressatenkreis. Fatwas zu einer Frage können daher umfangreich ausfallen und in verschiedenen Sprachen übersetzt werden. Dadurch, dass die Fragenden größeres Interesse daran zeigen, die genaue Argumentation für eine Lösung zu erfahren, fallen die Ausführungen detailliert aus.

Eine erste Erweiterung des Adressatenkreises erfuhren Fatwas bereits durch die Gründung der ägyptischen Zeitschrift *al-Manār,* in der Rašīd Riḍā (gest. 1935) eine Sektion für Fatwas reservierte und sie dort publizierte. Der Adressatenkreis wuchs danach stetig und die Zahl der Fatwa-Anfragen auf unterschiedlichen Plattformen nahm zu. Fatwas, sunnitisch wie schiitisch, fanden den Weg in die Sozialen Medien und wurden Gegenstand von Fernsehsendungen, Zeitungskolumnen, Internetseiten und -foren. Dazu gehören die Webseiten *daralifta.org* der ägyptischen staatlichen Institution *Dār al-Iftā'*, die wahhabitische *Islamweb.net, www.e-cfr.org* des *European Council for Fatwa and Research* und *Nu.or.id* der indonesischen Organisation *Nahdlatul Ulama*. Einzelne Gelehrte haben auch eigene Internetseiten, wie etwa Yūsuf al-Qaraḍāwī (gest. 2022) auf *Qaradawi.net* oder *www.bayynat.org,* eine Internetseite, die Ayatollah Muḥammad Ḥusayn Faḍlallāhs (gest. 2010) Fatwas versammelt. Diese Fatwas werden in mehrere Sprachen übersetzt.[86] Die Liste kann um die Internetseite der türkischen Religionsbehörde Diyanet in der Türkei ergänzt werden: *kurul.diyanet.gov.tr.* Mittlerweile sind auch Applikationen für Smartphones verfügbar, die

86 Vgl. Gräf, »*Fatwā,* modern media«.

mit gezielter Suchfunktion Fatwas zugänglich machen. Aufgrund dieser unterschiedlichen Formate haben Fatwas sowohl eine je nach Ausgabemedium unterschiedliche mündliche als auch schriftliche und visuelle Form in Fernsehsendungen oder auf Plattformen wie YouTube, in den Sozialen Medien sowie in Applikationen erhalten. Die sprachliche Form und Ausgestaltung einer Fatwa kann daher je nach Ort oder Publikation variieren. Meist sind die Gelehrten darauf bedacht, eine einfache Sprache zu verwenden, um so viele Adressaten wie möglich erreichen zu können. Starke Veränderungen sind auch in der Anzahl der Fragen von Frauen zu verzeichnen, die außerdem inzwischen häufiger als Muftis bzw. *muftīyāt* an der Lösungsfindung teilnehmen.

Der Grund, weshalb sich Gelehrte vermehrt mit diesen Formaten befassen und größere Adressatenkreise suchen, liegt – neben der selbstverständlichen Anpassung an neue Technologien – u. a. darin, dass durch die Entwicklungen im 19. und 20. Jahrhundert die unterschiedlichen Ausprägungen des islamischen Rechts nicht mehr angewandtes Recht sind – das Personenstands-, Familien- und Erbrecht fußen weiterhin mehrheitlich auf die vormodernen islamrechtlichen Normen. Die Gelehrten verloren die Verbindung zu gerichtlichen Entscheidungen sowie den Richtern und damit ihren Einfluss auf die Entwicklung des Rechts und seiner Anwendung. Das islamische Recht wurde zum größten Teil in das Privatleben der Menschen gedrängt. Die Gelehrten befass(t)en sich nicht mehr mit allen Bereichen des Rechts (wie etwa das Strafrecht), sondern waren bzw. sind darum bemüht, die religiöse Bewertung von Handlungen von Menschen vorzunehmen und zumindest in diesem Bereich ihre Autorität zu wahren. Sie beantworten vermehrt Fragen zu gottesdienstlichen Handlungen und der religiösen Zulässigkeit von Handlungen auch im zivilrechtlichen Bereich. Darüber hinaus besprechen sie Fragen der systematischen Theologie, der Koranexegese und Hadithwissenschaften. Mit den Fatwas möchten viele Gelehrte dazu beitragen, eine muslimische Identität zu wahren und zu pflegen, deren Ausgestaltung je nach Auffassung des Gelehrten oder einer Gelehrtengruppe variieren kann. Dies war u. a. die Motivation für eine Gruppe von Gelehrten, sich speziell mit religiösen Angelegenheiten von Muslimen zu befassen, die in mehrheitlich nichtmuslimischen Gesellschaften leben. Sie versuchten diese neuen Fatwas, die sich aufgrund der Lebensrealität dieser Muslime von den bekannten Fatwas unterscheiden konnten, zu einem neuen Rechtskorpus zu entwickeln. Anfänglich nannten sie es *fiqh al-aqallīyāt* (›Minderheiten-Fiqh‹). Heute werden weitere Systematisierungsversuche unternommen, die die Bezeichnung ›Minderheit‹ vermeiden wollen, wie etwa ›*fiqh* der Staatsbürgerschaft‹ (*fiqh al-muwāṭana*). Es wurde neben Themen wie dem, ob man verzinste Kredite aufnehmen darf, diskutiert, ob man als Muslim:a an einer Weihnachtsfeier teilnehmen dürfe, außerdem Themen von interreligiöser Tragweite z. B. zum interreligiösen Dialog, interreligiösen Ehen und Erbschaften.[87]

4.3 Die juristisch verantwortlichen Personen

Wir haben bisher gesehen, wer Rechtsnormen aus den Quellen herleiten, wer Rechtsgutachten erteilen und wer Urteile fällen durfte. Ich möchte nun auf die Normadressaten eingehen. In der *uṣūl*-Literatur werden die Bedingungen für die juristische Verantwortung (*taklīf*) und die Geschäftsfähigkeit (*ahlīya*) bzw. das Persönlichkeitsrecht (*ḏimma*) kontrovers diskutiert. Die folgende Darstellung beschränkt sich auf den kleinsten gemeinsamen Nenner unter den Rechtsschulen.

Grundsätzlich gilt im islamischen Recht, dass Menschen keine juristische Verantwortung bzw. keine Verpflichtung haben, etwas zu tun. Dieses Prinzip heißt ›das grundsätzliche Freisein [von Verpflichtungen]‹, *al-barāʾa al-aṣlīya* bzw. *barāʾat aḏ-ḏimma*, letzteres bezieht sich auch auf das Freisein von Zahlungsverpflichtungen, solange das Gegenteil nicht bewiesen wird. Verpflichtungen wie die vollumfängliche religiöse Verantwortung (*taklīf*) und die Geschäftsfähigkeit (*ahlīya*) müssen daher gesondert begründet werden. Diejenigen, die

87 Für Beispielfälle siehe El-Wereny, *Normenlehre des Zusammenlebens*, Kapitel 4.

rechtlich verantwortlich sind, werden *mukallaf* genannt. Dieser Begriff bezieht sich insbesondere auf Muslim:innen. Die rechtliche Verantwortung wird daher begrifflich von der Geschäftsfähigkeit (*ahlīya*) unterschieden. Die Geschäftsfähigkeit ergibt sich aus dem Persönlichkeitsrecht (*ḏimma*) und umfasst auch Nichtmuslim:innen. Beginnen wir mit der Geschäftsfähigkeit von Muslim:innen.

Eine vollumfängliche Geschäftsfähigkeit (*ahlīyat al-adāʾ*) haben freie Männer, die volljährig (*bāliġ*) und geistig gesund (*ʿāqil*) sind. Sie sind uneingeschränkt geschäftsfähig und zugleich damit beauftragt (*mukallaf*), den religiösen Verpflichtungen nachzukommen.

Die Gelehrten sahen die biologische Entwicklung als einen Orientierungspunkt für die Ermittlung des Alters der juristischen Verantwortung: Das ist in der Regel der Eintritt der Pubertät bzw. der Beginn der Menstruation bei Mädchen und die Fähigkeit der Ejakulation bei Jungen. Als Mindestalter bestimmten sie 9 Jahre für Mädchen und 12 Jahre für Jungen. Bleiben die beschriebenen Entwicklungen aus, wird in der Regel das Alter von 15 Jahren als oberste Grenze festgelegt.

Frauen sind wie Männer, doch mit einigen Restriktionen, geschäftsfähig und verantwortlich. Diese beziehen sich auf die Eheschließung, Zeugenaussagen und Tätigkeiten in öffentlichen Ämtern; ein Beispiel für Letzteres ist der Ausschluss vom Kadi-Amt. Bei der ersten Eheschließung bedingt die Mehrheit der Gelehrten (zumindest für Jungfrauen) die Zustimmung des Vormundes (*walīy*). In der Frage der Zeugenaussagen sprechen die Rechtsschulen Frauen als Regel- oder auch Ausnahmefall die Fähigkeit zu, in kaufrechtlichen Fällen als Zeugen auszusagen; in strafrechtlichen Prozessen werden sie in der Regel jedoch als Zeugen ausgeschlossen. In Fragen des Personenstandsrechts, Familien- und Erbrechts können Frauen nach einigen Rechtsschulen Zeugenaussagen tätigen. Wird ihnen dieses Recht eingeräumt, so kommen zwei Zeugenaussagen von Frauen einer eines Mannes gleich. Grundlage dieser Auffassung ist Q 2:282, die diese Relation nennt. Die vormoderne Literatur kennt aber auch Ausnahmen dazu. In Fragen, die der Wahrnehmung der Gelehrten nach nur Frauen betreffen, wie etwa die Menstruation und die Schwangerschaft, kann die Zeugenaussage von zwei, ja sogar nur einer Frau ausreichend sein. Ein egalitäres Verständnis hat sich aus diesen Gedanken heraus jedoch nicht etabliert, da man Zeugenaussagen nicht grundsätzlich an Expertise und Erfahrung angebunden hat. Zeitgenössische Autoren dagegen sehen die koranische Regelung in Q 2:282 auf die Zeugenaussage zu Schuldverhältnissen beschränkt. Es sei keine allgemeine Aussage über die Zeugenschaft (*šahāda*). Der Koran rekurriere nur auf die fehlende kaufmännische Erfahrung der Frauen in der damaligen Zeit. Daher wollen zeitgenössische Ansätze solche Einschränkungen vollständig überwinden. Daneben führen die Menstruation (*ḥayḍ*) und das Wochenbett (*nifās*) nicht zur Einschränkung der Geschäftsfähigkeit von Frauen. Eine Ausnahme bildet dabei das Verrichten des Gebets: Da die Menstruation und das Wochenbett als ein Zustand der rituellen Unreinheit gelten – wie auch der Zustand der Männer nach Geschlechtsverkehr und einer Ejakulation – dürfen Frauen zu dieser Zeit das Gebet (*aṣ-ṣalāt*) nicht verrichten. Denn für das Gebet wird die rituelle Reinheit (*ṭahāra*) vorausgesetzt, die in dieser Zeit von Frauen nicht gewährleistet werden kann. Grundsätzlich müssen/dürfen sie dann auch nicht fasten, holen aber die versäumten Fastentage nach, die nicht verrichteten Gebete dagegen nicht.[88]

Geschäftsunfähig sind Minderjährige (Sg. *aṣ-ṣaġīr*) sowie Menschen mit geistiger Behinderung. Diese Geschäftsunfähigkeit bzw. eingeschränkte Geschäftsfähigkeit (*ḥağr*) erstreckt sich auf alle Rechtsbereiche, inklusive der gottesdienstlichen Handlungen. Dabei gilt es zu beachten, dass die Rechtsgelehrten Geschäfte in zwei Typen aufteilten: unilaterale (*tabarruʿāt*, z. B. Schenkung) und bilaterale (*muʿāwaḍāt*, z. B. Tausch- bzw. Kaufgeschäft). Diese konnten ausschließlich vorteilhaft oder belastend (d. h. vermögensmindernd) oder unklar darin sein, ob der Schaden oder der Nutzen überwiegt.[89]

Je nach Fall konnten Verträge für eingeschränkt Geschäftsfähige gültig bzw. nichtig sein. Diejenigen, die eine Geistesschwäche (*al-ʿatah*, auch *al-ğunūn*) haben (also der *maʿtūh*, auch *mağnūn*), sowie die

88 Für die rituelle Reinigung siehe Reinhart, »Impurity/No Danger«; Krawietz, »Vom Nutzen und Nachteil ritueller Unreinheit«, und Band II, Kapitel 5.1.2.

89 Müller, *Recht*, 343.

unterscheidungsfähigen Minderjährigen (*mumayyiz*, die Unterscheidungsfähigkeit ist *at-tamyīz*) sind eingeschränkt geschäftsfähig (*maḥǧūr*). Sie dürfen in der Regel nur mit der Unterstützung und Mitwirkung des Vormundes Geschäfte abschließen, deren Ausgang offen ist, belastende gar nicht, einseitig vorteilhafte dagegen selbst. Bei gottesdienstlichen Handlungen gilt, dass diese, falls die unterscheidungsfähigen Minderjährigen sie vollziehen, als gültig eingestuft werden. Es besteht aber keine Verpflichtung dazu. Einschränkungen in der Geschäftsfähigkeit werden auch für nachlässige (*safīh*) Personen diskutiert, die etwa über das übliche Maß hinaus verschwenderisch mit ihrem Hab und Gut umgehen (diesen Zustand nennen die Gelehrten *safah*). Auch können hohe Schulden zur Einschränkung der Geschäftsfähigkeit führen, was aber erst durch Gerichtsbeschluss wirksam wird.

Die Geschäftsfähigkeit von Personen, die ansonsten als vollumfänglich geschäftsfähig und verantwortlich für ihre Handlungen gelten, kann durch unterschiedliche Faktoren beeinträchtigt werden. Dazu gehört z. B., dass eine Person ohnmächtig wird. Verpasst sie es dadurch, Pflichtgebete zu verrichten, muss sie diese in der Regel nicht nachholen – hierin gibt es aber keine Einigkeit. Das Fasten dagegen muss nachgeholt werden, wenn jemand es durch eine Ohnmacht verpasst, während eines Tages im Ramadan zu fasten. Tätigt jemand während der Zeit, in der er:sie ohnmächtig ist, Aussagen, die juristische Konsequenzen hätten, werden diese ignoriert. Fällt man dabei aber z. B. auf eine Person und verletzt sie dadurch, muss dagegen Schadensersatz geleistet werden. Im Gegensatz zur Ohnmacht entschuldigt der Schlaf nicht, dass man es z. B. verpasst hat, ein Gebet zu verrichten; es muss nachgeholt werden. Aussagen im Schlaf werden genauso ignoriert und haben keine rechtlichen Konsequenzen.

Grundsätzlich entschuldigt das Vergessen Vergehen und das Vernachlässigen von Pflichten nicht. Dennoch gibt es insbesondere im Bereich der gottesdienstlichen Handlungen mildernde Umstände: Vergisst man, dass man fastet und isst versehentlich, so ist diese Handlung entschuldigt und man kann das Fasten fortsetzen. Rausch und Trunkenheit sind weitere Faktoren, die die Gelehrten in diesem Rahmen diskutieren. Wird der:die Handelnde durch medizinische Maßnahmen, durch Zwang oder aufgrund einer Notsituation (z. B. Konsum von alkoholischen Getränken, um nicht zu verdursten) in einen Rauschzustand versetzt, so gelten in der Regel die Bestimmungen für den Zustand der Ohnmacht; Aussagen und Handlungen haben keine juristischen Konsequenzen. In einigen Fällen ist man dennoch dafür verantwortlich, einen in diesem Zustand verursachten Schaden wiedergutzumachen. Für diejenigen, die sich freiwillig dafür entscheiden, berauscht zu werden, gelten andere Regeln. Grundsätzlich sind sich die Gelehrten einig darüber, dass ihre religiöse Verpflichtung nicht entfällt. Über ihre Geschäftsfähigkeit und Verantwortung im Bereich zwischenmenschlicher Handlungen ist man sich nicht einig. Die Meinungen erstrecken sich von der Beibehaltung der vollen Geschäftsfähigkeit und der vollständigen Verantwortung hin zur Hinfälligkeit juristisch relevanter Aussagen und Handlungen. In der Regel werden strafrechtliche Vergehen freiwillig betrunkener Personen sanktioniert.

Als einen weiteren Faktor, der die Verantwortung von Personen beeinträchtigen kann, wird der Zwang (*al-ikrāh*) diskutiert. So etwa können Aussagen, die unter Zwang getroffen wurden, als nichtig betrachtet werden, wogegen Handlungen, die in jedem Fall als verboten gelten (sowohl für denjenigen, der jemanden zwingt [*mukrih*] als auch für den Gezwungenen [*mukrah*]), bestraft werden können, wie z. B. die Tötung eines Menschen. Daher werden sie nicht entschuldigt. Für die Beurteilung solcher Fälle unterscheiden die Gelehrten auch die Art des Zwangs: Zwang mit Körperverletzung und tatsächlicher Lebensgefahr oder Zwang durch Androhung der Körperverletzung und durch Freiheitsberaubung. Dementsprechend unterschiedlich ist die Einschätzung dessen, unter welchen Umständen der:die Gezwungene oder der:diejenige, der:die zwingt, verantwortlich sind und wer dabei eine Sünde begeht.

All diese Gruppen können unabhängig von der Frage nach der Geschäftsfähigkeit Rechte haben. Rechte werden qua Geburt begründet, was mit dem Terminus *ahlīyat al-wuǧūb* bzw. *aḏ-ḏimma* wiedergegeben wird. Dazu gehört z. B. das Recht, einen Anteil am Erbe zu haben oder sich zu verschulden. Bei Schuldverhältnissen müssen die verschiedenen Geschäftsfähigkeitsstufen berücksichtigt werden. Die *ahlīyat al-wuǧūb* ist etwa für Embryonen beschränkt darauf, dass Rechte für sie begründet werden können; ihnen wird dagegen das Recht, sich verschulden zu können, nicht zugesprochen.

Geschäftsfähigkeit bzw. die Begründung des Persönlichkeitsrechts (*ḏimma*) ergibt sich nicht daraus, dass jemand muslimischen Glaubens ist. Nichtmuslim:innen können dieses auch besitzen. Die Gelehrten teilten Nichtmuslim:innen in drei Gruppen: Lebten Nichtmuslim:innen unter muslimischer Herrschaft, erkannten diese an und zahlten eine Kopfsteuer (*ǧizya*), so galten sie als Schutzbefohlene (*ḏimmī*). Damit waren sie Teil der muslimischen Gesellschaft: Sie durften unter dem Schutz des Herrschers dauerhaft dort leben, ihrer Arbeit bzw. ihren Geschäften nachgehen sowie ihre Religion ausüben. Eine andere Gruppe sind sogenannte *mustaʾman*, also Personen die eine vorübergehende Aufenthaltserlaubnis bzw. Schutzgarantie (*amān*) besaßen. Diese Personen hatten dieselben Rechte wie die erste Gruppe, jedoch zeitlich beschränkt. Die dritte Gruppe von Nichtmuslim:innen sind solche, die weder unter muslimischer Herrschaft leben noch eine Aufenthaltserlaubnis haben. Sie sind, sofern nicht anders geregelt, Gegner (*ḥarbī*, wörtl. ›Kriegsgegner‹), d. h. zur muslimischen Gesellschaft nicht zugehörig. Gegenstand des Kriegsrechts in sogenannten *Kitāb as-Siyar* – entweder als eigenständige Bücher oder als ein Kapitel in *furūʿ*-Werken – sind die Beziehungen zu nichtmuslimischen Mächten. Ob Nichtmuslim:innen als vollwertige *mukallaf* gelten und auch von einzelnen religiösen Verpflichtungen betroffen sind, also etwa zum Gebet aufgerufen, ist umstritten. Übereinstimmung besteht in der Auffassung, dass sie adressiert seien, den muslimischen Glauben anzunehmen. Einig sind sich die Gelehrten auch darin, dass der Vollzug gottesdienstlicher Handlungen seitens Nichtmuslim:innen nicht gültig ist, solange sie nicht zum Islam konvertieren.

Eine weitere Gruppe betrachten muslimische Gelehrte ebenfalls gesondert: Sklav:innen (männlich: *ʿabd, mamlūk, raqīq*, weiblich: *ama, ǧāriya*; auch: *milk al-yamīn*). Diese waren damals Teil vieler und damit auch eine Realität muslimischer Gesellschaften. Sie konnten selbst muslimisch sowie nichtmuslimisch sein. Im Bereich der gottesdienstlichen Handlungen hatten Sklav:innen dieselben Verpflichtungen wie freie Muslim:innen – Unterschiede gab es dennoch, wie etwa abweichende Regelungen für die Verhüllung von freien Frauen und Sklavinnen. Eine vollumfängliche Verantwortung hatten sie nicht, da sie als Sache galten, die gekauft, verkauft und vererbt werden durfte. Für Rechtsgeschäfte brauchten sie die Erlaubnis ihrer Besitzer:innen, etwa für die Eheschließung. Ausnahmeregelungen zu Sklav:innen gab es auch in anderen Bereichen des Rechts, wie etwa im Strafrecht bei der Ermittlung der Höhe des zu zahlenden Blutgeldes bei Tötungsdelikten. Die Besitzer von Sklavinnen durften ferner ohne eine Eheschließung mit ihnen Geschlechtsverkehr haben. Brachte z. B. eine Konkubine ein Kind von ihrem Besitzer auf die Welt, wurde das Neugeborene nicht als Sklave verstanden, sondern galt als frei. Dies hatte auch positive Konsequenzen für die Mutter: Die Mutter (sog. *umm walad*) durfte ab diesem Zeitpunkt nicht mehr verkauft werden und wurde frei, wenn der Besitzer verstarb. Das islamische Recht sieht verschiedene Vertragsformen und Möglichkeiten für die Freilassung von Sklav:innen vor, die in Rechtswerken detailliert beschrieben werden.[90]

Wir wissen nun, unter welchen Umständen Menschen als juristisch verantwortlich gelten. Es steht noch die Frage im Raum, nach welcher der vielfältigen Meinungen die Normadressaten, unter ihnen die Nichtexpert:innen, zu handeln haben, um die Vorgaben des islamischen Rechts einzuhalten. Die Gelehrten selbst – Mudschtahids, Muftis und Kadis – sind auch alle Normadressaten. Sie sind damit genauso wie alle anderen Menschen an die Normen im islamischen Recht gebunden, ebenso die Kalifen und Herrscher. Die Rechtsgelehrten entwickel(te)n selbst auch das Recht weiter und versuch(t)en zu bestimmen, welche Normen aus den Quellen abgeleitet werden können. Wie genau sie auf die Normfindung und -herleitung einwirken, können wir hier nicht besprechen.[91]

Für die Nichtexpert:innen gilt grundsätzlich, dass sie sich an den Entscheidungen der Muftis bzw. Kadis orientieren können bzw. müssen. Eine Fatwa ist, im Gegensatz zum Richterspruch, jedoch nicht

90 Siehe Oßwald, *Das islamische Sklavenrecht*.

91 Für die Rechtsquellen und die Herleitung von Normen siehe Band III und IV.

zwingend und bindend, sofern die Argumente nicht überzeugen. Nichtexpert:innen können sich für dieselbe Frage an mehrere Muftis wenden. Als Grundsatz wird hier der Hadith zitiert, dass man das Herz befragen soll, auch wenn ein Mufti sich zu einem Sachverhalt bereits geäußert hat. Man soll also gewissenhaft handeln. Es wäre daher nicht falsch zu schlussfolgern, dass die Fatwa eines Muftis kritisch hinterfragt werden kann. Tun die Nichtexpert:innen das nicht, ist es kein Fehler – sie können der Fatwa vertrauen. Ändert sich etwa die Meinung eines Muftis zu einem Fall, weil er einen Fehler im Gutachten entdeckt, ist der:die Nichtexpert:in entschuldigt und kann sich solange nach der bekannten Fatwa verhalten, solange er:sie keine Kenntnis über den neuesten Stand hat. Grundsätzlich gilt daher, dass die Nichtexpert:innen der Rechtsschule folgen, der auch die Muftis folgen – man wählt sich also keine Rechtsschule. Dennoch wurde stets darüber diskutiert, ob Nichtexpert:innen Lösungen aus verschiedenen Rechtsschulen anerkennen dürfen. Den Normadressaten war es in der Regel auch möglich, nach eigener Wahl Gerichte aufzusuchen, sofern es an einem Ort mehrere Richter gab, die unterschiedlichen Rechtsschulen folgten. Nicht möglich war es dagegen, nach der Urteilsverkündung ein weiteres Gericht aufzusuchen, um das Ergebnis zu ändern.

Es sei zuletzt daran erinnert, dass die Normadressaten durch ihre Anfragen an die Muftis einen Beitrag dazu leisteten (und weiterhin leisten), dass sich das Recht weiterentwickelt. Muftis reagierten so auf tatsächlich entstandene Fälle, aus denen sich allgemeine Regeln ableiten lassen und etablieren konnten, was auch für die Rechtsprechung an Gerichten galt, sofern Kadis die Muftis einbezogen. Daher haben auch die Fälle, die in Gerichtsprozessen behandelt wurden, und die mithilfe von Fatwas gelöst wurden, das Recht weiterentwickelt.

Zusammenfassung

Die Rechtsgelehrten versuchten über die Jahrhunderte hinweg systematisch die Frage zu lösen, wer sich an der Entwicklung und Anwendung des Rechts unter welchen Bedingungen beteiligen darf. Dafür haben sie Bestimmungen aufgestellt, die ihrer Auffassung nach Rechtssicherheit gewährleisten sollten. Die Systematisierungsbestrebungen sind dabei an spezifische Kontexte gebunden. Solche Vorstellungen konnten von Zeit zu Zeit und Ort zu Ort variieren. Rein rechtliche Kompetenzen wurden neben religiös-rechtlichen Kompetenzen verschiedenen Klassen von Gelehrten zugesprochen. Nicht nur die Rechtsgelehrten waren an der Entwicklung des Rechts beteiligt. Auch konkrete Anfragen von Nichtexpert:innen nach Rechtsgutachten konnten das Recht weiterentwickeln, indem die Gelehrten sie ernst nahmen und bewerteten. Kontrovers diskutiert waren zudem Themen der juristischen Verantwortung und der vollumfänglichen Geschäftsfähigkeit. Sie mussten gesondert begründet werden, da im islamischen Recht grundsätzlich gilt, dass Menschen frei von Verpflichtungen sind.

Kapitel 5: Die Medrese – Ort der juristischen Ausbildung

In diesem Kapitel möchte ich auf Bildungseinrichtungen eingehen, in denen Rechtsgelehrte, Kadis und Muftis ausgebildet wurden. Daneben möchte ich Bildungskonzepte und die Studienfächer zusammenfassend vorstellen. Beginnen wir mit den Bildungseinrichtungen.[92]

5.1 Bildungseinrichtungen

Die bekannteste Institution für die Ausbildung von Richtern, Muftis und Juristen waren Medresen (Sg. *madrasa*), also Hochschulen. Ihre Blütezeit und ihre flächendeckende Einführung in das Bildungssystem hatte die Medrese im 5./11. Jahrhundert, doch gab es Bildungseinrichtungen, die den Medresen vorausgingen und parallel mit ihnen existierten. Beginnen wir mit der Darstellung solcher Einrichtungen, woran sich die der Medresen anschließen wird.

Die ersten Einrichtungen, die für Bildungszwecke genutzt wurden, sind Moscheen (*masāǧid*, Sg. *masǧid*). Die muslimische Tradition verbindet die früheste Entwicklung mit den Lebzeiten des Propheten. In der Moschee des Propheten (*Masǧid an-Nabī*) soll es einen Bereich gegeben haben, in dem Bedürftige Unterkunft fanden, sich dem Studium des Korans widmen und sich mit dem Propheten im Austausch über die Grundlagen des Islams befinden konnten. Die Gruppe, die

92 Kapitel 5 orientiert sich vornehmlich an den Studien von Sebastian Günther (siehe Literaturverzeichnis) und Makdisi, *The Rise of Colleges* sowie Bakar, *Classification of Knowledge*.

dort Unterkunft fand, wurde *aṣḥāb/ahl aṣ-ṣuffa* (›Die Anwohner des Schattens‹) genannt. Nach diesem Vorbild spielten Moscheen lange Zeit eine zentrale Rolle für Bildungszwecke. In den Moscheen wurden Sitzungen (*maǧālis*, Sg. *maǧlis*) in Gelehrtenkreisen (Sg. *ḥalqa*) abgehalten, die sich dem Studium unterschiedlicher (religiöser) Wissenschaften widmeten. In vielen Moscheen wurden solche Unterrichtseinheiten angeboten. Sie konnten nach den dort unterrichtenden Gelehrten benannt werden. Statt nach Personen wurden Moscheen auch nach Orten benannt, die eine zentrale Rolle für die Bildung spielten, wie etwa die *Ǧāmiʿ az-Zaytūna* oder die *Ǧāmiʿ al-Qarawīyīn* in Fes im Jahre 245/859, die von Fāṭima bt. Muḥammad al-Fihrī gestiftet wurde. Wir wissen aus der Zeit der Mamluken, dass viele reiche Frauen Stifterinnen von Medresen und Moscheen waren und somit einen aktiven Beitrag zur Entwicklung der Wissenschaften leisteten.[93] Dies setzte sich über die Mamlukenzeit fort und war auch in der weiteren Geschichte üblich. Die zuletzt genannten Moscheen spielten über Jahrhunderte hinweg bis heute eine zentrale Rolle als Bildungs- und Kultureinrichtung.

Die Funktion von Moscheen als Bildungseinrichtung erweiterte sich mit der Anbindung von Unterkünften für Studierende. Solche Unterkünfte (Sg. *ḫān*) wurden mit der Zeit notwendig, da Studierende des islamischen Rechts längere Zeit an einem Ort bleiben mussten, um ein islamrechtliches Werk bei einem Gelehrten vollständig studieren zu können (zu den Unterrichtsformen siehe Kapitel 5.2). Mit dem 4./10. Jahrhundert nahmen Einrichtungen zu, die als Vorläufer der Medresen galten und sich an der Moschee als Vorbild orientierten. Vorläufer finden wir in Zentralasien, in Buchara und Nīsābūr, wie etwa die Medrese von Ibn Fūrak (gest. 406/1015), einem wichtigen ascharitischen Theologen. Es gab weitere Einrichtungen, die den Namen *dār as-sunan* (Haus der Traditionen) trugen und an denen u. a. islamisches Recht gelehrt wurde. Eine weitere Bildungsstätte war etwa

93 Vgl. Berkey, »Women and Islamic Education«, 144.

das *dār al-ʿilm* (Haus des Wissens), eine Art Bibliothek, in der Lernwillige diverse Disziplinen studieren konnten – einige davon gab es auch in Bagdad und Basra. An solchen Wissenschaftszentren wurden in erster Linie nichtreligiöse Wissenschaften gelehrt. Bibliotheken wie das berühmte *Bayt al-ḥikma* (Haus der Weisheit) spielten in diesem Rahmen eine zentrale Rolle für den Wissenstransfer aus nichtmuslimischen Wissenskulturen. In ihnen wurden Werke aus verschiedenen Wissenschaften übersetzt (woran Christen maßgeblich beteiligt waren), insbesondere medizinische und philosophische Werke. Das *Bayt al-ḥikma* in Bagdad wurde zwar vom abbasidischen Kalifen al-Maʾmūn (reg. 198–218/813–833) gegründet, hatte aber seine Wurzeln in der Bibliothek *Ḫizānat al-ḥikma* (Schatztruhe der Weisheit), die der abbasidische Kalif Hārūn ar-Rašīd (reg. 170–193/786–809) gegründet hatte.

Lehreinrichtungen wurden nicht nur an Moscheen angebunden, sondern auch an Mausoleen und Grabstätten berühmter gelehrter Persönlichkeiten. An Sufi-Konventen und -Orden, sog. *ḫanqāh, ribāṭ, zāwiya* und *tekke,* etablierten sich ebenfalls Bildungsstätten, wie etwa der Konvent von Ibn Ḥibbān al-Bustī (gest. 354/965), der nach seinem Tod zur Medrese umfunktioniert wurde. Zeitgleich entstand in Ägypten im Jahre 359/970 die al-Azhar-Moschee in Kairo unter den ismailitischen Fatimiden. Ab 378/988 wurde eine Bildungseinrichtung an sie angebunden und die ismailitische Lehre mit einem Schwerpunkt im islamischen Recht gelehrt. Später wurde die al-Azhar unter den Ayyubiden (566–648/1171–1250) zu einer sunnitischen Einrichtung umfunktioniert und genießt noch heute eine große Autorität unter den Sunniten. Im 5./11. Jahrhundert entstanden weitere schiitische Einrichtungen im Großraum Irak, wie etwa die Medrese von aš-Šayḫ al-Mufīd (gest. 413/1022) in Bagdad.

In dieses Jahrhundert fällt die flächendeckende systematische Einführung und Institutionalisierung von Medresen. Berühmtes Beispiel und Vorbild für andere Medresen ist die Niẓāmīya, errichtet im Jahre 458/1067 in Bagdad vom seldschukischen Wesir Niẓām al-Mulk (gest. 485/1092). Niẓām al-Mulk stammte aus Nīsābūr; es liegt also nicht fern, dass er die o. g. Vorläufer dort kannte und nach ihrem Vorbild Bildungseinrichtungen gründen ließ. Einer der berühmten

Gelehrten, die dort unterrichteten, war Abū Ḥāmid al-Ġazālī (gest. 505/1111). Ein anderes Beispiel neben den vielen von Privatpersonen gestifteten Medresen ist die Mustanṣirīya, gestiftet vom Kalifen Mustanṣir Bi-llāh (gest. 640/1242) in Bagdad, errichtet im Jahre 630/1233. Sie stach dadurch hervor, dass sie für das Studium der vier Rechtsschulen jeweils einen eigenen Iwan (*īwān,* ein gesonderter Bereich mit einem Gewölbe) anbot.

Man kann an der Entstehung der Medresen sehen, dass die Konkurrenz zwischen Sunniten und Schiiten durchaus eine Rolle spielte. Die einflussreiche, ismailitisch-schiitische Einrichtung al-Azhar und diverse schiitisch dominierte Bildungseinrichtungen haben einflussreiche sunnitische Privatpersonen und Politiker möglicherweise dazu motiviert, solche Bildungseinrichtungen zu fördern, die der sunnitischen Lehre folgen. Dennoch können wir feststellen, dass Medresen in Lehre und Forschung relativ frei waren und eine Art Forschungs- und Lehrfreiheit genossen, wie wir heute sagen würden. Schiitische Einrichtungen erfuhren zwar erst unter safawidischer Herrschaft (907–1148/1501–1736) einen Aufschwung mit der Gründung von Bildungsstätten, die wir heute als *ḥawza* kennen, sie hatten aber, wie wir sahen, Vorläufer schon im 4./10. Jahrhundert, insbesondere als *dār al-ʿilm* und auch in Form von Medresen. Das oben beschriebene *dār al-ʿilm* war zwar nicht rein schiitisch, aber die schiitische Lehre war durch die Einbindung vieler schiitischer Gelehrter stark vertreten. Zentren waren etwa Bagdad und Ghom (auch Qom bzw. Qum), die sich in einer Konkurrenzsituation befanden. Ein weiteres Zentrum in Naǧaf entstand im 5./11. Jahrhundert durch die Studien und den Ruhm von Abū Ǧaʿfar aṭ-Ṭūsī (gest. 460/1067), der Bagdad verlassen und nach Naǧaf umziehen musste. Noch heute genießt Naǧaf als Bildungsstandort hohe Anerkennung, jedoch musste diese Stadt mehrere Konkurrenzkämpfe gegen die Städte Kerbela und Hilla führen, aus denen berühmte schiitische Gelehrte stammen. Heute befindet sich die führende Lehreinrichtung in Ghom.

Obschon in Moscheen, Sufi-Konventen und vielen weiteren Orten nach der sunnitischen Lehre in ihrer unterschiedlichen Ausprägung Studienangebote verfügbar wurden, so hat doch die Gründung der Niẓāmīya die Entstehung neuer Medresen nachhaltig beeinflusst. Nach ihrem Vorbild entstanden Medresen und Wissenschaftszentren in Herat, Balch, Marw, Ṭūs und Isfahan, Mašhad und Ghom, daneben in Basra, Bagdad, Naǧaf, Kerbela (Karbalāʾ) und Hilla (Ḥilla), Damaskus und Aleppo und Palästina. Für Anatolien sind z. B. Bildungsstätten in Konya zu nennen, später sehr viele in Istanbul und vielen weiteren anatolischen Städten – die Medresen dort unterschieden sich von sog. *Enderūn-i Humāyūn Mektebi* in Edirne und Istanbul, die keinen Schwerpunkt in religiösen Wissenschaften hatten und Staatsbedienstete etc. ausbilden sollten. Auch in Bosnien, Ägypten (z. B. Kairo), in Fes (ab dem 6./12. Jahrhundert), Tunis, Tripolis, Córdoba, Toledo und Granada, Buchara, Samarqand, Marw und Farġānā entstanden Medresen und Wissenschaftszentren. In Indien waren Medresen ab dem 7./13. Jahrhundert geläufig, wie etwa die Firūz Šāh Medrese im Sultanat von Delhi. Eine einflussreiche Medrese, die bis heute auf die asiatische Tradition nachhaltig einwirkt, war die Medrese in Farangī Maḥall, Lakhnaw, die unter der Herrschaft von Awrangzīb (reg. 1068–1118/1658–1707) gegründet wurde. Mollā Niẓām ad-Dīn as-Sihālwī (gest. 1161/1748) schrieb das Curriculum *Dars-i Niẓāmī*, das Jahrhunderte lang erfolgreich gelehrt wurde. Auch wenn man lange Zeit annahm, dass in Südostasien die Medrese, dort auch *pesantren* bzw. *pondok pesantren* genannt, die geläufigste Form der Hochschule gewesen sei, zeigen neue Forschungen, dass diese Entwicklung eher im 18. Jahrhundert begann, etwa in Java und Sumatra, in Malaysia sogar noch ein Jahrhundert später.[94] *Pondok pesantren* sind von ihrer Struktur her den Medresen, die wir noch näher betrachten werden, ähnlich.

Medresen haben das Studium an Moscheen nicht beendet; es existierte weiterhin neben den anderen Institutionen. Im Vergleich zu Moscheen boten Medresen allerdings Studien für verschiedene Fächer im systematischen Sinne an. Neben den Unterkünften für Studierende und Lehrende, wie wir sie als *ḫān* kennen, konnten Medresen je nach Kapazität und Ressourcen Bibliotheken, Kantinen, Bäder

94 Hefner, »Education in Muslim Southeast Asia«.

und Krankenhäuser umfassen. Medresen wurden in der Regel von Privatpersonen bzw. von Stiftungen (*awqāf*, Sg. *waqf*) gegründet.[95] Stifter konnte auch die politische Obrigkeit sein, die sich in die Ernennung der Lehrer bzw. Professoren nicht einmischte und den Inhalt des Studiums nicht bestimmte – auf die Ernennung des vorsitzenden Lehrenden, quasi des Rektors, konnte sie dennoch Einfluss nehmen. Durch die Ernennung einer bestimmten Person wurde deutlich gemacht, dass die Medrese eine bestimmte Lehre favorisierte. Die Berufung schafiitisch-ascharitischer Gelehrter an die Niẓāmīya ist ein Beispiel dafür: Abū Isḥāq aš-Šīrāzī, Abū l-Maʿālī al-Ǧuwaynī und al-Ġazālī sind alle drei Vorreiter ascharitisch-schafiitischer Lehren. Medresen waren aus den genannten Gründen keine staatlichen Institutionen. Die Stiftungen konnten Studierende auch mit Stipendien fördern; der Zugang zu Medresen war prinzipiell für alle offen – über die Geschlechterverteilung gleich mehr (siehe die folgenden Absätze). Viele Medresen zeigten eine klare Zugehörigkeit zu einer Rechtsschule; es gab allerdings auch viele, die mehreren Rechtsschulen einen Platz boten. Grundsätzlich stand das Studium des Rechts im Vordergrund.

Kommen wir nun auf die innere Struktur der Medresen zu sprechen. Es gab an Medresen verschiedene Lehrende. Der Vorsitzende dieser war der *šayḫ*, der Meister. Dieser ist trotz gleichlautender Bezeichnung von einem Sufi-Meister eines Ordens zu unterscheiden. Der Vorsitzende konnte auch *imām* genannt werden, und die Lehrenden trugen oftmals ebenfalls den Titel *šayḫ*, der mit der Wissenschaftsdisziplin, die sie vertraten, konkretisiert wurde, wie etwa *šayḫ al-ḥadīṯ*, *at-tafsīr* (Koranexegese), *al-qirāʾa* (Koranlesarten) oder *aṭ-ṭibb* (Medizin). Es war nicht selten, dass die Lehrenden *ustāḏ* genannt wurden, heute eine Bezeichnung für Professoren an Universitäten. Je nach Anerkennung eines Gelehrten konnten ihm weitere Titel zukommen, wie u. a. *ar-raʾīs* (der Anführende) oder weitere lobende Titel im Superlativ. Der Lehrende für das Fach islamisches Recht hieß dagegen *mudarris*. Er hatte einen oder mehrere Stellvertreter (*nuwwāb*,

95 Für das Stiftungswesen siehe Müller, *Recht*, 402–420.

Sg. *nā'ib*). Je nach Größe der Medrese konnte nur das Recht einer Rechtsschule oder auch das von mehreren gelehrt werden. Der *mudarris* konnte mehrere Positionen zugleich innehaben; er konnte nebenbei auch als Kadi oder Mufti tätig sein. Die *mudarrisūn* hatten Assistenten, vergleichbar mit den wissenschaftlichen und studentischen Hilfskräften sowie den wissenschaftlichen Mitarbeiter:innen eines: einer Professor:in an einer modernen Universität. Eine Bezeichnung für den Mitarbeiter ist *mu'īd,* Repetitor (die gleiche Funktion hatte der *mustamlī* im Bereich des Hadith inne). Es gab auch Tutoren (Sg. *mufīd*), die mit den Studierenden schwierige Themen gesondert durcharbeiteten. Die Lehrenden an der Medrese haben, je nach Ort und Zeit in voneinander abweichender Höhe, Gehälter bekommen, obwohl die Frage nach dem Recht auf eine Bezahlung schon immer umstritten war. Es kam vor, dass Lehrende eine Unterkunft in der Medrese erhielten, oft hatten sie aber ein Privatheim. Üblich war es zwar nicht, dass Frauen die Tätigkeit von Lehrenden einnahmen; dennoch haben wir Berichte darüber, insbesondere in der Hadithwissenschaft, dass bekannte Gelehrte wie Ibn Ḥağar al-ʿAsqalānī (gest. 852/1449) und Ǧalāl ad-Dīn as-Suyūṭī (gest. 911/1505) bei mehreren Frauen studiert haben sollen.

Neben den Lehrenden gab es an Medresen Prediger (*al-ḫaṭīb* bzw. *al-wāʿiẓ*), die das Predigen lehrten und selbst Predigten hielten. Ein designierter Imam leitete die Freitagsgebete; die täglichen Gebete konnten er und auch andere leiten. Ein Gebetsrufer (*mu'aḏḏin*) konnte auch in einer Medrese tätig sein. Daneben gab es noch den *muʿallim* bzw. *mu'addib,* der den jüngeren Studierenden ab einem Alter von 6 oder 7 Jahren Lesen, Schreiben und Grundlagen der islamischen Religion beibrachte. Sie konnten in einer Medrese tätig sein oder in anderen Einrichtungen wie den *katātīb,* auf die wir noch zu sprechen kommen werden. Es gab daneben Kopisten, die *an-nāsiḫ* bzw. *al-warrāq* hießen; letztere Bezeichnung wird auch für Buchverkäufer benutzt. Die kopierten Manuskripte wurden vom *muṣaḥḥiḥ* lektoriert und vom *muqābil* bzw. *muʿāriḍ* zusammengetragen. Außerdem konnte es Hilfskräfte für die Lehrenden oder auch für einzelne (reiche) Studierende geben, die selbst studierten, sog. *al-ḫādim* (wörtl. ›Bediensteter‹).

Im Grunde genommen durfte jeder studieren und seine Lehrer:innen selbst auswählen. Die Dauer des Studiums hing davon ab, wie fleißig und interessiert ein Student (*ṭālib*, Pl. *ṭullāb*, *ṭalaba*) war. Studierende unternahmen Bildungsreisen, sog. Reisen auf ›der Suche nach Wissen‹ (*ṭalab al-ʿilm*). Meist wurden Unterrichtszirkel auf eine bestimmte Anzahl beschränkt – die Zahlen konnten abhängig von den Gegebenheiten variieren. Der Unterricht an einem Tag konnte je nach der Zeit des Lehrenden unterschiedlich lang ausfallen.

In den Medresen wurden Studierende oft in drei Klassen eingeteilt: a) Studienanfänger (*mubtadī*), b) diejenigen, die sich in der Mittelstufe befinden (Sg. *mutawassiṭ*) und c) Fortgeschrittene (*muntahī*).

Es gibt insgesamt wenige Berichte über Studentinnen. Im Bereich des Hadith begegnen wir aber in biographischen Werken durchaus Einträgen über Frauen, die bei Gelehrten studierten und die Klasse mit männlichen Studenten teilten. Im Bereich des Rechts kommt dies kaum vor; es gibt nur wenige Berichte über gemischte Gruppen, weswegen von einer geringen Anzahl von Studentinnen auszugehen ist. Aber: Selbst wenn es nicht üblich war, dass Frauen sich am Studium in Medresen beteiligten, waren sie vom Bildungssystem nicht ausgeschlossen. Denn das Studium der religiösen Wissenschaften im Kindesalter oder darüber hinaus sahen Muslim:innen als eine spirituelle Erziehung ihrer Kinder an. Jede:r brauchte Grundwissen oder aber auch vertiefte Kenntnisse, um diese dann weitergeben zu können, sei es in Moscheen oder privaten Lehrkreisen. Studentinnen hatten somit andere Studienmöglichkeiten, da das Studium sich nicht auf Medresen beschränkte. Es gab demnach verschiedene Möglichkeiten und Bildungswege, die aber selbst mit einem Abschluss nicht unbedingt in ein staatlich vergütetes Amt führten. Einer der Gründe für diese Entwicklungen könnte sein, dass Frauen z. B. das Amt eines Kadis in der Regel nicht einnehmen konnten. Andere Gründe konnten u. a. die Vorstellungen der Rechtsgelehrten über Geschlechtertrennung sein, die sie in ihren Schriften oft anführten.

Die soziale Realität dürfte anders ausgesehen haben, vor allem in Bildungseinrichtungen außerhalb von Medresen. Bildungsreisen waren schließlich nicht nur männlichen Studenten vorbehalten. Viele Frauen, die sich mit den Hadithwissenschaften beschäftigten, konnten selbst

Bildungsreisen unternehmen, sodass sie zu einer wichtigen Autorität in der Hadithtradierung werden konnten. Wir wissen auch, dass Frauen als Kopistinnen tätig waren, sich mit dem Sufismus befassten und sich mit Disziplinen wie Musik und Poesie beschäftigten. Nach ihrem Abschluss konnten sie selbst als Lehrende für Mädchen und Frauen tätig werden.[96]

Die Gelehrten diskutierten darüber, ob Frauen in Fragen, die nur sie betreffen, eine epistemische Autorität haben, wie etwa, wann der Menstruationszyklus einsetzt und wie man die genaue Menstruationsdauer ermittelt bzw. wie man mit Hilfe der Farben des Ausflusses ermittelt, ob eine Menstruation vorliegt. Solche Fragen hatten schließlich nicht nur Auswirkungen auf Regelungen dazu, ob Frauen in dieser Zeit gottesdienstliche Handlungen vollziehen dürfen, sondern auch z. B. auf das Scheidungs- und Eherecht. Das heißt, es wurde diskutiert, ob die Aussagen und Einschätzungen von gelehrten Frauen in diesen Bereichen gegenüber den Meinungen der männlichen Kollegen vorgezogen werden sollten und konnten. Gelehrte wie Fāṭima bt. ʿAbbās ibn Abī l-Fatḥ (gest. 714/1315) haben mit männlichen Gelehrten über eben diese Frage diskutiert. Der Grundgedanke ist, dass Frauen neben theoretischem Wissen über die Menstruation auch über praktische Erfahrung verfügen. Im Endeffekt hat sich eine solche Autoritätszumessung nicht durchgesetzt; die Gelehrten haben sich für die Autorität der Rechtsschulen entschieden.[97]

Ausbildungsziel in den Medresen war es, Gelehrte in diversen Disziplinen auszubilden, die dann wiederum als Lehrende an Medresen oder andernorts tätig werden konnten. Daneben wurden an Medresen, da es einen Schwerpunkt im islamischen Recht gab, Rechtsgelehrte, Richter und Muftis ausgebildet, darüber hinaus Imame, die Gebete leiten bzw. Predigten halten sollten. Absolventen konnten auch Kinder in *kuttāb* unterrichten – zu *kuttāb* unten gleich mehr. Frauen

96 Vgl. Berkey, »Women and Islamic Education«; Günther, »Education, general (up to 1500)«.

97 Vgl. Katz, »Scholarly versus Women's Authority in the Islamic Law of Menstrual Purity«.

konnten auf den oben beschriebenen alternativen Wegen einige dieser Ausbildungsziele erreichen, wie etwa, eine Muftiya (*muftīya*) zu werden. Es gibt Fälle, die uns zeigen, dass Frauen nicht nur in den Hadithwissenschaften bekannt waren, sondern auch als Muftiyas. Ein prominentes Beispiel ist die bereits oben erwähnte Fāṭima bt. ʿAlāʾ ad-Dīn as-Samarqandīya, die im 6./13. Jahrhundert lebte und gemeinsam mit ihrem Vater ʿAlāʾ ad-Dīn as-Samarqandī und ihrem Ehemann ʿAlāʾ ad-Dīn al-Kāsānī Fatwas erteilte.

Neben den bisher erwähnten Medresen, den Moscheen und Sufi-Orden gab es noch weitere Bildungseinrichtungen. Allen voran sind die *katātīb* (Sg. *kuttāb*, später unter Osmanen auch *mekteb-i ṣibyān*) und Bibliotheken (*maktab*) zu nennen, an denen Kinder mit 6 bzw. 7 Jahren begannen, u. a. Lesen, Schreiben, Koranrezitation und Grundwissen zur islamischen Religion samt den zu befolgenden islamrechtlichen Handlungsanweisungen und Verhaltensregeln zu erlernen. Daneben gab es spezielle Bildungseinrichtungen, wie etwa das *dār al-ḥadīṯ* (›Haus des Hadith‹), an denen Hadithe gelesen, überliefert und Hadithwissenschaften gelehrt wurden, das unter den Ayyubiden und Mamluken aufkam. Das erste bekannte soll Maḥmūd Nūr ad-Dīn Zangī (gest. 569/1174) in Damaskus gegründet haben, das Dār al-Ḥadīṯ an-Nūrīya. Wir können eine Konzentration von *dūr al-ḥadīṯ* in Damaskus sehen, daneben soll es einige in Kairo gegeben haben. Das *dār al-ḥadīṯ* konnte als eine eigenständige Einrichtung existieren oder aber auch der Name für die Abteilung in der Medrese sein, an der Hadithwissenschaften gelehrt wurden und Hadithüberlieferung stattfand. Ähnlich wie das *dār al-ḥadīṯ* soll es das *dār al-Qurʾān* (›Haus des Korans‹) bzw. *dār al-qurrāʾ* (›Haus der Rezitatoren‹) oder *dār al-ḥuffāẓ* (›Haus derjenigen, die den Koran auswendig gelernt haben‹) gegeben haben, an dem die Lesarten des Korans und die Rezitation gelehrt sowie das vollständige Auswendiglernen des Korans ermöglicht wurde. Wie ein *dār al-ḥadīṯ* konnte ein *dār al-Qurʾān* eigenständig oder als Teil einer Medrese sowie gemeinsam mit einem *dār al-ḥadīṯ* existieren. Gesondert von religiösen Studien gab es spezielle Bildungseinrichtungen, die ein Medizinstudium anboten. Dies geschah oft in privaten Einrichtungen oder aber auch in Krankenhäusern (Sg. *māristān*).

Wie zu sehen ist, konnten die Übergänge zwischen den verschiedenen Bildungseinrichtungen fließend sein. Nicht immer war eine klare Abgrenzung möglich. Obwohl es viele Einrichtungen gab, an denen Studierende eine islamrechtliche Ausbildung genießen konnten, war es nicht von zentraler Bedeutung, *wo* man studierte, sondern bei *wem*. Daher sehen wir in biographischen Werken, dass die Aufzählung der Lehrer als Referenz einen wichtigen Platz einnimmt. Die Expertise und Authentizität des erworbenen Wissens wird durch die Schüler-Lehrer-Beziehung und durch das Gelehrtennetzwerk, in dem sich die jeweilige Person verortete, begründet. Diese Beziehung verschafft auch den Zugang zu Medresen und Gelehrtenkreisen. Daher ist das Schüler-Lehrer-Verhältnis in Schriften muslimischer Gelehrter, die sich Gedanken über Bildungskonzepte und Unterrichtsformen machten, zentral, wie im Folgenden besprochen werden soll.

5.2 Bildungskonzepte und Unterrichtsformen

Das Streben nach Wissen ist nach der Auffassung muslimischer Gelehrter ein hohes Gut. Sie belegen seinen Wert mit bekannten Hadithen, wie z. B. »Das Streben nach Wissen ist für jeden Muslim eine Pflicht« oder mit dem Zusatz »Strebe nach Wissen, auch wenn es in China ist«.[98] Andere Hadithe betonen die Wichtigkeit der Wissensaneignung für Frauen (besonders die gute Bildung von Töchtern)[99] und Männer zugleich. Nicht selten wird Bildung und ihre Wichtigkeit mit Koranversen in Verbindung gebracht. Im juristischen Diskurs gehen Gelehrte sogar davon aus, dass es Wissensbereiche gibt, über die jede:r Muslim:a Wissen haben muss; es sei eine individuelle Pflicht (*farḍ al-ʿayn*), etwa Wissen im Bereich der gottesdienstlichen Handlungen, darunter Speisevorschriften, zu haben.

98 Ibn ʿAbd al-Barr, *Ǧāmiʿ bayān al-ʿilm*, I:23–38.
99 Ibn Ḥaǧar, *Fatḥ al-bārī*, XXII:210, No. 5995.

Weder der Koran noch die Sunna geben ein Bildungskonzept vor; diese sind im Gelehrtendiskurs entstanden. Begriffe, die Bildung und Erziehung wiedergeben sollen, sind etwa *taʿlīm* und *taʿallum*, welche verwandt sind mit dem Nomen *ʿilm* (Wissen) und für das Lehren von Angesicht zu Angesicht stehen. *Tadrīs* steht für die Vermittlung von Wissen auf dem Niveau fortgeschrittener Studien. Wir sahen, dass man die Rechtsgelehrten an Medresen *mudarris* nannte; beide Begriffe (*tadrīs* und *mudarris*) stammen von demselben Wortstamm *d-r-s* (im II. Stamm). *Taʾdīb* steht repräsentativ für kulturelle Erziehung (der Erzieher ist, wie oben erwähnt, der *muʾaddib*). Ein eher moderner Begriff für Erziehung und Bildung ist *tarbiya*.

Bildungskonzepte, die die Gelehrten vorschlugen, waren vom griechisch-hellenistischen, persischen und arabischen Erbe beeinflusst. Einiges aus diesem Erbe wurde adaptiert, weitere Ideen unabhängig davon entwickelt. Den Einfluss des hellenistischen Erbes sehen wir insbesondere bei muslimischen Philosophen, die aus der philosophischen Tradition Ideen zur Entwicklung des menschlichen Charakters (*aḫlāq*) aufnahmen und entsprechende Vorschläge zur Bildung und Erziehung machten. Im Folgenden sollen in Kürze einige Bildungskonzepte von Gelehrten vorgestellt werden, die man bis in das 2./8. Jahrhundert zurückführen kann.

Eine frühe Schrift zur Bildung liegt uns von Abū Muqātil Ḥafṣ ibn Salm as-Samarqandī (gest. 208/823) vor; sie wird unter dem Titel *Kitāb al-ʿālim wa-l-mutaʿallim* auch Abū Ḥanīfa zugeschrieben. Es ist eine Abhandlung systematisch-theologischen Inhalts; also thematisch eher dem *kalām* zuzuordnen. Das Buch ist nach dem Frage-Antwort-Muster aufgebaut; der Schüler befragt den Meister, der auf seine Fragen antwortet. Wahrscheinlich gibt der Text die Diskussion zwischen Abū Ḥanīfa und as-Samarqandī wieder. Wenn wir nach dem Bildungskonzept fragen, stechen zwei Aspekte hervor: Das Erlernen von argumentativer Stringenz und rationaler Durchdringung des Untersuchungsgegenstandes (in theologischen Fragen sind dies die Glaubensgrundlagen) durch die Frage-Antwort-Methode und das respektvolle Verhältnis zwischen Schüler und Lehrer.

Die Diskussion des Gelehrten mit seinen Schülern, auch im größeren Kreis, wird von vielen Gelehrten als eine Lehrmethode dargestellt, auf die große Autoritäten wie Abū Ḥanīfa und aš-Šāfiʿī zurückgegriffen hätten. Im Gegensatz zur vorgenannten Schrift steht eine frühe Abhandlung, die sich dezidiert dem Schüler-Lehrer-Verhältnis widmet. Diese stammt aus der Feder des malikitischen Rechtsgelehrten und Richters Ibn Saḥnūn (gest. 256/870), Sohn des berühmten Malikiten Saḥnūn. Er bezieht sich auf die Erziehung und Bildung von Kindern mit 6 bis 7 Jahren. Die Lehrenden sollen den Kindern Koranrezitation und das Auswendiglernen des Korans beibringen, Grundwissen zu religiösen Pflichthandlungen vermitteln und sie das Lesen und Schreiben sowie korrektes Verhalten lehren. Daneben sollen Mathematik, Poesie, Redewendungen und historische Erzählungen Gegenstand des Unterrichts sein. Gruppenarbeiten sowie eine gesunde Konkurrenz fördern nach Ibn Saḥnūn das Lernen. Ibn Saḥnūn macht sich auch Gedanken über das korrekte Verhalten der Schüler und Lehrer, das auf gegenseitigem Respekt beruhe, auch wenn er Strafmaßnahmen für den Lehrer erlaubt.

Einen anderen Ansatz verfolgt Abū ʿUṯmān Amr ibn Baḥr al-Ǧāḥiẓ (gest. 255/869). Er betont das Erlernen der Fähigkeit, über Dinge rational reflektieren zu können. Das Schreiben diene diesem Zweck, sodass er das Schreiben dem Auswendiglernen vorzieht. Das Auswendiglernen verwirft er aber nicht vollständig. Zu den Fächern, die Kinder und Jugendliche absolvieren sollten, gehören nach al-Ǧāḥiẓ neben Schreiben und Lesen auch Mathematik, Recht, Grundlagen des muslimischen Glaubens, Arabisch, Grammatik, Kenntnisse über den Koran und Poesie. Er betont daneben auch die körperliche, sportliche Betätigung neben Kenntnissen und Fertigkeiten im Bereich der Musik. Spiele sind für ihn ebenfalls Teil der Erziehung. In all diesen Fächern spielen die Lehrer eine zentrale Rolle; sie dienen als Vorbild für Schüler und sollten sich daher eloquent ausdrücken können. Zusammengefasst: Kreatives Denken, rationale Durchdringung von Argumenten und ausgeprägte Schreibfertigkeiten sind zentrale Bausteine des Bildungskonzeptes von al-Ǧāḥiẓ.

Inspiriert von der philosophischen Tradition schlägt Abū Naṣr al-Fārābī (gest. 339/950, lat. Abunaser bzw. Alfarabius), der sich über die Erziehung der Kinder hinaus grundsätzlich Gedanken über die Bildung macht, ein anderes Modell vor. Er trennt Disziplinen nicht in religiöse und nichtreligiöse auf, sondern entwirft ein holistisches Verständnis der Wissenschaften. Zudem lenkt er die Aufmerksamkeit vom Lehrer auf die Schüler, wobei der Lehrer nicht von der Verantwortung, Inhalte adäquat zu lehren, befreit wird. Die Lehrenden müssen Methoden wie Analogie, induktive Argumentation und verschiedene Typen von Syllogismen beherrschen, damit sie den Schülern die Inhalte nachvollziehbar vermitteln können. Die Vervollkommnung der Ethik und der Moral hat für al-Fārābī oberste Priorität, sodass das Studium selbst zu einer tugendhaften Handlung wird. Sein Ansatz, keine Trennung in religiöse und nichtreligiöse Wissenschaften vorzunehmen, hat sich für die Organisation der Lehre an Medresen, wie wir im nächsten Kapitel sehen werden, jedoch nicht durchsetzen können; andere Konzepte wurden seinen vorgezogen.

In al-Fārābīs Fußstapfen – ähnlich auch den (ismailitischen) ›Lauteren Brüdern‹ (*al-iḫwān aṣ-ṣafāʾ*) – weiterschreitend hat sich Ibn Sīnā (gest. 428/1037, lat. Avicenna) ebenfalls mit diesem holistischen Ansatz und auf die philosophische Tradition bezugnehmend mit der Erziehung und Bildung von Kindern befasst. Ibn Sīnā achtet besonders auf die Harmonie zwischen geistigen Fähigkeiten und der körperlichen Entwicklung sowie der emotionalen Umgebung der Kinder. Kinder sollen den Koran auswendig und das Lesen und Schreiben erlernen sowie Kenntnisse in den Grundlagen der Religion erwerben. Bei Ibn Sīnā spielt der Koran eine zentrale Rolle u. a. für die Vermittlung von moralischem und gutem Handeln. Poesie und Sprachgewandtheit betont Ibn Sīnā ebenfalls. Der schiitische Gelehrte Naṣīr ad-Dīn aṭ-Ṭūsī (gest. 672/1274) bezieht in diesen Ansatz, der die Tugendlehre und die ethische Vervollkommnung in den Vordergrund rückt, die Eltern der Schüler ein, die gleichfalls eine Verantwortung für die Bildung der Kinder tragen. Das Konzept, dass Erziehung und Bildung der ethischen Vervollkommnung entsprechend der Tugendlehre dienen soll, beeinflusste der schiitische Gelehrte Ibn Miskawayh (gest. 421/1030) mit seiner Schrift zur Ethik nachhaltig.

Einen alternativen Ansatz sehen wir in spirituellen Bildungskonzepten. Eine frühe Persönlichkeit, die die spirituelle Erziehung betont, ist der ismailitische Gelehrte Ǧaʿfar ibn Manṣūr al-Yamān (erste Hälfte des 4./10. Jahrhunderts). Das spirituelle Wissen hat bei ihm oberste Priorität; das Erlernen von Wissen soll der Absicht gerecht werden, sich spirituell weiterzubilden und zu erziehen. Dieses Wissen soll Handlungen ermöglichen, von denen man selbst und die Gesellschaft profitieren soll. Einen elaborierteren Ansatz sehen wir dagegen bei al-Ġazālī, der die sunnitische Tradition nachhaltig beeinflusste. Obwohl er einen spirituellen Ansatz hat, setzt al-Ġazālī die griechische Logik – mit zeitgenössischen Begriffen gesprochen – als Standard der wissenschaftlichen Auseinandersetzung innerhalb der Wissenschaftsdisziplinen fest. Für al-Ġazālī spielt das Herz eine zentrale Rolle in Bildung und Erziehung. Es ist der Lokus des Lernens, Denkens und Wissens. Damit ist Bildung nicht nur die Vermittlung von Wissen, sondern eine ethische Vervollkommnung und der Weg, der zum jenseitigen, ewigen Glück führen soll. Als Konsequenz haben theologische bzw. religiöse Wissenschaften Vorrang gegenüber anderen. Aus seiner langjährigen Erfahrung als Lehrer an der Niẓāmīya schöpfend macht al-Ġazālī konkrete Vorschläge dafür, wie sich die Lehrer und Schüler zu verhalten haben, damit Wissen korrekt vermittelt und in das Leben integriert werden kann. Auf Seiten der Schüler gehört die Reinigung der Seele dazu, ferner die Konzentration auf das Studium, die Anerkennung der Autorität des Lehrers und das stufenweise Erlernen der Wissenschaften. Auf Seiten der Lehrenden schlägt al-Ġazālī u. a. vor, emphatisch zu sein und sich bewusst zu machen, dass der Lehrer eine große Verantwortung trägt, da er Wissen vermittelt, welches das Leben der Studierenden beeinflusst. Ferner soll sich der Lehrer auf die Studierenden einlassen und sie nicht überfordern.

Al-Ġazālī hat in unterschiedlichen Werken verschiedene Taxonomien der Wissenschaften vorgenommen, die dem Ziel der Wissensaneignung diesen sollen. Seine bekannteste stammt aus seinem *Iḥyāʾ ʿulūm ad-dīn*. Grundsätzlich unterscheidet er zwischen religiösen und nichtreligiösen Wissenschaften und favorisiert die religiösen, wie etwa die Beschäftigung mit dem Koran, der Sunna und dem Recht. Religiöse Wissenschaften unterteilt er in grundlegende, abgeleitete, propädeutische und vervollständigende Wissenschaften. Die nichtreligiösen unterteilt er in erstrebenswerte und zu vermeidende Wissenschaften, denn jede Wissensaneignung kann das Herz als Lokus des Wissens negativ oder positiv beeinflussen. Wie genau er die Unterteilung vornimmt, werden wir im nächsten Kapitel noch sehen.

Im Gegensatz zu diesen Bildungskonzepten macht sich der hanafitische Jurist und Philosoph Burhān ad-Dīn az-Zarnūǧī (gest. im 7./13. Jahrhundert) mehr Gedanken über Methoden. Er konzentriert sich u. a. auf die Wichtigkeit der Wiederholung und auf das Auswendiglernen des erlernten Stoffes. Daneben finden wir bei ihm ebenfalls Aussagen dazu, dass das Erlernen der Wissenschaften zum jenseitigen Glück führen soll – diese spirituelle Dimension wird in vielen Konzepten beibehalten. Eine besondere Bedeutung für den Wissenserwerb hat für ihn das islamische Recht, denn es vermittelt Handlungsanweisungen und zeigt Grenzen zulässiger Handlungen, die ein gottgefälliges Leben ermöglichen. Die Freude am Lernen stellt in seinem Bildungskonzept den Ausgangspunkt eines erfolgreichen Studiums dar. Im Gegensatz zu az-Zarnūǧī betont der schafiitische Richter und Rechtsgelehrte Badr ad-Dīn Ibn Ǧamāʿa (gest. 733/1333) die zentrale Rolle der Lehre und des Studiums mit Büchern. Das Lesen dieser Bücher und die Grundlegung des Unterrichts auf ihren Inhalt ist für ihn die Voraussetzung eines erfolgreichen Studiums. Im Zentrum der Wissenschaften stehen für ihn der Koran und die Sunna. Blicken wir auf das von ihm vorgeschlagene Schüler-Lehrer-Verhältnis, so müssen sich Lehrer auf die Lernkapazitäten der Schüler einlassen und dürfen sie nicht überfordern. Daher sollen Lehrer die Schüler stetig prüfen, um den Wissensstand zu ermitteln und die Lehre entsprechend anpassen. Die Schüler dagegen müssen sich komplett auf das Studium konzentrieren und aufrichtig studieren. Ibn Ǧamāʿa hat auch Vorstellungen davon, wie der Tag für das Studium eingeteilt werden sollte. Das Auswendiglernen soll morgens, Nachforschungen bei der Morgendämmerung, das Schreiben mittags, das Studium und die Diskussion abends erfolgen.

Aus all diesen Bildungskonzepten lässt sich schlussfolgern, dass das Lesen und Memorieren des Korans, sein Studium, das Studium der Sunna und des Rechts eine zentrale Rolle spielten. Lernen ist dabei keine reine Wissensaneignung, sondern immer ein Vehikel der ethischen Vervollkommnung und bei den meisten Theologen ein

Mittel zur Erlangung jenseitigen Glücks. Die ethische Vervollkommnung kann entweder mit der Betonung religiöser Wissenschaften geschehen (wie etwa bei al-Ġazālī, az-Zarnūǧī und Ibn Ǧamāʿa) oder durch holistische Herangehensweisen an die Wissenschaften, die alle zur ethischen Vervollkommnung beitragen (wie etwa bei al-Fārābī und Ibn Sīnā). Dabei können spirituelle Ansätze (z. B. al-Ġazālī) rationalistischen (z. B. al-Ǧāḥiẓ) gegenüberstehen. Allen Ansätzen ist gemein, dass für das erfolgreiche Studium eine gesunde Schüler-Lehrer-Beziehung vorausgesetzt wird. Die meisten Autoren äußern sich daher detailliert zu dieser Frage. Dieser Ansatz ist nicht unbekannt. Wir haben bereits in Kapitel 4 gesehen, dass Werke der Art *adab al-muftī* und *adab al-qāḍī* Verhaltensregeln zwischen den Fragenden und den Respondenten ansprechen. Daneben waren enge Verhältnisse zwischen Meister und Schüler aus anderen Kontexten bekannt, wie etwa in sufischen Kreisen, in denen auch Studien betrieben wurden. Dort folgten die Schüler (jetzt: *murīd*) dem spirituellen Lehrer (*muršid*), um die Seele zu läutern und bei ihm zu studieren. So konnte in verschiedenen Kontexten die Authentizität des erlernten Wissens durch das Schüler-Lehrer-Verhältnis nachgewiesen werden. Für die Hadithwissenschaft ist dies von besonderer Wichtigkeit, um etwa ermitteln zu können, ob ein Hadith eine Lücke in der Überlieferungskette (*sanad, isnād*) aufwies, was sich auf die Evaluation auswirkte, ob ein Hadith tatsächlich vom Propheten Muhammad stammt.

Kommen wir nun zu den Grundlagen des Unterrichtsformates: Den Lehrenden wird für die Begleitung der Studierenden empfohlen, den zu erlernenden Stoff von einfach hin zu schwer zu ordnen und entsprechend vorzugehen. Dies ermöglicht auch, Bekanntes für die Erschließung vom Neuen vorauszusetzen (ähnlich dem Analogieschluss). Zudem können die Studierenden das Argumentieren durch Diskussionen mit dem Lehrer erlernen, da dieser ein Vorbild für die Studierenden war. Aus diesem Grund machen sich die Gelehrten detailliert Gedanken darüber, wie sich Lehrer zu verhalten haben.

Das Memorieren hatte insgesamt eine wichtige Funktion. Kürzere Texte in verschiedenen Wissenschaften wurden von Studierenden auswendig gelernt, sodass die Lehrenden basierend auf diesen den Unterricht gestalten und Wissen vertiefen konnten. Dieser Ansatz wirkte sich auch auf die Textproduktion aus. Es gibt viele Texte, die Textvorlagen in Gedichtform umschrieben oder selbst in Gedichtform geschrieben wurden (was auch erklärt, wieso das Studium der Poesie von vielen Autoren betont wurde). Die Gedichtform (oft mit Reimen) soll das Auswendiglernen erleichtern. Es gibt eine reiche Palette solcher Werke aus diversen Disziplinen; hier seien nur einige Beispiele aus der *furūʿ al-fiqh*-Literatur genannt. Studierende haben nicht nur die Gedichtform dieser Werke auswendiggelernt; es war auch üblich, *muḫtaṣar*-Werke in ihrer Originalfassung zu memorieren:

Rechtsschule	**Gedichtform**	**Original**
hanafitisch	Ibn al-Faṣīḥ (gest. 755/1354), *Mustaḥsan aṭ-ṭarāʾiq*	Abū l-Barakāt an-Nasafī (gest. 710/1310), *Kanz ad-daqāʾiq*
malikitisch	Aḥmad ibn al-Qāsim al-Būnī, (gest. 1139/1726) *Naẓm fuṣūl al-Muḫtaṣar Ḫalīl*	Ḫalīl ibn Isḥāq al-Ǧundī (gest. 776/1374), *Muḫtaṣar*
schafiitisch	Šams ad-Dīn Muḥammad ibn al-Mawṣilī (gest. 774/1372–73), *Naẓm al-Minhāǧ*	Yaḥyā ibn Šaraf an-Nawawī (gest. 676/1277), *Minhāǧ aṭ-ṭālibīn*
hanbalitisch	Abū Zakarīyā Ǧamāl ad-Dīn Yaḥyā ibn Yūsuf aṣ-Ṣarṣarī (gest. 656/1258), *ad-Durrat al-yatīma wa-l-maḥaǧǧat al-mustaqīma*	Abū l-Qāsim al-Ḫiraqī (gest. 334/946), *al-Muḫtaṣar*

Der Unterricht basierte üblicherweise auf Grundlagentexten und war demzufolge text- und nicht themenorientiert. Ein Standardwerk wurde gemeinsam mit dem Lehrer gelesen, von ihm kommentiert und mithilfe seiner Assistenten wiederholt gelesen; über strittige Themen wurde diskutiert. Insbesondere in den Hadithwissenschaften spielten das aufmerksame Hören (*samāʿ*) des vorgetragenen Buchs bzw. des Hadith sowie Diktate (Sg. *imlāʾ*) eine zentrale Rolle. Denn die Art und Weise, wie ein Hadith in Studienzirkeln weitergegeben wurde (sog. *taḥammul al-ʿilm*), konnte bei der Evaluation von Überliefererketten wichtig sein. Es gab zwar Versuche, die Begriffe, die auf die Tradierungsweise der Hadithe verweisen sollten, zu vereinheitlichen, doch gibt es keine verlässlichen Informationen diesbezüglich. So soll etwa die Formel *ḥaddaṯanā* (›es erzählte uns‹) signalisieren, dass man den Hadith direkt vom *šayḫ* in einer Gruppe von Personen hörte. Das sollte sich vom Vortrag eines Schülers in Anwesenheit des Gelehrten, impliziert mittels der Formel *aḫbaranā* (›es berichtete uns‹) unterscheiden. In der Praxis war die Benutzung solcher Begriffe allerdings nicht einheitlich und die Grenzen zwischen ihnen oft fließend: so konnte etwa *aḫbaranī* auch bedeuten, dass man aus einem Werk einen Hadith tradiert, wozu man eine Tradierungserlaubnis (also eine *iǧāza*) hatte. Eine Bemerkung noch zu Diktaten: Viele Rechtswerke sind als Diktate des Lehrers entstanden. Ein beeindruckendes Beispiel dafür ist der Hanafit Šams al-Aʾimma as-Saraḫsī (gest. 483/1090), der seinen Schülern große Teile seines voluminösen Werkes *al-Mabsūṭ* (im heutigen Druck 30 Bände), ein umfangreicher Kommentar zum *Muḫtaṣar al-kāfī* von al-Ḥākim aš-Šahīd (gest. 334/945), unter widrigen Umständen in einem Gefängnis diktierte. Seine Schüler haben ihm wahrscheinlich die Vorlage vorgelesen, die er kommentierte.

Hatte man ein Werk gemeinsam mit dem Lehrer gelesen und studiert, erhielt der Student eine Erlaubnis (*iǧāza*), dieses Werk zu tradieren und zu lehren. Es wurden, für gewöhnlich nach einer Disputation (*munāẓara*), Erlaubnisse erteilt, Fatwas zu erteilen (für *iftāʾ*) oder zu unterrichten (also für *tadrīs*). Ein Gelehrter konnte eine allgemeine Erlaubnis (*iǧāza ʿāmma*) erteilen, wenn er mehrere Fächer lehrte. Man konnte so als Student mehrere einzelne und allgemeine Erlaubnisse erhalten, wofür sich Studienreisen anboten.

Disputationen (Sg. *munāẓara*, auch *muḏākara*, insbesondere in Hadithwissenschaften) waren ein wichtiger Teil des Studiums sowie des Abschlusses des Studiums. In Disputationen wurde das Erlernte vertieft, Argumentationsmuster wurden überprüft und entwickelt, Argumente auf den Prüfstand gestellt, die kohärente Argumentation und Entwicklung von Kontraargumenten erlernt. Daher kann die islamische

Wissenschaftstradition eine reiche Literatur zu *munāẓara* und *ǧadal* vorweisen, also zu den Regeln und Prinzipien des Disputierens und Diskutierens. Die Lehrzirkel (Sg. *ḥalqa, maǧlis*) boten dafür zahlreiche Möglichkeiten an. Die mündliche Tradition des Lernens und Lehrens wurde somit in Form von *munāẓara, muḏākara* und *samāʿ* beibehalten.

Wir sahen oben bereits, dass ab dem 3.–4./9.–10. Jahrhundert vermehrt Bücher, die repräsentativ für eine Rechtsschule oder eine Disziplin waren, als Unterrichtsvorlage benutzt und gemeinsam gelesen wurden. Wie früh schriftliches Material für die Lehre systematisch eingesetzt wurde, war in der Forschung zu den islamischen Wissenschaften umstritten. Die vertretenen Meinungen gehen von rein mündlichen Unterrichtszirkeln hin zu Vorlesungen mit überwiegend schriftlichen Notizen und Buchvorlagen aus. Mittlerweile haben wir genügend Nachweise aus der Geschichte, die zeigen, dass es auch in den ersten zwei Jahrhunderten schriftliche Vorlagen gab, sie aber zunächst nicht ausschließlich die Grundlage des Studiums darstellten, was sich aber mit der Zeit rapide änderte: Bücher wurden zum festen Bestandteil der Lehre.

Das Curriculum an den Medresen folgte einer Taxonomie der Wissenschaften, die zwischen religiösen und nichtreligiösen Wissenschaften unterschied – Beispiele dazu haben wir oben bei den Ausführungen zu Bildungskonzepten gesehen. Das nächste Unterkapitel wird sich zusammenfassend mit unterschiedlichen Modellen der Einteilung von Wissenschaften beschäftigen und im Anschluss exemplarisch Studienfächer an Medresen aufzählen.

5.3 Einordnung der Wissenschaften und das Curriculum

Innerhalb der muslimischen Gelehrsamkeit gab es unterschiedliche Ansätze, Wissenschaftsdisziplinen zu kategorisieren. Wenige Rechtsgelehrte haben sich mit diesem Thema befasst. Die prominentesten unter ihnen sind Ibn Ḥazm und al-Ġazālī. Ansonsten beschäftigten sich insbesondere Philosophen mit der Wissenschaftstaxonomie. Wir können die unterschiedlichen Systeme hier nicht untersuchen. Einige sollen hier jedoch repräsentativ genannt werden, um zu verstehen, unter welchen Gesichtspunkten die Wissenschaftsdisziplinen kategorisiert wurden und welches System sich durchgesetzt hat. Wir finden verschiedene Kategorisierungsmodelle vor, die in zwei größeren Gruppen zusammengefasst werden können: a) Unterscheidung von theoretischen und praktischen Wissenschaften nach philosophischen Gesichtspunkten und b) nach religiösen und nichtreligiösen.

Beginnen wir mit der Unterscheidung zwischen praktischen und theoretischen Wissenschaften nach philosophischen Gesichtspunkten. Repräsentativ für die Taxonomien der Philosophen ist die Kategorisierung von Abū Naṣr al-Fārābī, der der aristotelischen Tradition, die Wissenschaften einzuteilen, treu blieb, aber einer eigenen Systematik folgte. Aristoteles teilt die Wissenschaften in theoretische (Philosophie, Theologie, Ontologie, Logik, Mathematik und Physik), praktische (Ethik, Rhetorik und Politik) und poietische Wissenschaften (Handwerk, Dichtung etc.). Al-Fārābī dagegen macht zwar die Unterscheidung zwischen praktischen und theoretischen Wissenschaften, bestimmt aber fünf Oberkategorien: a) Wissenschaften der Sprache, b) Logik, c) Mathematik, d) Physik und Metaphysik sowie e) Politik, *fiqh* und *kalām*. Für al-Fārābī sind z. B. *fiqh* und *kalām* nicht nach dem Gesichtspunkt des Religiösen einzuordnen, sondern Teil der praktischen Wissenschaften. Theoretische Wissenschaften sind dagegen Metaphysik, Physik und Mathematik. Ibn Sīnā folgt zum größten Teil dieser Einteilung al-Fārābīs. In diesem System sticht hervor, dass philosophisches Wissen religiösem übergeordnet wird. Bei Ibn al-Akfānī (gest. 749/1348) sehen wir ebenfalls, dass er religiöse Wissenschaften (wie z. B. Koranlesarten, Hadithwissenschaften, Koranexegese, *fiqh*, *uṣūl al-fiqh*), die er als *ʿilm an-nawāmīs* bezeichnet, den philosophischen zuordnet und darunter subsumiert. Ausschlaggebend ist in seinem System nicht der religiöse Charakter einer Wissenschaft, sondern die rationale Erfassbarkeit und Nachvollziehbarkeit.

Eine ähnliche Unterscheidung in philosophische und nichtphilosophische Wissenschaften unter den Philosophen unternimmt Quṭb ad-Dīn aš-Šīrāzī (gest. 710/1311). Die philosophischen Wissenschaften unterteilt er in theoretische (Metaphysik, Mathematik, Physik und Logik) und praktische (Ethik, Ökonomie und Politik); nichtphilosophische unterteilt er in religiöse (diese in überlieferungsbasiert, rein rational und eine Mischung daraus) und nichtreligiöse (z. B. Literaturwissenschaften). Innerhalb der religiösen Wissenschaften unterscheidet er zudem zwischen fundamentalen (*uṣūl ad-dīn*, d. h. das Wissen um und über Gott) und hergeleiteten Wissenschaften (Koran- und Hadithwissenschaften, *uṣūl al-fiqh*).

Einen anderen Weg geht der Philosoph Abū l-Ḥasan al-ʿĀmirī (gest. 381/992). Er ordnet das philosophische Wissen dem religiösen unter. Beide, philosophische und religiöse Wissenschaften unterteilt er in affektive (*ḥissī*) und rationale (*ʿaqlī*) sowie aus beiden zusammengesetzte Disziplinen. Rein affektiv seien Hadithwissenschaften, rational der *kalām* und eine Mischung daraus *fiqh*, also islamisches Recht. Eine Hilfswissenschaft dieser Wissenschaften ist die Sprachwissenschaft. Analoges gilt für die philosophischen (*ḥikamī*) Wissenschaften: affektiv sind Naturwissenschaften, rational die Metaphysik und eine Mischung daraus die Mathematik. Die Hilfswissenschaft dazu ist die Logik.

Eine stärkere Konturierung der Unterscheidung zwischen religiösen (*šarʿīya*) und nichtreligiösen (*ġayr šarʿīya*) Disziplinen finden wir bei al-Ġazālī. Es ist wichtig, dass al-Ġazālī die religiösen Wissenschaften nicht den rationalen gegenüberstellt, denn die religiösen können auch rational sein. Die religiösen Wissenschaften wiederum unterteilt al-Ġazālī in fundamentale (*uṣūl*), hergeleitete (*furūʿ*), propädeutische (*muqaddimāt*) und vervollständigende (*tatimmāt*) Wissenschaften. Die fundamentalen Wissenschaften sind Koran, Sunna, Konsens (Idschma) und Nachrichten über die Prophetengefährt:innen. Die hergeleiteten Wissenschaften sind Recht (*fiqh*, darunter wahrscheinlich auch Ethik) und Mystik (*taṣawwuf*); sie werden u. a. mittels rationaler Reflektion bzw. mystischer Erfahrung aus den fundamentalen hergeleitet. Zu den propädeutischen Wissenschaften gehört ihm zufolge etwa die Sprachwissenschaft; sie sei notwendig, um die fundamentalen Wissenschaften zu verstehen. Die vervollständigenden Wissenschaften sind die Rezitation des Korans und seine Lesarten sowie die Koranexegese, die Tradierung von Hadithen und Hadithkritik sowie die *uṣūl al-fiqh*, die dazu befähigen, Koran und Sunna zu verstehen und aus ihnen Normen herzuleiten. Die nichtreligiösen

Wissenschaften unterteilt al-Ġazālī in vorzügliche, verwerfliche und zulässige. Vorzüglich sind etwa Medizin, Mathematik und Astronomie, zulässig sind u. a. Logik, Metaphysik und Physik. Verwerflich sind dagegen etwa Magie und die Beschäftigung mit Talismanen. Diese Einteilung der Wissenschaften finden wir im *Iḥyāʾ* von al-Ġazālī. In anderen Werken nimmt er eine andere Unterscheidung vor, wie z. B. in seinem *uṣūl*-Werk *al-Mustaṣfā*, wo er zwischen rationalen (*ʿaqlī*) und überlieferungsbasierten (*naqlī*) Wissenschaften unterscheidet.

Solche Unterscheidungen haben Gelehrte nach al-Ġazālī mit besonderer Betonung der religiösen Wissenschaften ebenfalls unternommen: Eine umfangreiche Kombination aus den diversen Einteilungskriterien sehen wir bei Ṭāškubrīzādeh (gest. 968/1561).[100] Er unterteilt die Wissenschaften in solche der betrachtenden Vernunft (*naẓar*) und solche, die sich mit der Läuterung der Seele befassen. Die Wissenschaften der betrachtenden Vernunft unterteilt er in theoretische (*naẓarī*) und praktische (*ʿamalī*), und diese wiederum in sieben größere Bereiche:

1) Hilfswissenschaften:
   a) Schrift,
   b) Sprache (darunter auch Geschichtswissenschaften)
   c) Logik und Dialektik;
2) Wissenschaften von den eigentlichen Dingen:
   d) philosophisch-theoretische (Metaphysik, Physik, Mathematik),
   e) philosophisch-praktische (praktische Philosophie, Ethik, Ökonomik, Politik),
   f) offenbarungsbasierte theoretische und
   g) offenbarungsbasierte praktische (Koranlesarten, Hadithtradierung, Koranexegese, Hadithkommentare, Dogmatik und *kalām*, *uṣūl al-fiqh*, islamisches Recht).

100 Vgl. Bakker, *Normative Grundstrukturen der Theologie.*

Damit fallen religiöse bzw. offenbarungsbasierte (*šarʿī*) Wissenschaften unter die rationalen bzw. in den Bereich der Vernunft. Eine hiervon abweichende, aber unter religiösem Gesichtspunkt funktionierende Einteilung der Wissenschaften finden wir bei Muḥammad ibn Aḥmad al-Ḫwārizmī (gest. 387/997) und Ibn Ḥazm (gest. 456/1064). Al-Ḫwārizmī unterscheidet die Wissenschaften in arabische (damit womöglich auch religiöse) und nichtarabische, d. h. griechische und persische Wissenschaften. Unter erstere fallen Recht, *uṣūl al-fiqh*, *kalām*, Grammatik, Poesie und Geschichtsschreibung. Die oben beschriebenen nichtreligiösen Wissenschaften fallen unter die andere Kategorie. Ibn Ḥazm geht einen anderen Weg. Er unterscheidet die Wissenschaften in solche, die die gesamte Menschheit teilt, und solche, die kultur- bzw. religionsspezifisch sind. Unter den Wissenschaften, die für alle Menschen relevant sind, fallen Mathematik, Astronomie, Medizin und Philosophie. Die Wissenschaften, die speziell für eine Gemeinschaft (*milla*) bedeutsam sind, also kultur- bzw. religionsspezifische Wissenschaften, sind die o. g. offenbarungsbasierten bzw. religiösen Wissenschaften (*ʿilm aš-šarīʿa*) sowie Geschichts- und Sprachwissenschaften. Der Unterschied zu al-Ḫwārizmī gegenüber Ibn Ḥazm liegt darin, dass Ibn Ḥazm nicht von einer fremdartigen Wissenschaft ausgeht, sondern von Wissenschaften, die die gesamte Menschheit angehen.

Durchgesetzt hat sich an den Medresen die Unterscheidung zwischen religiösen und nichtreligiösen Wissenschaften. Dabei spielt es keine Rolle, ob es sich um theoretische oder praktische bzw. rationale oder überlieferungsbasierte oder aus diesen beiden kombinierte Wissenschaften handelt. Das Curriculum ist somit dominiert durch die religiösen Wissenschaften und die Hilfswissenschaften. Das konkrete Curriculum und die Lehrbücher an den Medresen konnten von Ort zu Ort und Zeit zu Zeit variieren. Je nach Größe der Medrese konnte man die folgenden Fächer studieren – ich werde in der Tabelle beispielhaft einige Lehrwerke nennen; andere habe ich für den Bereich des Rechts bereits bei der Vorstellung der Rechtsschulen in Kapitel 3.3 genannt.

Disziplin	**Autor**	**Titel**[101]
Grammatik (*naḥw*)	Ibn Ǧinnī (gest. 392/1002)	*al-Lumaʿ*
	az-Zamaḫšarī (gest. 538/1144)	*al-Mufaṣṣal*
Rhetorik	ʿAbd al-Qāhir al-Ǧurǧānī (gest. 471/1078)	*Dalāʾil al-iʿǧāz* und *Asrār al-balāġa*
	as-Sakkākī (gest. 626/1229)	*Miftāḥ al-ʿulūm*
Lexikographie	al-Ǧawharī (gest. vor 400/1010)	*aṣ-Ṣiḥāḥ*
Logik	Ibn Sīnā (gest. 428/1037),	*al-Išārāt wa-t-tanbīhāt*
	Aṯīr ad-Dīn al-Abharī (gest. 663/1265)	*Īsāġūǧī*
uṣūl al-fiqh	Abū l-ʿUsr al-Bazdawī (gest. 482/1089)	*Kanz al-wuṣūl* (hanafitisch)
	Ibn al-Ḥaǧib (gest. 646/1249)	*Muḫtaṣar al-muntahā* (malikitisch)
	al-Ǧuwaynī (gest. 478/1085)	*al-Waraqāt, al-Burhān* (schafiitisch)
fiqh	al-Qudūrī (gest. 428/1037)	*Muḫtaṣar* (hanafitisch)
	aš-Šīrāzī (gest. 476/1083)	*at-Tanbīh* (schafiitisch)
kalām	al-Bāqillānī (gest. 403/1013)	*at-Tamhīd*
tafsīr	al-Māwardī (gest. 450/1058)	*an-Nukat wa-l-ʿuyūn*
	az-Zamaḫšarī	*al-Kaššāf*
	al-Bayḍāwī (gest. 685/1286)	*Anwār at-tanzīl*
Hadith	al-Bayhaqī (gest. 458/1066)	*as-Sunan al-kubrā*

101 Ich orientiere mich hauptsächlich an Bauer, *Warum es kein islamisches Mittelalter gab*, 122 f.

Über diese Wissenschaften hinaus konnten an Medresen noch weitere Fächer studiert werden, etwa Medizin (z. B. *al-Qānūn fī ṭ-ṭibb* von Ibn Sīnā), Sufismus (Schriften von al-Ġazālī) und Philosophie, Mathematik (z. B. Werke von al-Bīrūnī, gest. 453/1061) und Optik (z. B. Ibn al-Hayṯams [gest. 432/1040] *al-Manāẓir*). Neben den Medresen wurde z. B. in Sufi-Orden Poesie, Musik und selbstverständlich Mystik bzw. Sufismus intensiv gelehrt. An Medresen sowie darüber hinaus an anderen Orten konnten auch Sprachen wie Persisch studiert werden. Die Curricula islamischer Hochschulen und anderer Bildungseinrichtungen umfassten dementsprechend religiös markierte Wissenschaften wie auch solche, die nicht religiös geprägt sind. Religiöse Wissenschaften, darunter islamische Rechtswissenschaften, zu studieren hieß nicht, dass Rationalität ausgeblendet wurde. Vielmehr waren diese Wissenschaften durchaus rational orientiert, wie wir etwa bei der Taxonomie von Ṭāškubrīzādeh sehen konnten. Überlieferungsbasiertes Wissen stand stets mit rationalem Wissen und Methoden in Verbindung. Die Ausbildung zum Juristen und Rechtsgelehrten geschah in einem durchaus rationalistisch und spirituell orientierten Umfeld religiöser Wissenschaften.

Zusammenfassung

Bildungswege in der muslimischen Tradition waren vielfältig. Die Ausbildung von Kadis, Muftis und Rechtsgelehrten fand an Medresen statt. Weitere Bildungswege standen Personen offen, die solche Ämter nicht übernehmen wollten oder konnten, wie etwa Studentinnen. Entsprechend mannigfaltig waren die Bildungskonzepte. Insgesamt lässt sich beobachten, dass solche Konzepte historisch bedingte, kontingente Entwicklungen wiedergeben: Es sind keine Konzepte, die göttlich vorgegeben und unveränderbar sind. Ähnliches lässt sich in Bezug auf die Systematisierung der Wissenschaften sagen. Verschiedene Diskurse konnten unterschiedliche Taxonomien zulassen.

Es lässt sich für die gesamte Systematik der islamischen Wissenschaften sowie der Lehrwerke und die diskutierten Themen innerhalb dieser Wissenschaften sagen, dass sie unter spezifischen historischen Bedingungen, Auseinandersetzungen, Grundannahmen und der Interaktion unterschiedlicher religiöser und philosophischer Strömungen entstanden. An Medresen dominierten religiöse Wissenschaften; nichtreligiöse, insbesondere Hilfswissenschaften wie die Logik bildeten den Grundstein der Ausbildung. Damit war das Studium religiöser Wissenschaften mit rationalen Methoden und Herangehensweisen verflochten. Religiöses stand mit dem Rationalen nicht im Widerspruch, sondern in fruchtbarer Wechselbeziehung, wobei das Religiöse durchaus hierarchisch übergeordnet sein konnte. Dies zeigt sich auch darin, dass das Lernen als heilsbringend verstanden wurde; rationaler Wissenserwerb und spirituelle Erziehung und Bildung vermengen sich. Entsprechend erfolgen Wissenserwerb und Wissenschaftsausübung nicht nur des Wissens wegen, sondern als Garant für das Glück im Diesseits wie im Jenseits. Dieses Motiv kennt nicht nur die religiöse Tradition; auch die philosophische Tugendethik hat einen ähnlichen Anspruch: Wissen führt zu tugendhaften Handlungen und diese zum glücklichen Leben.

Schlussbetrachtung

Die islamischen Rechtswissenschaften sind nicht zu einem Zeitpunkt X auf göttliche Anordnung hin entstanden. Vielmehr entwickelten sie sich als innovativer Ansatz muslimischer Gelehrter in einer reichen Kultur von Rechtstraditionen: Muslimische Gelehrte schrieben die Rechtskultur des vorislamischen Arabiens fort, änderten mit Rücksicht auf koranische und prophetische Verfügungen etablierte Rechtspraktiken und entwickelten sie zu einem geschlossenen Rechtssystem in unterschiedlicher Ausprägung und unter unterschiedlichen historischen Umständen (Rechtsordnungen) weiter.

In der frühen Entwicklung haben muslimische Rechtsgelehrte somit die koranischen Anweisungen, prophetischen Vorschriften und Lokaltraditionen gemeinsam betrachtet. Daraus entstanden unterschiedliche Rechtsbestände, auf die sie sich beriefen und die sie durch verschiedene Mechanismen legitimierten. Dominant war zunächst der Rückbezug auf die sunnabasierte Praxis, die durch Rückbezug auf die Praxis der Prophetengefährt:innen und die Fortschreibung der nachfolgenden Generationen legitimiert wurde. Dieser Ansatz wurde durch traditionalistische Denkströmungen herausgefordert: Eine Gruppe Gelehrter forderte, dass nur solche Rechtspraktiken gültig sein sollten, die durch (direkten) Rückbezug auf den Propheten legitim waren. Somit standen sich lokale Rechtspraktiken und der Wunsch nach reiner Prophetenautorität gegenüber. Durchgesetzt hat sich der Ansatz, der rationalistische und traditionalistische Ansätze zusammenführte und eine Synthese erlaubte: Rationale Methoden hatten im Rahmen der religiösen autoritativen Texte Gültigkeit. Damit wurde die prophetische Autorität mitsamt den religiösen Texten gegenüber den variablen, (sunnabasierten) Lokalpraktiken vorgezogen.

Je nach Auslegung der Texte und Anerkennung ihrer juristischen Relevanz sowie die Anerkennung von unterschiedlichen Rechtsquellen und abweichenden Lokaltraditionen konnten Lösungen variieren. Durchgesetzt haben sich Lösungsvorschläge, die in großen Lehrzirkeln formuliert und tradiert wurden. In diesen Kreisen entstanden Rechtsschulen, die jeweils auf eine Gründungsautorität zurückgeführt werden konnten und deren Anhänger einen gemeinsamen Rechtskorpus, gemeinsame Rechtsprinzipien und gemeinsame Rechtsmethoden teilten. Daraus entstand eine Rechtstradition mit einem hohen Grad an Rechtspluralismus, sowohl zwischen den als auch innerhalb der Rechtsschulen.

Das islamische Recht war somit von Beginn an nicht als überregionales, göttliches Recht konzipiert. Die göttliche Legitimation wurde später thematisiert. Vielmehr hatte es viele unterschiedliche Erscheinungen in verschiedenen Regionen. Um über die Legitimität von Rechtsmeinungen zu entscheiden, entstanden Rechtswissenschaften, die sowohl zur Standardisierung des Rechts als auch zur Fortbildung mit Rücksicht auf Rechtssicherheit beitrugen. Entsprechend war es wichtig, die Ausbildung von Rechtsgelehrten und Richtern zu standardisieren. Dies hatte zur Folge, dass man sich Gedanken darüber machte, welche Wissenschaften in welchem Umfang studiert werden sollten, welche Qualifikation Richter und Rechtsgelehrte zu erfüllen hatten und wo ihre Kompetenzen lagen. In all diesen Entwicklungen ist zu sehen, dass die muslimische Rechtstradition eine vielfältige, anpassungsfähige und dynamische ist, die sich von den religiösen Quellen grundlegend inspirieren lässt, menschliche Erfahrung und rationale Wissenschaften aber nicht ausschließt. Daher ist es nur folgerichtig, wenn wir uns heute darum bemühen, herauszufinden, wie das islamische Recht in seinen verschiedenen Ausprägungen an zeitgenössische Umstände angepasst, fortgeschrieben und weiterentwickelt werden kann. Die islamischen Rechtswissenschaften sind, wie wir sahen, in hohem Maße anpassungs- und weiterentwicklungsfähig, da sie Ergebnis einer adaptiven Wissenschaftstradition sind, die sich nicht nur auf religiöse Wissenschaften bezieht, sondern auch nichtreligiöse Disziplinen produktiv einbezieht.

Literaturempfehlungen und Bibliographie

Die folgenden Literaturempfehlungen sind zugleich die Quellen dieser Einführung. Übersichtsinformationen sind zudem in den jeweiligen Einträgen zu den Quellen in den folgenden Enzyklopädien empfohlen, die ich ebenfalls konsultiert habe.

Enzyklopädien und Lexika

Bearman, Peri J./Th. Bianquis/C. E. Bosworth/E. van Donzel/W. P. Heinrichs et al. (Hgg.): *Encyclopaedia of Islam, Second Edition* (*EI²*), 13 Bde., Leiden: Brill, 1986–2004.

Fleet, Kate/Gudrun Krämer/Denis Matringe/John Nawas/Everett Rowson et al. (Hgg.): *Encyclopaedia of Islam – Three* (*EI³*), Leiden: Brill, seit 2007.

Hallermann, Heribert/Thomas Meckel/Michael Droege/Heinrich de Wall (Hgg.): *Lexikon für Kirchen- und Religionsrecht*, 4 Bde., Gesamtausgabe: Brill/Schöningh, 2019–2021.

Türkiye Diyanet Vakfı İslâm Ansiklopedisi (*TDVİA*), türkisch, islamansiklopedisi.org.tr (Zugriff am 12.11.2021).

Bibliographie

Abdel-Hady, Noha: *Das Rechtsgenre themenspezifischer Rechtsliteratur. Das Beispiel der frauenbezogenen Rechtswissenschaft (fiqh an-nisāʾ)*, Baden-Baden: Nomos, 2018.

Abū Dāwūd, *Sunan Abī Dāwūd*, hrsg. von Šuʿayb al-Arnawūṭ, Muḥammad Kāmil Qarahballī, Beirut: Dār ar-Risāla al-ʿĀlamīya, 2009.

Abū Zahra, Muḥammad: *Tārīḫ al-maḏāhib al-islāmīya fī s-siyāsa wa-l-ʿaqāʾid wa-tārīḫ al-maḏāhib al-fiqhīya*, Kairo: Dār al-Fikr al-ʿArabī, (o.J.).

al-ʿĀmirī, Abū l-Ḥasan: *Kitāb al-iʿlām bi-manāqib al-Islām*, hrsg. von Aḥmad ʿAbd al-Ḥamīd Ġurāb, Riyad: Dār al-Aṣāla, 1988.

al-ʿAmrīṭī, Šaraf ad-Dīn: »Naẓm al-Waraqāt«, in: Abū l-Maʿālī al-Ǧuwaynī: *Matn al-Waraqāt*, Riyad: Dār aṣ-Ṣamīʿī, 2006.

Ansari, Hassan/Sabine Schmidtke /Jan Thiele: »Zaydī Theology in Yemen«, in: *The Oxford Handbook of Islamic Theology*, hrsg. von Sabine Schmidtke, Oxford: Oxford University Press, 2016, 473–493.

Ansari, Hassan/Jan Thiele: »Zaydite *ḥadīth* Literature and Thought«, digital.csic.es/bitstream/10261/262083/1/Ansari-Thiele-preprint.pdf (letzter Aufruf: 18.1.2023).

Apaydın, H. Yunus: *İslam Hukuk Usulü*, Kayseri: Kimlik Yayınları, 2016.

Arslan, Hakkı: »Periodisierung der islamischen Rechtsgeschichte jenseits des Niedergangsparadigmas«, in: *Niedergangsthesen auf dem Prüfstand/Narratives of Decline Revisited*, hrsg. von Bacem Dziri und Merdan Güneş, Frankfurt: Peter Lang, 2020, 277–311.

Aydın, Ahmet: »Manzum Fıkıh Metinleri – I«, in: *Usûl İslam Araştırmaları* 26 (2016), 137–170.

Aydın, Ahmet: »Manzum Fıkıh Metinleri – II«, in: *Usûl İslam Araştırmaları* 27 (2017), 73–100.

Bakar, Osman: *Classification of Knowledge in Islam: A Study on Islamic Philosophies of Science*, Cambridge: The Islamic Text Society, 1999.

Bakker, Jens: *Normative Grundstrukturen der Theologie des sunnitischen Islam im 12./18. Jahrhundert*, Berlin: EB-Verlag, 2012.

Bauer, Thomas: *Die Kultur der Ambiguität. Eine andere Geschichte des Islams*, Berlin: Verlag der Weltreligionen, ^{7}2021.

Bauer, Thomas: *Warum es kein islamisches Mittelalter gab. Das Erbe der Antike und der Orient*, München: C.H.Beck, 2018.

Bellino, Francesca: »The Classification of Sciences in an Ottoman Arabic Encyclopaedia: Ṭāšköprüzāda's ›Miftāḥ al-saʿāda‹«, in: *Quaderni di Studi Arabi, Nuova Serie* 9 (2014), 161–180.

Berkey, Jonathan P.: »Women and Islamic Education in the Mamluk Period«, in: *Women in Middle Eastern History. Shifting Boundaries in Sex and Gender*, hrsg. von Nikki R. Keddie und Beth Baron, New Haven/London: Yale University Press, 1991, 143–157

Bleisch Bouzar, Petra: »Islamisches Recht«, in: *Religionsrecht. Eine Einführung in das jüdische, christliche und islamische Recht*, hrsg. von René Pahud de Mortanges, Petra Bleisch Bouzar, David Bollag und Christian R. Tappenbeck, Zürich: Schulthess, 2010, 251–349.

Brockelmann, Carl: *Geschichte der arabischen Litteratur*, zweite, den Supplementbänden angepasste Auflage, Leiden Brill, 1943, 1949.

Der Koran, übers. von Hartmut Bobzin, München: C.H.Beck, 2012.

Duderija, Adis: »Evolution in the Concept of Sunnah During the First Four Generations of Muslims in Relation to the Development of the Concept of an Authentic Hadīth as Based on Recent Western Scholarship«, in: *Arab Law Quarterly* 26.4 (2012), 393–437.

Ebert, Hans-Georg/Julia Heilen: *Islamisches Recht. Ein Lehrbuch*, Leipzig: Edition Hamouda, 2016.

Eliaçık, Muhittin: »Osmanlı'da Manzum Fetvâ Geleneği«, in: *Türkiyat Mecmuası* 21 (2011), 105–145.

El Shamsy, Ahmed: *The Canonization of Islamic Law. A Social and Intellectual History*, Cambridge: Cambridge University Press, 2013.

El-Wereny, Mahmud: *Normenlehre des Zusammenlebens: Religiöse Normfindung für Muslime des Westens. Theoretische Grundlagen und praktische Anwendung*, Berlin: Peter Lang, 2018.

Endreß, Gerhard: *Der Islam in Daten*, München: C.H.Beck, 2006.

van Ess, Josef: *Theologie und Gesellschaft im 2. und 3. Jahrhundert Hidschra, Bde. I–IV*, Berlin/New York: 1991–1997.

al-Fārābī, [Abū Naṣr]: *Iḥṣāʾ al-ʿulūm*, hrsg. von ʿUṯmān Amīn, Kairo: Dār al-Fikr al-ʿArabī, ²1949.

al-Ġazālī, Abū Ḥāmid: *Iḥyāʾ ʿulūm ad-dīn*, Beirut: Dār Ibn Ḥazm, 2005.

Gräf, Bettina: »*Fatwā*, modern media«, in: *Encyclopaedia of Islam Three*, dx.doi.org/10.1163/1573-3912_ei3_COM_27050 (letzter Aufruf: 13.10.2021).

al-Ǧundī, Fatḥī ʿAbd al-ʿAzīz: *Ǧāmiʿ al-aḥkām al-fiqhīya li-l-Imām al-Qurṭubī min Tafsīrihi*, 3 Bde., Beirut: Dār al-Kutub al-ʿIlmīya, 2005.

Günther, Sebastian: »Be Masters in That You Teach and Continue to Learn: Medieval Muslim Thinkers on Educational Theory«, in: *Comparative Education Review* 50.3 (2006), 367–388.

Günther, Sebastian: »Education, general (up to 1500)«, *Encyclopaedia of Islam, Three*, dx.doi.org/10.1163/1573-3912_ei3_COM_26134 (letzter Aufruf: 6.11.2021).

Günther, Sebastian (Hg.): *Knowledge and Education in Classical Islam. Religious Learning between Continuity and Change*, Bd. I, Leiden/Boston: Brill, 2020.

Günther, Sebastian: »›Your Educational Achievements Shall not Stop Your Efforts to Seek Beyond‹. Principles of Teaching and Learning in Classical Arabic Writings«, in: *Philosophies of Islamic Education. Historical Perspectives and Emerging Discourses*, hrsg. von Nadeem A. Memon und Mujadad Zaman, New York/London: Routledge, 2016, 72–93.

al-Ǧuwaynī, Abū l-Maʿālī: *Matn al-Waraqāt*, Riyad: Dār aṣ-Ṣamīʿī, 2006.

Hajatpour, Reza: »Lehr- und Lernpraktiken in der *ḥauze* vor und nach der Islamischen Revolution«, in: *Bildungskulturen im Islam. Islamische Theologie lehren und lernen*, hrsg. von Abbas Poya, Farid Suleiman und Benjamin Weineck, Berlin/Boston: De Gruyter, 2022, 260–274.

Halevi, Lahor: »Christian Impurity versus Economic Necessity: A Fifteenth-Century Fatwa on European Paper«, in: *Speculum* 83.4 (2008), 917–945.

Hallaq, Wael: »From Regional to Personal Schools of Law? A Reevaluation«, in: *Islamic Law and Society* 8.1 (2001), 1–26.

Hallaq, Wael B.: *Sharīʿa: Theory, Practice, Transformation*, Cambridge: Cambridge University Press, 2012.

Hallaq, Wael B.: *The Origins and Evolution of Islamic Law*, Cambridge: Cambridge University Press, 2005.

Hallaq, Wael B.: »The Qāḍī's Dīwān (sijill) before the Ottomans«, in: *Bulletin of the School of Oriental and African Studies* 61.3 (1998), 415–436.

Hallaq, Wael B.: »Was the Gate of Ijtihad Closed?«, in: *International Journal of Middle East Studies* 16.1 (1984), 3–41.

Hefner, Robert W.: »Education in Muslim Southeast Asia«, in: *Encyclopaedia of Islam, Three,* dx.doi.org/10.1163/1573-3912_ei3_COM_27793 (letzter Aufruf: 2.9.2022).

Türkiye Diyanet Vakfı İslam Ansiklopedisi: »Hoca«, islamansiklopedisi.org.tr/hoca (letzter Aufruf: 11.10.2021).

al-Ḫiraqī, Abū l-Qāsim ʿUmar ibn al-Ḥusayn: *Matn al-Ḫiraqī ʿalā maḏhab Abī ʿAbdallāh Aḥmad ibn Ḥanbal aš-Šaybānī,* hrsg. von Abū Ḥuḏayafa Ibrāhīm ibn Muḥammad, Tanta: Dār aṣ-Ṣaḥāba li-t-Turāṯ, 1993.

Ibn ʿAbd al-Barr, Abū ʿUmar Yūsuf: *Ǧāmiʿ bayān al-ʿilm,* hrsg. von Abū l-Ašbāl az-Zuhayrī, 2 Bde., Riyad: Dār Ibn al-Ǧawzī, 1994.

Ibn al-ʿArabī, Abū Bakr: *Aḥkām al-Qurʾān,* hrsg. von Muḥammad ʿAbd al-Qādir ʿAṭāʾ, 4 Bde. Beirut: Dār al-Kutub al-ʿIlmīya, o. J.

Ibn Farḥūn, Burhān ad-Dīn: *Durrat al-ġawwāṣ fī muḥāḍarat al-ḫawāṣṣ,* hrsg. von Muḥammad Abū l-Aǧfān und ʿUṯmān Baṭṭīḫ, Kairo/Tunis: Dār at-Turāṯ/al-Maktaba al-ʿAtīqa, o. J.

Ibn Ḥazm, Abū Muḥammad ʿAlī ibn Aḥmad: *Al-Muḥallā bi-l-āṯār,* hrsg. von ʿAbd al-Ġaffār Sulaymān al-Bundārī, Beirut: Dār al-Kutub al-ʿIlmīya, ³2003.

Ibn Ḥazm, Abū Muḥammad ʿAlī ibn Aḥmad: *Rasāʾil Ibn Ḥazm al-Andalusī,* 4 Bde., hrsg. von Iḥsān ʿAbbās, Beirut: al-Muʾassasa al-ʿArabīya, 1983.

Ibn al-Munḏir, Abū Bakr: *Al-Išrāf ʿalā maḏāhib al-ʿulamāʾ,* hrsg. von Abū Ḥāmid Aḥmad al-Anṣārī, 10 Bde., Vereinigte Arabische Emirate: Maktabat al-Makkat aṯ-Ṯaqāfīya, 2004.

Ibn Qudāma, Muwaffaq ad-Dīn: *Al-Muġnī,* hrsg. von ʿAbdallāh ʿAbd al-Muḥsin at-Turkī, ʿAbd al-Fattāḥ Muḥammad al-Ḥalūw, 15 Bde., Riyad: Dār ʿĀlam al-Kutub, 1968.

Karaman, Hayreddin: *İslâm Hukuk Tarihi.* Istanbul: İz Yayıncılık, 1999.

Karaman, Hayreddin: *Mukayeseli İslam Hukuku.* Istanbul: İz Yayıncılık, 2012.

Katz, Marion: »Scholarly versus Women's Authority in the Islamic Law of Menstrual Purity«, in: *Gender in Judaism and Islam. Common Lives, Uncommon Heritage,* hrsg. von Firoozeh Kashani-Sabet und Beth S. Wenger, New York: New York University Press, 2015, 73–105.

Krämer, Gudrun: *Geschichte des Islam,* München: C.H. Beck, 2005.

Krawietz, Birgit: »Vom Nutzen und Nachteil ritueller Unreinheit – Identitätsstiftung durch islamische Reinheitsregeln«, in: *Un/Reinheit,* hrsg. von Angelika Malinar, Martin Vöhler und Bernd Seidensticker, München: Fink, 2009, 67–102.

Kurnaz, Serdar: »Der Prophet als juristische Autorität«, in: *Muhammad. Ein Prophet – viele Facetten,* hrsg. von Yaşar Sarıkaya, Mark Chalîl Bodenstein und Erdal Toprakyaran, Münster: LIT, 2014, 123–148.

Kurnaz, Serdar: »Islamisches Recht als Teildisziplin der Islamischen Theologie in Deutschland – Problemfelder, Herausforderungen und Lösungsvorschläge«, in: *Bildungskulturen im Islam. Islamische Theologie lehren und lernen,* hrsg. von Abbas Poya, Farid Suleiman und Benjamin Weineck, Berlin/Boston: de Gruyter, 2022, 333–364.

Kurnaz, Serdar: *Tradition und Fortschreibung bei Ibn Rušd. Eine rechtsschulübergreifende Analyse zu Kauf- und Tauschgeschäften im islamischen Recht,* Baden-Baden: Nomos, 2020.

Lohlker, Rüdiger: *Islamisches Recht,* Wien: utb, 2012.

Lowry, Joseph: *Early Islamic Legal Theory: The Risāla of Muḥammad ibn Idrīs al-Shāfiʿī,* Leiden: Brill, 2007.

al-Maḥallī, Ǧalāl ad-Dīn: *Šarḥ al-Waraqāt fī uṣūl al-fiqh,* Mekka/Riyad: Maktaba Nizār Muṣṭafā al-Bāz, 1996.

Makdisi, Georges: »The Madrasa in Spain; Some Remarks«, in: *Revue de l'Occident musulman et de la Méditerranée* 15–16 (1973), 153–158.

Makdisi, Georges: *The Rise of Colleges. Institutions of Learning in Islam and the West,* Edinburgh: Edinburgh University Press, 1981.

Makhlouf, Ahmed Gad: *Das Konzept des kollektiven* iǧtihād *und seine Umsetzungsformen. Analyse der Organisation und Arbeitsweise islamischer Rechtsakademien,* Berlin: Peter Lang, 2018.

Melchert, Christopher: »Al-Shāfiʿī Against the Kufan School«, *Islamic Law and Society* 29 (2022), 34–57.

Melchert, Christopher: *The Formation of the Sunni Schools of Law, 9th–10th C. E.*, Leiden/New York/Köln: Brill, 1997.

Müller, Christian: *Recht und historische Entwicklung der Scharia im Islam*, Berlin/Boston: De Gruyter, 2022.

Nakash, Yitzhak: *The Shiʿis of Iraq*, Princeton: Princeton University Press, 1994.

Opwis, Felicitas: Maṣlaḥa *and the Purpose of the Law. Islamic Discourse on Legal Change from the 4th/10th to 8th/14th Century*, Leiden/Boston: Brill, 2010.

Oßwald, Rainer: *Das islamische Sklavenrecht*, Würzburg: Ergon, 2017.

Özen, Şükrü: »Kādılkudât«, islamansiklopedisi.org.tr/kadilkudat (letzter Aufruf: 10.10.2021).

al-Qurṭubī, Abū ʿAbdallāh Muḥammad: *al-Ǧāmiʿ li-aḥkām al-Qurʾān wa-l-mubayyin limā taḍammanahū min as-Sunna wa-Āy al-Furqān*, hrsg. von ʿAbdallāh ʿAbd al-Muḥsin at-Turkī, 24 Bde., Beirut: Muʾassasat ar-Risāla, 2006.

Reinhart, A. Kevin: »Impurity/No Danger«, in: *History of Religions* 30.1 (1990), 1–24.

Reinhart, A. Kevin: »What We Know About Maʿrūf«, in: *Journal of Islamic Ethics* 1.1–2 (2017), 51–82, doi.org/10.1163/24685542-12340004 (letzter Aufruf: 1.2.2022).

Rohe, Mathias: *Das islamische Recht. Geschichte und Gegenwart*, München: C.H. Beck, 2022 (4. aktualisierte Auflage).

aš-Šāṭibī, Abū Isḥāq Ibrāhīm ibn Mūsā: *al-Muwāfaqāt*, hrsg. von Abū ʿUbayda Mašhūr ibn Ḥasan Āl Salmān, 8 Bde., Khobar [u. a.]: Dār Ibn ʿAffān, 1997.

Schacht, Joseph: *An Introduction to Islamic Law*, Oxford: The Clarendon Press, 1964.

Schacht, Joseph: *The Origins of Muhammadan Jurisprudence*, Oxford: The Clarendon Press, 1950.

Sezgin, Fuat: *Geschichte des arabischen Schrifttums*, Band I: *Qurʾānwissenschaften, Ḥadīṯ, Geschichte, Fiqh, Dogmatik, Mystik bis ca. 430 H*, Leiden: Brill, 1967.

Stewart, Devin J.: »Consensus, Authority, and the Interpretive Community in the Thought of Muḥammad b. Jarīr al-Ṭabarī«, in: *Journal of Qurʾanic Studies* 18.2 (2016), 130–179.

Tibawi, A. L.: »Origin and Charakter of al-madrasah«, in: *Bulletin of the School of Oriental and African Studies, University of London* 25.1–3 (1962), 225–238.

Türker, Ömer: »İslam Düşüncesinde İlimler Tasnifi«, in: *Sosoloji Dergisi* 22.3 (2011), 533–556.

Vishanoff, David: »A Critical Introduction to Islamic Legal Theory Based on Imām al-Ḥaramayn al-Juwaynī's *Kitāb al-Waraqāt*«; waraqat.vishanoff.com/v/v6 (letzter Aufruf: 8.7.2021).

al-Wanšarīsī, Aḥmad ibn Yaḥyā: *al-Miʿyār al-muʿrib wa-l-ǧāmiʿ al-muġrib ʿan fatāwā ahl Ifrīqīya wa-l-Andalus wa-l-Maġrib*, hrsg. von Muḥammad Ḥaǧǧī et al., 13 Bde., Rabat/Beirut: Wizārat al-Awqāf wa-Šuʾūn al-Islāmīya/Dār al-Ġarb al-Islāmī, 1981.

Young, Walter Edward: *The Dialectical Forge. Juridical Disputation and the Evolution of Islamic Law*, Wiesbaden: Springer, 2018.

Index

Schlagwortverzeichnis

A

ʿabd (Sklave) 215
Abbasiden, abbasidisch 54, 57, 65, 134, 141, 155, 184, 191, 221, 308, 310
Abessinien 40, 307
Abrogation (*nasḫ*), abrogieren 49, 77, 116
Abwägung 77, 142, 189
adab al-baḥṯ wa-l-munāẓara (Vorschriften für Nachforschungen und Diskussion) 115
adab al-muftī-Literatur (Vorschriften für Muftis) 204, 235
adab al-qāḍī-Literatur, -Werk (Vorschriften für Richter) 133, 185, 187 f., 235
Afghanistan 136, 167
Afrika 59, 64, 101, 143, 151, 157, 177, 309
Aga Khane 177
Ägypten, ägyptisch 46, 53, 64, 108, 141, 144 f., 148 f., 151, 157, 177, 207 f., 221, 223, 309–311
aḫbaranā (es berichtete uns), *aḫbaranī* 237
aḫbārī-Dschafariten *siehe* Dschafariten
aḫbārīyūn siehe Traditionalisten
aḥkām siehe Norm, Regelung
aḥkām al-Qurʾān-Werk 115–118, 120, 164
al-aḥkām at-taklīfīya 79
al-aḥkām al-waḍʿīya 80
ahl al ḥadīṯ siehe Traditionalisten
ahl al-ʿIrāq, ʿIrāqīyūn 58
ahl ar-raʾy (›Anhänger der Meinung‹) 53–55
ahlīya (geschäftsfähig), *ahlīyat al-adāʾ* (vollumfänglich geschäftsfähig) *siehe* geschäftsfähig
ahlīyat al-wuǧūb/aḏ-ḏimma 214
ʿalayh al-ʿamal (›damit wird geurteilt‹) 93
Aleppo 204, 223
alġāz siehe Rätsel
Algerien 180, 310 f.
Alkohol 49, 78, 164, 214
siehe auch Berauschendes
allgemeine (*ʿāmm*) Aussage 74, 77, 85, 111, 118, 120, 178, 212
allgemeine Regel 75, 124, 206, 217
Almohaden (*al-muwaḥḥidūn*) 65, 161 f., 309
Almoraviden 309
Almosen 43, 78, 89, 115
Almosensteuer 43, 89
als gut Bekanntes (*al-maʿrūf*) 42, 193
altarabisch 43, 45, 47 f., 183

Ältestenrat (*mala'*) 40, 183
ama (Sklavin, Konkubine) 215 f.
al-ʿamal siehe Praxis
  ʿamal ahl al-madīna siehe Praxis
ʿamal-Argument 142
  siehe auch Praxis
  al-ʿamal al-Fāsī (›das, was im Maghreb praktiziert wird‹) 142
  al-ʿamal al-Qurṭubī (›das, was in Córdoba praktiziert wird‹) 142
amān (Schutzgarantie, Aufenthaltserlaubnis) 215
ambig 19
Ambiguität 64, 202
  Ambiguitätsfreude 64
  Ambiguitätstoleranz 202
amīr (Befehlshaber) 47, 145
ʿāmm siehe allgemein
amr siehe Gebieten
Amtsbezirk (*wilāya*) 168, 184
Analogie 54, 61, 199, 232
  Analogieschluss 48, 235
Anatolien, anatolisch 136, 223, 309
Andalusien, andalusisch 26, 29, 59, 64 f., 101, 111, 141–144, 147, 161 f., 186 f., 192, 207, 308 f.
anfechtbar (*fāsid*), Anfechtbarkeit (*fasād*) 21, 80
  Anfechtung 191
Angeklagter (*al-muddaʿā ʿalayh*) 189, 192 f.
Anhänger (*aṣḥāb*) 48, 61, 64, 68, 97, 103, 108, 118, 136, 141, 148, 156, 160, 171, 177, 182, 188, 196, 200, 220, 248
  Anhänger der Meinung *siehe ahl ar-ra'y*
Anlass (*sabab*) 21, 42, 77, 110
  Anlass der Offenbarung (Offenbarungsanlass, *sabab an-nuzūl*) 42
  Anlass des Zustandekommens eines Hadith (*sabab wurūd al-ḥadīṯ*) 99
Ansprache Gottes 19 f.
  Ansprache des Gesetzgebers (*ḫiṭāb aš-šāriʿ*) 19
Antwort *siehe ǧawāb*
ʿaql siehe Vernunft
ʿaqlī siehe rational
aqwāl siehe al-qawl
arabisch 12 f., 19, 34, 40, 43, 45, 47 f., 75, 81, 104, 129, 131, 183, 198, 230 f., 242
Archiv (*dīwān*) des Richters 190
argumentum a fortiori (Erst-recht-Argument) 49, 78
aristotelische Tradition 239
al-aṣaḥḥ (›die korrekteste Meinung‹) 93, 150
asbāb an-nuzūl (Offenbarungsanlässe) *siehe* Anlass
ašbāh (sich ähnelnd) 124 f.
  al-ašbāh wa-n-naẓā'ir 125
Aschariten, ascharitisch 71, 132, 157, 220, 224
  ascharitisch-schafiitisch 224
Aserbaidschan 151, 167
aṣḥāb 61, 108, 156, 160, 188, 196, 200, 220
  aṣḥāb al-masā'il 188
  aṣḥāb/ahl aṣ-ṣuffa (›Die Anwohner des Schattens‹) 220
  aṣḥāb at-taḥrīǧ bzw. al-wuǧūh 196, 200
  aṣḥāb at-tamyīz 196
  aṣḥāb at-tarǧīḥ 196
  aṣḥāb al-wuǧūh 196
Askese 90, 179
aṣl 75
  siehe auch Ausgangsfall
Auflösung der Ehe 189
Aufseher (*al-ḥāǧib, ǧilwāz*) 188
Ausbildung 18, 109, 187, 204, 218, 227–229, 245 f., 248
Ausdifferenzierung 18, 33, 60, 66 f., 125, 181, 194, 308 f.

Ausdifferenzierungsphase, -prozess 33 f., 40, 56, 60
Ausgangsfall (*aṣl*) 75
Ausgangsfrage 206
Auslegung, auslegen 11, 20, 22 f., 25 f., 29, 35, 53, 60, 71–74, 77–81, 110 f., 157, 176–179, 187, 195, 198 f., 203, 210, 216, 248
Auslegung der Quellen (*istinbāṭ*) 22
Auslegungsmethode 22, 26, 116, 201
Ausnahme 21, 45, 113 f., 142, 211 f., 216
Aussage Gottes (*ḫiṭāb aš-šarʿ*) 26
äußerer Wortlaut (*ẓāhir*) 49, 72, 76, 79, 88, 93, 150, 161, 177 f.
Auswanderung 162, 307
auswendig lernen, Auswendiglernen (des Korans) *siehe* Memorieren
Auszug (Hidschra, *hiǧra*) 42, 135, 307
authentisch, Authentizität 95 f., 229, 235
awǧah (vorzügliche Meinung) 151, 158
awǧuh, Sg. *waǧh* (mittels Idschtihad hergeleitete Meinungen) 143, 150
āyat Allah, Ayatollah (Zeichen Gottes) 197, 207 f.
Großayatollah (*āyat Allāh al-ʿuẓmā*) 197, 208
siehe auch Ayatollah Muḥammad Ḥusayn Faḍlallāh (gest. 2010)
siehe auch Ḫumaynī (auch Chomeini, gest. 1989)
Ayyubiden 221, 228, 309
aẓhar 150
al-Azhar 177, 221 f.

B

Bagdad 32, 36, 135, 155, 161, 221–223, 310
Baḥrayn 139
Balch 135 f., 223
bāliġ siehe volljährig
Bangladesch 136
Banū Hāšim 41
al-barāʾa al-aṣlīya bzw. *barāʾat aḏ-ḏimma siehe* Freisein [von Verpflichtungen]
Barmherzigkeit 20, 63
Basra 46, 52, 135, 179, 221, 223
bāṭil (ungültig, nichtig) 21
bayʿ 77 f.
siehe auch Handel
bayān (Mitteilung, Erklärung) 53 f., 68, 72, 94, 145, 148
bayyina siehe Beweis
Bayt al-ḥikma (Haus der Weisheit) Bagdad 221
Bayynat.org 208
beauftragt (*mukallaf*) 211
Bedingung (*šarṭ*) 21, 60, 70, 72, 79, 92, 99, 111, 178, 201, 205, 210, 218, 245
Befugnis 183–186, 191, 194, 198
Begriffssystematik 62 f., 70, 81, 134
Berauschendes *siehe* Alkohol
Berichte vom Propheten 16 f., 25, 28, 44, 50 f., 68, 70, 73, 99, 166, 168
Beschlüsse (*qarārāt*) 131, 208
Beschwerde 191
Bestechung 185
Bestrafung von Delikten 40
betrachtende Vernunft (*naẓar*) 241
Beweis (*bayyina*) 108, 189
Beweisführung (*istidlāl*) 22
Bibliothek (*maktaba*, Pl. *maktab*) 131, 221, 223, 228
Bibliothek *Ḫizānat al-ḥikma* (Schatztruhe der Weisheit) 221
Bildung 18, 48, 57, 62, 66 f., 109, 184, 187, 204, 206, 219–223, 226–234, 238, 244 f., 248
Bildungseinrichtung 18, 219–229, 244
Bildungskonzept 18, 219, 229–238, 244

Bildungsreise 226 f.
Bildungssystem 220, 226, 311
Bildungsweg 226, 244
Bioethik, bioethisch 129, 132, 208
biographisch, Biographisches, Biographiewerk, biographisches Werk (*ṭabaqāt*-Werk) 90, 95, 112, 133, 140, 146 f., 149, 154–157, 160, 171, 176 f., 180, 226, 229
Bittgebet 205
Blut 17, 119, 126 f.
Blutgeld 89, 119, 216
Bosnien 207, 223
Buchara 46, 59, 135 f., 220, 223
Bürgschaft 190
Bürokratisierung 34, 37
buṭlān siehe Nichtigkeit
Buwayhiden 167
Buyiden 309

C

Christen, christlich 15, 40, 43 f., 102, 194, 221
christliche Tradition 43 f.
Code Civil (Frankreich) 310
Córdoba 46, 94, 142, 223
Curriculum 18, 223, 238, 242, 244

D

dalāla 73 f., 78
dalālat an-naṣṣ siehe argumentum a fortiori (Erst-recht-Argument)
dalīl siehe Hinweis
Damaskus 46, 53, 156, 223, 228
Dämonenwesen 40
dār al-... (Haus des ...)
dār al-ḥadīṯ (... Hadith) 228
dār al-ḥadīṯ an-Nūrīya (Bildungseinrichtung in Damaskus) 228
dār al-ḥuffāẓ (... derjenigen, die den Koran auswendig gelernt haben) 228
Dār al-Iftāʾ/dar-alifta.org 207 f.
dār al-ʿilm (... Wissens) 221 f.
dār al-Qurʾān (... Korans) 228
dār al-qurrāʾ (Haus der Rezitatoren) 228
dār as-sunan (Haus der Traditionen) 220
Darlehensvertrag 41
Dars-i Niẓāmī (Curriculum von Mollā Niẓām ad-Dīn) 223
aḍ-ḍarūrāt al-ḫamsa siehe fünf Notwendigkeiten
ḍarūrīyāt siehe Interessen
daʿwa siehe Mission
ad-daʿwā siehe Klage
dawāwīn as-sabʿa 144
Daylam 172
definitiv (*qaṭʿī*) 22, 73 f., 78, 201
Delhi 223
Dialektik 114 f., 241
Dichter (Sg. *šāʿir*) 40
Dichtung 239
Diebstahl 116
Diktat (*imlāʾ*) 237
Diktatsekretär *siehe mustamlī*
ḏimmī (Schutzbefohlener) 215
Disputation *siehe munāẓara; muḏākara*
Dissens 86, 104–110, 114
Dissensgrund 110 f., 117
Diversifizierung 33, 35, 37, 83, 136, 200
Diyanet Behörde für religiöse Angelegenheiten 13, 207 f.
Dīwān siehe Archiv
Dogmatik 241
doktrinale Rechtsschule (›*doctrinal school*‹) 60
Drusen 177
Dschafariten 57, 117, 165–169, 172 f., 177, 181 f.
*uṣūlī-, aḫbārī-*Dschafariten 310
Dschihad (*ǧihād*) 116
Dschinn (Sg. *ǧinn*) 40

Dynastie, dynastisch 40, 54, 64–66, 161, 176 f., 184

E

E-cfr.org 208
Edirne 223
Ehe, Eheverhältnis 40
Eherecht 227
Eheschließung 40, 43 f., 116, 211, 216
Eid 189
eigene Meinung (*ra'y, iğtihād*, Idschtihad) 44 f., 47–49, 53–56, 59, 90, 96, 133 f., 140 f., 147, 155, 161
Einbürgerung 132
eingeschränkt rechtsfähig (*maḥğūr*) 212
Einigung (*ṣulḥ*) 190
Einmarsch Napoleons in Ägypten 310
Einzelfallentscheidungen (*qaḍā'*) 39, 187
Einzeltraditionen (*ḫabar al-wāḥid*) 74
Empfehlung (*nadb*) 76, 79, 123, 204, 208
empfohlen (*mandūb*) 21, 76, 79, 235
Enderūn-i Humāyūn Mektebi 223
Enthaltsamkeit 103
Entrückung 166
entrückter Imam 168, 176
Entscheidung (*qaḍā', ḥukm*) 19, 187 f., 190
Entscheidungskriterium 151
Entsendung 44, 183, 310
Entstehung von …
Medresen 222, 309
Rechtsschulen 17, 34 f., 54 f., 57–59, 67, 92, 135, 144, 172
Entwicklung der/des …
islamischen Rechts 11–13, 16 f., 30, 33 f., 36, 39 f., 67, 96, 129, 186, 200, 209, 218, 307
menschlichen Charakters (*aḫlāq*) 230
Rechtsschulen 17, 34, 47, 61 f., 65, 132, 135, 137, 172, 178, 195, 223
Wissenschaft 81, 125, 220
Enzyklopädie, enzyklopädisch 13, 83, 101, 130, 145, 159, 164, 175
Epistemologie, Erkenntnislehre, erkenntnistheoretisch 54, 72, 173
epistemische Autorität 227
Epitom *siehe muḫtaṣar*
Eponym (Eigenname, der einer Ableitung zugrunde liegt) 63, 133
Erbe 26 f., 121–123, 188, 214, 230
Erbe des Propheten 26, 194
Erbschaft 210
Erbschaftsmodell 184
Erbverteilung 43 f., 89, 115, 122, 124
Erfragung *siehe iftā'*
Erlaubnis zu tradieren/lehren (*iğāza*) 237
allgemeine Erlaubnis (*iğāza 'āmma*) 237
Erteilung von Fatwas (*iftā'*) 203, 207 f., 237
Erlaubnis zu unterrichten (*tadrīs*) 230, 237
Ernennung von Lehrern, Professoren, Richtern etc. 185 f., 191, 224
Eroberung, eroberte Gebiete 50
Eroberung Andalusiens 111
Eroberung Mekkas 307
Eroberungswelle 45
Erst-recht-Argument *siehe argumentum a fortiori*
Erzählungen über Propheten(gefährten) 95, 231
Erzieher (*mu'addib*) 230
Erziehung und Bildung (*tarbiya*) 230–232, 245
etabliert, bekannt *siehe mašhūr, siehe al-maḏhab*
Ethik, ethisch 25, 55, 95, 129, 132, 202, 208, 232–235, 239–241, 245

Ethiknormen (*aḥkām ḫuluqīya*) 19 f., 25, 55
ethische Vervollkommnung 232 f., 235
Europa 130, 136
European Council for Fatwa and Research 208
Evaluation von Überlieferketten *siehe* Hadithevaluation
evident *siehe ẓāhir; siehe auch* wörtliche Bedeutung

F

Familie 16, 41, 156
Familie des Propheten 20, 103, 166, 173
Familienrecht 21, 209, 211
faqīh (Rechtsgelehrter, Pl. *fuqahā'*) 18, 25 f., 28 f., 48 f., 52, 58, 63, 65, 69, 81, 90–94, 104, 109, 112, 122, 155, 166, 168, 171, 178, 185, 187, 194–196, 198–202, 205, 212, 216, 218 f., 226 f., 230 f., 234, 238, 244, 247 f.
Farangī Maḥall 223
Farġānā 223
far' ([Rechts]Fall) 75
farḍ 100
fasād siehe Anfechtbarkeit
fāsid siehe anfechtbar
fasten, Fasten (*ṣawm*) 21, 115, 124, 185, 206, 212 f.
fatāwā bzw. *nawāzil siehe fatwā*
Fatimidendynastie (auch Fāṭimiden) 176 f., 221
fatwā, Fatwa (*futyā*, Pl. *fatāwā, fatāwī*) 33, 65, 85, 93, 101 f., 104, 128, 131, 133, 155, 157, 159, 168, 184, 199 f., 202–210, 216 f., 228, 237, 309
Fatwa-Akademie 207
Fatwa-Amt 207
Fatwa-App 208 f.
Fatwa-Werk 101, 207
Fes 220, 223
Feststellbarkeit *siehe ṯubūt*
Finanzquelle 41
fiqh (islamisches Recht) 19, 22–24, 55, 66–71, 83, 85 f., 94, 98, 101, 103 f., 111, 117, 124 f., 129–133, 143, 170, 173–175, 185, 195, 198, 204, 206, 210, 236, 239–243
fiqh al-aqallīyāt (Minderheiten-Fiqh) 67, 132, 210
fiqh der Staatsbürgerschaft (*fiqh al-muwāṭana*) 210
fiqh-Akademie 131
fiqh an-nisā' siehe islamisches Recht für Frauen
Firūz Šāh-Medrese 223
Fleisch 15, 17
flexibles Rechtssystem 36, 51, 64, 93, 134, 157
formalisieren, Formalisierung des Unterrichtswesens (*madrasa*-Wesen) 33, 50
Formationsphase, formative Phase 13, 31, 36
Forschungsfreiheit 22
Fortentwicklung, Fortführung, Fortschreibung (der Tradition) 33, 35, 37, 49, 51, 56, 106, 130, 141, 183, 185, 200 f., 207, 247
Frage-Antwort-Methode 230
Französisch 130
Frau(en) 41, 43, 119, 122, 126, 128 f., 185, 187, 189, 195, 204, 209, 211 f., 216, 220, 225–229
Frau als Mufti *siehe muftīya*
Frauen als Kopisten 227
Frauen als Lehrende 225–229
Frauen als Kadi 185–187, 225
Frauen-, Emanzipationsbewegung 128
religiöse Pflichten 128, 212, 227
Frauenrechte 128
freie Rechtsfindung 32

freigestellt *siehe mubāḥ*
Freisein [von Verpflichtungen] (*al-barā'a al-aṣlīya* bzw. *barā'at aḏ-ḏimma*) 210
Freitagsgebet (*ṣalāt al-ǧum'a*) 24, 76 f., 186, 225
Freitagsmoschee 186
Freitagspredigt 47
Frömmigkeitsbestrebung 35
Frühzeit des islamischen Rechts 89
fünf Notwendigkeiten (*aḍ-ḍarūrāt al-ḫamsa*) 85
fünf Sinne (*ḥawāss*) 72
Fünferschiiten, fünferschiitisch 90, 165, 171, 177
fünferschiitische Zayditen 90, 165, 171
Für-gut-Halten *siehe istiḥsān*
furū' 67, 86, 98 f., 101, 104, 110, 116, 125, 131, 133, 137, 144, 146, 150, 152, 156 f., 159, 164, 169, 174, 179, 206, 215, 236, 240
furū' al-fiqh- (rechtspraktische) Literatur 67, 86, 89, 98, 101, 104, 125, 206, 236, 309, 313
furū'-Werk 98 f., 101, 110, 133, 137, 144 f., 150, 152, 158, 169, 174, 215
furūq-Werk 22, 124–126
Fustat 46

G

ǧadal (Dialektik) 105, 110–115, 214, 238
Ǧa'farīya *siehe* Dschafariten
ǧāhilīya siehe vorislamisches Arabien
al-ǧam' wa-l-farq 125
ǧāmi'-Werk 95 f.
ǧāriya (Sklavin, Konkubine) 215
ǧawāb (Antwort) 203
Ġaznawiden 309
Gebet (*ṣalāt*) 20 f., 24, 26, 43, 47, 76 f., 88, 115, 127, 179, 186, 201, 205, 212 f., 215, 225, 227
Gebetsleitung 47
Gebetsrufer (*mu'aḏḏin*) 225
Gebetszeit 127
Gebieten (*al-amr*) 76, 87 f., 193
gebietende Aussage 77, 79
Gedichtform 206, 236
Gefangener Gefängnis, 190, 237
Gegenstand der Klage (*al-mudda'ā bih*) 188
Gehorsamspflicht 23
geistig gesund (*'āqil*) 211
geistige Fähigkeit 232
Geistesschwäche (*as-sufah, al-'atah*) 212
Gelehrsamkeit 48, 56, 158, 192, 202, 238
Gelehrter (*'ālim*, Pl. *'ulamā'*) 108, 195, 207
Gelehrte aus Buchara (*mašāyiḫ al-Buḫārā*) 135
gelehrte Frauen 195, 204, 209, 225–229
Gelehrtenausschuss (*šūrā*, oder Sg. *faqīh mušāwar*) 187
Gelehrtenkonsens 168
Gelehrtenkreis (*ḥalqa*) 34, 48, 58, 60, 94, 181, 184, 187, 220, 229, 238, 308
Gelehrtennetzwerk 229
Gemeindeordnung von Medina 34
Gemeinschaft (*milla*) 242
Gerechtigkeit 172, 179, 187
Gerechtigkeitsgefühl 187
Gericht 18, 24, 65 f., 80, 183 f., 186–194, 204, 209, 213, 217
Gerichtsbeamter *siehe munādī*
Gerichtsentscheidung 184, 190, 193
Gerichtskorrespondenz (*kitāb al-qāḍī ilā l-qāḍī*) 190
Gerichtsprotokolle (*maḥāḍir*) 190
Gerichtsprozess 80, 188, 217
Gerichtsschreiber (*kātib*) 188
Gerichtsverfahren 184, 186 f., 192

Gesandter 29, 53 f., 63, 112–114
geschäftsfähig, Geschäftsfähigkeit (*ahlīya*; vollumfängliche Geschäftsfähigkeit: *ahlīyat al-adā'*) 210–215, 218
geschäftsunfähig, Geschäftsunfähigkeit 212
Geschenk 112, 190
Geschlechtertrennung 226
Geschlechtsverkehr 212, 216
geschützt vor Sünden *siehe maʿṣūm*
Gesellschaftsvertrag 41
Gesetzgeber, Normsetzer (*šāriʿ* bzw. *ḥākim*) 19, 25–28, 54, 63, 81, 128
  Gesetzgebung 35
Gestaltungskompetenz 23
Geständnis (*iqrār*) 189
›gesunder‹ Hadith 152
Gewährsmann 51
Gewerbeaufsicht 193
Gewissheit (*yaqīn*) 22, 126
Gewohnheit 17, 20, 40, 45–49, 56, 75
  Gewohnheit des Propheten 17, 46, 49
  Gewohnheitsrecht (*ʿurf*) 40, 47, 56, 66, 75
gezwungen, Gezwungener (*mukrah*) *siehe* Zwang
Ghom 222 f.
ǧihād siehe Dschihad
ǧizya (Kopfsteuer) 215
Glaube(n) 20, 95, 111, 179, 215
  Glaubensgrundlagen 111, 130, 231
  Glaubensnormen (*aḥkām iʿtiqādīya*) 19 f., 25, 55, 129
Gläubiger (*mu'min*) 76 f., 79, 179, 197, 203
Glosse (*taʿlīq*) 33
Golfstaaten 143
Gott 15, 17, 19 f., 25 f., 28 f., 42, 44,
  Gottes Stellvertreter auf Erden (*ḫalīfat Allāh*) 29
  Gottesansprache 19
  gottesdienstliche Handlungen (*ʿibādāt*) 21, 23–25, 43, 136, 203, 209, 212 f., 215, 227, 229
  Gottesfurcht 103, 121, 172, 179
  Gottheit 15, 17, 41, 111
göttlich 17, 19 f., 22, 25, 44, 54–56, 69, 71, 176, 202, 244, 247 f.
  göttliche Beurteilung 22
  göttliche Offenbarung 44
  göttliche Rede 69
  göttlicher Wille 17, 202
  göttliches Normensystem 19, 55
Gouverneur (*wālī*) 45, 47, 56, 183 f., 191, 194
Grabenkrieg in Medina 307
Grammatik (*naḥw*) 231, 242
Granada 223, 310
griechisch 230, 233, 242
  griechische Logik 233
Großayatollah (*āyat Allāh al-ʿuẓmā*) *siehe* Ayatollah
Großmufti *siehe Šayḫ al-Islām*
Grundlagen des Islams/des muslimischen Glaubens 219, 231
Gründungsautorität 67, 248
gültig (*ṣaḥīḥ*), Gültigkeit (*ṣiḥḥa*) 16, 20 f., 23 f., 79 f., 95 f., 100, 102, 114, 142, 150, 185, 212 f., 215, 247
ǧunūn (Geistesschwäche) 212
Gutachten *siehe* Fatwa

H

ḫabar al-wāḥid siehe Einzeltradition
Hādawīya 172
ḥaddaṯanā (›es erzählte uns‹) 237
ḥadd-Strafe 193
al-ḫādim (Bediensteter) 140, 225
Hadith (*ḥadīṯ*) 13, 16 f., 20, 26–28, 34, 49–51, 53–56, 59, 67, 70, 73 f., 77 f., 85, 91, 95–97, 106, 110 f., 117, 121, 128, 147, 149, 152, 155, 158,

162 f., 167, 169, 178 f., 198 f., 204, 209, 217, 224–229, 235–237, 239–241, 243
Hadithbewegung 149
Hadithevaluation 74, 235, 237
Hadithgelehrter 34, 162
Hadithkommentare (*šurūḥ*) 85, 97, 241
Hadithkompilation 96
Hadithkritik 152, 189, 240
Hadithsammler 178
Hadithtradierung 227, 241
Hadithwerk 51, 95–97, 155, 167, 169, 308
Hadithwissenschaft 51, 67, 204, 209, 225 f., 228, 235–237, 239 f.
Hadithwissenschaftler (*muḥaddiṯ*) 155
hadithzentriert 54, 199
ḫafī (versteckt) 62
Hafiziten 177
ḥaǧǧ siehe Pilgerfahrt
ḫāǧe bzw. *hoca* (Hodscha) 197 f.
ḥāǧī siehe Interessen
ḥaǧr (beschränkte Geschäftsfähigkeit, Geschäftsunfähigkeit) 212
ḥakam/*ḥākim siehe* Schiedsrichter
Halal, *ḥalāl* 15, 35
ḥalāl-ḥarām-Diskurs 35
ḥalqa siehe Lehre
Hanafiten, hanafitisch 54, 57–59, 61 f., 64, 68–71, 76, 82 f., 92, 95, 97, 101 f., 108 f., 115 f., 132–140, 143, 151, 157 f., 163, 172 f., 182, 187, 194, 199, 204
hanafitische Rechtsschule 58, 134
hanafitisch-mutazilitisch 54, 115
Hanbaliten, hanbalitisch 57, 62, 69, 71, 83–85, 94 f., 98, 110, 115–117, 125, 132, 148, 154–159, 172, 182, 199, 236
hanbalitisches Biographiewerk (*ṭabaqāt aṣḥāb Aḥmad*) 133, 149
hanbalitisches Recht 95, 155
Handel 21, 40 f., 76–78, 102, 149, 193
siehe auch bayʿ
Handlungsnormen (*aḥkām ʿamalīya*) 19 f., 22, 55
ḫanqāh (Sufi-Konvent, -Orden) 22
ḥaqīqa, Adj. *ḥaqīqī siehe* wörtliche Bedeutung
ḥaqq, Pl. *ḥuqūq* 66, 80, 167 f., 170, 172 f., 175, 188
ḥarām siehe Verbot
ḥarbī (Gegner, Kriegsgegner) 215
Haridschiten (Ḫāriǧīya) 178
ḫarīṭa siehe Umschlag
ḥāšiya (Kommentar[werk]) *siehe* Kommentar
ḫāṣṣ siehe spezifische Aussage
ḫaṭīb siehe Prediger
ḥayḍ siehe Menstruation
ḥawādiṯ (›Ereignisse‹) 102
ḥawza (religiöse Hochschule) 197, 222
Heft (*ṣaḥīfa*, Pl. *ṣuḥuf*) 89
hellenistisch 230
Henotheismus 41
Herat 223
herleiten, Herleitung (*istinbāṭ*) *siehe* Auslegung
Herleitung von Normen 11, 20, 53, 71, 73, 79, 81, 178, 199
hermeneutisch 12, 116
Herrschaft, Herrscher 18, 23, 31, 34, 39 f., 47 f., 55, 64–66, 80, 134, 183–185, 191 f., 194, 204, 215 f., 222 f., 308–310
Herrschaftsgebiet 18, 131, 185
Herrschaftssystem 183
Herz 217, 233 f.
Hidschra (*hiǧra*) *siehe* Auszug
Hierarchie (von Rechtsmeinungen) 40, 62, 133, 137, 142, 150 f., 187, 196 f., 205, 245
hiǧra (Hidschra) *siehe* Auszug
ḫilāf-Literatur, -Werk 104, 115
Hilfswissenschaft 230–242, 245

Hilla 222
Hinderungsgrund (*māniʿ*) 21, 79
Hinfälligkeit 214
Hinweis (*dalīl*, Pl. *adilla*) 20, 22, 58f., 73–75, 78, 119, 196, 198
  Hinweischarakter (*dalāla*) 73f., 78
ḥisba (Marktaufsicht, Stadtverwaltung) 193
ḫiṭāb aš-šāriʿ siehe Ansprache des Gesetzgebers
Hochschule, Hochschulwesen 64, 81, 94, 129, 133, 177, 197, 219, 223, 244
Hodscha *siehe ḫāğe*
holistisch 232, 235
ḥuğğat al-islām (der Beweis des Islam) 107, 197
ḥuğğat al-islām wa-l-muslimīn 197
ḥukm (Norm, Regelung) *siehe* Norm
ḥuqūq ʿurfīya siehe qānūnnāme
Ḫurasān (Transoxanien) 149, 161, 179

I

ʿibādāt (gottesdienstliche Handlungen) *siehe* Gott
Ibaditen, ibaditisch, Ibāḍīya 57, 178–182
  ibaditische Rechtsschule 57, 179
  ibaditisches Recht 57, 178f.
iʿḏār (Verteidigung des Angeklagten) 189
ʿidda siehe Wartezeit
Idschma (*iğmāʿ*) *siehe* Konsens der Gelehrten
Idschtihad *siehe iğtihād*
ifʿal (Imperativ, Verbform 2. Ps. Sg. mask.) 87–89
iftāʾ (Pl. *futyā*, Begutachtung) 65, 202–204, 207f., 210, 217f., 237
iğāza siehe Erlaubnis
iğmāʿ siehe Idschma
iğtihād, Idschtihad 22, 28, 30, 32f., 35f., 47f., 53, 72, 81, 147, 150, 173f., 178f., 185, 195, 199–202, 204f., 208
  iğtihād ğamāʿī (kollektiver Idschtihad) 208
iḫtilāf (Meinungsverschiedenheit, ›Rechtsvergleich‹) 58, 63, 104–108, 111f., 114f., 149, 177
  iḫtilaf al-fuqahāʾ (Meinungsverschiedenheit der Rechtsgelehrten) 104
  iḫtilāf al-fuqahāʾ-Werke 104–114
ikrāh siehe Zwang
ʿilm siehe Wissen
ʿilm an-nawāmīs (religiöse Wissenschaften) 239
ilm-i hâl-Genre 129
ʿilla siehe Rechtsgrund
Imam (*imām*) 20, 70, 73, 136, 143, 146, 151, 158, 165f., 168, 171–173, 176, 179, 197f., 224f., 227
Imamiten 165
  Imāmīya 165
imlāʾ siehe Diktat
Implikation (*dalāla, mafhūm*) 73f., 78 *siehe auch* Hinweis
Indien 136, 157, 167, 203, 207, 223
individuelle Pflicht (*farḍ al-ʿayn*) 229
individuelles Interesse (*ḥaqq* bzw. *ḥuqūq al-ʿibād*) 80
Indiz, Indizien (*qarīna*, Pl. *qarāʾin*) 78f., 87–89, 190
Indonesien, indonesisch 149, 151, 208
induktive Argumentation 69, 232
Institutionalisierung 33f., 37, 59, 61, 63, 67, 94, 183f., 200, 221
Interessen 80, 84, 142, 152, 157, 174, 188 *siehe auch maṣlaḥa*
  notwendig(e Interessen) (*ḍarūrī, ḍarūrīyāt*) 84, 146, 152
  bedürfnisorientiert (*ḥāğī*) 84, 174
  verschönernd (*taḥsīnī*) 84, 174

interreligiös 10
interreligiöser Dialog 210
Irak, irakisch 46, 50, 55, 58 f., 106–108, 133–136, 141–143, 146, 148 f., 151, 157, 167, 172, 221
Irak-Hanafiten 136
irakisch-malikitisch 146
Isfahan 223
İslam Hukuku Araştırmaları Dergisi 130 f.
Islamic Law and Society 130
islamisch:
Islamische Theologie 12, 16, 70, 130, 157, 165, 173, 177, 208 f., 239
islamisches Gesetzbuch 141
islamisches Minderheitenrecht *siehe fiqh al-aqallīyāt*
islamisches Recht für Frauen (*fiqh an-nisā'*) 129
Islamisierungsbestrebung 35
islamrechtliche Handlungsanweisung 16, 43, 55, 228, 234
Islamrechtsforschung 39
Islamweb.net 208
Islamwissenschaft 12, 30, 130
Ismailiten (*Ismāʿīlīya*), ismailitisch
ismailitisch-schiitisch 57, 165, 176 f., 182, 221 f., 232 f.
isnād-Kritik *siehe* Überliefererkette
Israel 177
Istanbul 223
istidlāl siehe Beweisführung
istiḥsān (Für-gut-Halten) 48 f., 53, 62, 71, 75, 79, 134, 143, 151, 158, 162, 164, 168, 174
istinbāṭ (Herleitung, Auslegung) *siehe* Auslegung
istiṣḥāb siehe Präsumtion
istiṣlāḥ (Für-nützlich-Halten) 71, 142, 151, 158, 162, 174
Iwan (*īwān*, gesonderter Bereich mit einem Gewölbe) 222

J

Java 223
Jemen 40, 44, 46, 53, 151, 172 f., 179 f., 184
jenseitig, Jenseits 24, 202, 233–235, 245
Jordanien 136, 157
Juden, jüdisch 40, 43 f., 194
Jungfrau 211
Jurist, juristisch 18, 21–23, 28, 63–66, 80, 89, 113, 115, 125 f., 128, 187, 191 f., 194, 198, 211 f., 213 f., 216, 218 f., 229, 234, 244, 248
juristisch relevant 214
juristisch verantwortlich 18, 22, 28, 210, 216
juristische Befugnis 191
juristische Lizenz, Ausnahme (*ruḫṣa*, Pl. *ruḫaṣ*) 21, 49, 74, 80, 113 f., 142, 211 f., 216
juristische Maxime 198
juristische Urkunde 89, 190
juristische Verantwortung (*taklīf*) 79, 210

K

Kaaba 41
Kadi 34, 57, 48, 65, 85, 135, 150 f., 156 f., 177, 184–186, 188, 192, 203 f., 207, 211, 216 f., 219, 224–226
Kadi-Amt 34, 65, 135, 150, 157, 186, 211
Kairo 221, 223, 228
kalām (Theologie) 70, 169, 230, 239–243
Kalif (*ḫalīfa*), Kalifat 29, 31, 34, 45–48, 54–56, 65, 135, 141, 155, 172, 183, 191, 194, 216, 221 f., 307–310
kalifale Intervention 194
Kalifenpraxis 45
Kamelschlacht 308

Kanonbildung 62
kanonisch(es Werk) 92, 96, 167
siehe auch kutub, kuttāb
Kanonisierung 62 f.
Karawane 41
Kaspisches Meer (Tabaristan) 172
Katar 157
katātīb (Sg. *kuttāb*, auch osman. *mekteb-i ṣibyān*) 225, 228
Kaufgeschäft 43, 212
Kaufvertrag 76, 79, 119
Kenntnis (*maʿrifa*) 22, 27, 47, 171, 198, 217, 231 f.
Kerbela 165, 222 f., 308
Kitāb Iḫtilāf al-ʿIrāqīyīn (›Das Buch über den Meinungsstreit der Iraker‹) 58
Klage (*daʿwā*) 24, 185, 188 f.
Kläger (*muddaʿī*) 188 f., 193
Klassen von Rechtsgelehrten 195–197, 201, 204, 218
Klassifikation (*taṣnīf*) 51, 128, 195 f., 308
kleine Abhandlung/Schrift (*risāla*, Pl. *rasāʾil*) *siehe risāla*
Kodifikation (*tadwīn*) 33, 37, 51, 308
kodifiziertes (islamisches) Recht 32, 40, 65, 139, 311
Kodifizierung des islamischen Rechts 32, 34 f.
siehe auch Mecelle
kollektiver Idschtihad *siehe* Idschtihad
kollektives Interesse (*ḥaqq* bzw. *ḥuqūq Allāh*) 80
Kollision 77, 124
Kolonialisierung 34 f.
Kommentar (*šarḥ*, Pl. *šurūḥ*) 33, 82–87, 92–95, 97–99, 101, 116 f., 137 f., 144 f., 150, 153, 157, 159 f., 167, 169 f., 174, 200, 237, 241, 309
Kommentarwerk (›Superkommentar‹, *ḥāšiya*, Pl. *ḥawāšī*) 33, 83 f., 86, 92–94, 98, 101, 137, 169
Kompetenz des Rechtsgelehrten (*wilāyat al-faqīh*) 168
Kompilation von Hadithwerken 90 f., 96 f., 116, 146, 155, 159
Konditionen setzende Normen (*al-aḥkām al-waḍʿīya*) 80
Konkurrenzverhältnis 35, 161, 166, 194, 222, 231
Konsens der Gelehrten (Idschma, *iǧmāʿ*) 59, 75, 105, 107–109, 163 f., 168, 173, 178, 198, 240
Idschma der Prophetenfamilie (*ahl al-bayt*) 173
Konsolidierung und Ausdifferenzierung der Rechtsschulen 33, 84, 135, 144, 148 f., 156, 167, 309
Kontext, Kontextualisierung 42
Kontinuität 60, 149
Konvent 221 f.
Konya 223
Kopisten (*an-nāsiḫ* bzw. *al-warrāq*), Buchverkäufer 131, 225, 227
Koran, koranisch 13, 15–17, 19 f., 22 f., 25, 28 f., 34, 39, 41–45, 47–49, 53 f., 56, 62, 68, 70, 73–77, 84, 90 f., 95, 95, 110, 115–117, 120–123, 142, 152, 155, 161 f., 164, 168, 173, 177 f., 184, 189, 193 f., 198 f., 203, 209, 212, 219 f., 224, 228–234, 239–241, 247, 307 f.
Koranexegese 95, 117, 209, 224, 239–241
koranexegetisch-rechtlich 164
koranisches Selbstverständnis 44
Koranlesart *siehe* Lesart
Korantext 123, 308
Koranvers 43, 49, 91, 110, 115–117, 120, 229
Q 2:43 43
Q 2:106 49, 120
Q 2:173 17, 42
Q 2:180 121 f., 124
Q 2:183 124

Q 2:221 43
Q 2:230–237 43
Q 2:275 43
Q 2:282 79, 118 f., 189, 211 f.
Q 3:3 44
Q 4:3 f. 43
Q 4:7 122
Q 4:11 f. 43, 122
Q 4:22–24 43
Q 4:59 16, 29
Q 4:127 203
Q 4:176 203
Q 5:48 19
Q 5:87 f. 42
Q 9:103 43
Q 24:4 189
Q 24:6–9 189
Q 45:18 19
Q 53:19 f. 41
Q 62:9 f. 76, 78
Q 65:1–7 43
Körperstrafe 19
Körperverletzung 214
Korpus 60, 62 f., 67, 134, 181, 185, 203, 206, 210, 248
Krankenhaus (*māristān*) 228
Krieg(sführung) 40 f., 215, 307
Kritik, kritisch 13, 16, 93, 97, 130 f., 152, 161, 198, 217, 240
kritische Edition 131
Kufa, kufisch 46, 49, 52, 107, 133, 135, 172, 190
Kultur, kulturell 39–41, 44, 56, 129, 134, 183, 220 f., 230, 242, 247
Kulturkreise 39
Künstler:in 197
kurul.diyanet.gov.tr 208
Kurzfassung 105
kutub, kuttāb (Bücher) 89, 96, 169, 169, 227 f.
al-kutub al-arbaʿa (die vier kanonischen Bücher, schiitisch) 96, 167, 169
al-kutub as-sitta (die kanonischen sechs Bücher, sunnitisch) 96
Kuwait 167

L

lā ḍarara wa-lā ḍirāra fī l-Islām 85
Lakhnaw 223
lautere Brüder (*al-iḫwān aṣ-ṣafāʾ*) 232
Läuterung der Seele 235, 241
Lebenskontext, Lebensrealität 97, 210
Lebzeit des Propheten 34, 219
legitim 16, 23, 39, 45 f., 49 f., 53, 55 f., 72, 81, 86, 117, 147, 151, 157, 164 f., 181, 194, 247 f.
Legitimität 23, 39, 49, 81, 117, 157, 194, 247 f.
Lehre 135, 148–150, 162, 164, 167, 169, 171, 173, 177 f., 194, 221 f., 224, 232, 234, 238
Lehrbefähigung (*iǧāza*) *siehe* Erlaubnis zu tradieren/lehren
Lehrbuch 84, 94 f., 131, 159
Lehreinrichtung *siehe* Bildungseinrichtung
Lehrzirkel (*ḥalqa* bzw. *maǧlis*) *siehe* Gelehrtenkreis/Sitzung
Lesart(en) des Korans 73, 224, 228, 239–241
liʿān siehe Schwur
Libanon 136, 151, 167, 177
Libyen 180
Literaturform, -gattung 33, 129
Literaturwissenschaft 240
Logik 81, 233, 239–241, 243, 245
Lokaltradition 45–48, 56, 134, 142, 151 f., 161, 247 f.
lokale (Rechts)Praktik 45, 49, 53, 184, 187, 247
Lösung von Kontradiktion 68
Loyalität 61
Lücke (in der Überliefererkette) 51, 235, 271

siehe auch Überliefererkette
lückenlos (e Überlieferung) 51

M

mā ǧarā bihi l-ʿamal (das ist die Praxis/das ist das, was praktiziert wird) 93, 142
maḏhab (Pl. *maḏāhib*, Rechtsschule) *siehe* Rechtsschule
maḏhab (Meinung) 93, 125, 151
maḏhab aṣ-ṣaḥābī siehe Meinung
madrasa siehe Medrese
mafhūm siehe Implikation
mafhūm al-muwāfaqa (Erst-recht-Argument) *siehe argumentum a fortiori*
maǧāz siehe übertragener Sinn
Maghreb (Qayrawān), maghrebinisch 65, 141 f., 144, 193
Magie 241
maǧlis 186, 220, 238
al-maǧmūʿ-Werke 90, 93, 144 f., 151, 153, 159, 172, 174
maǧnūn (Person mit Geistesschwäche) 212
maḥāḍir siehe Gerichtsprotokolle
maḥẓūr siehe Verbot
makrūh siehe verpönt
Malaysia 149, 151, 223
Malikiten, malikitisch 26, 57–59, 62, 64, 69, 82–84, 86, 94, 97, 102–104, 108, 110 f., 115–117, 125 f., 140–146, 151, 157 f., 161–163, 181 f., 199, 231, 236, 243
malikitische Rechtsschule 57–59, 108, 141, 143–145, 163, 182
mamlūk (Sklave) 215
Mamluken, mamlukisch 32, 64–66, 186, 220, 228
al-Manār (ägyptische Zeitschrift) 208
mandūb siehe empfohlen
Manuskript 131, 225
manẓūm (gereimt) 85, 88
maqāṣid (Zwecke, Ziele) 67, 84 f., 125, 132, 152
maqāṣid aš-šarīʿa ([übergeordnete] Ziele der Scharia) 67, 85, 132, 152
marǧa-e taqlīd (arab. *marǧaʿ at-taqlīd*, Quelle der Nachahmung) 197
marǧaʿ 168, 197
maʿrifa siehe Kenntnis
Markt- und öffentliche Plätze (*sūq*, Pl. *aswāq*) 41, 187, 193
Marktaufseher (*muḥtasib*, auch *ṣāḥib as-sūq*) 188, 193
Marktaufsicht, Stadtverwaltung (*ḥisba*) 193
Marw 46, 135, 149, 223
masāʾil-Werke (Kompilationen zu spezifischen Rechtsfragen) 101, 110, 115, 145, 155, 158
Mašhad 223
mašhūr (bekannt) 74, 93, 142, 151
al-mašhūr (›die bekannteste Meinung‹) 93, 142, 151
maṣlaḥa (Interesse der Menschen) 84 f., 152, 157 f., 174
siehe auch Interesse
maṣlaḥa mulġā (aufgehobenes bzw. nichtiges Interesse) 84
maṣlaḥa mursala (offengelassenes Interesse) 84 f.,
maṣlaḥa muʿtabara (anerkanntes Interesse) 84
maʿṣūm (vor Sünde geschützt) 166, 171, 173
Mathematik 231, 239–244
matn (Grundlagenwerk) 51, 98, 175
siehe auch überlieferter Text
maʿtūh (geistig beeinträchtigt) 212
maturiditisch, Maturiditen 132
Mausoleum 221
Maximen *siehe qawāʿid*
maẓālim-Gericht 184, 191 f.

Mecelle (Kodifizierung des islamischen Rechts) 32, 35, 139, 311
Mecelle-i aḥkām-ı ʿadlīye 139, 311
Medina, medinensisch 34, 41 f., 44, 46, 52, 55, 58 f., 107, 140–143, 172, 183, 307
Medizin(studium) 213, 221, 224, 228, 241 f.
Medrese (*madrasa*, Pl. *madāris*) 18, 33, 35, 64 f., 81, 83 f., 86, 94, 135, 150, 156, 159, 198, 219–230, 232, 238, 242, 244 f., 309
Meeresfrüchte 15
Meinung:
Meinung eines Prophetengefährten (*maḏhab aṣ-ṣaḥābī*) 75
Meinungen von Prophetengefährten (*qawl aṣ-ṣaḥābī*) 134
Meinungspluralität 55, 201 f.
Meinungsverschiedenheit (*iḫtilāf*) 63, 104, 106 f., 114 f., 149
siehe auch iḫtilāf
Mehrheitsmeinung 79, 107, 142
Mekka, mekkanisch 41 f., 46, 52, 307
Memorieren 234–236
Menstruation (*ḥayḍ*), menstruierend 126, 211 f., 227
Menstruationsdauer 227
Menstruationszyklus 227
mustaḥāḍa (Frau mit irregulärer Blutung) 126
Metaphysik 239–241
miḥna (Prüfung) 54, 155, 194
Militärrichter (arab. *qāḍī ʿaskar*; osman. *qāḍī-i ʿasker, kazasker*) 186
milk al-yamīn (Sklav:innen) 215
Minderheit 67, 132, 143, 157, 161, 165, 167, 210
Minderheitenrecht *siehe fiqh al-aqallīyāt*
Minderjähriger (*aṣ-ṣaġīr*) 137, 212 f.
Mindestalter 211
Mission (*daʿwa*) 177
Missionare (*duʿāt*, Sg. *dāʿī*) 177
Mitteilung *siehe bayān*
Moderne, Modernisierungsbestrebung 18, 67, 111, 129, 139, 162
modernistische Reformbewegung 35
modernistischer Ansatz 31
mollā, Mollā 197, 223
mollā āḫūnd 170, 197
siehe auch Mullā Ḫusraw
siehe auch Mullā Niẓām ad-Dīn
siehe auch Mullā Ṣadrā
Mongolensturm 32, 36, 65 f., 310
Moral, moralisch 16, 20, 232
Morgendämmerung 127, 234
Moschee (*masǧid*, Pl. *masāǧid*) 219
Moschee des Propheten (*masǧid an-nabī*) 64, 186 f., 198, 219–223, 226, 228
Moscheeverein 198
muʾaddib (Lehrer) 225, 230
muʿallal (rational begründbar) 23
muʿallim (Lehrer) 225
muʿāmalāt siehe zwischenmenschliche Beziehungen
mubāḥ (freigestellt) 21, 79, 128
muḏākara (Disputation) 110, 237 f.
mudarris (Pl. *mudarrisūn*) 224 f., 230
al-muddaʿā ʿalayh siehe Angeklagter
al-muddaʿā bih siehe Gegenstand der Klage
al-muddaʿī siehe Kläger
mufīd siehe Tutor
al-muftā bih (›womit eine Fatwa erlassen werden darf‹) 93
muftī, Mufti (Rechtsgelehrter, weibl.: Muftiya *muftīya*, Pl. *muftīyāt*) 26–29, 85, 93, 101, 125, 184 f., 190, 195, 197, 202–207, 209, 217, 219, 225, 227 f., 235, 244
muǧmal (summarisch) 62

muǧtahid, Pl. muǧtahidūn Mudschtahid (frei rechtsfindende Gelehrte, Rechtsgelehrte) 27, 32, 86, 103, 110 f., 161, 168, 187, 194–202, 204, 206
al-muǧtahid al-muntasib 196
al-muǧtahid al-muqayyad 196
al-muǧtahid al-muṭlaq (*al-mustaqill*) 196
al-muǧtahid al-muṭlaq al-muntasib 196
al-muǧtahid fī l-maḏhab 196
al-muǧtahid fī l-masāʾil 196
muḫaṭṭiʾa-Haltung 201
muḫtār siehe vorzügliche Meinung
muḫtaṣar (Epitom, Zusammenfassung) 33, 69, 83, 86, 92 f., 97 f., 108, 129, 133, 137, 145, 152
muḫtaṣar-Werk 83, 92, 95, 98, 108, 115, 133, 137–139, 145 f., 148, 150, 153, 156, 159 f., 169, 236 f., 243
muḥtasib (Marktaufseher) 188, 193
muʿīd siehe Repetitor
mukallaf siehe Recht, rechtlich verantwortlich
Mukallid *siehe muqallid*
mukrah (Gezwungener) *siehe* Zwang
mumayyiz siehe unterscheidungsfähige Minderjährige
munādī (Gerichtsbeamter) 188
munāẓara (Disputation) 110, 114 f., 237 f.
mündliche Tradition 238
siehe auch munāẓara, siehe muḏākara, siehe samāʿ
muqābil bzw. *muʿāriḍ* (Sammler) 142, 225
muqallid, muqallidūn (Mukallid, Nichtexpert:in) 94, 103, 195 f., 200
murdschiitisch 132
muṣaḥḥiḥ (Lektor) 225
muṣannaf-Werk 89–91, 95 f.
muṣawwiba-Haltung 202
Musik 227, 231, 244
Musizieren 128
muškil (zweifelhaft) 62, 97, 199
mušrik (›Polytheist, Beigeseller‹) 179
mutʿa siehe Zeitehe
muʿtabar 84, 151, 180
siehe auch vorzügliche Meinung
mustaftī (Ratsuchender; Fragender, *sāʾil*) 203
mustaḥāḍa (Frau mit irregulärer Blutung) *siehe* Menstruation
mustaʾman (Person mit Aufenthaltserlaubnis bzw. temporärer Schutzgarantie) 215
mustamlī (Diktatsekretär) 225
Mustanṣirīya 222
mutaʾaḫḫirūn 135, 137, 143, 158, 167
mutaqaddimūn(-Gelehrte) 135, 137, 143, 158, 167
mutašābih (unklar) 62
siehe auch unklar
mutawassiṭūn(-Gelehrte) 158
mutawātir (häufig überliefert) 73 f.
Mutazila, mutazilitisch 54, 70, 82, 115, 132, 155 f., 173
mutazilitische Theologie 173
muttafaq ʿalayh (vereinbart) 142
al-Mutūn al-arbaʿa (›die vier Werke‹) 139
al-Mutūn aṯ-ṯalāṯa (›die drei Werke‹) 139
muwaṯṯiq siehe Notar
Mystik (*taṣawwuf*) 240, 244
mystische Erfahrung 240

N

Nachahmung (*taqlīd*, Taklid) *siehe taqlīd*
Nachfolge 31, 50, 60, 90, 97, 165, 176, 183, 185, 190, 247
Nachfolge des Propheten 165

Nachfolgergeneration (*tābiʿūn*) 31, 50, 90, 97
Nachrichten (*aḫbār*) 72, 74, 114, 240
nadb siehe Empfehlung
Naǧaf 222 f.
Nahdlatul Ulama 208
Nahrungs(ergänzungs)mittel 163, 206
nahy siehe Verbieten
Namensgeber 133, 140, 147 f., 154, 157, 160, 166, 171, 176, 178
nasḫ siehe Abrogation
an-nāsiḫ wa-l-mansūḫ-Werke 120–124
nāṣiridisch, Nāṣirīya 172, 310
an-naṣṣ, Pl. *nuṣūṣ* 78, 150
Nationalrecht 35
Nationalstaat 24, 33 f.
Naturwissenschaften 240
nawādir-Werke 137, 145
nawāzil (angewandtes Recht) 101 f., 133, 207
nawāzil-Werk 101 f., 133, 207
naẓar (betrachtende Vernunft) 241
naẓāʾir-Werk 124 f.
Nichtig (*bāṭil*), Nichtigkeit (*buṭlān*) 16, 21, 76, 79 f., 84 f., 114, 212, 214
nicht-muslimisch geprägte Länder, nichtmuslimische Gesellschaft 36, 65, 131 f., 193, 210, 215, 221
nichtreligiös (*ġayr šarʿīya*) 15, 221, 232 f., 238–240, 242, 245, 248
nichtreligiöse Wissenschaft 221, 232
Niedergang 30–33, 35 f., 93, 139
Niedergangsphase 35
Niedergangstheorie 31
nifās siehe Wochenbett
Nīsābūr 220 f.
Niẓāmīya 150, 221 f., 224, 233
Niẓāmīya-Medrese 150, 221 f., 309
Nizariten 177
Nordafrika, nordafrikanisch 59, 64, 101, 143, 157, 177, 309
Norm (*ḥukm*, Pl. *aḥkām*, Regelung), normativ 16, 19–21, 26, 28, 76 f., 88, 119, 134, 187 f., 190, 203 f.
Normadressat 72, 80, 210, 216 f.
normativer Status 21, 76 f., 88, 119
Normensystem 19, 55
Normgebungskompetenz 72, 80
Normkategorie 11, 20, 72, 79
Normsetzer 25
Normderivation 53, 72–79, 148, 198 f.
Normderivationsmethoden 72, 75, 148
Normherleitungskompetenz 81
Notare (*muwaṯṯiq*, *šurūṭī*) 189
Notsituation 213
Nu.or.id 208
an-nukūl (Verweigerung, einen Eid zu leisten) 189

O

Ober-Kadi (*qāḍī l-quḍāt*) 135, 177, 185 f., 192
Oberrichter 64, 66, 186, 191
oberster Befehlshaber 183
Offenbarung (*waḥy*) 16, 20, 41 f., 44, 53 f., 56, 77, 116, 241 f.
Offenbarungsanlass, Offenbarungsanlässe (*sabab an-nuzūl*, *asbāb an-nuzūl*) 42
offenbarungsbasiert (*šarʿī*) 23, 66, 191, 240–242
offenbarungsbasierte bzw. religiöse Wissenschaften (*ʿilm aš-šarīʿa*) 241 f.
Offenbarungsschrift 16, 20
Oman 157, 173, 179 f.
Ontologie 239
opfern, Opfer 15, 41
Optik 244
Orden *siehe* Sufi-Orden
Orientalistik 130

Ort des Gerichtsverfahrens (*maǧlis al-qaḍāʾ*) 186
Osmanen, osmanisch 32, 65 f., 129, 136, 139, 186, 197, 206 f., 228, 310 f.
Ostafrika 151
Oströmisches Reich 40
Ost-Türkei 167

P

Pakistan 136, 167
Palästina 136, 151, 157, 223
Periodisierung des islamischen Rechts 17, 19, 29–31, 33, 35 f., 200 f.
Persisch, persisch 130, 197, 230, 242, 244
Personenstandsrecht 35, 211
persönliche Rechtsschule (›personal school‹) 57, 60, 63
pesantren bzw. *pondok pesantren* (südostasiat. Medrese) 223
Pflicht 16, 21–23, 26, 76 f., 79 f., 87–89, 98–100, 113, 118, 121, 123, 128, 158, 179, 201, 210 f., 213–215, 218, 229, 231
  Pflichtgebet 213
  Pflichthandlung 88, 98, 231
Philosophie, philosophisch 81 f., 221, 230–232, 239–242, 244 f.
  philosophische (*ḥikamī*) Wissenschaften 240
  philosophische Tradition 232
  philosophisches Wissen 239
  philosophisch-praktisch 241
  philosophisch-theoretisch 241
Physik 239–241
pietistisch 35
Pilgerfahrt (*ḥaǧǧ*, *ʿumra*) 21, 41, 43, 49, 115
  Pilgersaison 41
Pluralität, Vielfalt 16, 22, 45, 48, 55, 63–66, 93, 105, 132, 137, 141, 182, 201 f., 216, 244, 248
Poesie, poietisch 227, 231 f., 236, 239, 242, 244
Politik, politisch 40, 45, 48 f., 56, 64, 132, 165, 168, 171, 179, 191 f., 194, 222, 224, 239, 241
  politikwissenschaftlich 132
  politische Führung 168
  politische Obrigkeit 45, 49, 191 f., 224
Polizei (*šurṭa*) 192 f.
Polytheismus 179
populärwissenschaftlich 129
präskriptive Aussage 77
Präsumtion (*ẓann*), präsumtiv (*ẓannī*, *ẓannī ṯ-ṯubūt*) 22, 73 f., 158, 201
Praxis, reguläre Praxis (*al-ʿamal*) 19, 45, 49 f., 62, 75, 93, 102, 106, 141–143, 151, 241, 247
  Praxis der Medinenser (*ʿamal ahl al-Madīna*) 62, 75, 106, 141, 143, 151
  Praxis der Prophetengefährt:innen 50, 247
  Praxis des Propheten 49 f.
predigen, Prediger (*ḫaṭīb* bzw. *wāʿiẓ*) 47, 225, 225
Primärquelle 12
Prinzip(ien) *siehe qawāʿid*
Privatperson 189, 207, 222, 224
Professionalisierung 33 f., 40, 181, 184, 191
  Professionalisierungsbestrebung 40
Professor:in 197, 224 f.
propädeutisch 233, 240
Prophet, prophetisch 16 f., 19 f., 22, 25–29, 31, 34, 39, 41–46, 48–51, 53, 56, 60, 63, 70, 72–75, 77, 89–91, 95 f., 103, 106, 114, 133 f., 141, 151 f., 158, 162, 165 f., 173, 176, 178, 183 f., 194, 203, 219, 235, 240, 247

Prophet Muhammad *siehe* Prophet Muhammad (Personenverzeichnis)
Prophetenautorität 247
Prophetenbiographie 95
Prophetengefährt:innen (*ṣaḥāba*) 31, 44–46, 50 f., 60, 75, 89 f., 95, 106, 133 f., 141, 151, 158, 162, 173, 178, 183, 203, 240, 247
Prophetengefährt:innengeneration 60
Prophetenüberlieferung *siehe* Hadith
Provinz 183–185
Provinzgouverneur (*wālī*) 45, 183 f.
Provinzialrichter 185
Pubertätseintritt 211

Q

qaḍāʾ (richterliches Urteil) 33, 101, 184, 186–188, 190, 207
qāḍī (auch Kadi, Richter) 34, 47 f., 65, 85, 133, 135, 150 f., 156 f., 177, 184–188, 190, 192 f., 203, 207, 211, 216 f., 219, 225 f., 235, 244
qāḍī l-ʿaskar (Militärrichter) 193
qāḍī l-ǧund (Militärrichter) 186
qāḍī l-ǧamāʿa (Kadi der Gemeinschaft [der Muslime]) 186 f., 192
qāḍī l-quḍāt siehe Ober-Kadi
qāḍiyān (die zwei Kadis) 143, 151
qādirīya-Sufi-Bewegung (*ṭarīqa*) 157
Qāǧāren 310
qānūn/qānūnnāme 66, 244
qāʿida (Maxime, Prinzip; Pl. *qawāʿid*) *siehe qawāʿid*
Qaradawi.net 208
siehe auch Yūsuf al-Qaraḍāwī
qarārāt, Sg. *qarār* (Resolutionen) 131, 208
qarīna siehe Indiz
Qāsimīya 172
qassām (Gerichtsbeamter) 188
qaṭʿī (definitiv) 22, 73, 201
qaṭʿī ṯ-ṯubūt (definitive Feststellbarkeit) 73
qawāʿid (Sg. *qāʿida*, Prinzipien, Maximen) 33 f., 61–63, 67, 69, 75 f., 109, 111, 124 f., 157, 161 f., 170, 180, 193, 198, 200, 205, 210, 224, 238, 248, 310
al-qawl (Pl. *aqwāl*) 134, 142 f., 148, 150, 202
al-qawl bi-l-ašbah 202
al-qawl al-ǧadīd 148
al-qawl al-musāwī li-muqābilih 142
al-qawl al-qadīm 148
qawl aṣ-ṣaḥābī siehe Meinung
Qayrawān 46, 141
qiyās 48 f., 53 f., 70 f., 75, 79, 103, 106, 147, 152, 155, 158, 162–164, 168, 174, 178, 198, 200
Quelle (*dalīl*, Pl. *adilla*) 20, 75
Quellenlehre 12, 47, 70, 75, 85, 152, 156, 168, 173, 197
Quraisch 41
Qurṭuba *siehe* Córdoba

R

rafʿ 51
rāǧiḥ, ar-rāǧiḥ/al-mašhūr (die vorzügliche/verbreitete Meinung, das Vorzügliche) 93, 142, 151
ar-raʾīs (der Anführende) 207, 224
raʾīs al-ʿulamāʾ (Vorsitzender der Gelehrten) 207
Ramadan 206, 213
raqīq (Sklave) 215
Raqqa 135
rasāʾil (Sg. *risāla*, kleine Schrift) *siehe risāla*
rational (*ʿaqlī*) 23, 49, 71, 231, 240 f., 244
Rationalisierung 33 f., 37
Rationalismus 54, 64

Rationalisten (*uṣūlīyūn*, schiitisch) 166, 167
rationalistisch 30, 54, 148, 157, 161 f., 165, 167, 172 f., 235, 244, 247
rational begründbar (*muʿallal*, *taʿlīlī*) 23
Rätsel (*alġāz*) 126 f.
Rausch, Rauschzustand 49, 163, 213 f.
berauschendes Getränk 163
rāwī siehe Tradent
ra'y 44 f., 47–49, 53–56, 59, 90, 96, 133 f., 140 f., 147, 155, 161
Recht (*fiqh*):
Rechtsfindungsmechanismus 50
Rechtsfindungsprozess 81
Rechtsfindungsverfahren 188
Rechtsfortbildungsinstrument 206
rechtlich verantwortlich (*mukallaf*) 211, 215
rechtliche Expertise 48
Rechtmäßigkeit 185
Rechtsanwendung 62
Rechtsauffassung 89, 178, 189
Rechtsbereich 18, 75, 110, 129 f., 212
Rechtsdenken 40, 61, 134
Rechtsdiskurs 51, 70, 91, 96 f., 115, 177
Rechtsexperte 184, 190, 195, 204
Rechtsfindung 32, 47–50, 53 f., 56, 60, 81, 85 f., 147 f., 152, 188
Rechtsfortbildung, Rechtsfortschreibung 206
siehe auch taḥrīǧ
Rechtsgelehrter (*faqīh*, Pl. *fuqahā'*) *siehe faqīh*
Rechtsgrund (*ʿilla*) 23, 48, 134, 163
Rechtsgutachten *siehe* Fatwa
Rechtsinstitution 33 f.
Rechtskniffe (*ḥiyal*, Sg. *ḥīla*) 126, 134
Rechtskompendium 188
Rechtskultur 39, 56, 134, 183, 247
Rechtsliteratur, Rechtswerk 24 f., 32, 35, 58, 90, 92, 94, 96 f., 104, 131, 134, 155, 167, 172, 182, 199 f., 205, 216, 237, 308
Rechtslücke 22, 200
Rechtsmeinung(en einzelner Gelehrter, Sg. *maḏhab*) 48–50, 58, 60–67, 90 f., 105, 134, 137, 142, 169, 172, 181, 204, 248
rechtsmethodisch, Rechtsmethodik (*uṣūl al-fiqh*), Rechtsmethodologie 67–72, 76, 81–85, 92, 95 f., 111, 116, 125, 129 f., 133 f., 136, 143, 148, 153, 156, 162, 164, 167, 170, 173, 175, 185, 198, 204 f., 239 f., 241–243, 248
Rechtsnorm 89, 210
Rechtspluralismus, Rechtspluralität 64, 248
Rechtspraktik, rechtspraktisch 39, 55, 62, 69 f., 84, 86, 115, 117, 135, 152, 198, 206 f., 247
Rechtspraxis (*furūʿ al-fiqh*, wörtl. ›Zweige des Rechts‹) 49 f., 56, 67, 85 f., 89, 98, 101, 104, 106, 125, 148, 162, 164, 167, 187, 206, 236, 309, 313
Rechtsprechung 65, 73, 191, 217
Rechtsprinzip 62, 67, 75, 109, 124 f., 157, 200, 248
siehe auch qawāʿid
Rechtsquelle 11, 31 f., 71, 75, 85, 141, 173, 199, 248
Rechtssatz 23, 65
Rechtssicherheit 35, 37, 64, 93 f., 151, 187, 200, 205, 218, 248
rechtstheoretisch, Rechtstheorie (*uṣūl al-fiqh*, wörtl. ›Wurzeln des Rechts‹) 67–71, 83, 95 f., 94, 111, 125, 129 f., 133, 143, 170, 173, 175, 185, 198, 204, 239 f., 241–243
Rechtstradition 12, 181 f., 247 f.
rechtsvergleichend 69, 111, 131, 155, 164

Rechtsverständnis, Rechtsvorstellung 47, 152, 157, 183 f.
Rechtswissen 49
Rechtswissenschaft 12 f., 57, 67 f., 200, 244, 247
Rechtsschule (*madhab*, Pl. *madāhib*) 11, 15, 17 f., 31 f., 34 f., 47, 55–67, 69–71, 73–75, 78, 82 f., 86, 91–94, 97, 105 f., 108, 110–112, 114, 125, 129, 131–137, 141–144, 148–150, 154–157, 160–165, 168, 171–173, 175, 178–182, 185–187, 194–196, 199–201, 204 f., 210 f., 217, 222, 224 f., 227, 236, 238, 243, 248
Rechtsschulautorität 163, 196
Rechtsschulfanatismus 205
Rechtsschulgründer 59, 61, 63, 91 f., 97, 102, 109, 132 f., 196
rechtsschulübergreifend 70, 72, 74, 81 f., 125, 129, 195 f., 199, 208
Rechtsschulzugehörigkeit 108, 131, 187, 199
Reconquista 310
Reform(bewegung) 34 f., 44, 129, 311
Reformen im Rechtssystem 311
regional 57–60, 101, 248
regionale Rechtsschule 57–60
regionales Recht 58
Register 190
Reimform 86
Reinigung (rituell) *siehe* rituelle Reinigung
Reise 49, 77, 95, 149, 179, 226 f., 237
Religionsgelehrter 208
Religionsgruppe 177
Religionstradition 134
Religionsunterricht 129
religiöse Hochschule *siehe* *ḥawza*
religiöse Wissenschaft 221, 226, 232 f., 238–242, 244 f., 248
Repetitor (*muʿīd*) 225
Resolutionen *siehe* *qarārāt*
Restriktion 211
Revision 35, 37, 91, 131, 190
Revolution im Iran 167
Rezitation 124, 228, 231, 240
Rhetorik 239
ribāṭ siehe Sufi-Konvent, -Orden
ribā-Verbot 163
Richter (*qāḍī*, Pl. *quḍāt*, Kadi) 11, 18, 23, 29, 41, 44 f., 47 f., 50, 56, 64–66, 80, 85, 89, 93 f., 101 f., 125, 133–136, 143, 161, 168, 183–194, 197, 202–204, 209, 216 f., 220, 227, 231, 234, 248
Richterassistent (*aʿwān*) 188
richterliche Tätigkeit, richterliches Urteil *siehe* *qaḍāʾ*
risāla (Pl. *rasāʾil*, kleine Abhandlung/Schrift) 33, 68, 85, 102, 128, 145, 148, 153, 164, 200
rituell reinigen, rituelle Reinigung (*wuḍūʾ*) 43, 98–100, 212
rituelle Reinheit (*ṭahāra*) 212
rituelle Unreinheit 98–100, 103 f., 212
riwāya (Pl. *riwāyāt*, Überlieferung) 137, 143, 158
Römisches Recht 39 f., 47
ruḫṣa siehe juristische Lizenz
Rum-Seldschuken *siehe* Seldschuken
Russisch, Russland 130, 136

S

sabab siehe Anlass, Offenbarungsanlass
sabab wurūd al-ḥadīṯ 77
sadd aḏ-ḏarāʾiʿ (Versperrung der Rechtsmittel) 142
ṣadr (Mufti) 203
safah (Zustand des Verschwenderischen) 213
safīh (nachlässige Person) 213
ṣaġīr siehe Minderjähriger
šahāda siehe Zeugenaussage
ṣāḥib as-sūq (Marktaufseher) *siehe* Markt

ṣāḥib aš-šurṭa (Polizist) *siehe* Polizei
Ṣāḥibān (Du., ›die beiden Schüler/ Anhänger‹) 136
ṣaḥīḥ siehe gültig
šāhid siehe Zeuge
salafitisch 132, 162
ṣalāt al-ǧumʿa siehe Freitagsgebet
samāʿ (mündliches Tradieren, Zuhören) 236, 238
Samarqand 46, 59, 70, 102, 136, 138 f., 149, 204, 223, 228, 230
  Samarqand-Hanafiten 136
Sammlungen von Rechtsauffassungen *siehe* Recht, Rechtsauffassung
sanad (Pl. *isnād*) *siehe* Überliefererkette
Sanktion, sanktionieren 24, 71, 204, 214
Sansibar 180
šarʿ (Gesetzgeber, Normsetzer) 25 f.
šarḥ siehe Kommentar
šarʿī (schariatisch bzw. schariakonform) 23, 66, 191, 240, 242
šarīʿa siehe Scharia
šarāʾiʿ (Normen, Regelungen) 22, 107, 138, 169 f.
šarḥ, Pl. *šurūḥ siehe* Kommentar
šarʿīya siehe religiös, offenbarungsbasiert
šurṭa siehe Polizei
sassanidisch 40, 47
  Sassanidisches Reich 40
Saudi-Arabien 157, 167, 173
šayḫ (Pl. *šuyūḫ*, ›Meister‹, Ehrentitel) 40, 96 f., 136, 143, 151, 167, 169 f., 197, 207, 221, 224, 237
  šayḫān (Du., ›die beiden Meister‹) 136, 143, 151
  aš-Šayḫ siehe Yaḥyā ibn Šaraf an-Nawawī
šayḫ al-… (›Meister der/des …‹):
  šayḫ al-ḥadīṯ (›Meister des Hadith‹) 224
  šayḫ al-islām (Großmufti) 207
  šayḫ al-qirāʾa (›Meister der Koranlesart‹) 224
  šayḫ at-tafsīr (›Meister der Koranexegese‹) 224
  Šayḫ aṭ-Ṭāʾifa (›Meister der [schiitischen] Partei‹) *siehe* Abū Ǧaʿfar Muḥammad ibn al-Ḥasan aṭ-Ṭūsī (gest. 460/1067)
  šayḫ aṭ-ṭibb (›Meister der Medizin‹) 224
Schächten, schächten 17
  siehe auch Schlachten, schlachten
Schaden 85, 112 f., 126, 212–214
  Schadenerleiden 85
  Schadensersatz 112 f., 213
  Schadenzufügen 85
Schafiiten, schafiitisch 57, 62, 64, 69, 71, 82 f., 85 f., 92 f., 96 f., 107–110, 112, 116, 125, 132, 147–153, 156–158, 162 f., 172–174, 182, 186, 199, 224, 234, 236, 243
  schafiitisch-ascharitisch 224
  schafiitische Tradition 148, 199
Scharia, *šarīʿa* 13, 15–17, 19, 22–28, 35, 55 f., 67, 82 f., 85, 111, 124, 132, 134 f., 140, 142, 152, 168
  schariakonform 22 f., 124, 168
  schariakonforme Normen/Regelungen (*al-aḥkām aš-šarʿīya*) 23
  schariatische Überlieferung 26
Scheidung 43 f., 227
  Scheidungsausspruch (*ṭalāq*) 43
schiedsgerichtlich 183
  Schiedsrichter (*ḥukkām*, Sg. *ḥakam*/*ḥākim*) 41, 47, 81, 112, 183
Schiiten (*šīʿa*, Partei; *šīʿat Alī*, Partei ʿAlīs), schiitisch 20, 57, 64 f., 70–73, 90, 96, 117, 132, 165–167, 169, 171, 173, 176–178, 182, 197, 203 f., 207 f., 221 f., 232, 309 f.
  schiitische Rechtsmethodik 70
  schiitische Rechtsschule 165, 173
Schlacht 307 f.

Schlachten, schlachten (von Opfertieren) *siehe auch* Schächten, schächten
Schlaf 213
Schlichtung (*taḥkīm*) 184
Schließung des Tores des Idschtihad (*sadd/insidād bāb al-iǧtihād*) 30, 33, 200
Schlussform 48, 54, 162 f.
  Schlussverfahren 200
Schuldverhältnis 116, 118 f., 189, 212, 214
Schule 57–59, 61, 63, 129, 133 f., 136, 141, 157, 162, 172, 178, 182, 185, 189
  Schüler 60 f., 64, 90–92, 101, 109, 132–136, 140 f., 147–150, 154–158, 160 f., 185, 198 f., 204, 229–235, 237
  Schülergruppe, Schülerkreis 60, 148
  Schüler-Lehrer-Beziehung/Verhältnis 135, 149, 156, 161, 198, 229, 231, 234 f.
  Schulwesen 129
schützenswerte Interessen der Menschen *siehe maṣlaḥa*
schwacher Hadith 49, 158
schwanger, Schwangerschaft 211
Schweinefleisch 17
Schwur bzw. Eid (*yamīn, liʿān*) 189, 215
Seldschuken, seldschukisch 150, 221, 309
ṣiḥḥa siehe Gültigkeit
Siebenerschiiten 65, 165, 176
širʿa 19
  siehe auch Scharia
Sittenpolizei 193
Sitzung (*maǧlis*, Pl. *maǧālis*) 220
siyāsa, as-siyāsa aš-šarʿīya 23, 66, 191
Sklave, Sklavin 41, 204, 215 f.
Soldat 41
sozial 40, 208 f., 226
  soziale Realität 226
Soziale Medien 208 f.
Spanisch 130
Speise- und Reinheitsvorschrift 43, 95, 229
spekulativ (*ẓannī*) *siehe* Präsumtion, präsumtiv
Spezifikation (*taḫṣīṣ*) 77, 111, 120
  spezifische (*ḫāṣṣ*) Aussage 77
Spiel 231
spirituell 226, 232–235, 244
Sprache 11 f., 63, 66, 71, 81, 104, 108, 117, 119, 129–131, 208 f., 239, 241, 244
  Sprachgewandtheit 232
  Sprachwissenschaft 81
sprachliche Unklarheit 62
Staat, staatlich 24, 33–35, 66, 139, 143, 167, 183, 185, 192, 204, 207 f., 210, 223 f., 226, 310
  Staatsbediensteter 192, 223
  Staatsreligion 167, 310
Stagnation(sphase), Niedergang 30–33, 35 f., 93, 139
Stamm 34, 40 f., 183
  Stammesbündnis 40
  Stammesoberhaupt (*šayḫ*) 40
  Stammesrecht 34
Standard-/Hauptbedeutung (*ḥaqīqa*) *siehe* wörtliche Bedeutung
Standardisierung 65 f., 81, 84, 92, 182, 184, 197, 248
Standardwerk 82, 92, 236
Stellvertreter (*nuwwāb*, Sg. *nāʾib*, Distriktrichter) 29, 185, 190, 224 f.
  Stellvertreter (*wukalāʾ*, Sing. *wakīl*) 190
  Stellvertretung (*ḫilāfa*) des Propheten 28 f.
Steuersatz 43
Stifter:in 220, 224
Stiftung (*awqāf*, Sg. *waqf*) 190, 224
Stipendium 224

Strafe 19, 24, 185, 188, 193
Strafmaßnahme 231
Strafrecht, strafrechtlich 23 f., 66, 184, 209, 211, 214, 216
Strafvollstreckung 193
Streitfälle 185
Streitigkeit 42, 80, 193
Student:in (*ṭālib*, Pl. *ṭullāb*, *ṭalaba*), Studierende 12, 86, 95, 109, 130, 159, 220, 223–226, 229, 233, 235–237, 244
fortgeschrittene Studierende (*muntahī*) 94 f., 159, 198, 226, 230
Mittelstufe (Studierende:r, Sg. *mutawassiṭ*) 95, 158, 226
Studentinnen 226, 244
Studienanfänger (*mubtadī*) 95, 159, 226
Studium 16, 94, 129 f., 219 f., 222–224, 226, 228, 232–238, 245
Südostasien 149, 223
Sufismus, Sufi, sufisch 157, 162, 221 f., 224, 227 f., 235, 244
Sufi-Konvent, -Orden (*ḫanqāh*, *ribāṭ*, *zāwiya* und *tekke*) 55, 221, 224, 228, 244
Sufi-Meister 162, 224
Sufi-Schüler (*murīd*) 235
sufisch-spiritueller Lehrer (*muršid*) 235
ṣukūk (Sg. *ṣakk*, Gerichtsdokument) 190
ṣulḥ *siehe* Einigung (Vergleich)
Sumatra 223
sunan-Werk 90, 96 f., 108, 198, 220, 243
Sunna, *sunna* (wörtl. Gewohnheit, Konvention) 17, 20, 22, 45–50, 53–56, 62, 68, 75 f., 84, 90, 106, 120 f., 142, 152, 161 f., 166, 168, 173, 178, 184, 198 f., 230, 233 f., 240, 247
sunnabasierte Praktik/Praxis 45–50, 53, 55 f., 184, 247
Sunniten, sunnitisch 20, 57, 63–65, 69–72, 75, 86, 110, 133, 154, 157, 163, 165–169, 172 f., 175, 177–179, 182, 186, 197, 208, 221–223
Superkommentar (*ḥāšiya*) *siehe* Kommentar
sūq (Pl. *aswāq*) *siehe* Markt
šurūḥ *siehe* Hadithkommentar, Kommentar
šurūṭī *siehe* Notar
šuyūḫ (Sg. *šayḫ*, ›Meister‹) *siehe* *šayḫ*
Syllogismus 163, 168
Syrien 64, 136, 151, 157, 167, 177, 310
Systematisierung 18, 40, 56, 68, 101, 144, 150, 155 f., 166 f., 178, 181, 194, 210, 218, 244, 308, 310
Systematisierungsschub 167
Systematisierungsversuch 210

T

taʿabbudī 23
ṭabaqāt (rechtsschulspezifisch-biographische Werke) 133, 140, 146 f., 154 f., 160, 171, 176, 180
siehe auch Biographiewerk
Tabaristan 172
tābiʿūn *siehe* Nachfolgergeneration
taʾdīb (kulturelle Erziehung) 230
tadrīs (Vermittlung von Wissen auf fortgeschrittenem Niveau) 230, 237
tafsīr (Koranexegese) 95, 115–117, 202, 224, 239–241
tägliche Gebete 225
taḥammul al-ʿilm (Hadithüberlieferung in Studienzirkeln) 237
ṭahāra *siehe* rituelle Reinheit
taḥkīm *siehe* Schlichtung
taḫrīǧ (Rechtsfortbildung, Rechtsfortschreibung) 61, 92, 143, 150, 196, 200

taḥrīm siehe Verbotserklärung
taḥsīnī siehe Interessen
taḫṣīṣ siehe Spezifikation
taḫyīr (Bevorzugung) 93
taklīf siehe juristische Verantwortung
ṭālib, Pl. *ṭullāb siehe* Student:in
taʿlīlī siehe rational begründbar
taʿlīq siehe Glosse
tarǧīḥ (Wahrscheinlichkeitsabwägung) 77, 93
ṭalab al-ʿilm siehe Reise
ṭalāq (Scheidungsausspruch) *siehe* Scheidung
taʿlīm, taʿallum (Lehren von Angesicht zu Angesicht) 230
tamyīz siehe Unterscheidungsfähigkeit
Tanẓīmāt 311
taqlīd (Taklid, Nachahmung) 31 f., 35, 72, 81, 163 f., 168, 197, 200, 205
  Zeitalter der Nachahmung 31 f.
ṭarafān (Abū Ḥanīfa und Muḥammad ibn al-Ḥasan aš-Šaybānī, bez. als ›die zwei Seiten‹) 136
ṭarīq (unterschiedliche Überlieferung von Meinungen, Pl. *ṭuruq*) 109, 115, 143, 151, 157
taṣnīf siehe Klassifikation
Tauschgeschäft 41, 78, 118, 163, 212
tawātur (häufig überliefert) *siehe mutawātir*
Taxonomie 233, 238 f., 244
at-Taʿyīn fī šarḥ al-Arbaʿīn (Kommentar des ›Buch der Vierzig Hadithe‹) 85
  siehe auch Yaḥyā ibn Šaraf an-Nawawī
Tayyibiten 177
tekke siehe Sufi-Konvent, -Orden
Terminkauf 41
Testament(santeil) 121–123
Text 51, 73 f., 88, 112, 230
  Textauslegung 74, 179, 198 f.
  textorientiert, textzentrisch 76
thematische Ordnung (*ʿalā l-abwāb*) 51
Theologie *siehe kalām*
  Theologe 69, 220, 234
  theologisch 25, 50, 56, 69 f., 86, 132, 157, 165, 171, 173, 178 f., 193 f., 230 233
theoretisch (*naẓarī*), Theorie 11–13, 31, 54 f., 57, 67 f., 72 f., 81 f., 85 f., 101, 111, 116, 148, 151, 167 f., 178, 182, 185, 227, 239, 241 f.
töre 66
Toledo 223
Tor des Idschtihad *siehe* Schließung des Tores des Idschtihad
Totschlag 40
Tradent (*rāwī*, Pl. *ruwāt*) *siehe* Überlieferer
Tradierungs-/Lehrerlaubnis (*iǧāza*) *siehe* Erlaubnis zu lehren
Tradierungsweise der Hadithe 237
Tradition 16, 20, 35, 43–45, 49, 59, 64, 84, 106, 133, 135, 141, 148, 151 f., 155 f., 161, 165, 167, 173, 182, 200, 202, 207, 219, 223, 230–233, 238, 244
Traditionalismus, traditionalistisch 49–51, 53 f., 56, 58 f., 64, 91, 95, 97, 140 f., 147, 149, 155, 157, 166–168, 173, 247, 308
  Traditionalisten (*aḫbārīyūn*, schiitisch) 166 f.
  Traditionalisten (*ahl al-ḥadīṯ*) 49, 56, 59, 91, 95, 97, 147, 155
Traktat *siehe risāla*
Transformation 57 f., 111, 157
Transoxanien, transoxanisch 59, 149, 309
Tripolis 223
Trunkenheit 213 f.
ṯubūt (Feststellbarkeit) 73 f.
Tugend 20, 232, 245
  Tugendethik 232
  Tugendlehre 245

Tunesien 162, 180
Tunis 223
Türkei, türkisch 129–131, 136–138, 151, 167, 197 f., 207 f.
türkisches Recht 131
Türkiye Diyanet Vakfı İslâm Ansiklopedisi 13
ṭuruq (unterschiedliche Überlieferung von Meinungen, Sg. *ṭarīq*) *siehe ṭarīq*
Ṭūs 223
Tutor (*mufīd*) 225

U

Übereinkunft der Gelehrten 110, 168
Überfall(*al-ġazwa*) 41
Überlieferer (*riǧāl*; auch *rāwī*, Pl. *ruwāt*) 50 f., 74, 141, 198, 237
geordnet nach Überlieferern (*ʿalā r-riǧāl*) 51
Überlieferung 26, 34, 41, 44, 50 f., 58, 60, 70 f., 73 f., 89–91, 95, 97, 100, 109, 116, 134, 137, 141, 143, 148, 150, 152, 155, 157 f., 167, 169, 183 f.,197, 228, 235, 240–242, 244
überlieferter Text (*matn*) 51
überlieferungsbasiert (*naqlī*) 240–242, 244
überlieferungsbasiertes Wissen 244
Überliefererkette (*sanad, isnād*) 50 f., 74, 152, 235, 237
überlieferungszentriert 149, 151
Übersetzer (*mutarǧim*) 188
übertragener Sinn (*maǧāz*) 78
ulū l-amr (die Befehlsgewalt habend) 28
umanāʾ 188
Umkehrschluss 78, 162, 206
Umma 26, 28
ummahāt 144 f.
al-ummahāt al-arbaʿa 144
ʿumra siehe Pilgerfahrt
Umschlag (*ḫarīṭa*) 190
uneingeschränkt geschäftsfähig *siehe* geschäftsfähig
Unfehlbarkeit (*ʿiṣma*) der Imame 70
Ungerechtigkeit 191 f.
Ungläubige(:r) 179
ungültig *siehe bāṭil*
Universität 11, 15, 129 f., 224 f.
unklare Aussage, Unklarheit 62, 70, 74, 87, 131, 212
siehe auch mutašābih
unrechtmäßig 193
unrein, Unreinheit 98 f., 103 f., 212
Unterkunft für Studierende (*ḫān*) 219 f., 223, 225
Unterlassung 24, 88, 103, 192
Unterricht 11, 18, 33, 65, 83, 86, 129, 149, 156, 220, 222, 226 f., 229, 231, 234–238
Unterrichtsform 18, 220, 229, 235
Unterrichtsvorlage 238
Unterrichtszirkel 11, 216, 238
Unterscheidungsfähigkeit (*tamyīz*) 85, 196, 213
unterscheidungsfähige Minderjährige (*mumayyiz*) 213, 273
Unzucht (*zinā*) 116, 189
Urdu 130
ʿurf siehe Gewohnheitsrecht
Urteil *siehe qaḍāʾ*
ustāḏ (Ehrentitel: ›Lehrer, Professor‹) 224
uṣūl 67–71, 81–88, 94, 104, 111, 116 f., 125, 129–131, 133, 139 f., 143, 146, 150 f., 153, 156, 160, 164, 166, 170, 173, 175, 177–179, 185, 198, 204, 210, 239–243
uṣūl ad-dīn 240
uṣūl al-fiqh 67–71, 83, 95 f., 94, 111, 125, 129 f., 133, 143, 170, 173, 175, 185, 198, 204, 239 f., 241–243
uṣūl al-fiqh-Werk 111, 143, 185, 198, 204

uṣūl-Literatur 153, 210
uṣūl-Tradition 85
uṣūl-Werk 81, 87, 139, 146, 150 f., 153, 156, 160, 164, 170, 175, 241
uṣūlī-Dschafariten *siehe* Dschafariten

V

Verantwortung, Verantwortlichkeit 18, 22, 28, 47, 80, 210 f., 214, 216, 218, 232 f.
vollumfängliche Verantwortung 210 f., 213, 216, 218
Verbieten (*nahy*) *siehe* Verbot
Verbindlichkeit 16, 44, 62, 123, 187, 191, 194, 204
Verbot, verboten (*ḥarām, maḥẓūr*) 17, 21, 35, 76 f., 79, 85, 114 f., 128, 174, 177, 193
Verbotserklärung (*taḥrīm*) 112
Verbot von Weinkonsum 116
Verendetes 17
Verfahrensrecht 21, 23
Verfahrensregel 188
Verkauf von Alkohol 113
Vermächtnisregister 190
Vermögen 43, 85, 112, 119, 174, 190, 212
Vermögenstreuhänder [*kufalāʾ*, Sg. *kafīl*] 190
Vermutung *ẓann siehe* Präsumtion
Vernunft (*ʿaql*) 71 f., 85, 168, 173 f., 241 f.
Vernunftargumentation 71
verpflichtend, Verpflichtung (*wāǧib*) 16, 21, 76 f., 79, 87–89, 99 f., 113, 118, 158, 210 f., 213–215, 218
Verpflichtungsgrad 16
verpönt (*makrūh*), Verpönt-Sein 21, 79, 112 f., 134
Verschuldung 79, 111, 214 f.
Versöhnung 43
Versperrung der Rechtsmittel 142
Vertrag, Vertragsdokument 24, 41, 76, 79 f., 116, 118 f., 190, 193, 212, 216
Vertragspartner 80
Vertragstypen 41
vertrauenswürdig 97, 144, 204
vervollständigend (*tatimmāt*) 233, 240
vervollständigende Wissenschaft 240
Verwaltung 23, 46, 66, 188, 192 f.
Verwaltungsinstanz 192 f.
Verwaltungskompetenz 192
Verwaltungsrecht 23
Verweigerung, einen Eid zu leisten *siehe an-nukūl*
Vielfalt *siehe* Pluralität; *siehe auch* Meinungspluralität, Rechtspluralität
Völkerrecht 134
volljährig (*bāliġ*) 211
vorislamisch 40 f., 43, 247
vorislamische Praxis 43
vorislamisches Arabien (*ǧāhilīya*) 40, 247
vormodern, Vormoderne 19, 22, 25, 72, 88, 131, 209, 211
Vormund (*walīy*) 211, 213
Vorschriften für Richter *siehe adab al-qāḍī*-Literatur
Vorsitzender (*šayḫ*, Meister) 207, 224
vorzügliche Meinung (*muʿtabar, muḫtār, rāǧiḥ, awǧah*) 93, 107, 142, 151, 158, 172, 241

W

wāǧib siehe verpflichtend, Verpflichtung
Wahhabiten, wahhabitisch 157, 208
Wahrsager (Sg. *kāhin*) 40, 112
wahrscheinlich (*ẓannī*), Wahrscheinlichkeit 22, 29, 51, 54, 64, 68, 73 f., 76–78, 89, 109,

116 f., 162, 172, 184, 186, 194, 201, 230, 237, 240
Wahrscheinlichkeitsabwägung *siehe targīḥ*
waḥy siehe Offenbarung
wāʿiẓ siehe Prediger
al-walāya wa-l-barāʾa (›Liebe und Nähe zu den Gläubigen und der Distanz zu den Ungläubigen‹) 179
wālī siehe Provinzgouverneur
walīy siehe Vormund
Wandel, wandelbar 22 f.
waqf siehe Stiftung
wāqiʿāt (›Vorfälle‹) 102
Wartezeit (*ʿidda*) 43
Wāsiṭ 90, 135
Wazīr siehe Wesir
Weihnachtsfeier 210
Weiterentwicklung des islamischen Rechts 34, 61, 248
Wesir (*wazīr*, Pl. *wuzarāʾ*) 150, 191, 221
Wiedervergeltung 115
wilāya siehe Amtsbezirk
wilāyat al-faqīh-Theorie 168
Willkür 164
wirkliche/wörtliche Bedeutung (*ḥaqīqa*) *siehe* wörtliche Bedeutung
Wissen (*ʿilm*) 22, 44, 49 f., 72, 74, 76, 129, 179, 221 f., 226 f., 230, 233, 235, 237, 239 f., 242, 244 f.
Wissenserwerb 72, 234, 245
Wissenskultur 221
Wissensquelle 72, 74
Wissenstransfer 221
Wissenschaft, wissenschaftlich 11–13, 30, 32 f., 51, 57, 66–68, 81, 94 f., 128–130, 132, 155, 200, 204, 209, 220 f., 223–226, 228, 232–242, 244 f., 247 f.
Wissenschaftsdisziplin 95, 128, 130, 224, 233, 238 f.
Wissenschaftstaxonomie *siehe* Taxonomie
Wissenschaftszentrum 221, 223
Wochenbett (*nifās*) 212
Wohltätigkeit 41
wörtliche Bedeutung (*ḥaqīqa*, Adj. *ḥaqīqī*) 78 f., 104
Wucher 26, 43, 115
wuḍūʾ siehe rituelle Reinigung

Y

yaqīn siehe Gewissheit
yasa (*yāsā*, *jasaq*) 66
Yaṯrib 41 f.
siehe auch Medina
YouTube 209

Z

ẓāhir (evident) 76, 79, 88, 93, 150
siehe auch wörtliche Bedeutung
aẓ-ẓāhir (die offensichtlichste Meinung) 93
ẓāhir ar-riwāya (die offensichtliche Überlieferung) 137
Zahiriten, zahiritisch, Ẓāhirīya 128, 160–164, 168, 181, 199
Zahlungsverpflichtung 118, 210
ẓann, ẓannīyāt siehe Präsumtion, *siehe* Vermutung
ẓannī siehe präsumtiv
ẓannī ṯ-ṯubūt siehe präsumtiv
zāwiya siehe Sufi-Konvent, -Orden
Zayditen, Zaydīya 57, 90, 117, 165, 171–176, 181 f., 199
Zeitalter 31 f.
Zeitalter der älteren Prophetengefährt:innen (*ṣaḥāba*) 31, 93, 110
Zeitalter der jüngeren Gefährt:innen 31, 68, 225
Zeitalter des Propheten (610–632) 31

Zeitehe (*mutʿa*) 169, 177
Zentralasien 136, 220
zentralisiert 65, 183 f.
Zentren 34, 46, 136, 141 f., 150, 172, 221–223
Zeuge (*šuhadāʾ*, Sg. *šāhid*) 27, 119, 164, 188–190, 211 f., 217
  Zeugenaussage, Zeugenschaft (*šahāda*) 119, 188 f., 211 f.
Zeugnisse der gerichtlichen Entscheidung (*siǧillāt*, Sg. *siǧill*) 190
Ziele der Scharia 67, 85, 132, 152
  siehe auch maqāṣid aš-šarīʿa
zinā siehe Unzucht
Zinsen 26, 43, 132, 210
  verzinster Kredit 210
  Zinsverbot 26, 132
zivilrechtlich 193, 209
zulässig, Zulässigkeit 16, 88, 102, 205, 209, 234, 241
Zusammenfassung *siehe muḫtaṣar*
Zwang (*ikrāh*) 214
  Gezwungener (*mukrah*) 214
  Zwingender (*mukrih*) 214
zwischenmenschliche Beziehungen (*muʿāmalāt*) 20 f., 23 f., 43, 85, 214
Zwölferschiiten (Itnāʿašarīya), zwölferschiitisch 20, 65, 165 f.

Personenverzeichnis

A

ʿAbd al-ʿAzīz al-Buḫārī (gest. 730/1330) 140
Kašf al-asrār 140
ʿAbd al-ʿAzīz aṯ-Ṯamīnī (gest. 1233/1808) 180
Kitāb an-Nīl wa-šifāʾ al-ʿalīl 180
al-Ward al-Bassām fī Riyāḍ al-aḥkām 180
ʿAbd al-Bāqī az-Zurqānī (gest. 1099/1688) 145
Šarḥ ʿalā Muḫtaṣar al-Ḫalīl 145
ʿAbd al-Ǧabbār (gest. 415/1025) 70, 82, 151, 199
al-ʿUmad 82
ʿAbd al-Qādir al-Qurašī (gest. 775/1373) 140
al-Ǧawāhir al-muḍīya fī ṭabaqāt al-ḥanafīya 140
ʿAbd al-Qādir Gīlānī (gest. 561/1165–66) 157
ʿAbd al-Qāhir al-Ǧurǧānī (gest. 471/1078) 243
Asrār al-balāġa 243
Dalāʾil al-iʿǧāz 243
ʿAbd al-Wahhāb (gest. 422/1031) 108, 143, 145
Šarḥ ar-Risāla 145
at-Talqīn 145
ʿAbd al-Wāḥid ibn Ismāʿīl ar-Rūyānī (gest. 502/1108) 151
ʿAbd ar-Raḥmān ibn Muḥammad al-Ǧazīrī (gest. 1941) 111, 130 f.
al-Fiqh ʿalā maḏāhib al-arbaʿa 111, 131
ʿAbd ar-Raḥmān ibn Abī Laylā *siehe* Muḥammad ibn ʿAbd ar-Raḥmān Ibn Abī Laylā
ʿAbd ar-Raḥmān ibn Raǧab (gest. 795/1393) 125, 157, 160
aḏ-Ḏayl ʿalā Ṭabaqāt al-Ḥanābila 160
Taqrīr al-qawāʿid wa-taḥrīr al-fawāʾid 125
ʿAbd ar-Razzāq aṣ-Ṣanʿānī (gest. 211/826–827) 90, 155
Muṣannaf 90
ʿAbd al-Wahhāb ʿAbd as-Salām Ṭawīla (gest. 2020) 111
Aṯar al-luġa fī ḫtilāf al-muǧtahidīn 111
ʿAbdallāh ibn ʿAbd al-Muḥsin at-Turkī (geb. 1940) 111
Asbāb iḫtilāf al-fuqahāʾ 111
ʿAbdallāh Ibn ʿAbbās (gest. 68/687–688) 122 f., 147
ʿAbdallāh ibn Ibāḍ al-Murrī at-Tamīmī (gest. 2./8. Jahrhundert) 178
ʿAbdallāh ibn Maḥmūd al-Mawṣilī (gest. 683/1284) 95, 138 f.
al-Iḫtiyār li-taʿlīl al-Muḫtār 95, 139
al-Muḫtār li-l-fatwā 138 f.
ʿAbdallāh ibn Muḥammad ibn al-Qāsim ibn Hilāl (gest. 272/885) 162
ʿAbdallāh ibn Masʿūd (gest. 32/652–653) 45 f., 106, 133

ʿAbdallāh ibn ʿUmar (gest. 73/693) 46
ʿAbdallāh ibn Wahb (gest. 197/813) 116, 120, 141
al-Ǧāmiʿ 120
Abū ʿAbd ar-Raḥmān Aḥmad ibn Šuʿayb an-Nasāʾī (gest. 303/915) 96
Sunan 96
Abū ʿAbdallāh al-Maqqarī (gest. 758/1357) 125
al-Qawāʿid 125
Abū ʿAbdallāh ibn Ḥāmid (gest. 403/1012) 156
Kitāb al-Ǧāmiʿ fī ḫtilāf al-fuqahāʾ 156
Abū ʿAbdallāh ibn Māǧa (gest. 273/887) 96
Sunan 96
Abū ʿAbdallāh Muḥammad al-Māzarī (gest. 536/1141) 86, 143, 145
Šarḥ at-Talqīn 86, 145
Abū ʿAbdallāh Muḥammad ibn ʿAbd ar-Raḥmān al-ʿUṯmānī (gest. nach 780/1378) 110
Raḥmat al-umma fī ḫtilāf al-aʾimma 110
Abū ʿAbdallāh Muḥammad ibn ʿAlī aš-Šawkānī (gest. 1250/1834) 175 f.
al-Badr aṭ-ṭāliʿ 176
Iršād al-fuḥūl 175
Abū ʿAbdallāh Muḥammad ibn Aḥmad al-Qurṭubī (gest. 671/1273) 117
al-Ǧāmiʿ li-aḥkām al-Qurʾān 117
Abū ʿAlī al-Marwaruzzī (gest. 462/1069) 151
Abū ʿAlī aṭ-Ṭabarsī (gest. 548/1153) 170
at-Tamhīd 170
Abū ʿUṯmān ʿAmr ibn Baḥr al-Ǧāḥiẓ (gest. 255/869) 231, 235
Abū Bakr Ayyūb as-Saḫtiyānī (gest. 131/748) 52
Abū Bakr (gest. 13/634, reg. 632–634) 45 f., 48, 172, 307
Abū Bakr ʿAbd al-ʿAzīz ibn Ǧaʿfar (auch Ġulām al-Ḫallāl, gest. 363/974) 156, 159
Šarḥ Kitāb al-Ǧāmiʿ 159
Abū Bakr Aḥmad ibn al-Ḥusayn al-Bayhaqī (gest. 458/1066) 97, 109, 116, 243
as-Sunan al-kubrā 97, 243
Abū Bakr al-Ǧaṣṣāṣ *siehe* Abū Bakr ar-Rāzī al-Ǧaṣṣāṣ
Abū Bakr al-Ḥaddād (gest. 800/1398) 138
al-Ǧawhara an-nayyira 138
Abū Bakr al-Ḫallāl (gest. 311/923) 155, 159
al-Ǧāmiʿ li-ʿulūm Imām Aḥmad 159
Abū Bakr ar-Rāzī al-Ǧaṣṣāṣ (gest. 370/981) 54, 68, 92, 108, 116, 138 f.
Aḥkām al-Qurʾān 116
al-Fuṣūl fī l-uṣūl 68, 139
Šarḥ Muḫtaṣar aṭ-Ṭaḥāwī 92, 138
Abū Bakr aṣ-Ṣayrafī (gest. 330/942) 68
Abū Bakr ibn ʿAbd ar-Raḥmān (gest. 94/713) 52
Abū Bakr ibn Ḥazm (gest. 120/738) 52
Abū Bakr ibn al-ʿArabī (gest. 543/1148) 116–119, 121
Aḥkām al-Qurʾān 116, 118 f.
Abū Bakr ibn al-Munḏir *siehe* Muḥammad ibn al-Munḏir an-Nīsābūrī
Abū Bakr Muḥammad ibn Dāwūd aẓ-Ẓāhirī (gest. 297/910) 161, 164
Abū Bakr Muḥammad ibn Ṭayyib al-Bāqillānī (gest. 403/1013) 69, 146, 151, 199, 243
at-Taqrīb wa-l-iršād 69, 146
at-Tamhīd 243
Abū Ḏarr al-Ġifārī (gest. 32/653) 46

Abū Dāwūd Sulaymān ibn al-Ašʿaṯ as-Siǧistānī (gest. 275/889) 96, 155
Sunan 96
Abū d-Dardāʾ (gest. 32/652) 46
Abū Ǧaʿfar Aḥmad ibn Muḥammad an-Naḥḥās (gest. 338/950) 121–124
an-Nāsiḫ wa-l-mansūḫ 121–124
Abū Ǧaʿfar aṭ-Ṭaḥāwī (gest. 321/933) 92, 97, 108, 116, 138, 199
Aḥkām al-Qurʾān 116
Maʿānī l-āṯār 97
al-Muḫtaṣar 92
Muškil al-āṯār 97, 199
Abū Ǧaʿfar Muḥammad ibn al-Ḥasan aṭ-Ṭūsī (Šayḫ aṭ-Ṭāʾifa, gest. 460/1067) 97, 167, 169–171, 197, 222
al-Istibṣār fī mā ḫtulifa fīhi min al-aḫbār al-Mabsūṭ 97
Maʿrifat aḫbār ar-Riǧāl 171
an-Nihāya 169
Tahḏīb al-aḥkām fī Šarḥ al-Muqniʿa 169
ʿUddat al-Uṣūl 170
Abū Ǧaʿfar Muḥammad ibn ʿAlī (Muḥammad al-Bāqir, gest. 114/732) 52, 166, 172, 176
Abū Ǧaʿfar Muḥammad ibn Yaʿqūb al-Kulaynī (gest. 329/941) 96
al-Kāfī fī ʿilm ad-dīn 96
Abū Ġānim Bišr ibn Ġānim (gest. Anfang des 3./9. Jh.) 180
al-Mudawwana al-kubrā 180
al-Mudawwana aṣ-ṣuġrā 180
Abū Ḫālid ʿAmr ibn Ḫālid al-Wāsiṭī (gest. 145/762) 90
Abū Ḥāmid al-Ġazālī (gest. 505/1111) 75, 82, 150, 152 f., 156, 197, 199, 222, 224, 233, 235, 238, 240 f., 244
al-Basīṭ 150, 152
al-Manḫūl 153
al-Mustaṣfā 82, 153, 156, 241
Šifāʾ al-Ġalīl 153
al-Waǧīz 159, 152 f.
al-Wasīṭ 150, 152
Abū Ḥanīfa an-Nuʿmān ibn Ṯābit (gest. 150/767) 133, 230
Kitāb al-ʿālim wa-l-mutaʿallim 230
Abū Ḥātim ar-Rāzī (gest. 277/890) 155
Abū Hurayra (gest. 58/678) 112
Abū Ibrāhīm Ismāʿīl ibn Yaḥyā al-Muzanī (gest. 264/878) 92, 116, 140 f., 153, 156, 199
al-Muḫtaṣar 149 f., 153
Abū Idrīs al-Ḫawlānī (gest. 80/699–700) 53
Abū ʿĪsā Muḥammad ibn Mūsā at-Tirmiḏī (gest. 279/892) 96
al-Ǧāmiʿ 96
Abū Isḥāq aš-Šīrāzī (gest. 476/1083) 93, 115, 150, 153 f., 224, 243
al-Lumaʿ 153 f.
al-Muhaḏḏab 93, 115, 150, 153
Šarḥ al-Lumaʿ 154
Ṭabaqāt al-fuqahāʾ aš-šāfiʿīya 154
at-Tanbīh 243
Abū Isḥāq Ibrāhīm ibn Mūsā aš-Šāṭibī (gest. 790/1388) 26–29, 81, 84 f., 146, 194
al-Muwāfaqāt 26–29, 84
Abū l-ʿAbbās Aḥmad Ibn Muʿaḍḍal (gest. 240/854) 141
Abū l-ʿAbbās aš-Šammāḫī (gest. 928/1522) 180
Kitāb as-siyar 180
Abū l-ʿArab (Muḥammad ibn Aḥmad at-Tamīmī; gest. 333/945) 147
Ṭabaqāt ʿulamāʾ Ifrīqīya 147
Abū l-Barakāt an-Nasafī (gest. 710/1310) 138 f., 236

Kanz ad-daqā'iq 138 f., 236
Manār al-anwār 236
Abū l-Farağ aš-Šīrāzī (gest. 486/1094) 159
al-Īḍāḥ 159
al-Mubhiğ 159
al-Muntaḫab 159
Abū l-Farağ ibn al-Ğawzī (gest. 597/1201) 121, 128
Aḥkām an-nisā' 121, 128
Abū l-Farağ ibn Qudāma (gest. 682/1283) 159
aš-Šarḥ al-Kabīr 159
Abū l-Fatḥ ʿAlā' ad-Dīn Muḥammad al-Usmandī (gest. 552/1157) 109
Ṭarīqat al-ḫilāf 109
Abū l-Ḥağğāğ Yūsuf al-Mizzī (gest. 743/1342) 154
Ṭabaqāt fuqahā' aš-šāfiʿīya 154
Abū l-Ḥasan ʿAlī ibn Muḥammad al-Kiyā al-Harrāsī (gest. 504/1110) 116
Aḥkām al-Qur'ān 116
Abū l-Ḥasan al-ʿĀmirī (gest. 381/992) 240
Abū l-Ḥasan al-Māwardī (gest. 450/1058) 86, 92, 151, 153, 243
al-Ḥāwī l-kabīr 86, 92, 153
an-Nukat wa-l-ʿuyūn 115, 243
Abū l-Ḫaṭṭāb al-Kalwaḏānī (gest. 510/1116) 156, 159 f.
al-Hidāya 159
at-Tamhīd 160
Abū l-Ḥusayn Aḥmad ibn Abī Bakr al-Qudūrī (gest. 428/1037) 108 f., 138 f., 243
al-Muḫtaṣar 138 f., 243
Abū l-Ḥusayn al-Baṣrī (gest. 436/1044) 82, 115, 156, 173, 199
al-Muʿtamad 82, 173
Abū l-Layṯ as-Samarqandī (gest. 373/983) 102, 230
Kitāb an-Nawāzil 102, 230
Abū l-Maʿālī al-Ğuwaynī (gest. 478/1085) 82, 86 f., 115, 150, 152 f., 224, 243
al-Burhān 82, 153, 243
Nihāyat al-maṭlab fī dirāyat al-maḏhab 150, 152
Talḫīṣ 153
al-Waraqāt 86 f., 153, 243
Abū l-Maḥāsin Ğamāl ad-Dīn Maḥmūd al-Qunawī (gest. 770/1369) 109
at-Tafrīd fī Šarḥ at-Tağrīd li-l-Qudūrī 109
Abū Muḥammad Ḥağğāğ ibn Muḥammad [al-Maṣṣīṣī] (gest. 206/821) 122
Abū Masʿūd ʿUqba ibn ʿAmr al-Badrī al-Anṣārī (gest. 42/662–663) 114
Abū l-Muẓaffar as-Samʿānī (gest. 489/1096) 199
Abū Muqātil Ḥafṣ ibn Salm as-Samarqandī (gest. 208/823) 230
Abū Mūsā al-Ašʿarī (42/662–663) 46
Abū Muṭīʿ al-Balḫī (gest. 199/814) 135
Abū l-Muẓaffar Šams ad-Dīn Yūsuf (Sibṭ Ibn al-Ğawzī; gest. 654/1256) 110
Īṯār al-inṣāf fī āṯār al-ḫilāf 110
Abū Naṣr al-Fārābī (gest. 339/950, lat. Abunaser bzw. Alfarabius) 231 f., 235, 239
Abū l-Qāsim ʿAbd al-Karīm ar-Rāfiʿī (gest. 623/1226) 150–153
Fatḥ al-ʿazīz 152 f.
al-Muḥarrar 152
Abū l-Qāsim ʿUmar al-Ḫiraqī (gest. 334/946) 95, 98–100, 156, 159, 236
Matn al-Ḫiraqī 98 f.
al-Muḫtaṣar 156, 159, 236
Abū Saʿīd al-Ḫādimī (gest. 1176/1762) 140
Mağāmiʿ al-ḥaqā'iq 140

Abū Saʿīd al-Kudamī (gest. 4./ 10.Jh.) 178, 180
al-Ǧāmiʿ al-mufīd 180
al-Istiqāma 180
al-Muʿtabar 180
Abū Sulaymān al-Ǧūzǧānī (gest. 200/816) 135
Abū Sulaymān Dāwūd aẓ-Ẓāhirī (gest. 270/884) 60, 160
Abū Ṭāhir Ismāʿīl al-Ǧayṭālī (gest. 750/1349–1350) 180
Qanāṭīr al-ḫayrāt 180
Qawāʿid al-islām 180
Abū Ṯawr (gest. 240/854) 60, 107, 116, 148
Abū ʿUbayd al-Qāsim ibn Sallām (gest. 224/838) 120
an-Nāsiḫ wa-l-mansūḫ 120
Abū l-ʿUsr al-Bazdawī (auch al-Pazdawī; gest. 482/1089) 82f., 139, 243
Uṣūl bzw. *Kanz al-wuṣūl* 82, 139, 243
Abū l-Wafāʾ ibn ʿAqīl (gest. 513/1119) 115, 156, 160
al-Wāḍiḥ 160
Abū l-Walīd al-Bāǧī (gest. 474/1081) 69, 115, 144f.
Iḥkām al-fuṣūl 146
al-Muntaqā 144
Abū Yaʿlā al-Farrāʾ (gest. 458/1066) 117, 156, 160
Ṭabaqāt al-Ḥanābila 160
al-ʿUdda 159f.
Abū Yaʿqūb Yūsuf ibn Yaḥyā al-Buwayṭī (gest. 231/846) 116, 148
Abū l-Yumn al-ʿUlaymī (gest. 928/1522) 160
al-Manhaǧ al-Aḥmad 160
Abū Yūsuf (gest. 182/798) 61, 91, 106f., 109, 134f., 137, 155, 185
Iḫtilāf Abī Ḥanīfa wa-Ibn Abī Laylā 106
Kitāb al-Ḫarāǧ 135, 137
Abū Zahra *siehe* Muḥammad Abū Zahra
Abū Zakarīyā Ǧamāl ad-Dīn Yaḥyā ibn Yūsuf aṣ-Ṣarṣarī (gest. 656/1258) 236
ad-Durrat al-yatīma wa-l-maḥaǧǧat al-mustaqīma 236
Abū Zayd ad-Dabūsī (gest. 430/1039) 82, 109, 139
Taqwīm al-adilla 82, 139
Taʾsīs an-naẓar 109
Āġā Buzurg aṭ-Ṭihrānī (gest. 1389/1970) 171
Ṭabaqāt aʿlām aš-šīʿa 171
Aḥmad ibn al-Qāsim al-ʿAnsī aṣ-Ṣanʿānī (gest. 1390/1970) 175
at-Tāǧ al-mudhab li-aḥkām al-maḏhab Šarḥ matn al-azhār 175
Aḥmad ibn al-Qāsim al-Būnī (gest. 1139/1726) 236
Naẓm fuṣūl al-Muḫtaṣar Ḫalīl 236
Aḥmad ibn Ḥanbal (gest. 241/855) 60, 100, 107f., 112, 148, 154f., 158
Aḥmad ibn ʿĪsā ibn Zayd (247/861) 172, 174
al-Amālī (ar-Raʾb aṣ-ṣadʿ) 174
Aḥmad ibn Muḥammad al-Ardabīlī (gest. 993/1585) 170
Maǧmaʿ al-fāʾida wa-l-burhān 170
Aḥmad ibn Muḥammad ʿUmar al-Anṣārī (zeitgenössisch) 111
Āṯār iḫtilāf al-fuqahāʾ fī š-šarīʿa 111
Aḥmad ibn Yaḥyā al-Wanšarīsī (gest. 914/1508) 101, 104
al-Fatāwā al-Hindīya (1664–1672) 101
al-Miʿyār al-muʿrib wa-l-ǧāmiʿ al-muġrib ʿan fatāwā ahl Ifrīqīya wa-l-Andalus wa-l-Maġrib 101

Aḥmad Bābā at-Tinbuktī (gest. 1036/1627) 147
Kifāyat al-muḥtāǧ 147
Nayl al-ibtihāǧ 147
ʿĀʾiša bt. Abī Bakr (gest. 58/678) 46
ʿAlāʾ ad-Dīn Abū Bakr ibn Masʿūd al-Kāsānī (gest. 587/1191) 138, 204, 228
Badāʾiʿ aṣ-ṣanāʾiʿ fī tartīb aš-šarāʾiʿ 138
ʿAlāʾ ad-Dīn al-Ḥaṣkafī (gest. 1088/1677) 138
ad-Durr al-muḫtār 138
ʿAlāʾ ad-Dīn as-Samarqandī (gest. 539/1144) 70, 138 f., 204
Mīzān al-uṣūl 139
Tuḥfat al-fuqahāʾ 138, 204
ʿAlī an-Naqī (gest. 254/868) 166
ʿAlī ar-Riḍā (gest. 203/818) 166
ʿAlī ibn Abī Ṭālib (40/661, reg. 656–661) 46, 106, 165 f., 171, 176
ʿAlī ibn al-Ḥusayn al-Karakī (al-Muḥaqqiq aṯ-Ṯānī, gest. 940/1534) 167, 170
Ǧāmiʿ al-maqāṣid fī Šarḥ al-Qawāʿid 170
ʿAlī ibn Ṣalāḥ ibn ʿAlī ibn Muḥammad aṭ-Ṭabarī (gest. 1071/1660–1661) 107 f., 175
Šifāʾ al-ġalīl as-sāʾil ʿammā taḥammalahu l-Kāfil 175
Abū Ḥanīfa *siehe* Abū Ḥanīfa an-Nuʿmān ibn Ṯābit
ʿAlqama ibn Qays (gest. 62/682) 52
al-ʿAlwānī *siehe* Ṭāhā Ǧābir al-ʿAlwānī
al-Āmidī *siehe* Sayf ad-Dīn al-Āmidī
al-Amīr al-Kabīr as-Sunbāwī (gest. 1232/1817) 145
al-Maǧmūʿ 145
ʿĀmir ibn ʿAlī aš-Šammāḫī (gest. 792/1389–1390) 180
Kitāb al-Īḍāḥ 180
ʿAmr ibn al-ʿĀṣ (gest. 43/664) 46
ʿAmr ibn Dīnār (gest. 126/744) 52, 147
al-ʿAmrīṭī *siehe* Šaraf ad-Dīn al-ʿAmrīṭī
Anas ibn Mālik (gest. 93/711–712) 46
al-Anṣārī *siehe* Aḥmad ibn Muḥammad ʿUmar al-Anṣārī
Aristoteles 239
Arslan *siehe* Hakkı Arslan
Asad ibn al-Furāt (gest. 213/828) 141, 144
al-Muḫtaliṭa 144
Asad ibn ʿAmr al-Baǧalī (gest. 190/806) 135
Aṣbaġ ibn al-Faraǧ (gest. 225/840) 141
Ašhab al-Qaysī (gest. 204/820) 141
ʿAṭāʾ ibn Abī Rabāḥ (gest. 114/732) 52, 113, 147
Aṯīr ad-Dīn al-Abharī (gest. 663/1265) 243
Īsāġūǧī 243
al-Awzāʿī (Abū ʿAmr ʿAbd ar-Raḥmān ibn ʿAmr, gest. 157/774) 60, 107, 112
Auda *siehe* Jasser Auda
Awrangzīb (reg. 1068–1118/1658–1707) 223
Ayatollah Muḥammad Ḥusayn Faḍlallāh (gest. 2010) 208
Ayatollah Ḫumaynī (auch Chomeini, gest. 1989) 168

B

Badr ad-Dīn al-Qarāfī (gest. 1008/1600) 147
Tawšīḥ ad-Dībāǧ 147
Badr ad-Dīn az-Zarkašī (gest. 794/1392) 83, 154
al-Baḥr al-Muḥīṭ 83, 154
Badr ad-Dīn ibn Ǧamāʿa (gest. 733/1333) 234 f.

al-Bāǧī *siehe* Abū l-Walīd al-Bāǧī
al-Bāqillānī *siehe* Abū Bakr Muḥammad ibn Ṭayyib al-Bāqillānī
al-Bayḍāwī *siehe* Nāṣir ad-Dīn al-Bayḍāwī
al-Bayhaqī *siehe* Abū Bakr Aḥmad ibn al-Ḥusayn al-Bayhaqī
al-Bazdawī *siehe* Abū l-ʿUsr al-Bazdawī (auch al-Pazdawī)
al-Bīrūnī (Abū r-Rayḥān Muḥammad ibn Aḥmad, gest. 453/1061) 244
Bleisch Bouzar *siehe* Petra Bleisch Bouzar
al-Buḫārī *siehe* ʿAbd al-ʿAzīz al-Buḫārī; *siehe* Muḥammad ibn Ismāʿīl al-Buḫārī
Burhān ad-Dīn ibn Farḥūn (gest. 799/1397) 126–128, 145 f.
Tashīl al-muhimmāt 145
ad-Dībāǧ al-muḏhab 147
Durrat al-ġawwāṣ 127 f.
Burhān ad-Dīn az-Zarnūǧī (gest. im 7./13. Jh.) 234 f.

C

Christiaan Snouck Hurgronje (geb. 1936) 30
Christopher Melchert 57 f.
Coulson *siehe* Noel J. Coulson
Crone *siehe* Patricia Crone

D

ad-Dabūsī *siehe* Abū Zayd ad-Dabūsī
aḍ-Ḍaḥḥāk ibn al-Muzāḥim (gest. 105/723) 123
Dāwūd aẓ-Ẓāhirī *siehe* Abū Sulaymān Dāwūd aẓ-Ẓāhirī

F

Faḫr ad-Dīn ar-Rāzī (gest. 606/1210) 82 f., 151, 153
al-Maḥsūl 82 f., 153
Faḫr ad-Dīn ibn Taymīya (gest. 622/1225) 159
Šarḥ al-Hidāya 159
al-Fārābī *siehe* Abū Naṣr al-Fārābī
Fāṭima bt. ʿAbbās ibn Abī l-Fatḥ (gest. 714/1315) 227
Fāṭima bt. ʿAlā ad-Dīn as-Samarqandīya (6./13. Jh.) 204, 228
Fāṭima bt. Muḥammad al-Fihrī (3./9. Jh.) 220
Fayḍ Kāšānī (Mullā Muḥsin, gest. 1090/1679) 170
Mafātīḥ aš-šarāʾiʿ 170
Fazlur Rahman (gest. 1988) 30
Ferdinand II. (gest. 1516) 310
Fuat Sezgin (gest. 2018) 13

G

Ǧābir ibn ʿAbdallāh (gest. 78/697) 113
Ǧābir ibn Zayd (gest. 93/711–712) 178
Ǧaʿfar aṣ-Ṣādiq (gest. 148/765) 166, 172, 176
Ǧaʿfar ibn Aḥmad (gest. 573/1177) 175
at-Taqrīb fī uṣūl al-fiqh 175
Ǧaʿfar ibn Manṣūr al-Yamān (erste Hälfte 4./10. Jh.) 233
al-Ǧāḥiẓ *siehe* Abū ʿAmr ibn Baḥr al-Ǧāḥiẓ
Ǧalāl ad-Dīn al-Maḥallī (gest. 864/1459) 86–88
Šarḥ al-Waraqāt 86–88
Ǧalāl ad-Dīn as-Suyūṭī (gest. 911/1505) 225
Ǧamāl ad-Dīn al-Afġānī (gest. 1314/1897) 225

Ǧamāl ad-Dīn al-Isnawī (gest. 772/1370) 83, 154
Nihāyat as-sūl fī šarḥ Minhāǧ al-uṣūl 83, 154
Ṭabaqāt aš-šāfiʿīya 154
Ǧamāl ad-Dīn al-Miqdād ibn ʿAbdallāh as-Sayyūrī (gest. 826/1423) 117
Kanz al-ʿirfān fī fiqh al-Qurʾān 117
al-Ǧaṣṣāṣ *siehe* Abū Bakr ar-Rāzī al-Ǧaṣṣāṣ
al-Ǧawharī (gest. 400/1010) 243
aṣ-Ṣiḥāḥ 243
al-Ġazālī *siehe* Abū Ḥāmid al-Ġazālī
Goldziher *siehe* Ignaz Goldziher
Ġulām al-Ḫallāl *siehe* Abū Bakr ʿAbd al-ʿAzīz ibn Ǧaʿfar
Günther *siehe* Sebastian Günther
al-Ǧuwaynī *siehe* Abū l-Maʿālī al-Ǧuwaynī

H

al-Hādī ilā l-Ḥaqq Yaḥyā ibn al-Ḥusayn (gest. 298/911) 172, 174
al-Aḥkām 172
al-Funūn 174
Ǧāmiʿ al-aḥkām fī l-ḥalāl wa-l-ḥarām 172
al-Muntaḫab 172
Ḥafṣ ibn Ġiyāṯ (gest. 194/810) 135
Ḥafṣa bt. ʿUmar (gest. 45/665) 46
al-Ḥaǧǧāǧ *siehe* Muslim ibn al-Ḥaǧǧāǧ
Ḥaǧǧāǧ ibn Muḥammad *siehe* Abū Muḥammad Ḥaǧǧāǧ ibn Muḥammad [al-Maṣṣīṣī]
al-Ḥakam (ibn ʿAmr al-Ġifārī, gest. 50/670 [?]) 112
Hakkı Arslan (geb. 1983) 30
al-Ḥākim aš-Šahīd (gest. 334/945) 138, 237
al-Kāfī 138
Muḫtaṣar al-kāfī 237
Ḫalīl ibn Isḥāq al-Ǧundī (gest. 776/1374) 145, 236
al-Muḫtaṣar 145, 236
al-Ḫallāl *siehe* Abū Bakr al-Ḫallāl
Hallaq *siehe* Wael B. Hallaq
Ḥammād ibn Abī Sulaymān (gest. 120/738) 52, 112, 133
Ḫāriǧa ibn Zayd (gest. 100/718–719) 52
Hārūn ar-Rašīd (gest. 193/809, reg. 169–193/786–809) 135, 185, 221
al-Ḥasan al-ʿAskarī (gest. 260/874) 166
al-Ḥasan al-Baṣrī (gest. 110/728) 52, 60, 112, 123
al-Ḥasan ibn ʿAlī (gest. 49/669) 166, 171, 176
al-Ḥasan ibn Muḥammad [az-Zaʿfarānī] (gest. 260/876) 122, 148
al-Ḥasan ibn Yaḥyā (gest. 267/880-881) 172
al-Ḥasan ibn Ziyād (gest. 204/819) 134–136
al-Ḥaṭṭāb *siehe* Muḥammad al-Ḥaṭṭāb
Hayreddin Karaman (geb. 1934) 13, 32, 131
Mukayeseli İslam Hukuku 131
al-Haytamī *siehe* Ibn Ḥaǧar al-Haytamī
al-Ḫinn *siehe* Muṣṭafā Saʿīd al-Ḫinn
al-Ḫiraqī *siehe* Abū l-Qāsim ʿUmar al-Ḫiraqī
al-Ḫuḍarī Bek *siehe* Muḥammad al-Ḫuḍarī Bek
Ḫumaynī (auch Chomeini, gest. 1989) *siehe* Ayatollah
al-Ḥusayn ibn ʿAlī (gest. 61/680) 166, 171, 176

I

Ibn ʿAbbās *siehe* ʿAbdallāh Ibn ʿAbbās (gest. 68/687–688)

Ibn ʿAbd al-Barr (gest. 463/1071) 144
al-Istiḏkār 144
Ibn ʿAbd aš-Šakūr al-Bihārī (gest. 1119/1707) 140
Musallam aṯ-ṯubūt 140
Ibn ʿAbdūs (gest. 260/874) 144
al-Maǧmūʿa 144
Ibn Abī ʿArūba (gest. 156/773) 90
Ibn Abī Laylā *siehe* Muḥammad ibn ʿAbd ar-Raḥmān ibn Abī Laylā
Ibn Abī Šayba (gest. 235/849) 90
Ibn Abī Ṭalḥa (gest. 143/760) 123
Ibn Abī Zayd al-Qayrawānī (gest. 386/996) 145
an-Nawādir wa-z-ziyādāt 145
ar-Risāla 145
Ibn ʿĀbidīn (gest. 1252/1836) 138
Radd al-muḥtār ʿalā d-Durr al-muḫtār 138
Ibn al-Akfānī (gest. 749/1348) 239
Ibn al-ʿArabī *siehe* Abū Bakr ibn al-ʿArabī
Ibn al-Faraḍī (gest. 403/1013) 147
Tārīḫ ʿulamāʾ al-Andalus 147
Ibn al-Faṣīḥ (gest. 755/1354) 236
Mustaḥsan aṭ-ṭarāʾiq 236
Ibn al-Ǧawzī *siehe* Abū l-Faraǧ ibn al-Ǧawzī
Ibn Ǧuzayy al-Ġarnāṭī (gest. 741/1340) 111
al-Qawānīn al-fiqhīya 111
Taqrīb al-wuṣūl 111
Ibn al-Ḥāǧib (gest. 646/1249) 83, 145 f., 243
Ǧāmiʿ al-ummahāt 145
al-Muḫtaṣar al-muntahā 83, 243
Muntahā s-sūl wa-l-amal 146
Ibn al-Hayṯam (gest. 432/1040) 244
al-Manāẓir 244
Ibn al-Humām (gest. 861/1457) 138
Fatḥ al-qadīr 138
Ibn al-Māǧišūn (gest. 212/827) 141
Ibn al-Mawwāz (gest. 269/883) 144
al-Mawwāzīya 144
Ibn al-Mibrad (gest. 909/1503) 160
Ḏayl Ibn ʿAbd al-Hādī ʿalā Ṭabaqāt Ibn Raǧab 160
al-Ǧawhar al-munaḍḍad 160
Ibn al-Muġallis (gest. 324/936) 161
Ibn al-Munḏir *siehe* Muḥammad ibn al-Munḏir an-Nīsābūrī
Ibn al-Muqaffaʿ (gest. 142/759) 65, 141, 194
Ibn al-Murtaḍā *siehe* al-Mahdī li-Dīn Allāh Aḥmad ibn Yaḥyā ibn al-Murtaḍā
Ibn al-Muṭahhar al-Ḥillī (gest. 726/1325) 167, 169–171
Iršād al-aḏhān 170
Mabādiʾ 170
Nihāyat al-wuṣūl 160 f.
Qawāʿid al-aḥkām 170
Riǧāl al-ʿallāma 171
Tahḏīb 170
Ibn al-Qābisī (gest. 403/1012) 143
Ibn al-Qāsim (gest. 191/806) 141, 156
Ibn al-Qāṣṣ (gest. 335/946) 68
Ibn al-Qaṣṣār (gest. 397/1007) 69, 108, 143, 146
ʿUyūn al-adilla 146
Ibn al-Wakīl (gest. 716/1317) 125
al-Ašbāh wa-n-naẓāʾir 125
Ibn al-Wazzān (gest. 543/1488) 101
Ibn ʿAqīl *siehe* Abū l-Wafāʾ ibn ʿAqīl
Ibn as-Sāʿātī (gest. 694/1295) 139
Badīʿ an-naẓm 139
Maǧmaʿ al-baḥrayn 139
Ibn aṣ-Ṣalāḥ (gest. 643/1245) 154
Ṭabaqāt fuqahāʾ aš-šāfiʿīya 154
Ibn as-Sīd al-Baṭalyawsī (gest. 521/1127) 111
Ibn Bābawayh al-Qummī (Šayḫ Ṣadūq, gest. 381/991) 96
Man lā yaḥḍuruhu l-faqīh 96

Ibn Baraka as-Salīmī (gest. Ende 4./10. oder Anfang 5./11. Jh.) 178
al-Ǧāmiʿ 178
Ibn Daqīq al-ʿĪd (gest. 702/1302) 199
Ibn Farḥūn *siehe* Burhān ad-Dīn ibn Farḥūn
Ibn Fūrak (gest. 406/1015) 220
Ibn Ǧarīr aṭ-Ṭabarī (gest. 310/923) 61, 155
Iḫtilāf al-fuqahāʾ 107
Ibn Ǧinnī (gest. 392/1002) 243
al-Lumaʿ 243
Ibn Ǧurayǧ (gest. 150/767) 90, 122, 147
Ibn Ḥabīb as-Sulamī (gest. 238/853) 144
al-Wāḍiḥa 144
Ibn Ḥaǧar al-ʿAsqalānī (gest. 852/1449) 97, 225
Bulūġ al-marām 97
Ibn Ḥaǧar al-Haytamī (gest. 974/1567) 150 f., 153
Tuḥfat al-minhāǧ 153
Ibn Ḫaldūn (gest. 808/1406) 69
Ibn Ḥazm (gest. 456/1064) 128, 161–164, 199, 238, 242
al-Iḥkām 162, 164
Marātib al-iǧmāʿ 164
Muḥallā 161 f., 164
Risāla fī l-ġināʾ al-mulhī a-huwa mubāḥ aw ḥarām 128
Ibn Ḥibbān al-Bustī (gest. 354/965) 221
Ibn Ḥumayd (gest. 1295/1878) 158
Ibn Marzūq al-Ḥafīd (gest. 842/1439) 102
Die Feststellung des klaren bekannten Beweises über die Zulässigkeit des Kopierens auf dem Papier von Christen (Kāġid ar-Rūm) 102
Ibn Masʿūd *siehe* ʿAbdallāh ibn Masʿūd
Ibn Miskawayh (gest. 421/1030) 232
Ibn Mufliḥ (gest. 884/1479) 158–160
al-Maqṣad al-aršad fī ḏikr aṣḥāb al-Imām Aḥmad 160
al-Mubdiʿ fī Šarḥ al-Muqniʿ 159
Ibn Qayyim al-Ǧawzīya (gest. 751/1350) 84, 156
Iʿlām al-muwaqqiʿīn ʿan rabb al-ʿālamīn 84
Ibn Qudāma *siehe* Muwaffaq ad-Dīn ibn Qudāma
Ibn Quṭlūbuġā (gest. 879/1474) 140
Tāǧ at-tarāǧim fī ṭabaqāt al-ḥanafīya 140
Ibn Raǧab *siehe* ʿAbd ar-Raḥmān ibn Raǧab
Ibn Rušd al-Ǧadd (*ḥāfiẓ al-maḏhab*, ›Beschützer der Rechtsschule‹, gest. 520/1126) 94, 101, 143, 145
al-Bayān wa-t-taḥṣīl 94
al-Muqaddimāt al-mumahhidāt 94, 145
Nawāzil Ibn Rušd/al-Fatāwā/al-Masāʾil 101
Ibn Rušd (al-Ḥafīd, gest. 595/1198) 75, 86, 94, 110 f., 146, 161
Bidāyat al-muǧtahid 86, 111, 161
aḍ-Ḍarūrī (Muḫtaṣar al-Mustaṣfā) 146
Ibn Saḥnūn (gest. 256/870) 231
Ibn Šihāb az-Zuhrī (gest. 124/742) 51 f., 120, 141
an-Nāsiḫ wa-l-mansūḫ 120
Ibn Sīnā (gest. 428/1037) 232, 235, 239, 243 f.
al-Išārāt wa-t-tanbīhāt 243
al-Qānūn fī ṭ-ṭibb 244
Ibn Surayǧ (gest. 306/918) 149
Ibn Taymīya *siehe* Faḫr ad-Dīn ibn Taymīya; *siehe* Taqī ad-Dīn ibn Taymīya
Ibn Wahb *siehe* ʿAbdallāh ibn Wahb
Ibn Yūnus aṣ-Ṣiqillī (gest. 451/1059) 145
al-Bayān wa-t-taḥṣīl 145

Kitāb al-Ǧāmiʿ li-masāʾil al-mudawwana wa-l-ummahāt 145
Ibrāhīm ibn Aḥmad al-Marwazī (gest. 340/951) 61, 107, 149
Ibrāhīm an-Naḫaʿī (gest. 96/714) 52, 113, 123
Ibrāhīm ibn al-Qāsim ibn Imām Muʾayyad bi-ll-ah (gest. 1152/1739–1740) 176
Ṭabaqāt az-Zaydīya al-kubrā 176
Ibrāhīm ibn Zibriqān at-Taymī (gest. 183/799) 91
Ignaz Goldziher (gest. 1921) 39
ʿIkrima (gest. 105/723) 52
ʿIsā ibn Abān (gest. 221/836) 135
Isabella von Kastilien (gest. 1504) 310
Isḥāq ibn Rāhawayh (gest. 238/853) 60
Ismāʿīl ibn Ǧaʿfar aṣ-Ṣādiq (gest. 138/755–756) 176
Ismāʿīl ibn Ḥammād (gest. 212/827) 135
al-ʿIzz ibn ʿAbd as-Salām (gest. 660/1262) 199

J

Jasser Auda (geb. 1966) 30
Joseph Schacht (gest. 1969) 30, 39, 57

K

Kamāl ad-Dīn al-Ġazzī (gest. 1214/1799–1800) 160
an-Naʿt al-Akmal 160
al-Karābisī (gest. 248/862) 148
Karaman *siehe* Hayreddin Karaman
al-Kāsānī *siehe* ʿAlāʾ ad-Dīn Abū Bakr ibn Masʿūd al-Kāsānī
Kemalpāšāzāde (Ibn Kamāl Bāšā) (gest. 940/1534) 111

L

Lāt *siehe* Gottheit
al-Layṯ ibn Saʿd (gest. 175/791) 53, 60
Lohlker *siehe* Rüdiger Lohlker

M

al-Mahdī li-Dīn Allāh Aḥmad ibn Yaḥyā ibn al-Murtaḍā (gest. 840/1437) 175
al-Baḥr az-zaḫḫār 175
Minhāǧ al-wuṣūl 175
Miʿyār al-ʿuqūl 175
ʿUyūn al-azhār fī fiqh al-aʾimmat al-aṭhār (al-Azhār) 175
Maḥmūd Nūr ad-Dīn Zangī (gest. 569/1174) 228
Makḥūl ibn Abī Muslim (gest. 112/730) 53
Mālik ibn Anas (gest. 179/795) 58, 60, 91, 106 f., 109, 140, 147
al-Muwaṭṭaʾ 58, 91
Maʿmar ibn Rāšid (gest. 153/770) 90, 116
al-Ǧāmiʿ 90
Tafsīr 116
al-Maʾmūn (reg. 198–218/813–833) 221
Manāt *siehe* Gottheit
al-Manṣūr (gest. 158/775, reg. 754–775) 141
al-Manṣūr bi-llāh ʿAbdallāh ibn Ḥamza (gest. 614/1217) 175
Ṣafwat al-iḫtiyār 175
al-Mardāwī (gest. 885/1480) 158
al-Marġinānī (gest. 593/1197) 138
Bidāyat al-mubtadī 138
al-Hidāya 138
Masrūq ibn al-Aǧdaʿ (gest. 63/683) 52
al-Māwardī *siehe* Abū l-Ḥasan al-Māwardī

al-Mawṣilī *siehe* ʿAbdallāh ibn Maḥmūd al-Mawṣilī; *siehe* Šams ad-Dīn Muḥammad al-Mawṣilī
al-Māzarī *siehe* Abū ʿAbdallāh Muḥammad al-Māzarī
Melchert *siehe* Christopher Melchert
Mollā Ḫusraw *siehe* Mullā Ḫusraw
Mollā Niẓām ad-Dīn *siehe* Mullā Niẓām ad-Dīn as-Sihālwī
Mollā Ṣadrā *siehe* Mullā Ṣadrā
Muʿāḏ ibn Ǧabal (gest. 17/638) 44, 46, 183
Muʿāwiya ibn Abī Sufyān (gest. 60/680) 183
Muʾayyad bi-llāh Aḥmad ibn al-Ḥusayn ibn Hārūn (gest. 411/1021) 174
Šarḥ at-Taǧrīd 174
at-Taǧrīd 174
Muʾayyad bi-llāh Yaḥyā ibn Ḥamza (gest. 749/1348) 174 f.
al-Ḥāwī li-ḥaqāʾiq al-adilla al-fiqhīya 175
al-Intiṣār li-ǧāmiʿ ʿulamāʾ al-amṣār 175
Muǧāhid ibn Ǧabr (gest. 103/721) 52
Muḥammad Abū Zahra (gest. 1974) 13
Muḥammad Ḥasan an-Naǧafī (1266/1849) 169
Ǧawāhir al-kalām 169
Muḥammad al-Ḥaṭṭāb (gest. 954/1547) 145 f.
Mawāhib al-ǧalīl 145
Qurrat al-ʿayn fī Waraqāt Imām al-Ḥaramayn 146
Muḥammad al-Ḫuḍarī Bek (gest. 1927) 31 f.
Muḥammad al-Mahdī (endgültig verborgen seit 329/940) 166
Muḥammad ibn ʿAbdallāh al-Mahdī (auch an-Nafs az-Zakīya, gest. 145/762) 172
Muḥammad ibn ʿAbd al-Wahhāb (gest. 1206/1792) 157
Muḥammad ibn ʿAbd ar-Raḥmān Ibn Abī Laylā (gest. 148/765) 52, 58, 106 f., 109, 181
Muḥammad ibn Aḥmad al-Ḫwārizmī (gest. 387/997) 242
Muḥammad ibn Aḥmad al-ʿUtbī (gest. 255/869) 94, 144
al-Bayān wa-t-taḥṣīl 94
al-Mustaḫraǧa 144
ʿUtbīya 144
Muḥammad ibn al-Ḥasan aš-Šaybānī (gest. 189/805) 61, 91, 106 f., 134–137, 141, 147, 155
al-Aṣl 137
al-Āṯār 139
al-Ǧāmiʿ al-kabīr 139
al-Ǧāmiʿ aṣ-ṣaġīr 139
al-Ḥuǧǧa ʿalā ahl al-Madīna 106 f., 139
as-Siyar al-kabīr 139
as-Siyar aṣ-ṣaġīr 139
az-Ziyādāt 137
Muḥammad ibn Futūḥ al-Ḥumaydī (gest. 488/1095) 147
Ǧaḏwat al-muqtabis 147
Muḥammad ibn Idrīs aš-Šāfiʿī (gest. 204/820) 53–55, 58, 60, 68, 91, 100, 106 f., 109, 112, 116, 141, 147–155, 199, 231
Aḥkām al-Qurʾān 116
Risāla 68, 148, 153
al-Umm 91, 106, 148, 152
Muḥammad ibn Ismāʿīl al-Mahdī (entrückt, endgültig verborgen seit 329/940) 176
Muḥammad ibn Ismāʿīl al-Buḫārī (gest. 256/870) 96
al-Ǧāmiʿ aṣ-ṣaḥīḥ 96
Muḥammad ibn Manṣūr al-Murādī (gest. 3./9. Jh.) 172
Muḥammad ibn Muḥammad ibn Yaḥyā Zabāra al-Yamanī (gest.

1381/1961) 176
al-Mulḥaq at-tābiʿ 176
Muḥammad ibn Naṣr al-Marwazī (gest. 294/906) 68
Muḥammad ibn Sīrīn (gest. 110/728) 52
Muḥammad Bāqir al-Bihbahānī (gest. 1206/1791–1792) 170
Maṣābīḥ aẓ-ẓalām 170
Muḥammad Bāqir aṣ-Sadr (gest. 1980) 170
Durūs fī ʿilm uṣūl al-fiqh 170
Muḥammad Ǧawād at-Taqī (gest. 220/835) 166
Muḥammad ibn al-Munḏir an-Nīsābūrī (gest. 318/930) 61, 107 f., 112–114, 181
al-Išrāf ʿalā maḏāhib al-ʿulamāʾ 108
Muḥammad ibn Ḫuzayma an-Nīsābūrī (gest. 311/923) 60
Muḥammad ʿIlīš (gest. 1299/1882) 145
Mawāhib al-qadīr ʿalā Maǧmūʿ al-ʿallāma al-Amīr 145
Muḥammad Kāẓim al-Ḫurasānī (Āḫūnd Mullā, gest. 1911) 170
Kifāyat al-uṣūl 170
Muḥammad Maḫlūf (gest. 1941) 147
Šaǧarat an-nūr az-zakīya 147
Muḥammad ibn Yūsuf Aṭṭafayyiš (gest. 1332/1914) 180
aš-Šāmil al-aṣl wa-l-farʿ 180
Šarḥ ad-Daʿāʾim 180
Šarḥ Kitāb an-Nīl 180
al-Muḥaqqiq al-Ḥillī (gest. 676/1277) 167, 169
al-Muḫtaṣar an-Nāfiʿ 169
Nukat an-Nihāya 169
Šarāʾiʿ al-Islām 169
Muḥyī d-Dīn ibn ʿArabī (gest. 638/1240) 162
Mullā Ḫusraw (gest. 885/1480) 138, 140, 197
Durar al-ḥukkām 138
Ġurar al-aḥkām 138
Mirqāt al-wuṣūl und Mirʾāt al-uṣūl 140
Mullā Niẓām ad-Dīn as-Sihālwī (gest. 1161/1748) 223
Mullā Ṣadrā (gest. 1050/1641) 197
Muqātil ibn Sulaymān al-Azdī (gest. 150/767) 115
Tafsīr al-ḫamsimiʾa āya min al-Qurʾān fī l-amr wa-n-nahy wa-l-ḥalāl wa-l-ḥarām 115
Murtaḍā al-Anṣārī (gest. 1281/1864) 167
Mūsā al-Kāẓim (gest. 183/799) 166
Muslim ibn al-Ḥaǧǧāǧ (gest. 261/875) 96
al-Ǧāmiʿ aṣ-ṣaḥīḥ 96
Muṣtafā Saʿīd al-Ḫinn (gest. 2008) 111
Aṯar al-iḫtilāf fī l-qawāʿid al-uṣūlīya fī ḫtilāf al-fuqahāʾ 111
Mustanṣir Bi-llāh (gest. 640/1242) 222
Muwaffaq ad-Dīn ibn Qudāma (gest. 620/1223) 83, 94 f., 99 f., 156, 159 f.
al-Kāfī 95, 159
al-Muġnī 95, 99 f., 159
al-Muqniʿ 94, 159
Rawḍat an-nāẓir 83, 160
al-ʿUmda fī fiqh al-Ḥanbalī 94
al-Muzanī *siehe* Abū Ibrāhīm Ismāʿīl ibn Yaḥyā al-Muzanī

N

Nāfiʿ (gest. 117/735) 141
Naǧm ad-Dīn aṭ-Ṭūfī (gest. 716/1316) 85, 157
Šarḥ Muḫtaṣar ar-Rawḍa 160
an-Naḫaʿī *siehe* Ibrāhīm an-Naḫaʿī
an-Naḥḥās *siehe* Abū Ǧaʿfar Aḥmad ibn Muḥammad an-Naḥḥās

an-Nasafī *siehe* Abū l-Barakāt an-Nasafī
Nāṣir ad-Dīn al-Bayḍāwī (gest. 685/1286) 83, 243
Anwār at-tanzīl 243
Minhāǧ al-uṣūl 243
Minhāǧ al-wuṣūl 243
Naṣīr ad-Dīn aṭ-Ṭūsī (gest. 672/1274) 232
Nāṣir li-l-Ḥaqq al-Ḥasan al-Uṭrūš (gest. 304/917) 172
Naṣr Ḥāmid Abū Zayd (gest. 2010) 30
an-Nāṭiq bi-l-Ḥaqq Yaḥyā ibn al-Ḥusayn ibn Hārūn (gest. 424/1033) 174
Ǧawāmiʿ al-adilla 175
Kitāb at-Taḥrīr 174
al-Muǧzī 175
Šarḥ at-Taḥrīr 174
an-Nawawī *siehe* Yaḥyā ibn Šaraf an-Nawawī
Niẓām al-Mulk (gest. 485/1092) 150, 221, 223
Noel J. Coulson (gest. 1986) 30
Nūḥ ibn Abī Maryam (gest. 173/789) 135
an-Nuʿmān (Abū Ḥanīfa) *siehe* Abū Ḥanīfa an-Nuʿmān ibn Ṯābit

P

Patricia Crone (gest. 2015) 39
Petra Bleisch Bouzar (geb. 1972) 34 f.
Prophet Muhammad 25, 41, 73

Q

Qāḍī ʿAbd al-Ǧabbār *siehe* ʿAbd al-Ǧabbār
al-Qāḍī Ismāʿīl (gest. 282/896) 144
al-Mabsūṭ 144
al-Qāḍī ʿIyāḍ (gest. 544/1149) 146
Tartīb al-madārik wa-taqrīb al-masālik 146
al-Qāḍī Nuʿmān (gest. 363/974) 177
Daʿāʾim al-islām wa-ḏikr al-ḥalāl wa-l-ḥarām wa-l-qaḍāyā wa-l-aḥkām 177
Iḫtilāf uṣūl al-maḏāhib 177
Kitāb al-Iḫtiṣār li-ṣaḥīḥ al-āṯār ʿan al-aʾimmat al-aṭhār 177
al-Qaffāl aš-Šāšī (gest. 336/948) 68
al-Qaraḍāwī *siehe* Yūsuf al-Qaraḍāwī
al-Qarāfī *siehe* Šihāb ad-Dīn al-Qarāfī
al-Qāsim ibn Ibrāhīm ar-Rassī (gest. 246/860) 172
al-Qāsim ibn Maʿn (gest. 175/791) 135
al-Qāsim ibn Muḥammad (gest. 102/720) 52
Qatāda ibn Diʿāma (gest. 117/735–736) 52, 120
an-Nāsiḫ wa-l-mansūḫ 120
al-Qudūrī *siehe* Abū l-Ḥusayn Aḥmad ibn Abī Bakr al-Qudūrī
Quṭb ad-Dīn aš-Šīrāzī (gest. 710/1311) 239

R

ar-Rabīʿ ibn Sulaymān al-Murādī (gest. 270/884) 116, 148 f.
Rabīʿat ar-Raʾy (gest. 136/753) 52, 140
ar-Rāfiʿī *siehe* Abū l-Qāsim ʿAbd al-Karīm ar-Rāfiʿī
Rahman *siehe* Fazlur Rahman
ar-Ramlī *siehe* Šams ad-Dīn ar-Ramlī
Rašīd Riḍā (gest. 1935) 30 f., 208
ar-Rāzī *siehe* Faḫr ad-Dīn ar-Rāzī
Riḍā *siehe* Rašīd Riḍā
Rüdiger Lohlker (geb. 1959) 34 f.
Rukn ad-Dīn al-ʿAmīdī (gest. 615/1218) 115

aṭ-Ṭarīqa al-ʿAmīdīya 115
al-Iršād 115
Rukn ad-Dīn ibn al-Malāḥimī (gest. 536/1141) 175
Taǧrīd al-Muʿtamad 175

S

aš-Šaʿbī (gest. 104/722) 123
Saʿd ad-Dīn at-Taftāzānī (gest. 792/1390) 84
at-Tanqīḥ 84
at-Talwīḥ ilā kašf ḥaqāʾiq at-Tanqīḥ 84
Saʿd ibn Abī Waqqāṣ (gest. 55/675) 46
Ṣadr aš-Šarīʿa (gest. 747/1346) 82 f., 140
Tanqīḥ al-uṣūl 83, 140
at-Tawḍīḥ fī ḥall ġawāmiḍ at-Tanqīḥ 83, 140
aš-Šāfiʿī *siehe* Muḥammad ibn Idrīs aš-Šāfiʿī
Šāh Walī Allāh ad-Dihlawī (gest. 1176/1762) 111
aš-Šahīd al-Awwal (Abū ʿAbdallāh al-ʿĀmilī, gest. 786/1384) 167, 170
al-Alfīya 170
al-Lumʿa ad-Dimašqīya 170
aš-Šahīd aṯ-Ṯānī (Zayn ad-Dīn al-ʿĀmilī, gest. 966/1559) 170
al-Maqāṣid al-ʿālīya 170
ar-Rawḍa al-bahīya 170
Saḥnūn (gest. 240/854) 94, 141, 144, 231
al-Mudawwana 94, 144
Saʿīd ibn al-Musayyib (gest. 94/713) 52, 104
Saʿīd ibn Ǧubayr (gest. 95/714) 52
as-Sakkākī (gest. 626/1229) 243
Miftāḥ al-ʿulūm 243
Ṣalāḥ ad-Dīn al-Kaykaldī al-ʿAlāʾī (gest. 761/1359) 85, 125
al-Maǧmūʿ al-muḏhab fī qawāʿid al-maḏhab 125
Taḥqīq al-murād fī anna n-nahy yaqtaḍī l-fasād 85
Talqīḥ al-fuhūm fī tanqīḥ ṣiyaġ al-ʿumūm 85
Ṣāliḥ (ibn Aḥmad ibn Ḥanbal, gest. 266/880) 155
as-Samarqandī *siehe* ʿAlāʾ ad-Dīn as-Samarqandī
Šams ad-Dīn ar-Ramlī (gest. 1004/1596) 150 f., 153
Nihāyat al-muḥtāǧ 153
Šams ad-Dīn al-Aʾimma as-Saraḫsī (gest. 483/1090) 82, 138 f., 237
al-Mabsūṭ 138, 237
Uṣūl 82, 139
Šams ad-Dīn az-Zarkašī (gest. 772/1370) 159
Šarḥ Muḫtaṣar al-Ḫiraqī 159
Šams ad-Dīn Muḥammad ibn al-Mawṣilī (gest. 774/1372–73) 95, 236
Naẓm al-Minhāǧ 236
Šaraf ad-Dīn al-ʿAmrīṭī (gest. nach 988/1580) 88 f.
Naẓm al-Waraqāt 88 f.
Šaraf ad-Dīn as-Sayyāġī (gest. 1221/1806) 174
Maǧmūʿ al-fiqh al-kabīr 174
Rawḍ an-naḍīr šarḥ 174
as-Saraḫsī *siehe* Šams ad-Dīn al-Aʾimma as-Saraḫsī
aš-Šarīf al-Murtaḍā (gest. 436/1044) 166, 170
aḏ-Ḏarīʿa 170
aš-Šāṭibī *siehe* Abū Isḥāq Ibrāhīm ibn Mūsā aš-Šāṭibī
aš-Šaybānī *siehe* Muḥammad ibn al-Ḥasan aš-Šaybānī
Sayf ad-Dīn al-Āmidī (gest. 631/1233) 82, 154
al-Iḥkām 82, 154

Šayḫ aṭ-Ṭāʾifa (›Meister der [schiitischen] Partei‹) *siehe* Abū Ǧaʿfar Muḥammad ibn al-Ḥasan aṭ-Ṭūsī
aš-Šayḫ al-Mufīd (Abū ʿAbdallāh Muḥammad al-ʿUkbarī, gest. 413/1022) 167, 170, 221
al-Muqniʿa 169 f.
at-Taḏkira 170
Sayyid Aḥmad al-Ḥusaynī (geb. 1931) 176
Muʾallafāt az-Zaydīya 176
Sayyid ʿAlī aṭ-Ṭabāṭabāʾī (gest. 1231/1815–1816) 169
Burhān al-qāṭiʿ (*aš-Šarḥ al-kabīr*) 169
Schacht *siehe* Joseph Schacht
Sebastian Günther (geb. 1961) 13, 219
Sezgin *siehe* Fuat Sezgin
Šihāb ad-Dīn ʿAbd ar-Raḥmān ibn ʿAskar al-Baġdādī (gest. 732/1332) 146
Iršād as-sālik 146
Šihāb ad-Dīn al-Qarāfī (gest. 684/1285) 82, 84 f., 146, 199
aḏ-Ḏaḫīra 145
al-Iḥkām fī tamyīz bayna al-fatāwā wa-l-aḥkām wa-taṣarrufāt al-qāḍī wa-l-imām 85
al-ʿIqd al-manẓūm fī l-ḫuṣūṣ wa-l-ʿumūm 85
Nafāʾis al-uṣūl 82, 146
Šarḥ Tanqīḥ 84, 146
Šarḥ Tanqīḥ al-fuṣūl 84
Tanqīḥ 84
Tanqīḥ al-fuṣūl fī l-uṣūl 84
Sirāǧ ad-Dīn al-Urmawī (gest. 682/1283) 154
at-Taḥṣīl min al-Maḥṣūl 154
Sirāǧ ad-Dīn Muḥammad Bahrān at-Tamīmī (gest. 957/1550) 175
al-Kāfil bi-nayl as-sūl 175
aš-Šīrāzī *siehe* Abū Isḥāq aš-Šīrāzī
Snouck Hurgronje *siehe* Christiaan Snouck Hurgronje
Sufyān aṯ-Ṯawrī (gest. 161/778) 60, 91, 107
al-Ǧāmiʿ al-kabīr 91
Sufyān ibn ʿUyayna (gest. 198/814) 52, 60, 155
Sulaymān ibn Yasār (gest. 107/725) 52
Šurayḥ ibn al-Ḥāriṯ (gest. 80/699) 52

T

aṭ-Ṭabarī *siehe* Ibn Ǧarīr aṭ-Ṭabarī
Tāǧ ad-Dīn as-Subkī (gest. 771/1370) 83, 125, 154
Ǧamʿ al-ǧawāmiʿ al-Ašbāh wa-n-naẓāʾir 125
al-Ibhāǧ 154
Ṭabaqāt aš-šāfiʿīya 154
Tāǧ aš-Šarīʿa (gest. 709/1309) 139
al-Wiqāya 139
Ṭāhā Ǧābir al-ʿAlwānī (gest. 2016) 30
aṭ-Ṭaḥāwī *siehe* Abū Ǧaʿfar aṭ-Ṭaḥāwī
Taqī ad-Dīn at-Tamīmī (gest. 1010/1601) 140
aṭ-Ṭabaqāt as-sanīya fī tarāǧim al-ḥanafīya 140
Taqī ad-Dīn ibn Taymīya (gest. 728/1328) 111, 157, 159 f.
Maǧmūʿ al-fatāwā 159
al-Musawwada 160
Ṭāškubrīzādeh Aḥmad Efendī (gest. 968/1561) 140, 241, 244
aš-Šaqāʾiq an-Nuʿmānīya 140
Ṭawīla *siehe* ʿAbd al-Wahhāb ʿAbd as-Salām Ṭawīla
Ṭāwūs ibn Kaysān (gest. 106/725) 53, 123
aṭ-Ṭūfī *siehe* Naǧm ad-Dīn aṭ-Ṭūfī
at-Turkī *siehe* ʿAbdallāh ibn ʿAbd al-Muḥsin at-Turkī

aṭ-Ṭūsī *siehe* Abū Ǧaʿfar Muḥammad ibn al-Ḥasan aṭ-Ṭūsī (Šayḫ aṭ-Ṭāʾifa)

U

ʿUbaydallāh ibn ʿAbdallāh ibn ʿUtba (98/716) 52
ʿUmar ibn al-Ḫaṭṭāb (gest. 23/644, reg. 634–644) 45 f., 48, 171 f., 183 f., 307
Umm Salama, Hind bint Abī Umayya (gest. 62/681) 46
ʿUrwa ibn az-Zubayr (gest. 97/712) 52
al-ʿUtbī *siehe* Muḥammad ibn Aḥmad al-ʿUtbī
ʿUṯmān ibn ʿAffān (gest. 35/656, reg. 644–656) 46
ʿUṯmān ibn ʿAṭāʾ (gest. 155/772) 122
al-ʿUzzā *siehe* Gottheit

W

Wael B. Hallaq (geb. 1955) 13, 58 f.
al-Wanšarīsī *siehe* Aḥmad ibn Yaḥyā al-Wanšarīsī
al-Wāsiṭī *siehe* Abū Ḫālid ʿAmr ibn Ḫālid al-Wāsiṭī

Y

Yaḥyā ibn Šaraf an-Nawawī (gest. 676/1277) 85, 93, 150–154, 236
al-Maǧmūʿ 93, 151, 153
Minhāǧ aṭ-ṭālibīn 150–153, 236
Rawḍat aṭ-ṭalibīn 151 f.
Risāla fī l-maṣlaḥa mursala 85
Šarḥ al-Arbaʿīn 85
Ṭabaqāt fuqahāʾ aš-šāfiʿīya 154
Yaḥyā ibn Yaḥyā al-Layṯī (gest. 234/849) 141
Yūsuf al-Qaraḍāwī (gest. 2022) 30, 208
Yūsuf ibn Aḥmad aṯ-Ṯilāʾī (gest. 832/1428–29) 117
aṯ-Ṯamarāt al-yāniʿa wa-l-aḥkām al-wāḍiḥa al-qāṭiʿa (al-muqtaṭafa min āy al-Qurʾān al-karīm) 117

Z

az-Zaʿfarānī *siehe* al-Ḥasan ibn Muḥammad az-Zaʿfarānī
az-Zamaḫšarī (gest. 538/1144) 243
al-Kaššāf 243
al-Mufaṣṣal 243
Zayd ibn ʿAlī (gest. 122/740) 90 f., 171 f., 174
al-Maǧmūʿ 172, 174
Zayd ibn Ṯābit (gest. 45/665) 46
Zayn ad-Dīn ibn Nuǧaym (gest. 970/1563) 138
al-Baḥr ar-rāʾiq 138
Zayn al-ʿĀbidīn (ʿAlī ibn al-Ḥusayn, gest. 95/714) 166, 171, 176
az-Zubayr ibn al-ʿAwwām (gest. 36/656) 46
Zufar ibn Huḏayl (gest. 158/775) 61, 109, 134

Anhang

Chronologie

Die folgende Chronologie fasst wichtige Entwicklungen für die Entstehung und Entwicklung des islamischen Rechts bis in das 19. Jahrhundert zusammen. Sie hat keinen Anspruch auf Vollständigkeit. Vielmehr dient sie der historischen Einordnung der Ausführungen in diesem Buch.[102]

Jahr (AH/AD)	Ereignis
609	erste Offenbarungserfahrung des Propheten in Mekka
615–616	erste Auswanderung von Mekka nach Abessinien
622	Auszug (Hidschra) der Muslim:innen von Mekka nach Yaṯrib (Medina)
2/624	Schlacht von Badr
3/625	Schlacht am Berge Uḥud
5/627	Grabenkrieg in Medina
8/630	Eroberung Mekkas
10/632	Tod des Propheten
10–12/632–634	Kalifat Abū Bakrs, erste Zusammentragung des Korans zu einem Buch (*muṣḥaf*)

102 Endreß, *Islam in Daten*; Hallaq, *Sharīʿa*, 556–562. Für Kartenmaterial zur Ausdehnung des muslimischen Herrschaftsgebiets in den verschiedenen Entwicklungsphasen sei verwiesen auf Hallaq, *The Origins and Evolution of Islamic Law*, xi–xiii.

Jahr (AH/AD)	Ereignis
12–23/634–644	Kalifat ʿUmars
23–35/644–656	Kalifat ʿUṯmāns, Standardisierung und Vervielfältigung des Korantextes
35–41/656–661	Kalifat ʿAlīs
36/656	Kamelschlacht
37/657	Schlacht in Ṣiffīn
41–132/661–750	Herrschaft der Umayyadischen Dynastie
61/680	Ermordung al-Ḥusayns in Kerbela
ab 61/680	Spezialisierung in den Rechtswissenschaften, Entstehung von Gelehrtenkreisen
ab Ende 1./ab 8. Jh.	Beginn der systematischen Hadithkodifikation und -klassifikation
122/740	funktionsfähige muslimische Gerichte, fortgeschrittene Professionalisierung
132–422/750–1031	Umayyadisches Emirat und Kalifat in Andalusien
132–656/750–1258	Herrschaft der Abbasidischen Dynastie
ab 132/750	Entstehung von Rechtsschulen: Systematisierung, Ausdifferenzierung und Abgrenzung
173–339/790–950	Aushandlung zwischen Rationalisten und Traditionalisten, Entstehung einer Synthese beider Ansätze, Kompilation von Hadithwerken nebst systematischer Erfassung, Durchsetzung von (institutionalisierten) Rechtsschulen, Entstehung und Systematisierung von Rechtswerken

Jahr (AH/AD)	Ereignis
296–566/909–1171	Herrschaft der Fāṭimiden
307–390/920–1000	Konsolidierung und Ausdifferenzierung der Rechtsschulen, Zunahme des *taḫrīǧ*, Ausdifferenzierung der *uṣūl* und *furūʿ al-fiqh*
327/939	Beginn der großen Verborgenheit für die Zwölferschiiten
334–447/945–1055	Herrschaft der (schiitischen) Buyiden
366–582/977–1186	Herrschaft der Ġaznawiden in Transoxanien
ab 390/1000, bes. ab 457/1065	Entstehung von Medresen, größere Niẓāmīya-Medresen initiiert durch den seldschukischen Vesir Niẓām al-Mulk (gest. 485/1092) Entstehung von umfangreichen Kommentarwerken, Lehrbüchern und weiteren kurzen Abhandlungen zur Standardisierung des Rechts; Beginn der Bestrebungen, Fatwas zu eigenständigen Werken zusammenzutragen Ausdifferenzierung der *uṣūl al-fiqh* und Rationalisierung
431–552/1040–1157	Herrschaft der Seldschuken im Irak
447–541/1056–1147	Herrschaft der Almoraviden in Nordafrika und Andalusien
470–706/1077–1307	Herrschaft der Seldschuken in Anatolien (Rum-Seldschuken)
524–668/1130–1269	Herrschaft der Almohaden in Nordafrika und Andalusien

Jahr (AH/AD)	**Ereignis**
566–648/1171–1250	Herrschaft der Ayyubiden in Ägypten
648–923/1250–1517	Herrschaft der Mamluken in Ägypten und Syrien
656/1258	Mongolensturm auf Bagdad, Ende des Abbasidischen Kalifats im Irak (bis 1517 noch kalifale Ansprüche in Ägypten)
699–1340/1300–1922	Herrschaft der Osmanen, ab 923/1517 Anspruch auf das Kalifat
ab ca. 699/1300	graduelle und systematische Entstehung der *qawāʿid*-Literatur
898/1492	Abschluss der Reconquista; Isabella von Kastilien und Ferdinand II. erobern Granada; Ende der nāṣiridischen Herrschaft
906–1148/1501–1736	Herrschaft der (schiitischen) Ṣafawiden im Iran, Proklamation der schiitischen Religion als ›Staatsreligion‹
ca. 11.–13./17.–19. Jh.	Auseinandersetzung zwischen *uṣūlī*- und *aḫbārī*-Dschafariten; Durchsetzung der *uṣūlī*-Dschafariten
1193–1343/1779–1925	Herrschaft der Qāǧāren im Iran
1213/1798	Einmarsch Napoleons in Ägypten
1218/1804	Verkündung des *Code Civil* in Frankreich; nachhaltiger Einfluss auf Muslime
ab 1225/1810	Entsendung von Studierenden z.B. nach Frankreich Kolonialherrschaft europäischer Mächte über einzelne muslimische Länder
1245/1830	Besetzung Algeriens seitens der Franzosen

Jahr (AH/AD)	Ereignis
1255–1293/1839–1877	Tanẓīmāt-Zeit unter den Osmanen, großflächige Reformen im Rechts- und Bildungssystem; Reformen im Rechtssystem auch an anderen Orten wie Ägypten und Algerien (Einfluss europäischen Rechts)
1284–1293/1868–1877	Die Entstehung und Verkündung der *Mecelle-i aḥkām-ı ʿadlīye*, erstes kodifiziertes islamisches Recht

Links zu weiteren Übersichtsdarstellungen

Da die Überblicksdarstellungen zu den Rechtsbereichen und den Grundlagen des Rechts zu komplex sind, um sie im kleinen Format dieses Buches adäquat abbilden zu können, stehen sie zum Download unter dem angegebenen Link bzw. QR-Code bereit.

Schema 3: Übersicht über die Rechtsbereiche (*furūʿ al-fiqh*)

www.buchgestaltung-online.de/Verlinkung_Kurnaz/Kurnaz_HziR_Band_1_Anhang_Schema_3_Uebersicht_Rechtsbereiche.pdf

Schema 4: Übersicht über die Grundlagen des Rechts (*uṣūl al-fiqh*)

www.buchgestaltung-online.de/Verlinkung_Kurnaz/Kurnaz_HziR_Band_1_Anhang_Schema_4_Grundlagen_des_Rechts.pdf

Mehr Informationen zur Reihe und weitere interessante Titel zur islamischen Theologie finden Sie unter:

WWW.EBVERLAG.DE